ARGENTINA. QUEL CHE LA NOTTE RACCONTA AL GIORNO

ARGENTINA. WHAT THE NIGHT TELLS THE DAY

a cura di / edited by
Andrés Duprat e / and Diego Sileo

SilvanaEditoriale

Comune di Milano

PAC

ARGENTINA. QUEL CHE LA NOTTE RACCONTA AL GIORNO

ARGENTINA. WHAT THE NIGHT TELLS THE DAY

Milano
21.11.2023
–11.2.2024

Mostra a cura di
/ Exhibition curated by
Andrés Duprat e / and
Diego Sileo

Realizzazione allestimento
/ Exhibition Set Up
Studio Noè

Allestimento video / Video Set Up
Audiovisual Advanced Art

Produzione cornici
/ Frame Production
Spotti Centro Legno

Progetto grafico
/ Graphic Design
studio òbelo
Claude Marzotto
Maia Sambonet
Alice Guarnieri

Trasporti / Transports
Butterfly Transport

Foto allestimento mostra
/ Installation Views
Lorenzo Palmieri

Conservazione opere
/ Conservation of Works
Simona Fiori

Assicurazione / Insurance
Lloyd's

Catalogo / Catalogue
Silvana Editoriale

Ufficio stampa
/ Press Office
PCM Studio di Paola C. Manfredi

Web e / and Digital
Claudia Capelli

Guida alla mostra a cura di
/ Exhibition guide by
Cecilia Rabossi
con / with Leonardo Savini

L'opera di Juan Sorrentino è
realizzata in collaborazione con
/ The work of Juan Sorrentino
is produced in collaboration with
GAMeC – Galleria d'Arte Moderna
e Contemporanea di Bergamo

Si ringraziano per il prestito
delle opere / Thanks for the loan
of the works to
Archivio Claudio Abate
Casa Museo Boschi Di Stefano, Milano
Centro de Estudios Legales y Sociales (CELS)
Colección Julian Mizrahi
Colección Julio César Crivelli
Fondazione Lucio Fontana, Milano
Fundación Augusto y León Ferrari (FALFAA)
Galería Isla Flotante, Buenos Aires
Galerie Peter Kilchmann, Zurich / Paris
Kuckei + Kuckei Gallery, Berlin / Palma
Marta Minujín Archive
Pinksummer Contemporary Art, Genova
Ruth Benzacar Galería de Arte, Buenos Aires

e tutti quelli che hanno preferito
mantenere l'anonimato / and to
all those who preferred to remain
anonymous

Un ringraziamento particolare a
/ Special thanks to
Casa Museo Boschi Di Stefano
Fondazione Lucio Fontana

Si ringraziano per il sostegno
/ Thanks for the support to
Ama Amoedo
Arthaus
Adriana Batán y Lodovico Rocca
Teresa Bulgheroni
Julio César Crivelli
Instituto Cultural de la Provincia de Buenos Aires
Erica Roberts
Esteban Tedesco
Veronica Zoani Quinterno y William O. Nutting

Si ringraziano / Thanks to
Giulia Abate
Riccardo Abate
Dario Bordin
Julia Cabral
Cineteca Milano
Guillermo David
Ilaria De Palma
Adriana Donnini
Paula Dreyer
Clara Garavelli
Marcos Garavelli
Lorenzo Giusti
Lauriane Gricourt
Catalina Jure
les Abattoirs, Musée – Frac Occitanie Toulouse
Gianfranco Maraniello
Ludmilla Mazzucchelli
Valeria Morandi
Carolina Moreno
Daiana Nahir Rose
Enrique Ranzoni
Adriana Rosenberg
Eric Sauerhering
Daniela Alejandra Sbaraglia
Francesca Tasso
Luisa Tomatti
María José Verna
Alejandra Vidal
Maria Villa
Ricardo Visentini
Jorge Yanez

Sponsor PAC
TOD'S

In partnership con
/ In partnership with
PROA

Sponsor mostra
/ Exhibition sponsor
Tenaris

Con il sostegno di
/ Supported by
LCA
LAW is ART!

Sponsor tecnico
/ Technical sponsor
AirEuropa

Con il supporto di
/ Supported by
vulcano.agency

Si ringrazia
/ Thanks to
Agencia Argentina de Inversiones y Comercio Internacional

Dal 16 marzo al 3 giugno 2024
la mostra è stata riallestita alla
Fundación Proa di Buenos Aires.
/ The exhibition was re-staged at
Fundación Proa in Buenos Aires
from March 16 to June 3, 2024.

Tommaso Sacchi

Assessore alla Cultura del Comune di Milano
/ Councillor for Culture, Municipality of Milan

Questo progetto è parte del *format* espositivo ideato dal PAC nel 2015 che mira ad approfondire altre culture attraverso l'arte e offre uno sguardo dettagliato su un Paese che ha affrontato sfide e cambiamenti significativi nelle ultime sette decadi. *Argentina. Quel che la notte racconta al giorno* promette di essere un'esperienza unica che vi condurrà in un viaggio attraverso il mondo dell'arte contemporanea argentina.

Ironia, letteralità e citazione sono i temi che permettono al visitatore di esplorare diverse modalità di approccio alla rappresentazione di una cultura che, nel passato e nel presente, ha conosciuto forme di violenza. Queste situazioni hanno sfidato le congiunture storiche gettando una luce sul futuro e sulle battaglie sociali, non solo in Argentina ma in tutto il mondo. La mostra rappresenta quindi un percorso eterogeneo che cerca di catturare e rivelare le molte sfumature e forme d'espressione di un Paese che ha attratto per decenni grandi flussi migratori europei.

Il titolo della mostra, è un omaggio al romanzo autobiografico di Héctor Bianciotti, uno scrittore argentino di origini italiane. Il libro rappresenta il passaggio da un periodo complesso, caratterizzato dalla violenza politica, all'alba di una nuova consapevolezza e attitudine. Questa transizione è il *fil rouge* delle opere degli artisti che rappresentano varie forme di violenza, talvolta in modo realistico e altre volte in modo simbolico e concettuale. Cosa rimane il giorno dopo? Quali forme di violenza del passato persistono oggi in Argentina? Cosa gli artisti salvano o respingono? Tali interrogativi ci spingono a riflettere sul nostro presente e sulle eredità delle violenze del passato.

I lavori selezionati con grande maestria da Andrés Duprat, direttore del Museo Nacional de Bellas Artes di Buenos Aires, e da Diego Sileo, curatore del PAC, affrontano situazioni di incertezza, instabilità sociale, politica ed economica, molte delle quali sono ancora vive nella memoria collettiva e personale. Esse ci invitano a considerare problemi che vanno oltre il momento attuale e ci pongono di fronte a domande sul futuro e sulle battaglie culturali in corso a livello globale. Alcune opere esposte sono state create appositamente per il PAC, mentre altre sono state realizzate in Argentina, durante periodi di silenzio forzato o effervescenza per il ritorno alla democrazia.

Vi invitiamo a immergervi in questa straordinaria esposizione, testimonianza della resilienza e della capacità di trasformare la violenza politica in una forma di espressione artistica – una "violenza poetica" – e a esplorare le visioni uniche di questi artisti argentini che ci aiuteranno a comprendere meglio il passato, il presente e il futuro di un Paese che ha attraversato momenti di profonda trasformazione.

This project is part of the exhibition format conceived by PAC in 2015, aiming to delve into other cultures through art and offering an in-depth look at a country that has faced significant challenges and changes over the last seven decades. *Argentina. What the Night Tells the Day* promises to be a unique experience that will take visitors on a journey through the world of contemporary Argentine art.

Three themes – irony, literalness, and reference – allow visitors to explore different approaches to the representation of a culture often characterised, both in the past and today, by forms of violence. Aside from the specific historical circumstances, the events that inspired these works of art shed light on the future and social struggles, not only in Argentina but all over the world. The exhibition is therefore a multi-faceted itinerary that seeks to capture and reveal the many nuances and forms of expression of a country that for years has been the main destination for European mass migrations.

The title of the exhibition pays tribute to the autobiographical novel by Héctor Bianciotti, an Argentine writer of Italian origin. The book represents the transition from a complex period marked by political conflicts to the dawn of a new awareness and attitude. This transition is the *fil rouge* of the works of artists who depict various forms of violence, sometimes realistically, sometimes symbolically and conceptually. What remains the day after? Which forms of past violence persist in Argentina today? What are artists preserving or rejecting? These questions prompt us to reflect on our present and the legacy of past violence.

The pieces of art, carefully selected by Andrés Duprat, director of the Museo Nacional de Bellas Artes in Buenos Aires, and Diego Sileo, curator of the PAC, address situations of uncertainty and social, political, and economic instability, many of which are still vivid in collective and individual memory. They invite us to deal with problems that go beyond the present moment and confront us with questions about the future and ongoing global cultural issues. On show are some site-specific works conceived for the PAC and others created in Argentina, both in periods of enforced silence and in moments of effervescence for the return to democracy.

We invite visitors to immerse themselves in this extraordinary exhibition, a testament to resilience and the ability to transform political violence into a form of artistic expression – a "poetic violence" – and to explore the unique visions of these Argentine artists that will help us better understand the past, present, and future of a country that has gone through moments of profound transformation.

Domenico Piraina

Direttore PAC
/ PAC Director

La mostra *Argentina. Quel che la notte racconta al giorno* è stata sviluppata dai due curatori stando a stretto contatto con la realtà argentina e rientra nel format espositivo ideato dal PAC nel 2015 dedicato all'approfondimento di altre culture attraverso l'arte contemporanea, seguendo una linea curatoriale sempre molto dettagliata e specifica, mai generica né tantomeno di tipo geografico ed etnografico.

Gli apporti straordinari diretti dei tanti artisti coinvolti hanno generato una mostra collettiva di ampio respiro, celebrativa e unica nel suo genere. Risulta il quadro di un'arte nel suo costante divenire, sensibile ai cambiamenti socio-politici, ma anche rappresentante di quel mondo pieno di vita e di umori tipico della realtà latinoamericana. È un paese articolato quello che ci appare, con le sue variegate istanze, con le sue resistenze, ma anche con le sue inedite e inaspettate aperture. Come cittadini del mondo – oppure oggi diremo anche come "stranieri ovunque" – perciò non possiamo non sentirci coinvolti; e come fruitori di mostre d'arte non possiamo che sentirci travolti da uno straordinario stupore, dal momento che essa ci rivela una dimensione del fare arte per certi versi familiare e per altri versi inusitata.

Uno dei possibili sviluppi della mostra al PAC è che la rete di relazioni che è stata alla base dell'iniziativa possa divenire causa efficiente di rapporti durevoli con altre istituzioni espositive internazionali – come la Fondazione Proa di Buenos Aires – ai fini dell'avvio di quell'interscambio di conoscenze e di diffusione di conoscenze che può e deve divenire base e precondizione per una sempre più efficace proposta culturale.

The exhibition *Argentina. What the Night Tells the Day* was developed by the two curators in close contact with the Argentine reality and is part of the exhibition format created by PAC in 2015 and dedicated to the in-depth study of other cultures through contemporary art, following a curatorial line that is always very detailed and specific, never generic nor geographical and ethnographic.

The extraordinary direct contributions of the many artists involved have generated a wide-ranging, celebratory and one-of-a-kind collective exhibition. The result is the picture of an art in its constant evolution, sensitive to socio-political changes, but also representative of that world full of life and moods typical of the Latin American reality. What appears to us is a complex country, with its varied demands, with its resistance, but also with its unprecedented and unexpected openings. As citizens of the world – or today we will also say as "foreigners everywhere" – we therefore cannot help but feel involved; and as users of art exhibitions we cannot help but feel overwhelmed by an extraordinary amazement, since it reveals to us a dimension of making art that is in some ways familiar and in other ways unusual.

One of the possible developments of the exhibition at PAC is that the network of relationships that was the basis of the initiative could become an efficient cause of lasting relationships with other international exhibition institutions – such as Proa Foundation in Buenos Aires – for the purposes of launching that exchange and dissemination of knowledge which can and must become the basis and precondition for an increasingly effective cultural proposal.

SAGGI

ESSAYS

OPERE / WORKS

APPARATI / APPENDIX

SAGGI

Quel che la notte racconta al giorno

Andrés Duprat

Nel suo romanzo *Lo que la noche le cuenta al día* [1] pubblicato nel 1992, lo scrittore argentino Héctor Bianciotti racconta la propria iniziazione alla vita adulta – soprattutto ai suoi segreti – in una cittadina di provincia da cui, facendo a ritroso il viaggio dei suoi genitori, immigranti italiani, fugge verso l'Europa, alla ricerca di atmosfere meno ostili alle sue scelte di vita. Scritto in francese, come quasi tutta la sua opera, rappresenta una giusta metafora della condizione esistenziale dell'artista argentino. Quei miti, quelle tradizioni, idiosincrasie, lingue e linguaggi ereditati da un'Europa "desiderata" si intrecciano al mondo latino-americano. Elementi propri e di altri, stranieri, formano una trama di chiaroscuri che contrassegna la realtà e la finzione del "nuovo mondo".

Quel che la notte racconta al giorno: notte e giorno, luce e ombra abitano – definiscono – il divenire storico; le società rivelano il loro dramma tra questi opposti. Come molti altri paesi, l'Argentina ha attraversato lunghi periodi d'oscurità. Però, così come alla notte segue il giorno, quelle circostanze negative hanno determinato, in ogni caso, risposte positive. E così la società argentina ha sviluppato straordinarie strategie di sopravvivenza. La sua capacità di reinventarsi, di rinascere dalle sue stesse ceneri, codificata in un permanente e ironico anticonformismo e in un'audacia senza pregiudizi, è diventata la cassa di risonanza di una creatività collettiva alla quale non sfugge l'ambito artistico.

In un passo del suo romanzo, Bianciotti inserisce sottilmente, quasi fosse un ricordo personale, una frase con cui è possibile rischiare un'interessante definizione dell'arte: "Sin dall'infanzia, alla realtà ho preferito il suo riflesso, al punto che, se sto guardando in uno schermo, in una stanza, alcune immagini che uno specchio laterale coglie, questa seconda versione del reale, per me, enfatizza l'intensità dei contorni, rivela in modo migliore il segreto delle cose, un'essenza subdola, impercettibile a un semplice sguardo".

Che cos'è l'arte, se non una costruzione di universi personali e collettivi che conferiscono realtà alla realtà stessa? Un vincolo spettrale col mondo. L'esistere è dato dall'estetica, dalla grammatica sensoriale con cui percepiamo e concepiamo il mondo. Non abbiamo altro modo di prendervi posto, di cercare di controllare le afflizioni che ci impone, di pensare al nostro destino passato e futuro. In tal modo, l'arte offre la possibilità di riprendere certe tematiche partendo dalla creazione di una nuova realtà, che funge da riflesso o inversione della storia.

Esiste una violenza originaria che costituisce il dramma delle nazioni. Un insieme di fatti collettivi e soggettivi, con il suo saldo di morti e il succedersi di violenze istituite che patti e accordi trasformano in cornici istituzionali. In questo senso, l'Argentina ha vissuto una storia dinamica, piena di alti e bassi, con accadimenti sociali e politici contrastanti che hanno avuto ripercussioni decisive sulla configurazione del

1 *Lo que la noche le cuenta al día* è un romanzo dello scrittore argentino Héctor Bianciotti (1930-2012). È stato tradotto in italiano dall'originale francese *Ce que la nuit raconte au jour* da Yasmina Mélaouah e pubblicato con il titolo *Ciò che la notte racconta al giorno* da Feltrinelli, Milano, nel giugno del 1993.

presente. La lunga guerra per l'occupazione del territorio iniziata con l'arrivo degli spagnoli sul continente ha determinato, nella giovane nazione, una sequenza di fatti sanguinosi durante il XIX secolo, culminati nel ciclo di guerre civili tra *caudillos* che dominavano intere province e capi indigeni che detenevano vasti territori, la cui conclusione fu la cosiddetta "Conquista del Deserto" (1878-1885), portata avanti dal presidente argentino e militare Julio Argentino Roca, che decimò i popoli autoctoni che abitavano, allora, la regione delle pianure e la Patagonia.

La moderna repubblica ha iscritto il suo atto di nascita in quest'evento, anche se, certamente, è stato preceduto dalle contese accennate prima, il cui riflesso è ben presente nelle arti visive e nella letteratura. E, infatti, tre opere argentine tra le più significative vi fanno riferimento, nella loro tessitura delle violenze accadute durante il XIX secolo. Se il racconto *El matadero* 2 di Esteban Echeverría, uno dei primi autori della letteratura nazionale, si chiude con l'abuso e l'omicidio commessi dai "barbari", la cronaca figurativa della guerra del Paraguay di Cándido López 3 è un punto chiave per pensare il luogo del conflitto armato, che nel quadro *La vuelta del malón* 4 di Ángel Della Valle ha la sua forma più drammatica.

Le opere che daranno forma al canone letterario e, conseguentemente, a buona parte dell'immaginario nazionale – *El Facundo* 5 di Domingo Faustino Sarmiento e *Martín Fierro* 6 di José Hernández – sono, allo stesso tempo, una valutazione critica, in chiave di epopea, delle bande che si fronteggiavano nel segno "della civiltà e della barbarie", e il programma che avrebbero abbozzato le successive sensibilità politiche. Dopo il consolidamento dello stato nazionale, i nuovi soggetti sociali tipici della cospirazione – operai, anarchici, contadini – avrebbero avuto il loro posto nell'arte grazie ai grandi cicli di narrativa e di denuncia sociale, come quelli rappresentati da Lino Enea Spilimbergo o Antonio Berni, nelle sue iconiche tele.

Eduardo Schiaffino, pittore e intellettuale argentino, e il critico d'arte spagnolo Eugenio Auzón diedero vita a un episodio che riflette il conflitto tra eredità e tradizione nella cultura nazionale. Nel 1891 furono protagonisti di un'aspra polemica nata dalla volontà di Schiaffino di voler fondare un'arte nazionale assieme a un gruppo di colleghi. Auzón li affrontò e li scoraggiò, sostenendo: "Avremo un'arte argentina solo tra duecento anni e qualche mese". La polemica sfociò in un duello armato che, fortunatamente, non fece vittime. L'epilogo dell'episodio narrato ci dice che Schiaffino non desistette dalle sue aspirazioni: nel 1896, per suo volere, fu inaugurato a Buenos Aires il Museo Nazionale delle Belle Arti, il primo di questa tipologia, e lo stesso Schiaffino ne divenne l'entusiasta direttore.

Mezzo secolo dopo, nel 1951, Jorge Luis Borges tenne una *lectio magistralis* nel Colegio Libre de Estudios Superiores di Buenos Aires, pubblicata due anni dopo 7. In quell'occasione, lo scrittore sollevò la questione della tradizione nazionale e offrì una soluzione che è stata la chiave interpretativa dello svilupparsi delle arti

2 *El matadero* (Il mattatoio) è un racconto scritto dall'argentino Esteban Echeverría (1805-1851) tra il 1838 e il 1840. Si inserisce nel filone delle opere di costume. È stato pubblicato postumo nel 1871, vent'anni dopo la morte dell'autore, dalla "Rivista del Rio de la Plata".

3 Cándido López (1840-1902) è stato un pittore argentino famoso per i suoi quadri a soggetto storico sulla guerra della Triplice Alleanza, combattuta tra il 1864 e il 1870 da una coalizione formata da Brasile, Uruguay e Argentina contro il Paraguay.

4 *La vuelta del malón* (Il ritorno del malón) è una tela di grandi dimensioni che rappresenta il tema indigeno in Argentina, opera del 1892 realizzata dall'artista Ángel Della Valle (1852-1903). Appartiene alla collezione del Museo Nazionale delle Belle Arti dell'Argentina.

5 "*Facundo*" o "*Civiltà e barbarie*" è un saggio pubblicato nel 1845 dall'insegnante, scrittore politico ed ex-presidente dell'Argentina Domingo Faustino Sarmiento (1811-1888).

6 *El Gaucho Martín Fierro* è un poema in versi scritto nel 1872 da José Hernández (1834-1886). Ha anche una continuazione, dal titolo *Il ritorno di Martin Fierro*, scritta nel 1879. Dopo la pubblicazione, le due parti sono state riunite sotto il titolo *Martin Fierro*.

7 *El escritor argentino y la tradición* (Gli scrittori argentini e la tradizione) è stata, originariamente, una conferenza tenuta da Jorge Luis Borges (1899-1986) al Colegio Libre de Estudios Superiores di Buenos Aires nel 1951, pubblicata nel 1953 in "Cursos y Conferencias", rivista del Colegio Libre. Nel 1955 è stata pubblicata sulla rivista "Sur" e infine, due anni dopo, è diventata parte del libro di Borges *Discusión*, pubblicato inizialmente nel 1932 e quindi in una nuova edizione nel 1957. Traduzione italiana di Lucia Lorenzini, *Discussione*, Adelphi eBook, prima edizione digitale 2017.

in Argentina: “Qual è la tradizione argentina? Credo che possiamo rispondere facilmente e che non ci siano problemi in questa domanda. Credo che la nostra tradizione sia l'intera cultura occidentale, e credo anche che abbiamo diritto a questa tradizione, più di quanto ne possano avere gli abitanti di una qualsiasi nazione occidentale. [...] Possiamo trattare tutti i temi europei, trattarli senza superstizioni, con un'irriverenza che può avere, e ha già avuto, conseguenze felici. [...] Perciò ripeto che non dobbiamo aver paura e che dobbiamo pensare che il nostro patrimonio è l'universo; sperimentare tutti i temi e non limitarci a ciò che è argentino per essere argentini: perché o essere argentino è una fatalità, e in tal caso lo saremo comunque, o essere argentino è una pura affettazione, una maschera”.

Le insurrezioni popolari determinate dalla rivoluzione cubana in tutta l'America Latina diedero spazio a regimi politici di visione egualitaria. Gli anni sessanta e settanta furono segnati dall'irruzione di figure epiche e tragiche come Ernesto “Che” Guevara o Salvador Allende. L'altra faccia della medaglia furono le dittature militari instaurate nello stesso periodo nel continente. Il terrorismo di stato si concentrò per soffocare qualunque impeto che rappresentasse la possibilità di dar vita a sistemi che organizzassero una vita al di fuori del capitalismo. L'orrore, dalle caratteristiche infernali, con migliaia di morti, torturati e dispersi, fu il metodo che permise anche la naturalizzazione, nel campo culturale, di pratiche di persecuzione ideologica, censura e minacce.

In Argentina il ritorno alla democrazia nel 1983 portò con sé grandi speranze e libertà, segnò la continuazione di politiche neoliberali che si accentuarono durante il decennio successivo e che, infine, perpetuarono il programma economico della dittatura. Questa transizione coincise con la sfiducia della società nei confronti dello stato, percepito allora come inefficace e non necessario, il che condusse all'erosione dei legami comunitari e all'impulso di un'etica liberale individualista. In tale contesto, le produzioni artistiche vissero il sogno effimero della loro iscrizione nel mercato internazionale dell'arte, dovuto, precisamente, alla globalizzazione instaurata dopo la caduta dell'Unione Sovietica, che coronò il dominio del capitalismo in quasi tutto il pianeta.

Le politiche neoliberali degli anni novanta offrivano l'illusione di appartenere allo spazio di circolazione e legittimazione dell'arte mondiale; non senza ingenuità, l'Argentina credeva di inserirsi nel selezionato gruppo di paesi che appartenevano al cosiddetto Primo Mondo. Il sogno fu di breve durata: a dicembre 2001, la nazione si risvegliò violentemente dopo la caduta politica ed economica, un risveglio che mise a nudo la sua condizione di paese precario, con metà della popolazione al di sotto della soglia di povertà, un apparato produttivo devastato e totalmente transnazionalizzato, e un potere statale incapace di onorare i propri impegni. Naturalmente ci furono resistenze, rivolte, picchetti e proteste, con la scia di repressione e morti; in undici giorni, si susseguirono cinque presidenti e tutto quell'orizzonte di felicità affondò in molteplici disastri che raggiunsero la totalità di tutte le funzioni della vita sociale. Paradossalmente, durante gli anni della grande crisi iniziata nel 2001, l'ambito della cultura recuperò qualcosa della sua vecchia volontà dialogica con un forte potenziale critico e riflessivo, soprattutto mediante azioni alternative portate avanti da gruppi indipendenti di artisti e intellettuali, in varie parti del paese. Venivano così rilanciati altri modi di fare e le esperienze estetiche eterodosse erano nuovamente valorizzate.

Negli ultimi due decenni abbiamo assistito a un recupero, passo dopo passo, del ruolo dello stato, anche se con alti e bassi, avanzamenti e arretramenti. Governi di stampi opposti, nonostante tutto e molto lentamente, hanno ricomposto la trama socioculturale. La sequenza storica, che è stata riassunta sopra, si tradusse, nel caso delle produzioni artistiche, in un *locus* di illusioni e sconfitte. Durante lunghi periodi, l'alternanza tra regimi militari e governi democratici, i default sociali ed economici e i cambiamenti di rotta ostacolarono qualunque tipo di sviluppo sostenuto delle produzioni artistiche.

Comunque, nel mezzo della crisi, l'arte è rifugio e laboratorio di idee, come ambito di resistenza, di critica, di denuncia e di utopie. È qui che risiede la sua potenza dirompente. C'è qualcosa nelle opere d'arte che riesce a commuovere le coscienze di un'epoca, un richiamo che si configura come un insolente mistero. Questo qualcosa, questo mistero, è il segno che caratterizza le opere d'arte che fanno epoca nella loro interpretazione della storia che accolgono, anche senza volerlo. Questo qualcosa è direttamente legato alla decisione di dare rifugio alla tragedia e alla volontà di trascenderla, con linguaggi che esprimono il nucleo concettuale che le anima.

Mentre concepiva l'opera che svelava il segreto della merce, quel pugnale che è il plusvalore, conficcato nel cuore del capitalismo, Karl Marx poneva nell'arte un paradosso. La sua riflessione sembrava un po' estemporanea: qual era la rilevanza della questione artistica per la logica economica e il destino della rivoluzione sociale?

Il canone storico che ha istituito nella sua *Introduzione generale alla critica dell'economia politica* 8 del 1857, con il succedersi di fasi di civilizzazione, non si articolava pienamente con la validità che avevano ancora espressioni artistiche nate in epoche già concluse. Nonostante avessero avuto origine in un contesto di condizioni produttive diverse dal capitalismo, non erano state ancora dimenticate. Marx analizzava il paradosso in questi termini: "Come può convivere l'arte greca con la locomotiva e il telegrafo? Sarebbe ancora possibile Achille assieme alla polvere da sparo e il piombo? Oppure l'Iliade con la stampa? La difficoltà non sta nell'intendere che l'arte greca e l'epos sono legati a certe forme dello sviluppo sociale. La difficoltà è rappresentata dal fatto che essi continuano a suscitare in noi un godimento estetico e che, per certi versi, funzionano come una norma e un modello irraggiungibili".

Pochi anni prima, in *Il diciotto brumaio di Luigi Bonaparte* 9, Marx rifletteva sul fatto che le rivoluzioni fanno appello a linguaggi di epoche pregresse, che ringiovaniscono in un presente incapace di identificare il proprio discorso. Queste vesti, che riecheggiano nel presente con un inatteso atavismo, danno nuovo significato all'arte proveniente dal passato.

Forse una risposta possibile alle contraddizioni sollevate è che, anche se portatrice dei segni del periodo che ne ha visto la nascita, del suo linguaggio e di un particolare accadimento storico, l'arte ha la capacità di sopravvivere a tali condizioni e di diventare simbolo non già dell'evento, ma del concetto – il dramma storico – che la anima. *I disastri della guerra* 10, la serie di incisioni che Francisco de Goya realizzò tra il 1810 e il 1815 sul conflittuale processo d'indipendenza spagnola, oppure *Guernica* 11, il capolavoro di Picasso del 1937 sul bombardamento dell'aviazione tedesca sulla cittadina che dà nome all'opera, durante la guerra civile, sono esempi contundenti di questa sopravvivenza, essendo espressioni che sono riuscite ad annullare i limiti temporali e che oggi rappresentano l'orrore di tutte le guerre.

Una delle opere alle origini dell'arte argentina, *Sin pan y sin trabajo* 12, dipinta nel 1894 da Ernesto de la Cárcova, è un'opera fondamentale della collezione permanente del Museo Nazionale delle Belle Arti. Il quadro ritrae un'umile casa operaia, all'interno della quale, seduta attorno al tavolo, c'è una famiglia: una coppia con il figlio piccolo. Dalla finestra, con angoscia e frustrazione, l'uomo osserva alcuni operai che manifestano davanti a una fabbrica, mentre sopraggiunge la polizia a cavallo. Quest'immagine, che mostra una scena tipica dell'Argentina della fine del XIX secolo, ci interroga ancora, approcciando problemi attuali e generalizzati: la povertà, la mancanza di lavoro, la protesta e la repressione. In tal modo, se per un momento ci allontaniamo dal carico semantico che la storia aggiunge a queste produzioni, possiamo percepire che molte altre opere sono un modo di accogliere la tragedia umana. Il potere allegorico non risiede in figure e temi dal senso evidente ma, meglio ancora, avanza come un potente catalizzatore di immagini sepolte nel subconscio collettivo, in opere che sfiorano l'universalità grazie al loro divenire a volte astratto, altre volte simbolico.

Il loro valore, come sosteneva Marx, risiede forse nello sguardo primordiale, nella poetica genuina e nella capacità polisemica che si esprime con la mitologia della congiuntura storica, ma che la rende atemporale e universale.

8 *Introduzione generale alla critica dell'economia politica* del 1857 è un saggio di Karl Marx (1818-1883) che, secondo Althusser, può essere considerato come il "Discorso sul metodo della nuova filosofia fondata da Marx".

9 *Il diciotto brumaio di Luigi Bonaparte* è un saggio scritto da Karl Marx tra il 1851 e il 1852, pubblicato sulla rivista "Die Revolution" a New York.

10 *I disastri della guerra* è una serie di 82 incisioni dell'artista spagnolo Francisco de Goya (1746-1828), realizzata tra il 1810 e il 1815, che ritrae con crudezza l'orrore della guerra. Le stampe illustrano le crudeltà commesse durante la guerra d'indipendenza spagnola.

11 *Guernica* è un dipinto di grandi dimensioni realizzato da Pablo Picasso (1881-1973) a Parigi nel 1937. Il suo titolo allude al bombardamento della cittadina di Guernica, avvenuto il 26 aprile di quello stesso anno, durante la guerra civile spagnola. Il dipinto fu realizzato per essere esposto nel padiglione spagnolo durante l'Esposizione Internazionale di Parigi del 1937.

12 *Sin pan y sin trabajo* (Senza pane e senza lavoro) è un dipinto iconico a tema sociale della storia argentina, realizzato nel 1892 dall'artista Ernesto de la Cárcova (1869-1927). Appartiene alla collezione del Museo Nazionale delle Belle Arti dell'Argentina.

Quel che la notte racconta al giorno amplifica il concetto di arte politica introducendo l'esplorazione di diversi aspetti della produzione artistica argentina in grado di catturare la tragedia storica attraverso linguaggi che la sfiorano e al contempo la esplorano in profondità.

L'esposizione presenta una serie di opere di ventidue artisti argentini che abbracciano un periodo compreso tra la metà del secolo scorso e il presente. Seppur eterogeneo, l'insieme può essere letto come un catalogo di rappresentazioni di varie modalità di critica sociale e di diverse forme di violenza, colte dalla sensibile antenna degli artisti. *Quel che la notte racconta al giorno* è un racconto polifonico e allo stesso tempo il frutto della collaborazione tra chi scrive queste righe e il curatore italiano Diego Sileo. Pertanto è il risultato del dialogo tra due sguardi complementari: quello che, sin dalla stessa scena, interpreta l'intreccio tra arte e storia, e quello che pensa alla produzione artistica argentina partendo da una potente distanza critica e dai suoi legami con i contesti latino-americano ed europeo.

Una serie di opere di Lucio Fontana (1899-1968), artista fondamentale per l'unione tra Italia e Argentina, funge da prefazione alla mostra. Si tratta di tre disegni del 1946, l'anno del suo *Manifiesto Blanco*, realizzati in Argentina, e di un dipinto del 1959, creato in Italia, che integra la sua celebre serie *Concetti spaziali*. Quest'opera testimonia le ricerche spaziali di Fontana, che poi, alla fine degli anni Cinquanta, sarebbero sfociate in quel gesto audace e dirompente caratteristico delle sue opere più rappresentative, dove cercava di andare oltre la bidimensionalità della pittura mediante l'azione di trafiggere e tagliare la superficie della tela.

Creatore dei famosi Vivo-Dito, Alberto Greco (1931-1965) realizzò a Roma, nel corso del 1963, la performance sperimentale *Cristo 63* assieme agli artisti italiani Carmelo Bene e Giuseppe Lenti. Opera sulla crocifissione di Cristo, senza copione, parodiante e delirante, suscitò uno scandalo culminato nell'intervento della polizia e nell'espulsione di Greco dall'Italia. Di quell'esperienza radicale ci sono rimaste solo una serie di fotografie documentali, esposte in questa mostra, e altre due testimonianze del suo passaggio in Italia del 1963: *Albertus Grecus XXIII*, in cui si traveste da suora, e i Vivo-Dito *Untitled, Rome* (Senza titolo, Roma), in cui interviene con i suoi slogan artistici sui muri della città.

Realizzata nel 1965, nel quadro della guerra del Vietnam, *La civilización occidental y cristiana* (La civiltà occidentale e cristiana) di León Ferrari (1920-2013) definisce una combinazione tanto insolita quanto efficace: il montaggio di un Cristo di *santeria* crocefisso sul modello di un bombardamento statunitense. Questo pezzo iconico della produzione dell'artista s'interroga sull'egemonia di una visione cosmica su un'altra, in un esercizio che riflette l'intolleranza e l'autoritarismo.

Liliana Porter presenta due fotografie sperimentali realizzate nel 1973, *Untitled (Porter and Camnitzer with drawings)* [Senza titolo (Porter e Camnitzer con disegni)] e *Untitled (Self-portrait with square)* [Senza titolo (Autoritratto con quadrato)] oltre a una nuova installazione. *La barrendera* (La spazzina, 2023) è una critica acuta della società contemporanea: si tratta di un'installazione pregiata in cui l'artista combina elementi diversi in un suggestivo gioco di scale, con cui crea una scena fantastica e inverosimile.

L'omaggio al Partenone, simbolo universale della democrazia, è l'asse della grande installazione che Marta Minujín ha allestito nel centro di Buenos Aires nel 1983, della quale sono inclusi un video documentale, una serie di fotografie dell'evento e alcuni libri che la integravano. In *El Partenón de libros prohibidos* (Il Partenone dei libri proibiti), le pietre che costituiscono il tempio più importante di Atene sono sostituite da libri censurati durante la dittatura militare che rimase al potere in Argentina tra il 1976 e il 1983.

Nel 1993 Liliana Maresca (1951-1994) pubblicava sulla rivista "El Libertino" la performance fotografica *Maresca se entrega todo destino* (Maresca si abbandona al destino), una serie di immagini che la mostrano seminuda e che recano stampato il suo numero di telefono. Un gesto contundente ed estremo, con cui l'artista trasforma il suo corpo in merce.

Sulla facciata dell'edificio dove avviene l'esposizione, *Vendesi* (2023), l'opera di Leandro Erlich, accoglie il pubblico: un cartello di grandi dimensioni che annuncia la messa in vendita dell'immobile. Il discorso ironico di Erlich denuncia un tipo di violenza esteso, nel momento attuale: la perdita degli spazi comunitari e collettivi a favore della logica dell'utile e del mercato.

Con la sua opera monumentale *site-specific, Precipitar una especie* (Precipitare una specie, 2023), allestita all'aria aperta, Matías Duville intreccia il naturale e l'artificiale. Un'enorme scultura metallica, la cui materialità può denotare tanto il passare del tempo come un'utilità persa, è schiacciata e deformata da grandi pietre. Da questa struttura, la vita rinasce sotto forma di piante, rendendo tangibile la lotta costante tra la natura e l'azione antropica.

Mariela Scafati presenta *Cuántos cuerpos somos cuando te toco* (Quanti corpi siamo quando ti tocco, 2023), una grande installazione *site-specific* composta da svariati dipinti monocromatici, articolati tra loro e con l'architettura dello spazio mediante corde e pulegge. Con la disposizione e la possibilità di movimento, l'artista propone diverse maniere di percepire la sua opera, solo apparentemente astratta. I dipinti, il colore scelto e le corde rimettono a posizioni sociopolitiche in conflitto, come i diritti delle diversità e della comunità LGBTQI+.

Muri ricoperti con fotografie di bocche spalancate che sembrano gridare costituiscono l'installazione *Bocanada* che Graciela Sacco (1956-2017) ha presentato sin dal 1993, a volte illegalmente, in ambienti chiusi e all'aria aperta di diverse città. Sono le bocche silenziose degli emarginati, degli immigrati, degli sconfitti dal sistema, di tutti coloro che hanno perso la loro voce.

Nuestra estrella se agotó (La nostra stella si è spenta, 2023) è un'installazione *site-specific* creata da Eduardo Basualdo. Quest'opera monumentale, realizzata con materiale fragile e leggero, consiste in un paesaggio roccioso abitato da corpi la cui presenza imponente – che si suppone durevole – si oppone alla fragilità della struttura, che l'osservatore può percepire solo in determinati punti dell'opera e che sconfessa l'impressione iniziale. L'artista crea una realtà singolare, situata tra l'onirico e il reale.

Disponendo un insieme di elementi organici in un freezer domestico, Adrián Villar Rojas compone una natura morta congelata. In tal modo, espone l'idea della finitezza dell'esistenza, il destino umano di deterioramento e degradazione e il tentativo futile di lasciare nel mondo una traccia durevole. Per l'occasione, realizza specificamente *Untitled XI* (Senza titolo XI, 2023), della serie *Rinascimento*, che allude, allo stesso tempo, al periodo storico-artistico nonché alla volontà umana di sconfiggere la morte.

En el sexto día (Il sesto giorno, 2004), la serie fotografica di Alessandra Sanguinetti, vita, morte e violenza dell'ambiente rurale argentino sono esposte con crudezza. Le condizioni di vita nei campi – lontano da *cliché*, cartoline bucoliche e una placidità idealizzata – mettono in evidenza il proprio lato selvaggio, con queste opere che diventano un prodigio di rude poesia.

La videoperformance *Trilogía pandémica* (Trilogia pandemica, 2021), di Mariana Bellotto e del Grupo Performático Sur (GPS), rivela un universo degradato e contaminato in cui le procedure e le misure di protezione occupano la scena in modo rilevante e, allo stesso tempo, assurdo. L'artista e il suo gruppo presentano inoltre *Mundo de mierda* (Mondo di merda, 2023), una performance sviluppata durante l'inaugurazione della mostra, in cui gli interpreti manipolano blocchi di ghiaccio come in un gioco di tensione tra ciò che è permanente e ciò che è passeggero.

L'impossibilità e l'assurdo sono l'asse dell'installazione *Beehive* (Alveare, 2013), di Jorge Macchi. Una ventina di ventilatori da soffitto, disposti in modo che il loro normale funzionamento sia impossibile, rappresentano, con quest'intreccio, una sorta di alveare. L'opera è completata dal suono di un ronzio, che contraddice l'immobilità visuale.

Nicolás Robbio presenta il video *Los de arriba los de abajo los buenos los malos* (L'alto il basso il buono il cattivo, 2011) e le opere *Bozal* (Museruola, 2011) ed *Estudio de tensión* (Studio della tensione, 2010). Questi tre lavori, con forte connotazione concettuale e immaginaria, sono integrati da elementi di uso quotidiano (una griglia, una corda, chiodi, piombini, un'ascia, una sega) che assumono nuovo significato grazie a minime azioni, disposizioni nello spazio o interventi, generando punti di vista innovatori e riflessioni su aspetti sociali e politici.

Il parallelismo tra la propaganda dell'ultima dittatura militare in Argentina e quella del nazismo è il tema di *Ceremonia Nacional* (Cerimonia nazionale, 2016) di Adriana Bustos. In questa videoinstallazione, l'artista fa dialogare immagini dell'inaugurazione dei Mondiali di Calcio del 1978, organizzati in Argentina, e frammenti del documentario *Olympia*, della cineasta tedesca Leni Riefenstahl, sulle Olimpiadi del 1936 a Berlino.

In *Doscientos pesos fuertes* (Duecento pesos fuertes, 2010-2023), Cristina Piffer lavora sull'immagine di una banconota argentina del 1869, illustrata con ovini e bovini. Si tratta di una serigrafia realizzata con sangue bovino disidratato, sparso anche sul pavimento della sala. Con quest'opera Piffer riflette sullo sterminio – nel sangue e nel fuoco, in nome della civilizzazione – dei popoli autoctoni che abitavano il territorio dell'Argentina nel XIX secolo.

Miguel Rothschild presenta due serie di fotografie con interventi materiali, con cui l'artista sottolinea l'artificio delle immagini. *Atrapasueños* (Acchiappasogni, 2014) riunisce foto caratterizzate da costruzioni precarie localizzate in insediamenti di Buenos Aires. Il vetro di protezione di ogni pezzo è stato frammentato seguendo il tracciato dei cavi delle installazioni elettriche irregolari riportate dalle immagini. Con la seconda serie, sviluppata durante la pandemia e intitolata *Burned* (Bruciate, 2020), Rothschild interviene su fotografie di cieli illuminati con numerose bruciature che forano la carta e creano una texture che sottolinea la drammaticità delle inquadrature.

Una sala bianca, coperta dal pavimento al soffitto da enormi superfici nere: si tratta dei disegni testuali di Ana Gallardo, *Caníbal* (Cannibale) e *Retén* (Ferme, 2018), realizzati a carboncino su carta. Sono oscuri, impenetrabili, opachi, imperscrutabili, simbolo di tutto quello che non si può esprimere. In ognuno di essi, l'artista rivela frammenti di testimonianze drammatiche sulla violenza perpetrata contro le donne, raccolte in America Centrale.

Juan Sorrentino propone l'installazione *Ashes to Ashes* (Cenere alla cenere, 2023), costituita da cubi con dispositivi sonori e una serie di meccanismi elettronici che movimentano tronchi bruciati e generano sequenze cinetiche, segni sulle pareti, residui accidentali e rumori casuali. Una dinamica che si rivela inutile, assurda, ripetitiva, insistente, ma che, allo stesso tempo, crea un clima di sincronia poetica tra il disegno, il movimento e il suono.

Nel video *Fly with Pacha* (In volo con Pacha) Saraceno, co-autore insieme a Maximiliano Laina, documenta un'azione artistica-scientifica portata a termine nelle Grandi Saline del nord-ovest argentino: il volo di un pallone aerostatico che non utilizza carburante, ma che funziona grazie all'energia solare. Con il suo lavoro, l'artista evidenzia l'importanza di cercare alternative creative e sensibili per proteggere l'ambiente. Presenta anche l'opera *Spider/Web* (Ragno/Ragnatela), una rete tessuta da merlettaie del nord-ovest argentino, con cui mette in relazione la tradizione artigianale con le sue opere, esperienze e installazioni realizzate con ragnatele.

Consapevole dell'impossibilità di costruire un racconto lineare della storia, il percorso attraverso le diverse poetiche personali di *Quel che la notte racconta al giorno* mette in risalto la genialità degli artisti prescelti nell'osservare e analizzare la società da un approccio critico, intimista e originale. L'insieme enfatizza e moltiplica l'idea di una società modellata attraverso episodi di violenza e ingiustizia, ma che, allo stesso tempo, ha dimostrato sensibilità e reazione. Una società tanto scomoda quanto mobilitata, contestatrice e audace, che non ha mai perso, neanche nei suoi momenti più tragici, la sua capacità critica, l'ironia, l'inventiva e persino l'umorismo corrosivo.

La violencia está por todas partes

Diego Sileo

> "La violencia está por todas partes, omnipresente y multiforme: brutal, abierta, sutil, insidiosa, disimulada, racionalizada, científica, condensada, solidificada, consolidada, anónima, abstracta, irresponsable." [1]
>
> – Juan Carlos Romero, 1973

Prima di parlare della violenza raccontata dall'arte occorre specificare e approfondire alcuni concetti che la definiscono. Allo stesso tempo, si devono distinguere i diversi tipi di violenza, oltre a differenziare la nozione in termini individuali, sociali e politici. In generale, si tratta di un comportamento inerente agli esseri umani, una condizione esercitata singolarmente o collettivamente. Può essere una caratteristica dell'espressione di gruppi sociali, come risposta o protesta al potere delle forze dello Stato, o come azione di gruppi organizzati per esercitare forza e pressione contro altri gruppi. La presenza costante di questo comportamento in tutte le azioni umane rivela che è una parte degli individui, è un atto umano che, se analizzato a partire dalle sue radici linguistiche, lo ritroviamo nella sua definizione polisemica, dal tedesco, di *Gewalt*: potenza, forza ed energia. In questo senso, voler eliminare la violenza è una contraddizione in termini, poiché alla fine per eliminarla si utilizzeranno gli stessi strumenti che l'hanno innescata. Il filosofo Eduardo Maura Zorita, nell'introduzione alla *Critica della violenza* di Walter Benjamin, sottolinea questo doppio significato della parola nella lingua tedesca: "Benjamin, fin dall'inizio, invita alla cautela: il titolo stesso obbliga a una doppia lettura. *Gewalt*, in tedesco, significa sia "violenza", nel senso enfatico, sia "potere", nel senso di potere costituito" [2]. La descrizione di Benjamin di questa condizione affonda le sue radici nello studio della violenza della legge, quella dello Stato. I contributi di Benjamin vanno, del resto, nella direzione dello smantellamento della violenza sia come mezzo sia come fine, in una discussione che vuole essere una risposta alla visione kantiana, cioè alla violenza che giustifica i mezzi per raggiungere giusti fini. Da ciò consegue una profonda analisi del rapporto della violenza con il diritto e la giustizia. Per quanto riguarda il diritto, è chiaro in primo luogo che ogni ordinamento giuridico si fonda sul rapporto più elementare tra fini e mezzi. In secondo luogo è altrettanto chiaro che la violenza può trovarsi solo nell'ambito dei mezzi e non dei fini. In questo suo testo Benjamin non affronta la questione dell'arte. L'esclusione del tema artistico, e anche del tema estetico, può essere a sua volta oggetto di una domanda critica. Una spiegazione immediata direbbe che Benjamin risponde alle urgenze del momento storico, in particolare lo sviluppo del nazismo, la

1 "La violenza è ovunque, onnipresente e multiforme: brutale, aperta, sottile, insidiosa, nascosta, razionalizzata, scientifica, condensata, solidificata, consolidata, anonima, astratta, irresponsabile". Juan Carlos Romero scrisse questa definizione nel catalogo della mostra nella quale fu allestita per la prima volta la sua installazione *VIOLENCIA* (Centro de Arte y Comunicación de Buenos Aires, aprile 1973).

2 Walter Benjamin, *Crítica de la violencia*, (a cura di) Eduardo Maura Zorita, Biblioteca Nueva, Madrid 2010.

persecuzione e repressione dei movimenti operai, così come le conseguenze ambientali e politiche della prima guerra mondiale, motivo per cui il fulcro delle sue analisi sarebbe offrire elementi per comprendere questi processi storici.
Credo però che questo non sia il motivo di tale esclusione, perché sebbene il suo lavoro eserciti un indubbio potere interpretativo sul contesto, non si tratta di una riflessione ciclica. Benjamin qui svolge un lavoro filosofico penetrante che va oltre le condizioni del momento e che cerca piuttosto di chiarire, in uno sguardo globale e sottile, la sostanza della questione della violenza, soprattutto davanti agli sguardi ingenui che la concepiscono in un ordine naturalistico (venale o reattivo) come mezzo per "assicurare direttamente un desiderio discrezionale".
Secondo la mia opinione il motivo per cui non compare una critica alla violenza nell'arte risiede in una considerazione epistemologica: la violenza che affronta è fondatrice e conservatrice del diritto (ovvero il carattere irriducibilmente violento della legge) e l'arte non viene vista da Benjamin in questo modo. Esiste un secondo modo di riferirsi alla questione: il *logos* che originariamente rivela la violenza nell'atto puro, la razionalità che lì scopre la potenza di un dispositivo teleologico, è per Benjamin di natura politica. Detto dispositivo potrebbe emergere da altre razionalità, potrebbe ammettere varie ramificazioni, tra le quali quella del *logos* estetico, ma questo punto non viene ripreso da Benjamin probabilmente perché per lui non è fondatore di diritto, o lo è solo in un senso del tutto peculiare e non come diritto politico.

Nella storia dell'arte possiamo individuare momenti particolari, progetti singolari, in cui la violenza è visualizzata non solo come oggetto di rappresentazione o elaborazione estetica, ma come forza di tale elaborazione, e anche come forma che incoraggia l'esercizio simbolico della forza politica. Nell'arte opererebbe quindi, in certi momenti, una combustione violenta e produttiva che richiede non solo una delucidazione epistemica, ma anche etica e politica; non solo, è anche possibile formulare una domanda nella direzione del primo significato che Benjamin assegna alla violenza: se l'arte sia in grado, con la propria forza estetica, di produrre una sorta di crepa in quell'ordinamento giuridico che raccoglie e coagula in sé ogni possibile violenza.
Le due domande si dispongono su diversi poli della questione: la prima si interroga sulla possibilità di un *logos* della violenza nell'arte e la seconda sulla possibilità dell'arte come forza dirompente sulla forma giuridica. Provo a rispondere a queste due domande, ma anticipo che la risposta alla prima questione è che l'arte ha effettivamente coinvolto, in tempi diversi, un *logos* della violenza in due modi: una semiosi estetica della violenza per la sua rappresentazione e una combustione della violenza come energia estetica (euristica e poetica). La risposta alla seconda domanda è che l'arte non partecipa come forza violenta che polverizza il diritto per instaurare un nuovo diritto. Non perché l'arte sia priva di qualsiasi potere violento, ma perché la sua violenza ha un carattere diverso. Il suo potere, che può essere utilizzato politicamente, oppure può acquisire un segno politico, non ha l'eziologia di minare l'ordinamento giuridico, ma ha la natura dell'agire riguardo a un altro codice: quello estetico. È un'analogia della violenza distruttiva/fondatrice della legge: appare in certi momenti come violenza estetica, cioè irruzione su forme consolidate per disattivarle, o addirittura distruggerle, rendendole insensate, al punto da stabilire nuove forme, una nuova estetica.
Ma è anche, in un altro senso, una forza che irrompe nella legge come interrogazione poetica che ne rende visibile la violenza. La sua forza d'irruzione risiede nella produzione di un'innervazione capace di contribuire allo schiarimento di fantasmi e incantesimi che l'intreccio economico-giuridico instaura, in particolare, nel mondo moderno. È un tema capitale per l'arte. Non c'è solo una componente di fascino e interesse artistico per la violenza, mostrata in una serie infinita di approcci alle situazioni e condizioni umane in cui si verifica, ma una necessità nell'affrontare la sua forma e il suo significato. Al suo livello più visibile, l'arte affronta la forma della violenza nei suoi gesti e nelle sue fattezze, nei suoi gradienti plastici e nelle sue apparenze, nella sua sordidezza cromatica o nella sua drammatica iridescenza.
Si tratta di un'analisi della situazione, delle condizioni esistenziali, ma anche della ferita, della violazione, dello smantellamento. Il *logos* della violenza nell'arte risulta essere una modalità di elaborazione estetica e allo stesso tempo una forma di chiarificazione dell'azione.
Quando rispecchia l'azione violenta, l'arte è l'elaborazione estetica di immagini che necessariamente diventano problematizzate.
L'arte non produce mai una replica dell'azione violenta, il suo segno è elaborazione, lavoro simbolico, interpretazione, anche nei realismi.
Si potrebbe considerare, nonostante quanto detto, la questione se l'immagine della violenza nell'arte non sia violenza in sé. La risposta è complessa, in linea di principio dobbiamo dire che non è così, ma sono necessarie delle considerazioni più sottili. Una prima risposta potrebbe sostenere che l'azione violenta si inserisce nell'ordine dei fatti, mentre l'arte nell'orizzonte del simbolico. Dobbiamo però subito considerare che i limiti tra ordine fattuale e ordine simbolico sono deboli, in qualche modo i segni costituiscono delle azioni sociali e l'azione sociale è simbolica. Tuttavia,

ad esempio, è indubbia la differenza tra l'immagine del corpo violato e quella del corpo di fatto violato. Il problema è che certa poetica artistica lavora con corpi viventi sui quali esercita un'azione violenta non più puramente simbolica, ma reale (che, a sua volta, vuole diventare simbolica), come in alcune azioni di body art; ma potremmo ammettere che questo tipo di produzione artistica è relativamente eccezionale e la regolarità dell'azione artistica sulla violenza è l'elaborazione segnica, più propriamente interpretazione estetica di fronte a un atto storico, mitico o puramente immaginario. La sua differenza con l'immagine che la violenza emana nel suo esercizio risiede nel fatto che l'immagine artistica non è un'immagine intimidatoria, non ha né la forma né lo scopo di spaventare chi la vede, cerca forse di produrre shock o esperienza estetica, magari nell'ordine del sublime, ma non persegue lo scopo di intimidire per ottenere sottomissione, obbedienza o qualsiasi altro tipo di risposta specifica.

L'azione simbolica (non fattuale) dell'atto violento implica la riconfigurazione del sistema di relazioni intersoggettive e sociali in cui si dispiega. La questione allora è se la rappresentazione violenta nell'arte possa essere descritta in termini di "violenza simbolica", come se in essa potesse operare un dispositivo di coercizione semiotica di qualche tipo. Come prima cosa dobbiamo dire che l'immagine artistica della violenza non costituisce una forma di violenza simbolica. Come abbiamo sottolineato, l'immagine artistica non sembra essere un segno di dominio con lo scopo di dissuadere i suoi destinatari, l'ordine estetico non è il campo del politico e sembra addirittura sottrarsi alla funzione ideologica, se ci atteniamo a una concezione tradizionalista o formalista. Ciò implica distinguere tra l'immagine che elabora, che lavora poeticamente la violenza, e l'immagine postulata che costituirebbe essa stessa una forza di violenza simbolica, ma alcune condizioni storiche possono stabilire forme di usufrutto e di produzione artistica catturate nella logica della violenza simbolica: ne *L'opera d'arte nell'epoca della sua riproducibilità tecnica*, 1936, Benjamin coglie questa logica nella produzione estetica del nazismo quando ne coopta e produce gli effluvi artistici. L'estetica nazista fu creata con un inconfutabile interesse propagandistico di alimentare nelle masse l'immagine della grandezza, dell'eroismo e della supremazia ariana e il suo disprezzo e intimidazione nei confronti dei popoli che consideravano inferiori. L'arte che esercita la rappresentazione come violenza di imposizione, coercizione e impianto è un'arte che palesa una natura di potere; ma allo stesso tempo, questa condizione di prossimità potere/arte mostra una concezione metafisica dell'arte: come essenza senza tempo capace di proiettarsi nell'eternità. Questione che si rimarca in un'ulteriore tesi: il potere implica probabilmente una volontà di controllo e di limitazione dell'euresi dell'arte, in due sensi: per la necessità di estinguere l'arte che lo contraddice (perché ha una strana paura della sua atemporalità e della sua capacità di rivelare il vuoto logico e l'inutilità su cui esso si basa), e anche per l'ambizione di produrre una semiosi che lo perpetui. L'ambizione del potere sull'arte è l'ambizione di codificarsi all'infinito, di fissare la sua forma nel tempo come un segno indelebile. Questa ambizione è possibile sull'illusione dell'atemporalità dell'arte. Si fonda su una concezione metafisica della creazione e su ontologia invariabile della poiesis. Quindi, la possibilità di fare una distinzione tra gli ordini del *logos* della violenza nell'arte come semiosi poetica della violenza e come dispositivo semiotico per esercitarla è possibile solo in una visione capace di comprendere sia l'orizzonte storico in cui l'arte viene prodotta e utilizzata sia la natura pragmatica di funzionamento della sua forma e del suo significato.

Il sociologo norvegese Johan Galtung propone che la violenza sia divisa in "violenza diretta", "violenza culturale" e "violenza strutturale", ognuna delle quali occupa un punto di un triangolo raffigurato come se fosse un iceberg la cui estremità superiore rappresenta quella diretta, quella che è visibile, la più evidente delle tre, quella aggressiva, grottesca, l'aggressione fisica e verbale [3]. Una linea attraversa orizzontalmente il triangolo, fingendo di essere il livello che divide l'esterno dal profondo, il visibile dall'invisibile, poi, sotto quel livello c'è la violenza invisibile, ambigua, e poi ci sono le altre due punte del triangolo in cui si collocano la "violenza culturale" e la "violenza strutturale". Quella culturale è contestualizzata da circostanze legittimate dai propri costumi, dalla religione, dalla filosofia, dalla scienza, dal diritto o dall'arte. Ha connotazioni simboliche ed è accettata in un gruppo sociale. Si verifica tra gruppi che si identificano attraverso le loro pratiche. Gli atti violenti vengono commessi in nome della fede, o in nome dell'arte, o della creazione, o della scienza. La "violenza culturale" è il caso, ad esempio, dei test nucleari

3 Sull'argomento: Richard F. Mollica, *Le ferite invisibili. Storie di speranza e guarigione in un mondo violento*, Il Saggiatore, Milano, 2007; Adriana Cavarero, *Orrorismo. Ovvero della violenza sull'inerme*, Feltrinelli, Milano 2007.

o delle esplosioni in mezzo all'oceano, in nome della ricerca, o degli esperimenti sugli animali in nome della scienza. Quella strutturale è la più terribile perché è ciò che sostiene un discorso di stratificazione sociale per cui diventa impossibile soddisfare i bisogni di un gruppo o di un altro. Questa forma è propria delle società che hanno stabilito leggi e consuetudini strutturali quasi sempre a favore del potere dello Stato, consuetudini sociali che hanno creato categorie e condizioni impossibili da infrangere e che, in questa impossibilità di dare risposte alla società, diventano una forma di violenza non facile da individuare. Questa è presente nei luoghi di potere, è manipolativa, favorisce i gruppi politici e generalmente agisce contro i più deboli, è una forma di controllo sostenuta da leggi, per metterla in discussione o combatterla è necessario creare riforme drastiche o importanti movimenti sociali. La "violenza diretta" è spesso una conseguenza delle altre due che sembrano invisibili.

Sempre sul tema, ne *La visione di parallasse* il filosofo Slavoj Žižek propone il termine greco παράλλαξις (parállaxis) per riferirsi al cambiamento del punto di vista dell'osservatore. In termini di ottica e astronomia, la "parallasse" si riferisce allo spostamento apparente dell'oggetto osservato quando cambia la posizione dell'osservatore. La nozione di "gap di parallasse" salva la visione del materialismo dialettico nella prospettiva di Žižek, della tensione che si forma tra il punto in cui si trova l'osservatore e l'oggetto osservato. In qualche modo significa considerare l'alterità, la differenza tra due. La visione della parallasse è una lettura rinnovata della realtà, in questo modo ci si muove attraverso la parallasse filosofica, scientifica e politica per analizzare aspetti sociali riferiti alle differenze, al razzismo o ad altre problematiche. Mi sembra importante ritornare su questi concetti per l'analisi della visione artistica che ci riguarda, poiché nell'arte l'"errore di parallasse" è certamente una condizione intrinseca, è un'allusione allo sguardo particolare dell'artista che attraverso la sua pratica cattura nelle sue opere gli avvenimenti del reale. La teoria della parallasse di Žižek è una metafora della visione soggettiva da parte dell'artista, se così si può dire, del suo stile [4]. "Il Reale parallattico si contrappone così alla tradizionale nozione (lacaniana) del Reale come ciò che 'ritorna sempre al suo posto', come ciò che in tutti gli universi (simbolici) possibili rimane costante: il Reale parallattico è piuttosto ciò che rende conto della moltitudine di manifestazioni dello stesso Reale sottostante" [5].

Da questo momento in poi è quindi possibile riflettere sull'aggiornamento di queste nozioni. È davvero difficile individuare la cosiddetta violenza invisibile o simbolica? La questione è diventata sempre più attuale ed evidente, tanto che non smettiamo di vedere e ascoltare le voci degli analisti che traggono conclusioni e dibattono. Ci sono stati molti movimenti, artistici e non, che ci hanno costretto a guardare alle forme violente della vita quotidiana e alle sfumature di questo fenomeno. Diventiamo osservatori mediatici della violenza, soprattutto a causa di pratiche abituali e sempre più comuni, come la frequenza delle scomparse di politici e cittadini, dei femminicidi, degli omicidi di donne, che sono evidentemente il risultato della terribile violenza di genere, della misoginia e della discriminazione, della violenza domestica, forse il risultato della cultura patriarcale in cui viviamo. Azioni innescate dalla disuguaglianza, dalla libera espressione di opinione o dalla denuncia di atti di ingiustizia sociale. Sembrerebbe che stia diventando sempre più facile individuare la violenza. Tuttavia, è necessario segnalarla in ogni sua presentazione e renderla pubblica. È un obbligo smontarla e tracciarne gli assi. Come lo è anche elaborare soluzioni a partire dalla nostra pratica, dal nostro linguaggio: individuare le forme dannose dei gruppi di potere e proporre nuove possibili vie proprio a partire dall'arte. Gli scenari latinoamericani permettono di tracciare un quadro sociologico e storico abbastanza definito sulla violenza, consentendo di individuare i fattori che la favoriscono (l'indifferenza internazionale, ad esempio) e il ruolo delle ideologie (prima fra tutte quella dell'identità: materia prima di una retorica del "noi", la cui purezza deve essere affermata e difesa contro "un altro" di volta in volta percepito come minaccioso, sospetto, o semplicemente in eccesso). Charles Merewether rimanda all'esperienza emisferica della colonizzazione quando puntualizza che "gli artisti e gli scrittori del Centro e del Sud America hanno spesso parlato del trauma della deterritorializzazione, riflesso nei racconti di un'espulsione violenta dalle loro terre e nella cultura della schiavitù coloniale" [6]. Merewether sostiene che la storia politica di questo continente debba essere informazione per qualsiasi

4 Slavoj Žižek, *La visione di parallasse*, Il nuovo melangolo, Genova 2013.

5 Slavoj Žižek, *op. cit.*, p. 42.

6 Charles Merewether, "Displacement and the Reinvention of Identity", in *Latin American Artists of the Twentieth Century*, Museum of Modern Art, New York 1993, p. 146.

interpretazione o analisi degli artisti latini. Si tratta quindi di andare verso un'accezione più ampia della nozione di deterritorializzazione, enfatizzando l'uso che Gilles Deleuze e Félix Guattari [7] danno al termine e che, come spiega Karen Kaplan, indica "la dislocazione di identità, persone e significati che è endemica al sistema mondiale postmoderno" [8].

Quindi quale capacità politica ha l'arte? In che modo gli artisti dovrebbero affrontare l'ingiustizia e la violenza? Nel 1965 León Ferrari rispose chiaramente a queste domande: "L'arte non sarà bellezza o novità; l'arte sarà efficienza e agitazione". E nello stesso anno espresse le sue convinzioni in un controverso lavoro – *La civilización occidental y cristiana* – che consiste in un modello di due metri di un aereo bombardiere dell'aeronautica americana orientato verso il basso in modo da sostenere un Cristo crocifisso. Un'opera definita da Andrea Giunta una "immagine-manifesto" che combina icone di guerra e religione in maniera provocatoria [9]. Con l'intento di scagliarsi contro l'ipocrisia dei valori cristiani, Ferrari aveva creato un confronto/scontro fra la cronaca, la storia e la storia dell'arte in un'immagine che ingloba la violenza a proprio favore, inserendola come forma di trasmissione concettuale. Questa assunzione come modo di agire sullo spettatore e come fattore costruttivo divenne una caratteristica primaria di gran parte dell'avanguardia degli anni sessanta, fondamentalmente quella che proponeva un'arte dell'azione, mirata principalmente all'evento e all'intervento rispetto alla materialità dell'opera. La scoperta di questa "immagine-manifesto" come risultato della "efficacia" del lavoro artistico implica la volontà di sfidare il pubblico, non dai margini, ma facendo appello alle masse. Il tono invettivo della sua poetica non fa distinzioni né riserve. Il lavoro di Ferrari, poliedrico e impegnativo, resiste a una lettura lineare e alle tradizionali categorizzazioni di campo dell'arte. La sua produzione complessa può essere vista come un pendolo tra la decodificazione della violenza e l'esplorazione ludica nei limiti del significato. Nonostante la sua apparente eterogeneità, mantiene un'organicità e una musicalità in serie che si ripetono, si riformulano, si sovrappongono e si contaminano le une con le altre, sfidando quelle problematiche sociali e politiche che egli stesso affrontò in prima persona per tutta la sua vita. Prima di concepire l'arte come pratica ristretta, mirata a un'élite, Ferrari sviluppò fin dall'inizio l'idea di una "arte dei significati" (titolo di un suo saggio del 1968) [10], basata su una sperimentazione estetico-politica socialmente significativa, per rivolgersi ad un pubblico più ampio. Le sue parole a proposito dello scandalo e del clamore che suscitò l'opera qui in mostra chiariscono più d'ogni altro ciò che ha mosso la sua pratica artistica: "Tutto ciò che chiedo all'arte è che mi aiuti a dire quello che penso con la maggior chiarezza possibile, a inventare i segni visivi che mi permettano di condannare le barbarie dell'Occidente nel modo più efficace. È possibile che qualcuno mi dimostri che questa non è arte; non avrei nessun problema, non cambierei strada, mi limiterei a cambiargli nome: cancellerei arte e la chiamerei politica o altro" [11]. Nel 2007 l'artista, oramai ottantaseienne, vinse il Leone d'Oro per la forza comunicativa con cui aveva rievocato l'oltraggio e il terrore della storia presente e passata.

Non lontana dall'attitudine di Ferrari, si inserisce la performance teatrale *Cristo 63* di Carmelo Bene con l'artista Alberto Greco e il musicista Giuseppe Lenti, andata in scena il 4 gennaio 1963. Ci accorgiamo infatti che la tensione verso una violenza simbolica esplode proprio perché la percezione visiva (della realtà e del teatro) è scritta dentro un'allegoria moderna, in una dialettica eccentrica tra quanto è figurato nell'espressione, le intenzioni soggettive che l'hanno prodotto e i suoi autonomi

7 Il termine ha trovato una peculiare applicazione nella filosofia di Gilles Deleuze e Felix Guattari, in particolare nell'opera *Millepiani*, 1980, in cui il concetto di deterritorializzazione caratterizza il corpo senza organi nel suo farsi, dal punto di vista delle relazioni sociali, storiche ed economiche.

8 Karen Kaplan, "Deterritorializations: The Rewriting of Home and Exile in Western Feminist Discourse", in *Cultural Critique*, n. 6, University of Minnesota Press, Minneapolis 1987, p. 188.

9 Andrea Giunta, *León Ferrari: retrospectiva. Obras 1954-2006*, Centro Cultural Recoleta, Buenos Aires, 2006, p. 376. Cfr. anche: Andrea Giunta, *El caso Ferrari*, Ediciones Licopodio, Buenos Aires 2008.

10 *El arte de los significados*: testo elaborato da León Ferrari per essere discusso ne El Primer Encuentro Nacional del Arte de Vanguardia (Rosario Argentina, 1968).

11 Daniel Link, "León Ferrari, la experiencia exterior", in *León Ferrari. Brailles y Relecturas de la Biblia*, Malba – Fundación Costantini Museo de Arte Latinoamericano de Buenos Aires, Buenos Aires 2012, p. 11.

significati. Lo spettacolo-omaggio a Joyce *Cristo 63* fu annunciato dallo slogan *Arte-Vivo*, coniato da Greco per indicare un'arte esposta all'imprevisto del reale. Greco era un pittore e poeta esponente dell'Informalismo argentino, il movimento artistico nato negli anni Cinquanta a Buenos Aires nel contesto di quell'atteggiamento creativo che interessò, a partire dal secondo dopoguerra, anche il Nord America, l'Europa e il Giappone. Si trattava di un fenomeno capace di comprendere molteplici declinazioni (dall'action painting di Pollock alla pittura spaziale di Lucio Fontana, alle performance gestuali-segniche del gruppo Gutaj) in nome di un'arte libera da schemi e strutture significanti. Greco aveva già esposto alcune sue opere sia in patria sia in Francia, dove aveva vissuto due anni prima di trasferirsi a Genova nei primi anni Sessanta. Nella città ligure scrisse un primo breve manifesto con cui tappezzò le strade cittadine nel luglio del 1962 per annunciare i principi di un nuovo modo di concepire il fatto artistico: "l'arte-vivo è contemplazione e comunicazione diretta. Vuol finire con la premeditazione che significa galleria e mostra. Dobbiamo metterci in contatto diretto con gli elementi vivi della nostra realtà: movimento, tempo, gente, conversazioni, odori, rumori, luoghi, situazioni" [12]. *Cristo 63* era uno spettacolo senza copione e molto improvvisato. Si andava in scena alla prima, salvo alcune idee pre-determinate che costituivano il soggetto o un accenno di trama abbozzata. Un happening provocatorio quindi, tra il derisorio e il blasfemo. E nonostante la locandina avesse annunciato che lo spettacolo sarebbe andato in scena "da" venerdì 4 gennaio 1963 all'interno del Laboratorio Teatro in Via Roma Libera al civico 23, ci fu una sola rappresentazione. Esattamente venerdì 4 gennaio del 1963. La pièce venne filmata dal regista Alberto Grifi con due macchine da presa. Il fotografo di scena fu un giovane Claudio Abate. Lo spettacolo si soffermava sugli ultimi momenti della vita di Gesù Cristo: l'Ultima Cena, il tradimento da parte di Giuda Iscariota che lo vende ai messi del Gran Sacerdote, il quale, dopo aver giudicato un bestemmiatore, lo manda dai Romani. Il fedele Giovanni, il più giovane tra gli Apostoli, Maria e la Maddalena seguono Cristo nel suo processo sino alla flagellazione e alla morte per crocifissione. La parte di Cristo se la assegnò Carmelo Bene, quella di Giovanni Apostolo invece fu affidata ad Alberto Greco e quella di Giuda a Giuseppe Lenti. "Siccome non avevamo legno – dichiarò Greco – Carmelo ruppe tutti gli armadi dei camerini e con questi grandi pali lui stesso si fabbricò la croce." Arrivò la polizia. Il Teatro Laboratorio fu chiuso, Greco arrestato e invitato a lasciare l'Italia. Per Bene iniziò un lungo processo con l'accusa di atti osceni in luogo pubblico che si risolse poi con la piena assoluzione [13]. Del video che Grifi girò quella sera non resta nulla (probabilmente distrutto dopo il sequestro dalla magistratura di tutto il materiale audiovisivo relativo allo spettacolo), mentre le nove immagini sopravvissute di Abate (esposte in mostra) restituiscono tutta la forma spaziale di quel leggendario *Cristo 63*.

Lucio Fontana, tornato in Argentina nel 1939, vi resterà fino al 1946, lavorando soprattutto a Buenos Aires. Nell'ultimo anno della sua permanenza a Buenos Aires elaborò con un gruppo di allievi della Scuola di Altamira il "Manifiesto Blanco", espressione delle ricerche da lui condotte in quegli anni verso inedite forme di linguaggio. Successivamente, dall'Argentina all'Italia, portò con sé un blocco di disegni, tra i quali i tre in mostra, che rendono esplicito il procedimento dell'automatizzazione che allo stesso tempo concentra e scarica di teatralità e di tensione psicologica il gesto, così da mettere in evidenza una capacità combinatoria, una decisa rottura di fissità di schemi figurativi, e un gusto di leggera inventiva e di estro spaziale. Si osserva anche come una certa inflessione plastica, qualche chiaroscuro con indicazione di volumi accennati, e una sollecitazione verso modi organici e a tratti vagamente surrealisti alludano a forme di spazio scultoreo e di spessore corposo [14]. A Milano, a quel suo gesto mobile, scintillante, quasi sempre automatico, del disegnare, Fontana contrappone quell'evento impassibile, atemporale, che è il taglio. Dipingere senza dipingere, spazio che diviene non-spazio. In *Concetto spaziale, Attese*, 1959, la superficie piatta e dipinta di un blu scuro subisce sei fendenti (tagli) di varie dimensioni distribuiti sulla tela. Nel taglio la tela si ritrae e appare uno spazio tra la superficie della tela e un "retro non specifico". Fontana agisce sulla superficie monocromatica producendo tagli per introdurre nell'opera uno spazio tanto reale quanto indefinito. Questo suo gesto così rivoluzionario

12 Alberto Greco, *Arte Vivo Movimento Dito*, 24 luglio 1962. Il manifesto nella versione italiana è riprodotto in www.albertogreco.com.

13 Marta Marchetti, "Cristo '63 di Carmelo Bene. Omaggio a Joyce", in *Acting Archives Review. Rivista di studi sull'attore e la recitazione*, Anno VIII, numero 16, Università Sapienza, Roma 2018.

14 Paolo Fossati, *FONTANA/disegni*, Electa Editrice, Milano 1977, pp. 14-15.

– per nulla "violento", certo, se non nella sua estrema radicalità – mette in crisi lo spazio della rappresentazione e la bidimensionalità della tela, avviando il percorso verso la smaterializzazione dell'opera. Fin dall'inizio nel retro dei "tagli" Fontana ha posto l'intitolazione "Attesa" (se unici) o "Attese" (se molteplici), specificandovene tuttavia anche la natura di "Concetto spaziale". "Attesa" in un senso piuttosto ampio e volutamente pluriallusivo, andando verosimilmente da un'ipotesi di condizione avveniristica a un'intenzione contemplativa quasi metafisica. Nel nuovo ciclo di "tagli" (1958-1968) Enrico Crispolti sottolinea come cominci ad affermarsi il loro deciso e caratterizzante monocromatismo, e insieme una volontà di ordinarvi il taglio o i tagli quali strutture primarie ed elementari, gestualmente molto calibrate [15].

Liliana Porter ha iniziato a utilizzare la fotografia nel suo lavoro negli anni Settanta, pratica che le ha permesso di aggiungere una nuova dimensione alla sua ricerca sulla temporalità dell'immagine e su ciò che costituisce la materialità dell'opera. Facendo eco ai movimenti concettualisti e minimalisti in forte espansione sulla scena internazionale in quel periodo, ne propose una versione personale basata sulla scala del corpo. Il corpo è spesso rappresentato dal viso e dalle mani dell'artista, quasi sempre associato a forme geometriche disegnate sul muro dove sono appese le sue foto. Le linee si estendono oltre il supporto bidimensionale, fondendo la fotografia con il disegno e integrando lo spazio bianco della parete nell'opera. A partire dagli anni Ottanta e Novanta, la ricerca di Porter sul rapporto tra realtà e finzione si è concretizzata nella messa in scena di piccoli personaggi e figure della cultura popolare, raccolti nei mercati e durante i suoi viaggi, a confronto con l'immensità del mondo. Giocando con le dimensioni, ogni figura ci invita a guardare cosa c'è dietro l'immagine e a sfidare la nostra percezione. Figure minuscole e discrete che svolgono compiti banali ma giganteschi, quasi sovrumani. Illustrando l'assurdità e la tragedia della vita, queste opere sono un commento satirico e umanistico sul posto e sul ruolo di ogni persona nella società. *La barrendera* vede al centro di un paesaggio composto da vecchi strumenti musicali, lampadari rotti e oggetti deteriorati (orologi, stoviglie, ecc.) una scena quasi fantastica: una donna piccola e minuta intenta a spazzar via il disordine della nostra contemporaneità, trovando una via da percorrere. Di fronte a un intimidatorio accumulo di oggetti, per lo più distrutti o non più funzionanti, la spazzina sembra assorbita da questo compito apparentemente impossibile per lei e quindi per noi tutti. Per Porter è una metafora del tempo, della sua violenza, della sua irruenza, che ci trascina e ci travolge, portando via e distruggendo ogni cosa. Sotto un'apparente semplicità, questi accostamenti insoliti evocano la nostra memoria collettiva, tra risate e nostalgia, e mettono in gioco il nostro rapporto con la realtà e il nostro istinto di proiettare determinati valori sui personaggi protagonisti delle sue installazioni. Quale sarà l'esito della storia?

Figura di spicco dell'avanguardia intellettuale di Buenos Aires, promotrice di azioni trasgressive e performance, Liliana Maresca utilizzava il proprio corpo come strumento identitario e politico. *Maresca se entrega todo destino* è un ritratto erotico pubblicato sulla rivista *El Libertino* insieme al suo numero di telefono. Si tratta esattamente di una performance fotografica composta da quattordici fotografie in sequenza scattate da Alejandro Kuropatwa e inserite su una doppia pagina come pubblicità che parodiava il formato delle hotline telefoniche. Maresca appare con una maglietta a righe, pantaloncini bianchi e in compagnia di un orsacchiotto, accanto al titolo del servizio fotografico proposto dalla responsabile della rivista, Marta Dillon [16]. Un primo livello di lettura dell'opera gioca con la smaterializzazione dell'arte, il luogo precario tra presenza e assenza, l'idea filosofica e inevitabilmente biografica del lasciare andare, mentre un secondo evoca il sé alienato attraverso la metafora dell'artista come merce. In tutta la produzione di Maresca ci sono giochi di appropriazione di un linguaggio erotico e di una disposizione sessuale in cui l'erotismo funziona come comunicazione di base, anche al di là della sessualità. Come dichiarò Maresca: "l'erotismo è la comunicazione più primaria, e con il mio lavoro parlo di amore, di incontro, di amicizia con l'altro. Sto riscattando la possibilità di godere del mio corpo, che non

15 Enrico Crispolti (a cura di), *Fontana. Catalogo generale*, Electa, Milano 1986, pp. 74-78.

16 *El Libertino* era un mensile di racconti erotici ideato da Marta Dillon e Diego Ciardullo nel 1992, pubblicato fino al novembre 1994 (proprio il mese in cui morì Maresca), comprendente racconti, traduzioni, interviste, fotografie e fumetti erotici.

è stato fatto per soffrire ma per godere" [17]. Nelle foto c'è un corpo e una rilettura erotica al servizio del corpo di quella donna, diagnosticata sieropositiva, in una resa collettiva e gioiosa di sé, costruita come lampi di piacere, controcorrente di una visione di condanna del proprio godimento. Un gesto di trasgressione dei limiti della sessualità, che si espande sia come luogo che interroga sui principi del piacere e del desiderio erotico-sessuale sia come luogo dell'affermazione di sé. Il corpo dell'artista qui non è un corpo qualsiasi, ma quello di una donna che convive con il virus dell'HIV e realizza pose erotiche con e attraverso il suo corpo malato, che rivendica il suo campo d'azione e la sua disponibilità sessuale. Un organismo che si rende disponibile a conferma della sua imminente assenza. In questo contesto si sviluppano gli straripamenti che l'opera stessa produce e articola attorno a una società che viveva la crisi dell'AIDS e la ricerca di una reinvenzione dei modi di convivenza. Ci soffermiamo dove sembra insistere ancora una volta sull'invisibilità del personale come politico nella gestione biopolitica della vita, che pone contestualmente l'accento su quel corpo erotico malato, relegandolo come parte dell'intimità della sua vita quando potrebbe funzionare come controimmagine alla retorica egemonica stigmatizzante dei corpi infettati dal virus dell'HIV pensati senza desiderio e senza sesso. Le letture offerte dal lavoro di Maresca non hanno nulla a che vedere con l'incertezza o la resa passiva verso un destino di perdita e, tanto meno, con le immagini mortuarie che circolavano e condannavano la comunità sieropositiva in quegli anni. Al contrario, Maresca sottolinea l'apertura di possibilità di fuga di fronte alla certezza della morte e costituisce un'alternativa, offrendosi a qualsiasi destino. Esiste un'immaginazione politica su quali corpi vogliamo abitare e su come abitarli fondendoci con gli altri, donandoci agli altri. In sintesi, il luogo espansivo delle immaginazioni che il corpo dell'artista mette in atto nelle e con le proprie relazioni vitali e sessuali impedisce di ridurne la forza e circoscrivere i significati delle sue pratiche artistiche a un senso univoco del desiderio sessuale femminile. Rivitalizza l'idea di arrendersi a ogni destino, a tutto ciò che si ha da donare. Una dedizione con e insieme agli altri, che produce la reinvenzione della vita, lasciando tracce cucite come trame collettive. L'ansia del sentimento nella costruzione della vita abitabile, nei gesti dell'azione nel momento esatto in cui immagina altri possibili divenire soggettivi, adatti ad ogni destino, adatti (anche) al destino del godimento erotico come radicale politica inventiva di altro possibile corpo [18].

La censura, la persecuzione degli scrittori e la proibizione dei loro testi motivate da interessi politici e dal desiderio di influenzare i nostri pensieri, le nostre idee e perfino i nostri stessi corpi si materializzarono come richieste urgenti nell'installazione *El Partenón de libros prohibidos* che Marta Minujín realizzò in Avenida 9 de Julio a Buenos Aires nel 1983, poco dopo il crollo della dittatura civile-militare in Argentina. Si trattava di un'opera concettuale che si esprimeva attraverso altre opere scritte da diversi autori, intellettuali e riferimenti del mondo delle idee censurate e private di espressione. La struttura conteneva circa trentamila libri [19]. Nelle parole dell'artista: "Fu così fantastico uscire da quella orribile tirannia, da quella cosa mostruosa che stavamo vivendo, che il Partenone fu messo insieme magicamente, senza soldi, senza permessi, e tutte le case editrici che avevano nascosto i libri vietati li donarono" [20]. Furono gli editori a decidere quali libri sarebbero stati destinati al Partenone. Era un giusto riconoscimento: erano stati, per forza di cose, i custodi del tesoro nascosto, un compito che avrebbe potuto costare loro la vita. Per ragioni di sopravvivenza, nascondere o seppellire i libri divenne una pratica comune durante il periodo della dittatura; la requisizione degli stessi come passo preliminare o simultaneo alle gravi violazioni dei diritti umani commesse (quali rapimenti e sparizioni forzate di persone, torture fisiche o psicologiche, stupri e abusi sessuali, minacce ed estorsioni, interrogatori senza garanzie procedurali, ecc.) era il rovescio della medaglia. La monumentalità dell'installazione serviva a dar vita alla saggezza contenuta in ogni frase messa a tacere. Un invito a recuperare

17 Liliana Maresca citata in Laura Gutiérrez, "Liliana Maresca y el cuerpo disponible. Revisitando el erotismo, entre la alquimia y el ojo avizor", in *Revista Estudios Curatoriales*, anno 5°, n. 7, Buenos Aires 2018.

18 Laura Gutiérrez, *op. cit.*

19 La cifra coincide con il numero stimato di detenuti scomparsi durante la dittatura; motivo per cui è altamente simbolico.

20 Andrea L. Gastron, "El Partenón de los libros prohibidos: un análisis en las intersecciones entre la sociologia, el arte y el derecho", in *Revista Latinoamericana de Sociología Jurídica*, Buenos Aires, 2020, N° 1, pp. 72-73.

la poesia e la gioia. Il Partenone di Atene è stato il primo tributo occidentale alla democrazia. Nel 1983 l'artista si convinse dell'importanza di condividere questo simbolo con il popolo argentino come promessa di un nuovo modo di vivere, di un'esistenza migliore. Le parole come strumento di potere. La politica di controllo sui libri è stata uno dei tanti dispositivi (come la scuola, i media, la polizia, le organizzazioni sociali, etc.) che la dittatura militare utilizzò con il desiderio di chiudere con il passato. La coercizione totale era allora il meccanismo utilizzato nel piano sistematico di sterminio: i libri non solo ci rendono liberi, ma sono, forse, la prova più palpabile del nostro modo di pensare diverso.

Ana Gallardo, nel circuito artistico contemporaneo, recupera una genealogia critica e dissidente - dal momento che nella sua pratica si trovano l'iterazione di un metodo di violenze radicali organizzate da processi di materialismo storico - e la formazione di una logica, o substruttura, di contaminazione che funziona per mezzo di circuiti che operano in connessione con la produzione e la diffusione della morte. La sua opera attraversa lo spazio dell'arte, riattiva operazioni ormai desublimate della tradizione latinoamericana, ma fomentate dall'agenda politica attuale, e punta verso meccanismi chiave che vincolano la morte con il potere. Nella sua pratica estetica concetti come morte, violenza e politica costituiscono una logica distinta: l'economia sacrificale. L'artista segna il grado in cui la nozione di sacrificio subisce un'intrinseca indeterminazione nelle sue multiple manifestazioni, lavorando simultaneamente come dispositivo teorico, struttura storica, concetto-metafora, strategia ideologica, economia simbolica, evidenza archeologica, fondamento giuridico dello Stato, grammatica segreta del potere e contro-immagine di un progetto per la rivolta totale. Elaborando e rielaborando il significato del sacrificio, Gallardo porta la morte fino al limite in cui distruzione e soppressione diventano irreversibili. Le sue opere *Canibal* e *Retén* raccontano come durante il conflitto armato in Guatemala (1960-1996) le donne siano state vittime di ogni forma di violazione dei diritti umani. La violenza sessuale era una pratica generalizzata e sistematica, realizzata dagli agenti dello Stato nel quadro di una più complessiva strategia controrivoluzionaria e la lunga durata della guerra ne permette di cogliere tutte le evoluzioni. Se sino alla fine degli anni Settanta le violenze sessuali sono selettive, dirette a colpire donne appartenenti a movimenti sociali, politici e rivoluzionari, a partire dall'inizio degli anni Ottanta esse diventano invece indiscriminate, massive e pubbliche, concentrandosi prevalentemente nelle aree a forte presenza indigena. La violenza sulle donne è utilizzata come forma di punizione nei confronti degli uomini ritenuti nemici. L'esercito o i paramilitari violentano indistintamente madri, sorelle, mogli e figlie degli uomini sospettati di appartenere o di sostenere i gruppi guerriglieri. Il carattere pubblico delle violazioni testimonia proprio la loro funzione punitiva ed esemplare, diventando un monito per tutti quelli che partecipano o simpatizzano per le organizzazioni guerrigliere. Le esposizioni pubbliche dei corpi mutilati nelle loro parti intime altro non è che uno strumento volto a seminare il terrore. I crimini sessuali contro le donne assumono così la caratteristica di un'arma con cui si combatte la guerra.

È chiaro che il sangue illustra in maniera notevole l'intera operazione della violenza e quello utilizzato nell'opera di Cristina Piffer, *200 pesos fuertes*, è il sangue versato delle vittime delle popolazioni originarie dell'Argentina nel secolo XIX, in particolar modo durante gli anni della *Conquista del Desierto* [21], che perde presto la sua limpidezza, si fa torbido e sporco, che invecchia, si secca e forma un tutt'uno con il sangue impuro della violenza e della morte. L'autodefinizione razionale dell'economia politica e la dottrina della modernità incontrano una faglia cognitiva nell'esempio dell'Argentina e nel corrispondente modello di temporalità che connette in esso passato e presente, vita e morte,

21 Il 14 agosto 1878 il presidente argentino Nicolás Avellaneda si presentò davanti al Parlamento della Nazione per far sì che venisse approvata la Legge 23 agosto 1867. Questa legge mirava a realizzare l'occupazione della parte di territorio fino al fiume Río Negro per estendere, e in seguito delimitare, i confini dell'Argentina. Nell'ottobre dello stesso anno, il Parlamento autorizzò un investimento di 1 milione e 600 mila pesos argentini per finanziare la spedizione. Iniziava, così, quella che venne denominata *Conquista del Desierto*. Nel 1879, con la seconda spedizione del generale Julio Argentino Roca, si toccò l'apice della violenza. A dispetto della denominazione, si presentò subito una questione, anzi due: quel territorio non era affatto desertico – in quanto ricco di risorse naturali – e tanto meno era privo di popolazione – in quanto abitato da numerosi gruppi di popoli originari.

politica e sacrificio. Sotto questo schema, il "necropotere" [22] appare non solo come una realtà che si autogenera e si riproduce in cicli storici, ma come una localizzazione discorsiva che cancella (o ridisegna) i limiti della rappresentazione della violenza e prefigura gli strumenti necessari per la sua decostruzione critica. Quel che è in gioco non è un'essenza, una coscienza materializzata di un altro posto radicale fuori dal progresso, o la promessa di democrazia e modernità. Tutto il contrario: ciò che emerge attraverso l'opera dell'artista è il programma della macchina da guerra ideologica come il motore del sistema capitalista nella sua logica essenziale di formazione ed espansione, la spazializzazione dell'occupazione governativa messa in pratica attraverso una territorialità simbolica e psichica. In questo ambito si inserisce il lavoro di Piffer: è una rappresentazione che eccede, non essendo assimilabile, la trasposizione simbolica, una pulsazione che si verifica nella sfera della manifestazione.

Il corpo esibito nelle performance di Mariana Bellotto e del Grupo Performático Sur è in sé una scrittura, un sistema di segni che rappresentano, traducono la ricerca indefinita dell'uomo, le sue paure, le sue ansie, i suoi desideri inconsci, le sue relazioni con il tempo, inteso però come entità indefinita, senza inizio e senza fine, che è importante saper interpretare attraverso il proprio corpo. Nelle sue opere Bellotto ricostituisce tra sé e gli altri una sorta di situazione neo-natale, dove si accoglie il linguaggio gestuale nel proprio corpo prima ancora di ricevere la parola. Si delinea così un suo caratteristico "linguaggio del corpo" attraverso una serie di azioni rivolte al pubblico, in cui l'artista cerca di toccare la profondità dell'essere attraverso dispositivi spesso di privazione, di disagio, di violenza e anche di sofferenza. Per Bellotto il gesto coreografato è quindi una sorta di elemento che racconta l'umanità e che più di qualsiasi altra cosa tocca l'Altro, il prossimo, poiché, mentre i performer si esibiscono, la partecipazione del corpo dell'Altro non può che non essere presente. Il corpo nudo, il corpo svestito, azione e passione dell'arte e dello sguardo. Corpo bello, corpo sublime, corpo indifeso, corpo straordinario: lo sguardo gioca a inventare i suoi significati. Qui si annidano le forme e i simboli del vedere che inscrivono in questo territorio indefinito geografie e geologie della rappresentazione. Il corpo nell'opera di Bellotto appare come figura e oggetto, oggetto del desiderio, corpo del potere, corpo politico. Il corpo come scrittura geografica disegna i piani di significato, dai canoni dell'arte fino a quelli del suo significato politico. La scrittura geologica del corpo, invece, parla dei suoi strati, della profondità biologica e temporale, dell'interiorità della carne. La vulnerabilità e la fragilità messe in scena dall'artista innescano le relazioni tra sguardo, desiderio e potere. La geografia e la geologia del corpo ci parlano dei dispositivi con i quali la cultura costruisce la rappresentazione del sé e dell'Altro.

Il post-minimalismo di Jorge Macchi e la sua esemplare capacità di esplorare i limiti della creazione sono un chiaro effetto di questa irradiazione qui sopra descritta. Si tratta di una tendenza che raccoglie al meglio la sua volontà di problematizzare - partendo da una *ars combinatoria* - la relazione tra immagini e idee, storia residuale e regole di controllo, anonimato e soggettività: una rete di significati che ha nelle immagini il proprio punto nevralgico di avvicinamento ai problemi della rappresentazione; che utilizza le opere per osservare una realtà sempre in fuga, della quale rimangono solo generalmente dei giudizi di valore che tendono a ridurre l'ambiguità e la molteplicità delle immagini a categorie atte a schematizzare la molteplicità delle loro visioni sotto principi binari: locale/globale, centro/periferia, realtà/finzione, presenza/assenza. Concetti che da un lato ci aiutano a pensare alle tensioni tra i mondi che si collocano dentro e fuori i principali centri di potere (a riflettere sull'importanza degli scontri, incroci e intercambi di questi traffici di informazioni, di materiali, di territori), ma che obbligano a ubicare la discussione delle differenze in una prospettiva che accetta l'esistenza di una prospettiva più ampia. La sintesi di questo substrato emerge perfettamente nell'arte di Macchi: un lavoro che si basa sull'immediatezza più radicale e assoluta. Sono gli oggetti - reali, spesso comuni e banali - che agiscono in modo diretto di fronte alla nostra percezione. Tutti i singoli elementi presenti nei suoi lavori acquisiscono valore attraverso la denominazione: sono le parole, i titoli delle sue opere, che spiegano l'oggetto e lo spostano sul territorio della sua stessa letteralità, lo esaltano attraverso la diretta e semplice esibizione della potenza del suo significato letterale: il ventilatore è un ventilatore. Macchi racconta la realtà e riflette sull'esistenza di realtà immateriali, risponde alla libertà morfologica delle forme esterne e delle strutture interne, utilizzando diversi mezzi non

22 Achille Mbembe, "Necropolitics", in *Public Culture*, 15, n. 1, Duke University Press, Durham 2003, p. 13. Nel suo saggio Mbembe fa riferimento anche alla costruzione di una specifica "formazione di terrore" da lui denominata "necropower".

convenzionali al linguaggio artistico come strumenti ausiliari per esprimere concetti complessi. La sua poetica si relaziona con un concettualismo politico, sociale e culturale che conferma e riafferma i desideri, le paure, i sogni e anche le contraddizioni di una società – quella argentina – che sperimenta la modernità e vive situazioni politiche irrisolte. In questo scenario l'artista si destreggia con invidiabile facilità, con sapiente intelligenza e con una giusta dose di ironia capace di trasformare le incongruenze della vita in un teatro pieno di possibilità per il gioco, spesso assurdo e contradditorio, del nostro vivere. Osservare – lo si sa – non è mai un'operazione meccanica o addirittura ingenua: non ci si trova mai di fronte a un'evidenza fuori discussione, perché la vista e la mente sono sempre in una condizione "falsa", influenzata dalle anticipazioni, dai pregiudizi, dalle convinzioni scientifiche e, persino, metafisiche di chi osserva. Evidentemente non basta voler vedere (o sentire, oppure capire) per vedere veramente; fare un'esperienza "vera" del mondo, senza lasciarsi confondere dai propri preconcetti, costituisce una difficoltà. È il problema, se si vuole, della lettura dei "fenomeni" intesi non come eventi in sé stessi (scopo positivamente utilitaristico, almeno nelle intenzioni, delle specifiche scienze), ma di come essi appaiono alla nostra coscienza. È la suggestione verso una sospensione scettica di ogni giudizio razionale a favore di quel sano dubbio creativo e liberatorio dalle possibilità, oserei dire, sconfinate.
Le barriere ideologiche innalzate intorno all'Argentina costituiscono l'inevitabilità oggettuale di antichi archetipi-utopie materializzati e resi visibili da indiscutibili processi di misurazione e ridimensionamento delle nuove geografie, delle nuove latitudini e longitudini, delle nuove prossimità e lontananze. Ed è, tuttora, una nozione-dimensione cui è difficile, se non impossibile, rapportarsi e altrettanto geneticamente impossibile cercare di non farlo. Qualcosa, in fondo, di molto lirico e quasi romantico nel tentativo di giungere a una non comprensione di quell'entità dimensionale che è la realtà argentina.

Qual è lo statuto dell'immagine artistica in un tempo in cui la parola cambiamento fa parte di tutti i discorsi che trattano l'analisi dell'attuale realtà latinoamericana? La straordinaria impresa storico-artistica della modernità, con il ruolo caratterizzante, normativo ed esemplificativo che il campo dell'arte ha ricoperto in essa, delimitando nozioni come autonomia, distanziamento, riflessività, poetica, ha stravolto le sue massime e il suo funzionamento, ha modificato i suoi postulati e le sue pratiche, ha riformulato, o meglio, ha tralasciato i suoi propositi e le sue ammonizioni per sviluppare nuove forme artistiche che oggi si ridefiniscono in ogni singolo caso. Tuttavia la critica alle cristallizzazioni della modernità visiva, che sin dagli anni Settanta si è materializzata in linguaggi che implicavano inedite espressioni di produzione creativa, soluzioni differenti dello spazio artistico, e che si appellavano più alla partecipazione che alla contemplazione da parte dello spettatore, si è rivelata nella cultura argentina per lo più attraverso una concettualizzazione distinta dei processi dell'arte e del luogo delle immagini artistiche.
L'analisi del cambiamento non si riferisce tanto alla descrizione del processo di questa trasformazione, bensì a quel che si postula come l'emergenza di un nuovo stato dell'arte capace di differenziare ciò che è stata la modernità da un episteme attuale che si sviluppa a partire dal complesso e problematico scenario della globalizzazione, che riguarda la produzione di opere, la loro circolazione e le forme di coinvolgimento dello spettatore. La nostra mostra propone una mappa dei sintomi evidenti di un cambiamento che percorre i circuiti dell'arte contemporanea argentina, che segue la formazione e la circolazione degli artisti e si esprime in più cammini, che imposta una domanda atta a riproporre – da un punto di vista diverso – la relazione tra l'arte e i contesti.
Anche l'artista è cambiato. La sua formazione è differente, il modo di produrre la sua opera si è trasformato, altre sono le modalità nelle quali si inscrivono i suoi lavori. Invitato spesso a sviluppare progetti in luoghi distanti e dislocati rispetto al suo contesto d'origine, l'artista si comporta, in molti casi, come un etnografo. Hal Foster sostiene che nell'arte emergente di sinistra è emerso un nuovo paradigma strutturalmente simile al vecchio modello de "l'autore come produttore": l'artista come etnografo [23]. In questo nuovo paradigma l'oggetto della contestazione rimane in larga parte l'istituzione dell'arte borghese-capitalista e le sue definizioni esclusive di arte e artista, identità e comunità, ma cambia il soggetto dell'associazione: l'artista impegnato combatte maggiormente nel nome dell'Altro culturale e/o etnico. Egli progetta il suo lavoro anticipandovi un ruolo trasformatore, la capacità di sovvertire la cultura dominante. Foster mette però in guardia sul pericolo del "mecenatismo ideologico" che minaccia questa forma di intendere la produzione artistica. Il metodo

23 Hal Foster, "L'artista come etnografo", in *Il ritorno del reale. L'avanguardia alla fine del Novecento*, postmedia books, Milano 2006, pp. 175-210.

presuppone la rappresentazione dell'Altro e delle sue necessità e in queste rappresentazioni non sono assenti fantasie primitiviste e attitudini paternaliste. L'artista concepisce il proprio ruolo come quello di un analista capace di diagnosticare i problemi di una comunità, si rende conto che la sua opera è portatrice di una funzione riparatrice, e intanto contribuisce alla presa di coscienza, previo processo di trasformazione. Il mezzo etnografico comprende pratiche artistiche che si riferiscono al contestuale, che guardano all'inter o transdisciplinare, e che conferiscono all'artista un ruolo redentore. L'arte – continua Foster – è passata nel campo ampliato della cultura e implica un mappato sociologico che si dirige alla critica istituzionale in differenti ranghi. Un'espressione che ritiene che il detonante del processo di creazione più che l'ispirazione sia l'investigazione. L'artista come etnografo è un investigatore di contesti. Tomás Saraceno esplora un preciso aspetto della sovrapposizione tra arte, etnografia e antropologia e analizza le modalità con le quali il mondo dell'arte contemporanea assimila concetti e metodi di queste discipline per tradurli in pratiche, riflessioni e dispositivi defamiliarizzanti e politicamente densi. In tale prospettiva, Saraceno mostra come, in un campo di ricerca relativamente nuovo e determinato dall'internazionalizzazione del sistema dell'arte, l'etnografia e l'antropologia siano così profondamente incorporate nel discorso artistico – vale a dire nel suo stesso oggetto di studio – che questo diventa quasi strumento di ricerca in sé. Per obbedire a un criterio di coerenza, Saraceno sceglie di restituire un punto di vista molto dettagliato ma parziale sull'argomento, parlando di mondi interessati ad assumersi responsabilità sociologiche e politiche, a smontare i residui di etnocentrismo, a riflettere sugli effetti della cultura di massa, a interrogarsi sulla storia dei rapporti di dominazione tra i popoli e mantenere uno sguardo critico sugli esiti della globalizzazione. Il 25 gennaio 2020 la scultura aerosolare *Pacha* è stata fatta volare con un messaggio scritto sulla sua superficie insieme con le comunità di Salinas Grandes a Jujuy, in Argentina: "L'acqua e la vita valgono più del litio". Guidata dalla pilota Leticia Noemi Marquès e galleggiando completamente priva di combustibili fossili, *Pacha* segna il volo più sostenibile nella storia umana e uno degli esperimenti più importanti nella storia dell'aviazione. Il lungometraggio *Fly with Pacha* è stato realizzato in solidarietà con le trentatré comunità indigene della regione di Salinas Grandes, rappresentate dalla popolazione di Tres Pozos, Pozo Colorado, San Miguel del Colorado e Inti Killa de Tres Morros; il volo ha amplificato le loro voci all'unisono contro le dannose pratiche di estrazione del litio in nord dell'Argentina. *Pacha* chiarisce che il volo umano più leggero dell'aria è possibile e aumenta la consapevolezza delle comunità multispecie in pericolo nella nostra epoca di crisi climatica planetaria. Come commenta Saraceno: "Stiamo volando con la testa tra le nuvole ma i piedi per terra. *Fly with Pacha* rappresenta un'utopia realizzabile e una sfida per tutti noi per connetterci insieme e cambiare le nostre abitudini, non il nostro clima" [24].

La forza dell'immagine sorge quando si stacca dal suo contesto. La sua condizione di apparire, di acquisire significati in distinti momenti, implica una manipolazione del tempo, si riferisce alla sua paradossale condizione anacronistica, piena di tempi stratificati, di sopravvivenze, di durate. La storia delle immagini è una storia di oggetti temporaneamente impuri, complessi, sovradeterminati. In questo senso le immagini proposte da Adriana Bustos non possono analizzarsi come semplici documenti della storia. Esse sono anche avvenimenti. Acquisiscono significati non previsti, anacronistici rispetto al loro tempo, storici in quanto esperienza verificabile in un tempo e in un luogo: ciò in cui ebbero la loro origine è il luogo in cui si attualizzano significati che si percepiscono come sintomi. L'opera di Bustos può essere ricondotta perfettamente all'immagine/sintomo descritta da Didi-Huberman: l'apparire che interrompe il corso normale della rappresentazione. Il sintomo rimette a una complessità di secondo grado. Appare inopportunamente, importuna il nostro presente. Le immagini di Bustos non sono documenti della storia, configurazioni che si inscrivono in un racconto lineare e unico, il loro divenire è continuamente attraversato da sopravvivenze e ripetizioni. Esse interrompono la storia, la producono, sono vitali, vive, complesse. L'artista consapevole di compiere una pratica all'interno di questo campo può dar luogo a un'etica della responsabilità? Detto in altri termini, è possibile un'etica della responsabilità assumendo il carattere scisso del soggetto e di una verità che si può dire solo a metà? La storia in quanto scienza è incapace di confutare sino in fondo l'ambivalenza del suo stesso nome, ossia trama delle finzioni (raccontare storie) e conoscenza degli avvenimenti (fare storia). Fare i conti con tutto questo significa accettare che la storia non può limitarsi a fornire delle cronologie. Del resto non se ne esce meglio neppure quando si nega la storia in quanto tale: quando la si decreta "finita"

24 Dichiarazione di Saraceno rilasciata in occasione della sua mostra personale *Particular Matter(s)* presso The Shed di New York, 11.02-17.04.2024 (tehshed.org).

o quando si pretende di "farla finita" con essa. I dibattiti attuali sulla "fine della storia" e, in parallelo, sulla "fine dell'arte", sono grossolani, mal posti, perché fondati su modelli di tempo rozzi, non dialettici. L'opera di Bustos *Ceremonia Nacional*, composta da due proiezioni giustapposte, mette a confronto da un lato un frammento del documentario *Olympia*, diretto da Leni Riefensthal nel 1938, in cui vengono raccontati i giochi olimpici di Berlino del 1936, e dall'altro un frammento della cerimonia di apertura dei Mondiali del 1978, nel pieno della dittatura civile-militare dell'autoproclamato Processo di Riorganizzazione Nazionale, che governò l'Argentina tra il 1976 e il 1983. Il confronto rivela i modelli propagandistici fascisti di entrambi i periodi e la somiglianza delle loro strutture formali ed estetiche.

"Transculturazione" [25], ibridazione, alterità, culture subalterne, sono quindi i termini frequenti di una riflessione che in questi ultimi anni si è generata da distinte analisi sulle contraddizioni che la realtà argentina va lasciando dietro di sé. A volte però i concetti che permettono di spiegare gli intrecciamenti culturali possono trasformarsi in generalizzazioni che riducono questi processi a illustrazioni che danno prova solo dei casi riguardanti una determinata teoria. Gli studi storico-artistici dimostrano che in poche occasioni è possibile recuperare pienamente i processi di pensiero esistenti dietro le trasformazioni e trasmissioni di idee e di tecniche tra culture. Grazie a una ricerca incisiva e all'invenzione di un sistema plastico che incorpora aspetti di architettura, scultura e design, Nicolás Robbio è riuscito a sottrarsi a questo problema iniziale. Se agli esordi la sua produzione si basava per lo più su una concettualizzazione dell'attività creativa, a poco a poco è divenuta più complessa e cerebrale, e il suo mondo si è popolato di idee incarnate in oggetti simbolici. Da qui la sua ossessione, mista a una sorta di attrazione feticista, per gli oggetti d'uso quotidiano, perché nulla è completamente innocente, ogni cosa ha in sé un substrato ideologico. La sua opera è una spugna di tutte le situazioni politiche e sociali che si generano attraverso la produzione di un oggetto e di uno spazio, è come inventare uno sguardo per loro stessi, multiplo, politeista ed eterogeneo. Uno sguardo disincantato che non raccoglie solo le ceneri del passato, bensì ciò che resiste alla più sconcertante fragilità del presente, attraversando la dispersione, il confinamento, l'esclusione e la morte. Si tratta di riformulare il nesso tra arte e politica fuori da tutta la corrispondenza meccanica o dipendenza illustrativa. Una produzione che si caratterizza per aver estremizzato la propria domanda intorno al significato dell'arte e delle condizioni limite della pratica nel contesto di una società fortemente repressiva. Esperienze che a partire dalla realtà argentina si avviano verso un contesto più universale, disseminando una risposta critica al fatto di verificarsi in un sistema in cui regnano l'assurdo, l'illogico, l'incongruenza, la "surrealtà". La sua strategia di sopravvivenza è stata quella di evitare l'ovvietà e i discorsi letterali, creando opere dai significati multipli e apparentemente enigmatici. Questa sua ambiguità oggi si rivela come una tattica efficiente attraverso la quale l'artista riesce a eludere sia i meccanismi normali di controllo sia quelli più sottili che cercano di fossilizzare i movimenti storici in una sola forma d'essere.

"Il Sesto Giorno" di Alessandra Sanguinetti ci offre una visione della vita in una piccola fattoria argentina dal punto di vista dei suoi animali. Il progetto in questione è *On the Sixth Day* [26] realizzato come uno spaccato della vita contadina incentrato sull'interazione tra gli uomini e gli animali allevati per il macello, spazzando via l'idillio bucolico della campagna. Spesso fotografate vicino al suolo, le immagini mostrano il coraggio, le lotte e le avventure di polli, maiali, cavalli e mucche. Li vediamo appena nati, giocare, competere tra loro per il cibo, con il loro destino sempre incerto mentre la presenza umana incombe inevitabilmente su di loro. La cornice metaforica della creazione biblica si presta a interpretazioni non solo poetiche e suggestive, ma anche antropologiche e politiche. Al sesto e ultimo giorno Dio creò gli animali, poi l'uomo e la donna, e nel benedirli disse loro: "Siate fecondi e moltiplicatevi, riempite la terra e soggiogatela, e dominate sui pesci del mare, sugli uccelli del cielo e sopra ogni essere vivente che si muove sulla terra" (Genesi 1,28). Con i loro colori ricchi, quasi surreali, queste fotografie evocano favole tradizionali o classici libri per bambini in cui gli animali rappresentano comportamenti umani per insegnare lezioni morali. Sanguinetti ritrae però questi animali come individui a sé stanti,

25 Il neologismo "transculturación" (transculturazione) è stato coniato da Fernando Ortiz Fernández (1881-1969), antropologo, etnomusicologo e saggista cubano, ed è utilizzato per la prima volta nella sua opera *Contrapunteo cubano del tabaco y del azúcar* (1940) per indicare il fenomeno della convergenza e della fusione di culture differenti.

26 Il libro fotografico omonimo è stato pubblicato nel 2005 da Nazraeli Press e riedito da Mack nel 2023 in edizione aggiornata ed espansa con immagini inedite.

ciascuno con il proprio spirito misterioso, raccontandone la vita dalla nascita alla morte con uno sguardo diretto e privo di sentimenti. La prima cosa che ci stupisce nel vedere queste fotografie è la violenza: ogni ritratto di un animale preannuncia il sacrificio, ogni immagine di questa serie ci restituisce un ritratto disturbante della linea che oltrepassiamo quando mettiamo fine a una vita, e di cosa significa avere una relazione di dominio su un altro essere vivente. La fattoria rappresentata è piena di morte, una morte fatta di carcasse in decomposizione, animali sgozzati per farne cibo, embrioni morti e mangiati da altri animali, sangue. È possibile che l'esplorazione del confine che ci separa da ciò che soggioghiamo possa portarci a una migliore comprensione della nostra natura di esseri umani?

Eduardo Basualdo immagina paesaggi che concepisce come un'esperienza di percezione per lo spettatore. Si affida al ciclo universale e naturale del mondo che decostruisce per dargli una forza propria e autonoma, su cui l'umano sembra non avere presa. La ricreazione delle forme naturali, l'ambiguità della rappresentazione della natura, l'impatto fisico dell'opera sullo spazio sono i temi principali della sua installazione *site-specific* per la mostra. Una massa nera misteriosa e minacciosa si sviluppa nello spazio prendendone possesso, suscitando al contempo fascino e timore. Inizialmente non si distinguono forme o figure, bisogna avvicinarsi per scoprire cosa c'è in quel magma nero. Qui il visitatore non deve limitarsi al semplice processo conoscitivo derivante da una sensazione visiva legata all'opera, ma deve essere curioso di andare oltre quello che vede, superare la barriera dell'apparenza per giungere a percepire quello che non tutti possono o vogliono vedere. Tutti i sensi sono stimolati dalle installazioni di Basualdo, dal tatto che è evocato dalla lavorazione di quel tipico foglio di alluminio nero utilizzato spesso dall'artista come materiale per le sue creazioni, alla vista sollecitata dalla diversificata tensione dei giochi di luce che si creano sulla superficie nera e imperfetta delle sue opere. Basualdo ha creato un paesaggio della memoria, del ricordo, un intervallo temporale tra la vita e la morte, tra la realtà e quello che può essere un universo parallelo ma non troppo distante. In questo ambiente tetro e all'apparenza inquietante, dove l'inconscio è portato a prevalere sulla razionalità e la coscienza, l'uomo tende ad avere paura, ad avere la percezione che qualcos'altro, di splendido o terrificante, stia per accadere o diventare visibile, pronto a travolgerlo. Sebbene la creatività di Basualdo attinga le proprie risorse in spazi nemmeno visibili all'uomo, è pur vero però che il suo sentiero narrativo si origina da enti reali. Luoghi geograficamente delimitati e determinati sono utilizzati dall'artista per smuovere forze senza tempo e luogo. Nonostante si spingano a descrivere abissi sconosciuti, i suoi lavori prendono sempre avvio da un'ambientazione realistica. Le sue fantasie oniriche non nascono dal nulla, ma hanno bisogno, per mettersi in moto, dello stimolo rappresentato da una scena, da un oggetto o un evento reale. Il mondo che lo circonda è il suo teatro d'azione, il libro da cui trae la sua ispirazione. Ogni luogo, delineato spazialmente e temporalmente, diviene il supporto per l'intrusione di forze atopiche e acroniche.

Lo sguardo di Miguel Rothschild è invece malinconico. Le sue fotografie rappresentano facciate di case e tanto cielo, sezioni urbane che appaiono abbandonate, incompiute, improvvisate. Tra gli edifici anarchicamente estesi dei quartieri più poveri di Buenos Aires si estendono cavi elettrici e telefonici, la cui trama selvaggia Rothschild la traccia attraverso le fessure del vetro protettivo di sicurezza. Queste sue opere le chiama *Atrapasueños*, acchiappasogni: fragili oggetti di culto degli indiani del Nord America, ora per lo più souvenir folcloristici internazionali, le cui reti trattengono i sogni positivi, i quali possono tornare alla mente durante la giornata per dare il loro messaggio, mentre i sogni negativi vengono risucchiati e restituiti all'Universo. Questo perché l'acchiappasogni è un "dono" della donna Ragno, e così come la tela del ragno trattiene ciò che al ragno è necessario per vivere, così l'acchiappasogni trattiene i sogni che ci possono dare delle informazioni. Il mito vive nella metropoli, nella città del tango, ma la disillusione è violenta, colpisce duramente e brutalmente quando si vedono le baraccopoli dei quartieri più poveri. Niente tango in queste zone, nessuna poesia. Qui c'è solo dura, arida, cruda povertà e abbandono da parte delle istituzioni. Tutto qui ha smesso di funzionare, giace solo il ricordo di una vita che una volta si viveva. Rothschild, figlio di questa città, la racconta non con i toni della tragedia, ma con un sarcastico senso di transitorietà, soprattutto in una società autodistruttiva, indifferente e indifesa. L'artista non è un critico sociale. Trasforma il dolore per la sua città in un gesto severo e a tratti violento, fornendo con fitte linee di graffio sul vetro una brutale rimappatura della città. Qualcosa di simile succede nella serie *Burnered*: perforando e quindi distruggendo frammenti della superficie dell'immagine, Rothschild non solo interviene con la forza nel suo lavoro, ma ne altera anche il contenuto a tal punto da manipolare la nostra visione spostando l'attenzione verso le forme create casualmente dalle bruciature della carta fotografica. Anche qui si sottolinea ciò che viene distrutto, conferendo così ai cieli e ai paesaggi rappresentati una qualità tangibile e, in definitiva, permettendo a noi spettatori di prenderne parte. La carta è piena di buchi, i bordi bruciati si sollevano verso l'alto, si espandono dimensionalmente verso l'esterno e consentono anche una visione nell'apertura, in quell'incerto che non può non rimandare la nostra mente ai buchi di Lucio Fontana. Nella sua pratica della combustione, Rothschild genera forme irregolari, a volte del tutto selvagge e misteriose. È l'interazione tra realtà (immagine) e finzione che lo affascina così tanto. Solo il caso sa come appariranno i buchi alla fine: sono espressione di un'imprevedibilità, che vale anche per l'elemento fuoco.

Leandro Erlich interroga la consuetudine, quello a cui siamo abituati. Non lo mettiamo in discussione, esso non ci interpella, non sembra presentare un problema, lo viviamo senza pensare. Dobbiamo mettere in discussione quelle cose che sembrano aver smesso di sorprenderci. Questo tipo di interrogazione sulla vita quotidiana, sugli automatismi e sui rituali quotidiani, funziona come stimolo per il lavoro di Erlich. In linea di principio, il suo sguardo è rivolto alle abitudini abitative e agli spazi urbani di intimità. In un'epoca di dominio delle fake news, l'opera *El cartel*, che da finzione artistica parla in modo molto plausibile della (s)vendita della cultura pubblica nel nostro paese, è il manifesto che annuncia la vendita dell'edificio museale attraverso le "proprietà Erlich" [27]. Un breve stato di confusione pone qualcosa che potenzialmente può farci vedere una realtà [28]. L'esercizio interessante messo in atto dall'artista è incontrare qualcosa che ci metta in un certo stato di allerta e che, dal suo punto di vista, attivi il senso critico. All'interno del museo vale tutto. Il pubblico si aspetta che tutto possa succedere, ma all'esterno siamo fuori dalla zona di protezione e coinvolge tutta la società, non solo il pubblico che di solito entra nel museo. E ogni persona diviene un valido interlocutore con capacità di riflettere, di pensare e, in questo caso, anche di indignarsi. L'arte contemporanea non è quindi materia per soli studiosi. Erlich ci porta a vedere la venerabile istituzione del museo d'arte come una sorta di fantasma materiale di sé stesso: qualcosa che è sempre lì al suo posto, ma il giorno dopo potrebbe sparire. Tocca quella parte del nostro immaginario collettivo che teme non tanto le conseguenze reali di una situazione quanto la mera possibilità, anche ipotetica, che essa possa verificarsi. Per dirla più semplicemente: se le nostre istituzioni artistiche più apprezzate possono essere comprate e vendute come un immobile qualunque, cosa significa questo per il resto delle nostre istituzioni pubbliche e, per estensione, per noi stessi?

A prima vista Matías Duville potrebbe sembrare un paesaggista, ma tutti i suoi paesaggi riguardano minacce e presentimenti. Niente in loro è sentimentalmente rustico, poiché Duville evoca e inserisce nei suoi lavori elementi di disturbo e di distruzione. Le immagini sembrano piene di premonizioni e l'effetto complessivo è quello di un'ansia tenebrosa. Ci ricorda che questo pianeta è un luogo straordinariamente fragile e pieno di pericoli. Nella nuova versione dell'installazione *Precipitar una especie*, pensata appositamente per il cortile interno del PAC, un tubo metallico percorre la distanza che unisce due paesaggi possibili ma distanti. L'idea alla base dell'opera è quella del tempo unificato nonostante le differenze e le avversità rappresentate dalle due pietre che interrompono e schiacciano il tubo. Gli ambienti che Duville realizza si mescolano con la materia, la rappresentazione si scontra con la brutalità del procedimento che diviene parte della rappresentazione stessa e la presenza stessa dei due massi ne sottolinea il carattere violento. La natura qui funziona come un luogo universale dove confluiscono elementi diversi e apparentemente opposti. Forma e contenuto fanno parte di un rapporto irriducibile perché l'atmosfera creata da Duville è strettamente legata al tipo di materiale usato e al modo di lavorarlo. L'installazione, però, potrebbe riguardare anche la possibilità di unire due realtà che si sovrappongono continuamente (almeno nella mente dell'artista), e quindi il tubo può essere pensato come una linea temporale che collega anche le distanze. Quasi uno stato d'animo. Ciò che attrae da sempre Duville è l'analogia tra spazio mentale e spazio reale. Il suo lavoro si tuffa nelle profondità della mente per catturare nuove geografie, per cogliere l'imprevedibile.

Bocanada è un'installazione di Graciela Sacco costituita da una serie di fotografie che mostrano primi piani di bocche spalancate che comunicano sentimenti come paura, indignazione, rabbia,

27 L'opera pensata appositamente per questa mostra è una nuova versione de *El cartel* allestita sulla facciata del museo Malba di Buenos Aires in occasione della sua prima mostra personale in Argentina curata da Dan Cameron (2019). In quel caso però la vendita si riferiva a un edificio privato di proprietà di Eduardo Costantini, quindi la riflessione ruotava intorno a una possibile crisi economica del mercato che avrebbe portato un facoltoso imprenditore a vendere il suo immobile.

28 L'idea di proporre a Erlich questa nuova versione dell'opera è nata da chi scrive e ha in sé un chiaro riferimento alla vendita e alla chiusura al pubblico de La Casa degli Atellani di Milano (vigna di Leonardo compresa), acquistata dell'imprenditore francese Bernard Arnault.

con un evidente e forte significato politico e sociale. L'arte intesa come un "grido" che affronta la realtà mettendone in risalto anche gli aspetti più bui e nel contempo partecipa alla costruzione storica. Una nuova versione dell'opera è stata allestita al PAC proprio nel trentesimo anniversario dei primi interventi in strada nei quali l'artista argentina ha utilizzato le sue immagini iconiche per segnalare uno stato di emergenza e per sfidare i giochi di potere che si svolgono nello spazio urbano. Questa prima "interferenza" – termine che l'artista era solita usare per parlare della sua pratica artistica – ebbe luogo nella città di Rosario nel 1993, quando Sacco affisse le sue immagini attorno a una cucina incaricata di preparare il cibo per le scuole pubbliche della città che rischiavano di chiudere [29]. *Bocanada* si riferisce, partendo da un'immagine semi-distopica, alle misure neoliberiste degli anni Novanta che hanno fatto precipitare l'Argentina nella povertà e nella disoccupazione e che hanno innescato quella crisi socio-politica ed economica nella quale si è trovato il paese agli inizi del ventunesimo secolo [30]. L'immagine che interferisce disturba, vive negli interstizi, nasce dalla memoria delle persone, ed è politicamente critica quando mette in discussione il potere in rapporto alla condizione umana, all'ordine costituito, all'atteggiamento formale che lo materializza. Le interferenze sono interruzioni, tagli, attraversamenti, ostruzioni, diverse modalità di installare forme di segnalazione o di richiamo all'attenzione [31].

Mariela Scafati utilizza tele senza cornice per creare installazioni tridimensionali dove l'opera finisce per avere un carattere di corpo ed espressione. La sua tavolozza monocromatica accentua ulteriormente il legame tra la pittura e il corpo, conferendo a ciascuna forma una propria identità. Scafati crea una sorta di femminismo intersezionale delle forme, migrando tra diverse discipline artistiche e media. I suoi scenari scultorei sono costituiti da pannelli monocromi che assumono la connotazione di forme antropomorfe modellate sul pubblico che fruisce dell'opera, proprio come l'installazione *site-specific* creata per la mostra al PAC *Cuántos cuerpos somos cuando te toco*, una sorta di auspicio a stare in contatto, a stare uniti, a non creare separazioni. Sono composizioni resilienti adattabili a diverse coreografie. L'artista pensa al quadro montato capovolto che pende dal soffitto come un paesaggio espanso, costruito da tanti dipinti che coprono lo spazio aereo sospesi da corde e le cui estremità mantengono una tensione tra la tela e i punti di ancoraggio. Nonostante questo tipo di sospensione, dove il movimento è limitato, dove a prima vista l'opera è immobile, la mediazione delle carrucole sul soffitto innesca l'idea inquietante di poter generare altri movimenti. Installazioni che cercano di presentare la pittura non come un'immagine, ma come un oggetto nello spazio, con una propria vitalità. Scafati descrive il suo lavoro in sintonia con i suoi affetti, le persone con le quali interagisce, i suoi legami più stretti e il modo in cui traduce parti del corpo in opere. Le sue strutture sospese, a volte con corde e carrucole, a volte legate con la tecnica giapponese Shibari, dalla grande connotazione erotica, generano uno stato scultoreo immersivo. I vincoli fisici e psicologici sono una costante nella ricerca dell'artista argentina che esplora le dinamiche di potere nella nostra società. Rosa è il colore per antonomasia contro l'odio, contro la violenza ed è anche il colore della lotta transfemminista, simbolo permanente di rifiuto della violenza sistemica e strutturale sui corpi delle donne, simbolo di riconoscimento e di sorellanza, ma anche simbolo della comunità lgbtqi+ in ricordo di quel triangolo di stoffa rosa cucito sulle casacche degli omosessuali deportati nei campi di concentramento che tanta sofferenza ancora oggi evoca. Dopo la nascita del movimento di liberazione omosessuale, il triangolo rosa è stato rivendicato e riutilizzato, in gesto di sfida identitaria, da parte del movimento omosessuale, diventando un simbolo politico. Il rosa è il colore che riceve sempre un commento, ma dentro di esso si sta bene, è un colore di vita. L'opera al PAC è un omaggio a tutte quelle persone che hanno avuto il coraggio di essere ciò che sono e che hanno lottato per questo.

Il lavoro di Juan Sorrentino intreccia natura, architettura e suono come vibrazione. Nell'installazione *Ashes to Ashes* ha raccolto ceneri dalle foreste bruciate nel nord Italia, esattamente a nord di Bergamo, e tronchi come

29 Clara Garavelli, "Bocanada (Graciela Sacco, 1993-2023): Thirty Years of 'Interferences'", in *Alternautas*, vol. 10(2), University of Warwick Press, 2023.

30 C. Garavelli, *op. cit.*, p. 6. Il fatto che durante il governo di Carlos Menem (1989-1999) una politica di riconciliazione nazionale non lasciasse spazio alla rivisitazione del passato ebbe un grande impatto sulla produzione artistica di quegli anni. Mentre molti artisti sentivano il bisogno di riempire e contestare quel vuoto, altri abbracciarono esplorazioni estetiche postmoderne più indipendenti, distaccate da un riferimento diretto al contesto socio-politico.

31 Diana B. Wechsler, *Graciela Sacco. Nada está donde se cree...*, Ediciones Larivière, Buenos Aires 2015.

prodotto di questi incendi. Un'opera in dialogo con l'ecologia, la policrisi [32], con la tecnologia, con il suono, con il rapporto – spesso violento – tra uomo e natura. Nella sua pratica artistica, come prima cosa, Sorrentino si muove nell'ambiente; qualunque azione sia, osserva come interagiamo con esso e come in quella conversazione ci troviamo in un punto intermedio o agiamo per contrasto e opposizione. E nel contempo il mondo delle vibrazioni per Sorrentino è un manifesto gigantesco e incompleto, con poche spiegazioni e definizioni, che viene costantemente riscritto. È un mondo di intensità e sensazioni che all'artista piace sperimentare per entrare nei fatti e ripensare il mondo da lì, almeno a partire dalla pratica artistica. Sorrentino porta gli elementi naturali in spazi museali climatizzati, ovvero in ambienti dove a essere regolata ad arte è persino l'atmosfera. Sottrae il museo alle condizioni atmosferiche messe a punto dalla tecnologia per esporlo a ciò che esclude sistematicamente dalla visita e dall'esperienza estetica, rendendolo il più possibile multisensoriale e multispecie.

L'arte argentina è quindi sovrapposizione di spazi e di tempi diversi, accumulazione di decenni in un medesimo luogo, insieme eterogeneo di identità e di saperi. Essa sfugge a qualsiasi pretesa di interpretazione finalizzata alla sua riduzione/semplificazione in un tutto uniforme e ordinato. Ogni descrizione che abbia come oggetto l'Argentina non può astenersi dall'analisi dell'intricata rete di complessità culturali che convivono in uno stesso spazio e che danno luogo a movimenti di integrazione e di repulsione, di fusione e di giustapposizione, sempre parziale e negoziabile. Agli storici dell'arte si imporrà il compito, nel momento in cui la distanza temporale avrà consentito una sedimentazione, di decifrare e di separare aspetti e peculiarità che, in fondo, distinguono e caratterizzano l'ampio e spesso contraddittorio contesto argentino. Rimane tuttavia centrale – e costituisce in fin dei conti il fattore unitario – l'interesse che gli artisti argentini dimostrano per la creazione di un dialogo molteplice, attraverso lo strumento di un'arte ritrovata. È il dialogo che gli artisti instaurano con un osservatore complice e preparato, che conosce la storia argentina e ha gli occhi aperti sulla scena del mondo; è un dialogo che richiede, più che un codice di lettura singolo, una molteplicità di codici di accesso, per averne una piena fruibilità. Gli obiettivi dell'arte argentina sembrano andare molto oltre la soglia dell'impegno politico o del semplice piacere della visione: vi sono interrogativi che si pongono intorno al modo di guardare le cose, di "dire" le cose, o di "tacerle"; vi sono sollecitazioni a rivedere i rapporti temporali tra osservatore e soggetto; vi è un'affermazione a volte di un eterno istante, a volte di una atemporalità maestosa e densa di richiami colti, a volte di un delirio sensuale che si trasmette con le forme, con i colori, e con una voluttuosità di contemplazione che appartiene agli artisti prima ancora che all'osservatore. In tutto questo si ritrova il fascino dell'arte di Adrián Villar Rojas. L'opera che è stata realizzata appositamente per la mostra, tratta dal suo corpus di lavori *Rinascimento*, è composta da un modello di frigorifero bianco casalingo con una finestra in stile diorama che copre il vano del congelatore aperto. Oggetto domestico ma minimale, il congelatore è pieno di un insieme di cibi naturali scelti per l'occasione. Proseguendo l'indagine dell'artista sull'entropia nell'Antropocene, questo lavoro medita sulla fragilità delle forme viventi e sul loro rapporto con le macchine. La camera del congelatore e il suo contenuto sono letteralmente congelati nel tempo, preservando oggetti, presenze, che col tempo diventano sempre più oscurati dall'avvolgente ghiaccio morso dal congelatore. Un quadro lussureggiante che si propone di ricordare le nature morte del periodo rinascimentale, cui fa riferimento anche il titolo della serie. Tuttavia, il lavoro di Villar Roja punta a un nuovo rinascimento post-illuminista, in cui il mondo naturale e quello delle macchine sono legati insieme per creare nuovi ecosistemi ibridi di fronte alla violenta rovina ecologica. Questo ritratto sovversivo di forme di vita organiche e precarie è vario e spontaneo: un documento del presente per il futuro.

32 Il termine "policrisi", sviluppato negli anni Novanta, era stato recuperato alcuni anni fa dall'ex presidente della Commissione Europea Jean-Claude Juncker, ma è diventato davvero celebre soltanto dopo essere stato adottato da uno degli storici dell'economia più famosi degli ultimi anni, il britannico Adam Tooze, che l'ha usato come un modo per interpretare la confusa situazione dell'economia mondiale, complicata dalla crisi climatica, dalla guerra e da numerose altre crisi. È lo stesso Juan Sorrentino a usare tale termine in un'intervista realizzata in occasione della mostra per il canale youtube del PAC.

Quel che la nostalgia racconta alla speranza

Ferran Barenblit

> "C'era una volta un cronopio piccoletto che cercava la chiave della porta di casa sul comodino, il comodino nella camera da letto, la camera da letto nella casa, la casa nella strada. Qui il cronopio si fermava perché per uscire in strada aveva bisogno della chiave della porta di casa."
>
> – Julio Cortázar, *Storie di cronopios e di famas*

Scrivo queste righe avendo un certo vantaggio rispetto agli altri saggi di questo catalogo. Non solo perché il fatto di essere un osservatore esterno del lavoro dei curatori gioca a mio favore, consentendomi di assumere la distanza critica che mi risulta più congeniale, ma anche perché, come accade a volte, consegno il mio testo molto tempo dopo gli altri. Questo mi ha permesso di apprezzare la mostra al PAC di Milano con le opere degli artisti già installate, nonché di essere testimone di alcuni avvenimenti accaduti durante l'esposizione e che senza dubbio diventeranno capitoli fondamentali della storia argentina. Una settimana dopo l'inaugurazione della mostra, e a seguito di una vittoria elettorale impensabile solo pochi mesi prima, Javier Milei è diventato presidente. Questo ha provocato una serie di eventi a cascata che, lungi dal porre le basi per la crescita e il progresso tanto attesi (almeno al momento attuale, mentre scrivo questo testo), in poche settimane hanno generato una percezione ancora più acuta di crisi senza fine; quella con cui gli abitanti del Paese affermano di convivere da decenni, forse addirittura da quando hanno memoria. Modello di stato, economia e lavoro sono, ovviamente, le questioni al centro di tutti i dibattiti, unite al negazionismo, a discussioni sul tema del libero accesso alle armi da fuoco e a tentativi di derogare diritti sociali conquistati attraverso lunghe lotte. Avvalendosi di argomentazioni che francamente dovrebbero essere maggiormente approfondite, il nuovo presidente sfrutta la nostalgia di un certo, improbabile modello di società per occultare nuove disuguaglianze e violenze sociali.

La situazione attuale in Argentina ripropone quanto già accaduto molte altre volte nel corso della sua storia: l'esagerazione quasi grottesca di alcune tendenze globali. Il nuovo presidente argentino rientra in una categoria che continua lungo la strada già tracciata da alcuni leader di altre democrazie durante il secondo e il terzo decennio del XXI secolo. Sono quelli che fanno appello all'emotività piuttosto che alla razionalità e che reclamano il ruolo di presunta "gente comune" opposta alle "élite", etichettate come burocrati e intrinsecamente corrotte e inefficienti. Lo Stato, per definizione, è nemico dell'individuo e della realizzazione dei suoi desideri. Per i suoi accoliti, qualsiasi difesa di uno stato paladino di diritti civili e libertà appare pericolosa e viene rapidamente liquidata come marxista o *zurda* (ovvero "mancina", "di sinistra"), termine che Milei usa spesso. Ancora una volta, l'Argentina è lo specchio distorto in cui si riflette la storia, capace di portare qualsiasi elemento alle sue estreme conseguenze. Osservando le opere di molti degli artisti presenti nella mostra *Argentina. Quel che la notte racconta al giorno*, emerge con forza l'idea di una cultura che prende determinati elementi della civiltà occidentale e, esasperandone i difetti, li sottopone al giudizio delle loro contraddizioni.

Per questo, agiamo da una precisa indeterminazione. L'arte argentina si muove spesso tra il detto e il non detto, nello spazio complesso e poliedrico che si crea tra l'artista e il suo pubblico. È un luogo che non *esiste*, ma *avviene*. Questo canale ha una qualità quasi magica. Viene creato quando si stabilisce una connessione tra mittente e destinatario, che trasforma l'opera d'arte in una cosa dotata di una verità transitoria e fugace, valida solo finché non arriva un'altra verità a sostituirla. Occupa uno spazio ambiguo, aperto a molteplici interpretazioni. Rifugge qualsiasi sublimazione che trascenda l'ordinario. O meglio, cerca la sua ragion d'essere attivandosi solo quando uno spettatore l'osserva, reclamando una partecipazione attiva, talvolta legata all'identificazione di riferimenti comuni. In un Paese segnato dal sincretismo, fondato su un complesso amalgama di idee e atteggiamenti, c'è una necessità costante di trovare questo spazio condiviso e collaborativo.

Tutto ciò è presente negli artisti che partecipano alla mostra. Spesso, dicono una cosa e forse intendono quella diametralmente opposta. C'è qualcosa in ciascuna di queste opere che ci dice che non le creiamo del tutto, ci spinge a dubitare persino di questo. Emerge una rinuncia esplicita e quasi clamorosa a ogni certezza. In fondo, quello che ci propongono è il dubbio e l'accettazione del dubbio. È probabile che sia questo a renderle tremendamente potenti, capaci di innescare innumerevoli situazioni dalle conseguenze imprevedibili. Forse la più significativa è quella di dividere il pubblico in due: da un lato coloro che comprendono l'ironia soggiacente e accettano l'opera d'arte come una piattaforma per mettere in discussione il mondo; dall'altro quelli che non sono disposti a farlo e aspirano a una rigida letteralità. Da qui alle accuse di blasfemia, agli scandali, alle chiusure e riaperture giudiziarie delle mostre il passo è breve, a riprova del fatto che in Argentina la cultura – compresa l'arte, ovviamente – è una forza molto potente. Per i loro scopi, gli artisti si avvalgono di riferimenti incrociati che si manifestano con una certa evidenza. È un'arte consapevole della propria storia e del fatto che per comprendere dove siamo dobbiamo ricordare da dove veniamo. In questo senso, si muove parallela a quanto avviene in altri contesti culturali latinoamericani, sempre con la consapevolezza che non possiamo esistere senza conoscere le nostre origini.

È un'arte che non *è* ma *accade*. Forse è per questo che il corpo è una presenza ricorrente: il corpo che appare rappresentato nelle opere, secondo certi canoni dell'arte occidentale; quello dell'artista, che è spesso trasposto nella sua opera; quello dello spettatore, che o si sente riflesso nell'opera, o è obbligato a compiere azioni di ogni tipo che gli ricordano di essere un corpo umano che ha delle necessità e occupa uno spazio, e che qualsiasi cosa faccia è soggetto a un codice simbolico.

La complicità è imprescindibile. C'è qualcosa di non detto, ma presente in molte delle opere incluse nell'esposizione, che fanno riferimento a cose non presenti in sala, ma che condividono sia con gli artisti sia con il pubblico a cui si rivolgono. Un continuo interrogare il luogo che occupano nella storia, spesso la loro, e l'infinità di momenti di euforia e delusione trascorsi insieme. È una complicità basata spesso sulla nostalgia. Tutto quello che avrebbe potuto essere e non è stato. L'Argentina, almeno come la intende chi firma queste righe, è stata costruita a partire da un'ideologia presentata, come per quasi tutte le nazioni americane, secondo la nozione di progresso. La terra in cui il sogno della modernità poteva diventare realtà, ovviamente a spese dell'altro non europeo a cui nessuno ha mai riservato un posto. Ancora oggi gli argentini condividono l'anelito per un mondo basato sulla logica e sulla ragione, in cui il futuro sostituisca il passato come motore e orizzonte; un punto di riferimento per costruire, più che un altro a cui reagire. Tuttavia, l'idea di questo mondo di crescita e sviluppo si è scontrata con una realtà persistente e testarda, che a forza di sommosse militari, violenze eclatanti, sconfortanti crisi economiche e, in generale, di continui smantellamenti di tutte le conquiste precedenti, ha ricordato che tutto quell'ottimismo era infondato. Qualcuno potrà dire che è avvenuto lo stesso in altre culture occidentali, in America come in Europa, nel corso del XX secolo. Si è anche scoperto, talvolta in modo traumatico, che la grande narrazione della modernità era irrealizzabile, e che difficilmente si poteva portare avanti il sogno di una razionalità emancipatrice. La differenza è che forse la cultura argentina ne ha sempre sofferto la mancanza.

Come il cronopio disorientato della breve storia di Cortázar, molti artisti cercano quella chiave smarrita. Un oggetto che serve da incipit e da finale, con cui si possono costruire verità più o meno transitorie, ma valide per ottenere quanto cerchiamo. Ciò che desidera il cronopio è disporre di uno strumento che gli consenta di aprire e chiudere porte, iniziare e concludere cicli o, in ultima istanza, uscire di casa sapendo che potrà rientrare. È anche un messaggio per tutto coloro che sono in transito, che sia per viaggio, migrazione o esilio. "Essere argentini significa essere tristi, essere argentini significa stare lontani", afferma Cortázar. In fondo, essere argentini significa vivere in continuo movimento, girare per casa senza trovare la chiave per uscire e incontrare la strada. Alla fine, il cronopio resta nella sua camera, vicino al comodino, bloccato nella ricerca di qualcosa che gli permetta di iniziare un altro racconto.

Lucio Fontana.
Profeta del arte espacial

Silvia Bignami

Tre disegni a penna a sfera blu su carta (*Concetto spaziale*, 1946, 46 DSP 31, 32, 33) e un "taglio" (*Concetto spaziale, Attese*, 1959, 59 T10) di Lucio Fontana rappresentano una sorta di *ouverture*, fuori cronologia, della mostra sull'arte argentina degli ultimi cinquant'anni, *Quel che la notte racconta al giorno*, curata al Padiglione d'Arte Contemporanea di Milano da Diego Sileo e Andrés Duprat, direttore del Museo Nacional de Bellas Artes di Buenos Aires.

Iniziare con Fontana significa ribadire la radicalità di un gesto, la ricerca ininterrotta di un linguaggio nuovo, un possibile esempio per i giovani artisti argentini; ma anche sottolineare come Fontana abbia sviluppato successivamente idee di rinnovamento dell'arte maturate a Buenos Aires tra il 1940 e il 1947. Tale sua esperienza fu essenziale per la messa a punto dello spazialismo, che si sarebbe riverberato con esiti di grande rilievo sull'ambiente dell'avanguardia italiana dopo il suo ritorno a Milano nel 1947. Infine è anche un modo di ritornare sulla sua doppia biografia di "artista dei due mondi" [1], "milanese di Santa Fe", come lo salutava Raffaele Carrieri nella poesia *Buongiorno a Fontana*, scritta in occasione della mostra alla Galleria dell'Ariete di Beatrice Monti e inaugurata il 9 giugno 1962 [2].

Milanese di fatto – a Milano si era educato alla scultura con Adolfo Wildt e Milano era stata il centro della sua mirabolante e sempre innovativa produzione artistica – Fontana era nato in Argentina, a Rosario di Santa Fe nel 1899, dove il padre Luigi, scultore di solida formazione accademica emigrato dall'Italia nel 1891, aveva avviato una fiorente impresa per la realizzazione di monumenti pubblici, soprattutto funerari. Fontana vive in Argentina in tre momenti distinti, dalla nascita fino al 1906, poi dal 1921 al 1927 e infine dal 1940 al 1947: "una deriva de ida y vuelta" [3]. Per addentrarsi nei soggiorni argentini si può iniziare intrecciando le lettere al padre, al fratello Zino, ad artisti, architetti e critici (Tullio d'Albisola, Pablo Edelstein, Gyula Kosice, Attilio Rossi, Luciano Baldessari, Gio Ponti, Juan Zocchi) e raccogliere così una messe di notizie di prima mano, che restituiscono in presa diretta la vita privata e il suo percorso artistico [4]. In anni più recenti si sono intensificati gli studi su questi periodi a partire dal lontano seminario

1 *Lucio Fontana. Catalogo ragionato di sculture, dipinti, ambientazioni*, a cura di E. Crispolti, Milano 2006, tomo I, p. 16.

2 "Buon giorno, buongiorno a te / Milanese di Santa Fe / Milanese pioniere / Dei pianeti in costruzione: / Scandalo e onore / Di tre generazioni! / Carissimo punteruolo / Subbia e trapano / Al nostro miserabile spazio / Di topi nel formaggio / Sardine in scatola / Pieni di mitologia / E di scuola classica. / Buon giorno, buongiorno a te / Manovale di corpi astrali / Tornitore di uova nere / Impresario di sfere: / Mondi e mappamondi / Dell'altro ieri! / Come un diamante che taglia / Sei sempre in allarme / Dove la terra finisce / E comincia il cielo: / Fecondo feritore dello spazio / Operaio numero uno / Del grande zero universale".

3 *Lucio Fontana en las colecciones públicas de la Argentina*, a cura di A. Duprat, F. Farina, catalogo della mostra (Buenos Aires, Museo Nacional de Bellas Artes, 28 aprile – 30 luglio 2017), p. 5.

4 Cfr. *Lucio Fontana. Lettere 1919-1968*, a cura di P. Campiglio, Milano 1999.

a Santiago del Cile del 1998, organizzato dal rosarino Emilio Ellena [5].

L'amico Carrieri lo salutava al suo rientro definitivo in Italia nel marzo 1947 a bordo del "vapore Argentina" [6] – era arrivato a Buenos Aires sul transatlantico Conte Grande il 21 aprile 1940 – con un articolo sul "Tempo" intitolato *Fontana ispano-lombardo*: "Eravamo contenti della sua presenza forte e leale, del baffo appoggiato alla bocca simile a una grondaia di ferro, quel baffo che metteva scintille alla sua cadenza ispano-lombarda" [7]. Lo sbarco di Fontana era circondato da un'aura mitico-leggendaria, forse per la notizia – falsa – che lo aveva dato per morto in un incidente d'auto. Alcuni aneddoti narrano del suo *pastiche* linguistico, della "sa propre langue, où se mélangeaient l'italien, l'espagnol et le milanais" [8]. Raccontando di quel "gaucho della Pampa" che aveva fondato lo spazialismo, Enzo Fabiani, su "Gente" nel 1961, scriveva: "Fontana parla di filosofia e d'amore, di arte spaziale, di luce e di reincarnazione, mescolando parole di spagnolo, francese e milanese" [9]. Più ironicamente minuziosa l'analisi di Luigi Carluccio: "Del resto tutto il linguaggio di Lucio Fontana potrebbe fornire un eccezionale materiale di studio a qualche nuovo Freud, raddoppierebbe le pagine di quella *Psicopatologia della vita quotidiana* che cerca di spiegare i nostri lapsus, le nostre papere, le nostre dimenticanze e sta diventando in questi giorni un best seller. Lui, Fontana, dice, per esempio, normalmente 'gellulite' invece di cellulite, tanto per restare nello spettacolo di una spiaggia affollata alla fine di luglio. Le amenità linguistiche di Fontana dipendono, io credo, dal fatto che ha sillabato e compitato le prime lezioni di vita nelle strade di Rosario di Santa Fe in Argentina. Non c'è niente di peggio che l'innesto di due lingue che sembrano vicine e che le circostanze della vita portano a usare con intermittenza. Qualcosa, attraverso le assonanze della memoria, si intoppa forse nel linguaggio di Fontana e il solo modo di salvarsi è appunto lasciare che la fantasia macini, d'un colpo, le difficoltà della lingua" [10].

5 I. Arestizábal, E. Ghilioni, A. Giunta, Lucio Fontana: un seminario. *Tre trabajos invitados*, Santiago de Chile 1998 (I. Arestizábal, *Los Fontanas de la colección de la Cancelleria argentina*, E. Ghilioni, *Fontana. Rosario, Tres momentos; A. Giunta, Cronica de posguerra. Lucio Fontana en Buenos Aires*). I contributi più recenti sono pubblicati nel catalogo della mostra al Metropolitan Museum of Art di New York, *Lucio Fontana. On the Threshold*, a cura di I. Candela, New Haven-London 2019 (A. Giunta, *The War Years: Fontana in Argentina*, pp. 41-49, ed E. Crispolti, T*he Latin-Axis in the Twentieth-Century Avant-Garde*, pp. 60-65). Si veda anche la mostra *Lucio Fontana. Los orígenes*, a cura di C. Barbato, V. Spata (Rosario de Santa Fe, Museo Juan B. Castagnino, 21 luglio – 21 agosto 2019), Firenze 2019. Nel 2022 è stata assegnata la borsa di studio *Lucio Fontana, periodo argentino: monumenti progetti e opere dedicata* a Enrico Crispolti dalla Fondazione Cini e dalla Fondazione Fontana. Si segnalano inoltre gli importanti lavori di Daniela Alejandra Sbaraglia e Lorena Mouguelar: D. Sbaraglia: *Cavalier Luigi Fontana. Scultore* (1865-1946), in "L'uomo nero", XI, 11, 2015, pp. 180-203; I *Fontana e il ritratto: innovazione e tradizione di un genere tra XIX e XX secolo, in Intorno al ritratto. Prospettive storiche, studi e ricerche*, atti delle giornate di studi (Torino, 1-2 dicembre 2016), pp. 257-264; *Luigi y Lucio Fontana escultores. Confluencias ítalo-argentinas en la plástica de principios del siglo XX*, in "Anuario Tarea", IIPC UNSAM, V, 2018, pp. 118-155, open edition http://revistasacademicas.unsam.edu.ar/index.php/tarea/article/view/813; D.A. Sbaraglia, R. Miranda, *Lucio Fontana, su familia y trayectoria*, in Centro de Estudios Genealógicos e Históricos de Rosario, Boletín n. 12, año 21, 2023, pp. 167-220; L. Mouguelar: *La obra temprana de Lucio Fontana y Julio Vanzo. Una variante del modernismo estético en Argentina*, tesi di dottorato, Universidad de Rosario de Santa Fe (Argentina), 2010; *Lucio Fontana en Argentina: relecturas*, in "Separata", CIAAL-UNR, X, 15, 2010, pp. 38-55; *Nuevas esteticas y temas clásicos. Fontana y Vanzo durante 1927*, in "Avances. Revista del area Artes", CIFFyH-UNC, XI, 13, 2007-2008, pp. 89-104; *Vanzo y Fontana en los Salones Nexus. Apreciaciones de la crítica rosarina, in Libro electrónico de las Terceras; Jornadas sobre Arte y Arquitectura en Argentina*, La Plata 2005, CD Rom; Ead., *Los comienzos de Fontana en el arte. Primer acercamiento al "Primitivismo"*, in "Avances. Revista del area Artes", CIFFyH – UNC, 14, 2008, pp. 161-173. Sono in attesa di pubblicazione la monografia di Paolo Campiglio e le ricerche in corso di chi scrive, a cominciare da questo breve contributo da Buenos Aires.

6 Lettera di Lucio Fontana a Tullio d'Albisola, 6-2-46 [1947], in L. Fontana, *Lettere a Tullio d'Albisola*, a cura di L. Bochicchio, Milano 2023, p. 59.

7 R. Carrieri, "Fontana ispano-lombardo", in *Tempo*, 35, IX, 10 agosto – 6 settembre 1947, p. 15.

8 O. Hahn, "Expositions. Avec Fontana c'est différent", in *L'Express*, 3-9 febbraio 1969, p. 66.

9 E. Fabiani, "Un gaucho della Pampa ha fondato lo spazialismo", in *Gente*, 45, V, 10 novembre 1961, pp. 56-58.

10 L. Carluccio, "Farebbe i buchi anche nel mare il pittore eversivo Lucio Fontana", in *Gazzetta del Popolo*, 3 agosto 1965.

Diversi riferimenti all'Argentina si trovano a partire dal 1959 anche nelle scritte – commenti, giochi di parole e note quotidiane –, talvolta in spagnolo, sul retro dei "tagli". Per esempio: "Romero Brest se deja crecer la barba 1+1 011" (59 T144); "Hoy es un dia meravilloso" (65 T34); "Quando ho fatto questo quadro pensavo a Rosario Santa Fe" (65 T81); "Sono nato nel 1899 a Rosario di Santa Fe, mio padre era scultore" (66 T 38); "es muchos tiempo que no voy en Argentina" (66 T22); "è tornato Presta da Parigi e mi à portato i saluti da Le Parc" (65-66 T 38); "Bravo! all'argentino che ha tinto la laguna verde" (68 T 46), riferendosi all'intervento di Nicolas García Uriburu durante la XXXIV Biennale di Venezia del 1968.

1946-1959

La cronologia scelta per le opere di Fontana in mostra permette di tracciare, tra Argentina e Italia, quella parabola che ben si riassume nell'icastico titolo del saggio di Antonello Negri, *Dall'"Argentina" allo spazio. L'irresistibile ascesa di un artista* [11], una traiettoria già precocemente intuita da Juan Corradini nel 1947 nell'articolo *Lucio Fontana. Profeta del arte espacial* [12].

Gli anni argentini tra il 1940 e il 1947 sono infatti nodali per capire gli esiti sperimentali del suo percorso in direzione spazialista, che approdano ai manifesti dello spazialismo (1947, 1951), alla *Struttura al neon* per la IX Triennale del 1951, all'invenzione dei "buchi", degli "ambienti", dei "concetti spaziali" e dei più celebri "tagli". Così come i disegni del 1946 e i progetti per le vetrine di Harrods [13] in calle Florida a Buenos Aires, che presentano forme molto simili al primo *Ambiente spaziale a luce nera* allestito al Galleria del Naviglio di Milano il 5 febbraio 1949.

A Buenos Aires Fontana partecipa attivamente al vivace dibattito sull'astrattismo, che ha avuto un sicuro impatto sul suo lavoro, e si misura con un *coté* intellettuale e sperimentale portato avanti da giovani artisti alla ricerca di linguaggi nuovi rispetto a quelli proposti dalle istituzioni ufficiali. Nel 1944 nasce la rivista "Arturo" (alla quale collaborano artisti come Carmelo Arden Quin, Gyula Kosice, Edgar Bayley, Rhod Rothfuss e teorici come Tomás Maldonado), l'anno dopo viene fondato il *Movimento Arte Concreto-Invención* e nel 1946 il movimento Madí, la cui nascita è sancita dalla pubblicazione del *Manifiesto Madí* firmato da Kosice nel 1946. Nel 1946 Fontana co-fonda Altamira, Escuela libera de Artes Plasticas, finanziata dall'editore spagnolo Gonzalo Losada, in esilio a Buenos Aires dopo la guerra civile. Vi insegnano *pintura* Jorge Larco, Emilio Pettoruti e Raúl Soldi, *escultura* Fontana, *grabado en madera* Victor Rebuffo, *grabado en cobre y litografia* Laerte Baldini, *anatomia artistica* Enrique Romero Brest ed *estética y historia del arte* Jorge Romero Brest. Parallelamente, insegna all'Accademia Manuel Belgrano: dalle discussioni con i suoi studenti Bernardo Arias, Horacio Cazeneuve e Marcos Fridman nasce il celebre *Manifiesto Blanco*, che Fontana ispira ma non firma: "Dall'Argentina aveva, com'è noto, riportato quel 'Manifiesto blanco' dal quale era nato, come Minerva dalla coscia di Giove, lo spazialismo milanese. Egli doveva infatti il successo all'entusiasmo che la sua opera suscitava fra i giovani. Aveva cinquant'anni quando i giovani l'avevano riconosciuto come un grande maestro, nonostante l'ostilità della critica e l'indifferenza dei mercanti" [14].

Nei disegni del 1946, alcuni dei quali intitolati in spagnolo "concepto espacial", si preannuncia così la svolta radicale, attraverso soluzioni di poetica immediatezza che sviluppano modi di precedenti disegni figurativi, come *Figura en el espacio* (40DTR 550) e le *Pampas* (40DTR 551-54) del 1940, aprendo idealmente alla sconfinata spazialità del territorio argentino. Agli spazi infiniti delle pampas Fontana fa riferimento nella nota conversazione con Carla Lonzi, polemizzando con un critico americano: "Guarda, ho parlato una volta con un critico, talmente cretino, americano, c'era anche Vedova, che mi dice prima di tutto: 'eh, lei spazialista,

11 A. Negri, "Dall'"Argentina" allo spazio. L'irresistibile ascesa di un artista", in *L'uomo nero. Materiali per una storia della modernità*, I, 1, pp. 41-50.

12 J. Corradini, "Lucio Fontana. Profeta del arte espacial", in *Histonium*, 94, VIII, marzo 1947, pp. 166-171.

13 Cfr. *Vidrieria creada per Lucio Fontana y titulada "Trajes de Fiesta"*, fotografia pubblicata nell'articolo "Vidrierias artisticas", in *Saber Vivir*, 44, IV, 1944, p. 63; *Vidrieria "Pieles" creada por Lucio Fontana*, fotografia pubblicata nell'articolo "El arte de presentar", in *Saber Vivir*, 62, V, 1946, p. 69.

14 G. di San Lazzaro, "Chroniques du Jour. Fontana et Duchamp in Panorama 68**", in *XXe Siècle*, 31, 1968, [s.n.p.].

cosa crede?...'. E, intanto, sapeva che ero spaziale, diceva che io non ero niente e, intanto, sapeva quello che facevo, incominciava col sapere chi sono io e cosa faccio 'che se lei mi dice che io non ho inventato lo Spazialismo, vuol dire che mi conosce, che non sono uno sconosciuto'. Dice 'ma sì, ma lei... lo spazio, ma cosa vuole, lei italiano, lo spazio... noi americani, i deserti dell'Arizona, lì'... 'Ah', dico, 'quello è, appunto, lo spazio?... Perché allora, guardi, io non sono italiano, io sono argentino e ho la pampas che è dieci volte più grande dei deserti dell'Arizona, ma lo spazio non è la pampas, lo spazio è un altro nella testa, capisce?' S'è alzato e se n'è andato" [15]. Si può immaginare una pampa sconfinata anche dietro ai tre uomini a cavallo che si stagliano su un cielo blu costellato di piccole stelle bianche nella tavoletta di gesso graffito e colorato *Uomini a cavallo* del 1932, così come nella scultura in gesso *Luna en la Pampa* del 1944.

Il "taglio" in mostra, *Concetto spaziale, Attese,* 1959, con dedica autografa di Fontana a Marieda Di Stefano sul retro, fa parte di un importante nucleo di opere acquistate dai coniugi Boschi-Di Stefano direttamente dall'artista nel giro di pochi anni e passato nel 1974 alle Civiche Raccolte d'Arte milanesi [16]. L'incontro dei due collezionisti con Fontana potrebbe risalire addirittura agli anni precedenti al suo soggiorno argentino del 1940-1947. Il Fontana *espacial* è così ricordato da Antonio Boschi: "Un cenno a parte merita Fontana, partito scultore per la nativa Argentina prima della guerra e tornato spazialista. [...] Ho detto "spazialista" e non pittore perché Fontana tentò davvero di rendere la terza dimensione fisicamente, anziché darne l'illusione con la prospettiva. A mio parere non fu né pittore né scultore né architetto, ma tutto insieme: un creatore di ambienti. [...] Noi andavamo quasi ogni sabato in quel suo magnifico studio in via Monforte e seguivamo passo passo il suo arrovellarsi e le sue geniali invenzioni" [17].

15 Lucio Fontana, da C. Lonzi et al., *Autoritratto* (Bari 1969), Roma 2010, pp. 91-92, 103-106.

16 Cfr. G. Zanchetti, *Lucio Fontana. Concetto spaziale, 1957*, Milano 2000.

17 A. Boschi, in *50 anni di pittura italiana nella collezione Boschi-Di Stefano donata al Comune di Milano*, a cura di M. Precerutti Garberi, catalogo della mostra (Milano, Palazzo Reale, 27 maggio – 20 settembre 1974), Comune di Milano, Milano 1974, pp. 11-12.

ESSAYS

What the Night Tells the Day

Andrés Duprat

In his novel *Lo que la noche le cuenta al día*, 1 published in 1992, Argentinian author Héctor Bianciotti tells of his initiation into adulthood – especially its secrets – in a provincial town from which he escaped (embarking on the opposite journey of his Italian immigrant parents) towards Europe, in search of an atmosphere less hostile to his life choices. Written in French, like most of his works, the novel embodies an apt metaphor of the Argentinian artist's existential condition. The myths, traditions, idiosyncrasies and languages inherited from a "longed-for" Europe are intertwined with their Latin-American counterparts. Alien and familiar weave a plot of lights and shadows marking the reality and fiction of the "new world".

What the night tells the day: night and day, light and shadow inhabit – define – the course of history. The tragedy of societies unfolds between these two opposites. Like several other nations, Argentina experienced long periods of darkness. But just like the day follows the night, these negative events also engendered positive responses. Indeed, the Argentinian society has developed extraordinary survival strategies over time. Its ability to reinvent itself and to rise from its own ashes, veiled in a dose of ongoing ironic non-conformism and an unprejudiced boldness, has resulted in the proliferation of a collective creativity also impacting on art.

By way of a personal memory, Bianciotti hazards an interesting definition of art into a passage of his novel: "Ever since I was a child, I preferred the reflection of reality over reality itself, to the point that if I am looking at a screen in a room, and there are images captured by a mirror next to it, this second version of what's real enhances the intensity of its outlines for me, revealing the secret of things better – a sly essence, imperceptible at first glance."

What *is* art, if not a construction of personal universes and collective substitutes conferring reality on reality itself? An otherworldly link to the world. Existence is determined by the aesthetics and the sensory grammar through which we perceive and conceive the world. We have no other way of settling in the world, of attempting to overcome the tribulations it inflicts upon us, of reflecting on our past and future fate. Thus, art offers us the chance of returning to certain topics, starting from the creation of a new reality which functions as a reflection or reversal of history.

There is a primeval violence making up the tragedy of nations. A gathering of collective and individual facts, with its toll of casualties and the series of acts of violence established which through agreements lead to institutional frameworks. In this sense, Argentina has had a dynamic history full of ups and downs, with contrasting social and political events that had a decisive impact on shaping the present. The long war for the occupation of the territory waged since the Spaniards' arrival in the continent resulted in a sequence of bloody events in the young nation throughout the 19th century.

1 *Lo que la noche le cuenta al día* is a novel by Argentinian author Héctor Bianciotti (1930–2012). It was translated from the French original version *Ce que la nuit raconte au jour* by Linda Coverdale and published under the title *What the Night Tells the Day* by New Press, New York, in April 1996. The excerpts published here are translations by the author.

This period was marked by cycles of civil wars between warlords dominating provinces and chieftains holding vast territories. The culmination of this era was the so-called Conquest of the Desert (1878–1885), promoted by military leader and Argentine president Julio Argentino Roca, which decimated the indigenous peoples inhabiting the Pampa regions and Patagonia at that time.

Though this event was indubitably preceded by the abovementioned conflicts (mirrored in literature and in plastic arts), it also gave rise to the modern republic. This is attested to by three of the most significant Argentinian works, which narrate the acts of violence that took place throughout the 19th century. While *El matadero*, [2] an essay by ground-breaking author Esteban Echeverría, ends with rape and murder at the hands of the "barbarians", Cándido López's [3] pictorial chronicle of the Paraguayan War is pivotal in contemplating the place of the armed conflict, whose most dramatic form is portrayed in Ángel Della Valle's painting *La vuelta del malón*. [4]

The works that would shape the literary canon and, as a result, much of the national imagination – *El Facundo* [5] by Domingo Faustino Sarmiento and *Martín Fierro* [6] by José Hernández – represent both a critical evaluation (in the form of an epic poem) of the factions warring under the banner of "civilisation and barbarism" and a programme that would map out further political sensibilities. Following the consolidation of the national state, the new social subjects to be reckoned with – workers, anarchists, peasants – would find their place in art through extensive cycles of social narrative and protest, like those embodied by Lino Enea Spilimbergo or Antonio Berni in their iconic paintings.

An episode reflecting the conflict between heritage and tradition in the national culture took centre stage in the works of Argentinian painter and intellectual Eduardo Schiaffino and Spanish art critic Eugenio Auzón. In 1891, they ignited a resounding controversy over the former's desire to establish a national art along with a group of colleagues. Auzón confronted and discouraged them, arguing that "Argentinian art will only exist in two hundred years and a few months". The controversy triggered an armed duel, fortunately with no fatalities. The aftermath of this episode tells us that Schiaffino persisted in his aspirations: in 1895, at his insistence, the Museo Nacional de Bellas Artes – the first of its kind – was inaugurated in the city of Buenos Aires, with Schiaffino himself as its new director.

Half a century later, in 1951, Jorge Luis Borges held a master class (published two years later) at the Colegio Libre de Estudios Superiores in Buenos Aires. [7] On this occasion, the author addressed the issue of national tradition and offered a solution that has since been the key to understanding the development of arts in Argentina: "What *is* Argentinian tradition? I believe this answer to present no issues, and so we can answer it easily. I believe our tradition to be the entire Western culture, and I also believe that we have a right to this tradition – a greater right than the one possessed by the inhabitants of any Western nation. [...] We are able to handle any European topic, free from superstitions and with an irreverent style

2 *El matadero* (The Slaughter House) is a story written by Argentinian Esteban Echeverría (1805–1851) between 1838 and 1840. It contributes to the shaping of local customs. The story was published in 1871, 20 years after the author's death, in the *Revista del Río de la Plata*.

3 Cándido López (1840–1902) was an Argentinian painter renowned for his historical paintings on the War of the Triple Alliance (1864–1870), featuring a coalition formed by Brazil, Uruguay and Argentina against Paraguay.

4 *La vuelta del malón* (Return of the Raider), by artist Ángel Della Valle (1852–1903) is a large-scale painting depicting the indigenous subject in Argentina. Painted in 1892, it belongs to the collection of Museo Nacional de Bellas Artes de Argentina.

5 *Facundo* or *Civilización y barbarie en las pampas argentina"* is an essay published in 1845 by educator, political writer and former Argentinian president Domingo Faustino Sarmiento (1811–1888).

6 *El Gaucho Martín Fierro* is a poem written in verse in 1872 by José Hernández (1834–1886). It also has a sequel, *"La vuelta de Martín Fierro"*, written in 1879. After being published, both parts were collected under the title *Martín Fierro*.

7 *El escritor argentino y la tradición* (Argentinian Writers and Tradition), originally a conference held by Jorge Luis Borges in 1951 at the Colegio Libre de Estudios Superiores in Buenos Aires, was published in 1953 in *Cursos y Conferencias*, the Colegio Libre's journal. It appeared in the journal *Sur* in 1955 and, two years later, the text ended up becoming part of one of Borges' books: *Discusión*, originally published in 1932 and revised for the first time in 1957.

that can – and indeed already does – have positive consequences. This is why I repeat that we should not fear, and should instead think, that the universe itself is our heritage; we should explore *all* possible topics, not concentrating on Argentinian ones simply because we are Argentinian. Because either being Argentinian represents fate – and in this case it would have happened anyway – or being Argentinian is a mere affectation, a mask."

The popular uprisings sparked throughout Latin America by the Cuban Revolution opened up to the possibility of egalitarian political regimes. The 1960s and 1970s saw the rise of epic – and tragic – figures such as Ernesto "Che" Guevara or Salvador Allende. The flip side was the military dictatorships which, during the same period, took root in the continent, where State terrorism focused on eradicating any attempt that represented the possibility of establishing a system that would organise life outside of capitalism.

Horror, with its infernal nature and thousands dying, being tortured or disappearing, was the method that also allowed naturalisation in the cultural field of practices of ideological persecution, censorship and threats.

Although the 1983 return to democracy in Argentina brought great hopes and freedom, it also marked the continuation of neo-liberal politics that intensified during the following decade, ultimately perpetuating the economic program of the dictatorship. This transition coincided with society's distrust of the State, at the time perceived as ineffective and unnecessary, leading to the erosion of communal ties and to the promotion of individualistic, liberal ethics.

Within this framework, artistic productions experienced the ephemeral dream of being included in the international art market. A dream due precisely to the globalisation established after the fall of the Soviet Union, which solidified capitalism's rule across almost the entire planet.

The neo-liberal policies of the 1990s offered the illusion of belonging to the sphere of circulation and legitimation of global art; not without naivety, Argentina believed it was joining the select group of countries making up the so-called First World. The dream was short-lived: in December 2001, the nation suffered a rude awakening after a political and economic collapse; an awakening that lay bare its status as a precarious country, with half of its population below the poverty line, a ravaged and fully transnationalised productive apparatus and a state power unable to fulfil its obligations. Naturally, this led to resistance, uprisings, *"piquetes"* (pickets) and protests, with an inevitable trail of repression and casualties. There were five presidents in eleven days, and any horizon of happiness sank into multiple disasters that affected all aspects of social life.

Paradoxically, during the years of the major crisis that hit in 2001, the cultural sphere gradually regained some of its former dialogical will thanks to a strong critical and reflective potential, especially through alternative actions carried out by independent groups of artists and intellectuals in different parts of the country. Other ways of doing things were thus relaunched, with the revaluation of heterodox aesthetic experiences.

The last two decades saw a gradual recovery of the State's role, albeit with ups and downs, advances and setbacks. Governments with opposing ideologies, despite everything and very slowly, began reconstructing the sociocultural fabric.

The historical sequence mapped out in the preceding lines translated, in the case of artistic productions, into a realm of illusion and failure. Over extended periods, the alternation between military regimes and democratic governments, social and economic ruptures, and shifts in direction undermined any sustained development of artistic productions.

However, amid any crisis, art acts as a refuge and a breeding ground of ideas, as a realm of resistance, criticism, denunciation and utopias. Therein lies its disruptive power. There is something in artworks that manages to stir the consciousness of an era, a power of interrogation that appears as a bold mystery. This something, this mystery, is what points to the works of art that become epochal in their interpretation of the history they embrace, even without intending to. This something is directly linked to the decision to provide refuge to tragedy and the will to transcend it with languages that express the conceptual core enervating them.

While conceiving the work in which he unveiled the secret of commodities – the dagger which is surplus value, thrust into the heart of capitalism – Karl Marx posed a paradox in art. His reflection seemed somewhat out of place: how was the issue of art relevant when settling economic logic and the fate of social revolution? The historical canon he established in his *A Contribution to the Critique of Political Economy*

(1857), [8] with its series of civilizational stages, was still enunciated with the validity held by artistic expressions born in past eras. Despite emerging within the framework of productive conditions not typical of capitalism, they had not been buried by forgetfulness. Marx analysed the paradox in these terms: "How is Greek art possible with the locomotive and the telegraph? Could Achilles exist with gunpowder and lead? Or the *Iliad* with the printing press?" "The difficulty," he reasoned, "does not lie in understanding that Greek art and epic poems are linked to certain forms of social development, but in understanding that they can still provide us certain artistic pleasures and that they serve, in certain respects, as an unattainable norm and model."

A few years earlier, in *The Eighteenth Brumaire of Louis Bonaparte*, [9] Marx reflected on the fact that revolutions appeal to the languages of bygone eras, which they revise in a present incapable of finding a discourse of its own. This attire, which resonates in the present like an unexpected atavism, gives new meaning to art from the past.

An answer to the dilemmas posed might be that, albeit bearing the signs of the period that saw its birth, of its language and of a particular historical event, art has the ability to survive those conditions and become an emblem. Not just of the event, but of the concept – the historical drama – enervating it. Francisco de Goya's series of etchings *The Disasters of War* (1810–1815), [10] depicting the tumultuous process of Spain's road to independence, or Picasso's masterpiece *Guernica*, [11] painted in 1937 in response to the German bombing of the town of the same name during the Spanish Civil War, are compelling examples of this survival. They are expressions that have managed to pierce through time and now represent the horror of *all* wars.

Another key work in the history of Argentinian art, *Sin pan y sin trabajo*, [12] painted in 1894 by Ernesto de la Cárcova, is a fundamental piece in the permanent collection of the National Museum of Fine Arts. The painting depicts a humble working-class home; inside, a family – a couple and their small son – is seated at the table. Through the window, the man turns a frustrated and anguished gaze on workers protesting in front of a factory, while mounted police are arriving. This image, portraying a scene typical of late 19th-century Argentina, continues to challenge us by addressing current and widespread issues: poverty, lack of employment, protest and repression.

Therefore, if we momentarily set aside the semantic load attached by history to these productions, we can view many other works as a way of embracing human tragedy. Their allegorical power does not lie in figures and themes of obvious meaning but, rather, operates as a potent catalyst for images buried in the collective unconscious, in works that touch on universality through their – at times abstract, at times symbolic – evolution. Their relevance, as claimed by Marx, may reside in the pristine gaze, in their genuine poetics and polysemic capacity, expressed through the mythology of the historical juncture, making them at once timeless and universal.

What the Night Tells the Day extends the concept of political art to the exploration of different aspects of the artistic production of Argentina, which depict the country's historical tragedy through languages that touch on it while also exploring it in depth.

The exhibition presents a series of works by 22 Argentinian artists spanning a period that goes from the mid-20th century until today. Despite its variety and diversity, the ensemble

8 *A Contribution to the Critique of Political Economy*, from 1859, is an essay by Karl Marx (1818-1883) which, according to Althusser, can be considered as the "Discourse on method of the new philosophy founded by Marx".

9 *The Eighteenth Brumaire of Louis Bonaparte* is an essay written by Karl Marx between 1851 and 1852 and published in the magazine *Die Revolution* in New York.

10 *The Disasters of War* is a series of 82 etchings by the Spanish artist Francisco de Goya (1746-1828), created between 1810 and 1815, which crudely portrays the horror of war. The prints illustrate the cruelties committed during the War of Spanish Independence.

11 *Guernica* is a large painting created by Pablo Picasso (1881-1973) in Paris in 1937. Its title alludes to the bombing of the town of Guernica, which occurred on April 26 of the same year, during the Spanish civil war. The painting was created to be exhibited in the Spanish pavilion during the 1937 Expo in Paris.

12 *Sin pan y sin trabajo* (Without Bread, without Work) is an iconic social-themed painting in Argentinian history. Painted in 1892 by artist Ernesto de la Cárcova (1869–1927), it belongs to the collection of the Museo Nacional de Bellas Artes de Argentina.

can be read as a catalogue of portrayals of different types of social criticism and forms of violence captured by the artists' sensitivity. *What the Night Tells the Day* is a many-voiced tale as well as the result of a collaboration between the Italian curator Diego Sileo and the author of these lines. It is, therefore, the result of a conversation between two complementary gazes: one performing a medley of art and history from the stage itself, and the other viewing the artistic production of Argentina from a powerful critical distance and its ties to both Latin-American and European contexts.

The prologue to the exhibition is a series of works by Lucio Fontana (1899–1968), a key artist in bringing Italy and Argentina together. Three paintings dating back to 1946 (the year of his *Manifiesto Blanco*) and made in Argentina join a 1959 painting made in Italy as part of his renowned series *Spatial Concepts*. This piece explains Fontana's spatial studies which, in the late 1950s, would flow into the bold, disruptive character typical of his most emblematic works. By perforating and slashing his canvases, the artist attempted here to break away from the two-dimensionality of painting.

Creator of the renowned Vivo-Dito art, Alberto Greco (1931–1965) staged the experimental performance *Cristo 63* in Rome in 1963, along with Italian artists Carmelo Bene and Giuseppe Lenti. A parody of the Passion of Christ with no script, this delirious play caused a scandal culminating in the intervention of the police and in Greco's expulsion from Italy. All that remains of this radical experience is a series of documentary photographs, on display in this exhibition alongside two more testaments to Greco's time in Italy in 1963: the piece *Albertus Grecus XXIII*, where he appears dressed as a nun, and the *Untitled, Rome Vivo-Dito* works, in which he decorated the walls of the city with his artistic slogans.

Created in 1965 against the backdrop of the Vietnam War, *La civilización occidental y cristiana* (Western and Christian Civilisation) by León Ferrari (1920–2013) presents an unusual yet effective combination: a Santería crucifix mounted on the model of a US fighter plane. This iconic piece from the artist's production questions the hegemony of one worldview over another, in an exercise mirroring intolerance and authoritarianism.

Liliana Porter presents two experimental photographs taken in 1973 – *Untitled (Porter and Camnitzer with drawings)* and *Untitled (Self-portrait with square)* – as well as a new installation. *La barrendera* (The Street Sweeper, 2023), a sharp critique of contemporary society, is an affected installation where the artist combines disparate elements in an evocative interplay of scales, with which she creates a fantastic, improbable scene.

A homage to the Parthenon, the universal symbol of democracy, is the focal point of the large-scale installation set up by Marta Minujín in the centre of Buenos Aires in 1983. Included here are a documentary video, a series of photo records and some of the books that made up the installation. In *El Partenón de libros prohibidos* (The Parthenon of Forbidden Books), the stones building the most important temple in Athens were replaced by the books censured during the military dictatorship that held power in Argentina between 1976 and 1983.

In 1993, Liliana Maresca (1951–1994) published the photo performance *Maresca se entrega todo destino* (Maresca Abandoning Herself to Fate) in the magazine *El Libertino*: a series of images showing her half-naked and including her phone number. A powerful and extreme gesture through which the artist transformed her body into a commodity.

On the façade of the building where the exhibition takes place, visitors are greeted by Leandro Erlich's *Vendesi* (For Sale, 2023): a large-scale sign announcing the sale of the property. Erlich's irony marks a common type of violence in current times: the loss of community and collective spaces, to the detriment of profit and market logic.

With his monumental, site-specific work *Precipitar una especie* (Precipitate a Species, 2023), placed outdoors, Matías Duville blends the spheres of the natural and the artificial. A huge metallic sculpture, whose material nature can denote both the passing of time and a wasted utility, has been crushed and deformed by large stones. Yet life has re-emerged from this structure in the shape of plants, making the constant struggle between nature and human intervention palpable.

Mariela Scafati presents *Cuántos cuerpos somos cuando te toco* (How Many Bodies We Are when I Touch You, 2023), a large, site-specific installation composed of multiple monochromatic paintings, structures linked both among themselves and with the architecture of the space through ropes and pulleys. With the arrangement and the possibility of movement, the artist offers different ways of perceiving her work, which is abstract only in appearance. The paintings, the chosen colour and the ropes refer to disputed socio-political positions, such as the rights of dissidents and of the LGBTQI+ community.

Walls papered with photographs of open mouths that seem to be shouting make up the installation *Bocanada* which Graciela Sacco (1956–2017) presented starting in 1993 (at times illegally) in open and enclosed spaces in various cities. They are the silent mouths of the marginalised, of immigrants and those who have fallen from the system. Those who have lost their voice.

Nuestra estrella se agotó (Our star is exhausted, 2023) is a site-specific installation created by Eduardo Basualdo. This monumental work, made with a lightweight, fragile material, consists of a rocky landscape inhabited by bodies whose imposing – and supposedly enduring – presence contrasts with the fragility of the structure (which viewers only notice in specific points of the work and which contradicts their initial perception). The artist creates a strange reality, somewhere between dreams and the truth.

By arranging a set of organic elements in a domestic freezer, Adrián Villar Rojas has composed a frozen still life, thus displaying the idea of the finiteness of existence, the human fate of deterioration and degradation, and the futile attempt to leave a lasting trace in the world. Specifically created for the occasion, *Untitled XI* (2023), from the *Rinascimento* series, appeals to both the historical and artistic period and to humanity's will to overcome death.

En el sexto día (On the Sixth Day, 2004), the photo series by Alessandra Sanguinetti, brutally displays life, death and violence in rural Argentinean areas. The living conditions in the countryside – far from clichés, bucolic postcards and idealised tranquillity – reveal their wild side in these works, which become a marvel of raw poetry.

The video performance *Trilogía pandémica* (Pandemic Trilogy, 2021), by Mariana Bellotto and Grupo Performático Sur (GPS), reveals a degraded and contaminated universe where protective practices and measures have become as relevant as they are absurd. The artist and her group also present *Mundo de mierda* (World of Shit, 2023), a performance developed during the exhibition's inauguration, where performers manipulate blocks of ice as part of a tension game between the permanent and the transitory.

Impossibility and absurdity are the focus of the installation *Beehive* (2013), by Jorge Macchi. About twenty ceiling fans, arranged in a way that prevents their normal functioning, interweave to form a kind of beehive. The piece is completed with a buzzing noise, contradicting the immobility of the visual plane.

Nicolás Robbio presents the video *Los de arriba los de abajo los buenos los malos* (The Ones Above and the Ones Below. The Good and the Bad, 2011) and the works *Bozal* (Muzzle, 2011) and *Estudio de tensión* (Stress Study, 2010). These three conceptually and fictionally charged works are composed of everyday items (a gate, a rope, nails, plumb bobs, an axe, a saw) that gain new meaning through minimal actions, spatial arrangements or interventions, generating novel perspectives and reflections on social and political aspects.

Ceremonia Nacional (National Ceremony, 2016) by Adriana Bustos establishes a parallelism between the propaganda of the last Argentinian military dictatorship and Nazi propaganda. In this video installation, the artist brings together images from the opening ceremony of the football World Cup held in Argentina in 1978 and sections from the documentary *Olympia*, by German filmmaker Leni Riefenstahl, on the XI Olympic Games, which took place in Berlin in 1936.

In *Doscientos pesos fuertes* (Two Hundred Pesos Fuertes, 2010–2023), Cristina Piffer works with the iconography of an 1869 Argentine banknote, illustrated with cows and sheep. It is a serigraphy created with dehydrated bovine blood, which also spills onto the floor of the room. With this work, Piffer reflects on the extermination – violent, bloody yet in the name of civilization – of the indigenous peoples who inhabited the territory of Argentina in the 19th century.

Miguel Rothschild presents two modified photo series in which the artist underscores the artifice of the images. *Atrapasueños* (Dream Catcher, 2014) brings together framed photos of precarious constructions located in settlements in Buenos Aires. The protective glass of each piece has been shattered following the layout of clandestine electrical installations appearing in the images. In the second series, developed during the pandemic and titled *Burned* (2020), Rothschild intervenes in photographs of skies illuminated with numerous burns that puncture the paper and generate a texture emphasizing the dramatic nature of the shots.

A white room, covered floor to ceiling in huge black surfaces: are the textual drawings by Ana Gallardo [*Caníbal* (Cannibal) and *Retén* (Retained), 2018], made of graphite on paper – dark, impenetrable, opaque, unfathomable, symbols of what cannot be expressed. In each of them, the artist reveals fragments of dramatic testimonies about violence against women collected in Central America.

Juan Sorrentino proposes the installation *Ashes to Ashes* (2023) using cubes with sound devices and a series of electronic mechanisms that move burned logs and generate kinetic sequences, marks on the wall, accidental residue and random noises. A dynamic that manifests as useless, absurd, repetitive and insistent, while creating an atmosphere of poetic synchrony between drawing, movement and sound.

In the video *Fly with Pacha*, Tomás Saraceno – co-author with Maximiliano Laina – records an artistic-scientific action carried out in the Salinas Grandes of north-western Argentina: the flight of a balloon that does not use fuel but operates based on solar energy. With his work, the artist emphasises the importance of seeking creative and sensitive alternatives to preserve the environment. He also presents the work *Spider/Web*, a net woven by lace from north-western Argentina, connecting this traditional craftsmanship with his works, experiences and installations created with spider webs.

Mindful of the impossibility of narrating history in a linear fashion, this journey through the different personal poetics that permeate *What the Night Tells the Day* reveals the chosen artists' brilliance in observing and analysing society through critical, intimate and original approaches. The ensemble enhances and multiplies the idea of a society shaped by episodes of violence and injustice, at the same time, however, showing sensitivity and reaction. A society as inconvenient as it is mobilised, dissenting and bold, which has never – even at its most tragic – lost its critical capacity, irony, inventiveness, and even its corrosive humour.

La violencia está por todas partes

Diego Sileo

"La violencia está por todas partes, omnipresente y multiforme: brutal, abierta, sutil, insidiosa, disimulada, racionalizada, científica, condensada, solidificada, consolidada, anónima, abstracta, irresponsable." [1]

– Juan Carlos Romero, 1973

Before talking about the violence depicted by art, it is necessary to specify and delve deeper into some concepts defining it. At the same time, different types of violence must be distinguished, as well as differentiating the notion in individual, social and political terms. In general, it is a behavior inherent to human beings, a condition exercised individually or collectively. It can be a characteristic of the expression of social groups, as a response or protest to the power of state forces, or as an action by organized groups to exert force and pressure against other groups. The constant presence of this behavior in all human actions reveals that it is a part of individuals, it is a human act which, if analyzed starting from its linguistic roots, we find in its polysemic definition, from the German, of *Gewalt*: power, strength and energy. In this sense, wanting to eliminate violence is a contradiction in terms, since the same tools that triggered it will be used, in the end, to eliminate it. The philosopher Eduardo Maura Zorita, in the introduction to Walter Benjamin's *Critique of Violence*, underlines this double meaning of the word in the German language: "Benjamin, from the beginning, invites to caution: the title itself forces a double reading. *Gewalt*, in German, means both 'violence', in the emphatic sense, and 'power', in the sense of 'established power'". [2] Benjamin's description of this condition has its roots in the study of the violence of the law, that of the State. Benjamin's contributions go, moreover, in the direction of dismantling violence both as a means and as an end, in a discussion that aims to be a response to the Kantian vision, that is, to the violence that justifies the means to achieve just purposes. This brings about a profound analysis of the relationship of violence with law and justice. As regards law, it is clear first of all that every legal system is based on the most basic relationship between purposes and means. Secondly, it is equally clear that violence can only be found in the context of means and not purposes. In his text, Benjamin does not address the question of art. The exclusion of the artistic theme, and also of the aesthetic theme, can in turn be the subject of a critical question. An immediate explanation would say that Benjamin responds to the urgencies of the historical moment, in particular the development of Nazism, the persecution and repression of workers' movements, as well as the environmental and political consequences

1 "Violence is everywhere, omnipresent and multifaceted: brutal, overt, subtle, insidious, hidden, rationalized, scientific, condensed, solidified, consolidated, anonymous, abstract, irresponsible." Juan Carlos Romero wrote this definition in the catalog of the exhibition in which his installation *VIOLENCIA* was implemented for the first time (Centro de Arte y Comunicación de Buenos Aires, April 1973).

2 Walter Benjamin, *Crítica de la violencia*, (edited by) Eduardo Maura Zorita, Biblioteca Nueva, Madrid 2010.

of the First World War, which is why the focus of his analyzes would be to offer elements to understand these historical processes. However, I believe that this is not the reason for this exclusion, because although his work exerts an undoubted interpretative power on the context, it is not a cyclical reflection. Benjamin here carries out a penetrating philosophical work that goes beyond the conditions of the moment and which rather seeks to clarify, in a global and subtle gaze, the substance of the question of violence, especially in front of naive glances that conceive it in a naturalistic order (venal or reactive) as a means of "directly securing a discretionary desire". In my opinion, the reason why a criticism of violence in art does not appear lies in an epistemological consideration: the violence it addresses is the founder and keeper of law (i.e. the irreducibly violent character of law) and art is not seen by Benjamin like this. There is a second way of referring to the question: the *logos* that originally reveals violence in the pure act, the rationality that there discovers the power of a teleological device, is for Benjamin of a political nature. This device could emerge from other rationalities, it could admit various ramifications, including that of the aesthetic *logos*, but this point is not taken up by Benjamin probably because for him it is not the founder of law, or it is only so in a completely peculiar meaning, and not as a political right.

In the history of art, we can identify particular moments, singular projects, in which violence is visualized not only as an object of representation or aesthetic elaboration, but as a force for such elaboration, and also as a form that encourages the symbolic exercise of political power. Therefore a violent and productive combustion would operate in art at certain moments; a combustion requires not only an epistemic, but also an ethical and political clarification. Furthermore, it is also possible to bring about a question in the direction of the first meaning that Benjamin assigns to violence: whether art is capable, with its own aesthetic strength, of producing a sort of crack in that legal order which collects and coagulates in any possible violence. The two questions are placed on different poles of the question: the first questions the possibility of a *logos* of violence in art and the second art's possibility of being a disruptive force on the legal form. I will try to answer these two questions, but I anticipate that the answer to the first question is that art has actually involved, at different times, a *logos* of violence in two ways: an aesthetic semiosis of violence for its representation and a combustion of violence as aesthetic energy (heuristic and poetic). The answer to the second question is that art does not participate as a violent force that pulverizes law to establish a new law. Not because art is devoid of any violent power, but because its violence has a different character. Its power, which can be used politically, or can acquire a political sign, does not have the etiology of undermining the legal system, but has the nature of acting with respect to another code: the aesthetic one. It is an analogy of the destructive/founding violence of the law: it appears in certain moments as aesthetic violence, that is, irruption on consolidated forms to deactivate them, or even destroy them, making them senseless, to the point of establishing new forms, a new aesthetics. But it is also, in another sense, a force that breaks into the law as a poetic questioning that makes its violence visible. Its force of irruption lies in the production of an innervation capable of contributing to the clarification of ghosts and spells that the economic-juridical intertwining establishes, in particular, in the modern world. It is a seminal theme for art. There is not only a component of fascination and artistic interest in violence, shown in an infinite series of approaches to the human situations and conditions in which it occurs, but a necessity in addressing its form and meaning. At its most visible level, art addresses the form of violence in its gestures and features, in its plastic gradients and appearances, in its chromatic sordidness or its dramatic iridescence. It is an analysis of the situation, of the existential conditions, but also of the wound, the violation, the dismantling. The *logos* of violence in art turns out to be a mode of aesthetic elaboration and at the same time a form of clarification of the action. When it reflects violent action, art is the aesthetic elaboration of images that necessarily are problematized. Art never produces a replica of violent action, its sign is elaboration, symbolic work, interpretation, even in realism. Despite what has been said, one could consider the question of whether the image of violence in art is not violence in itself. The answer is complex, in principle we must say that this is not the case, but more subtle considerations are necessary. A first response could argue that violent action is part of the order of facts, while art is part of the symbolic horizon. However, we must immediately consider that the limits between the factual order and the symbolic order are weak, in some way the signs constitute social actions and the social action is symbolic. However, for example, the difference between the image of the violated body and that of the actually violated body is undoubted. The question is that certain artistic poetics work with living bodies on which they exert a violent action that is no longer purely symbolic, but real (which, in turn, wants to become symbolic), as in some body art actions; but we could admit that this type of artistic production is relatively exceptional and the regularity of the artistic action on violence is the sign elaboration, more properly aesthetic interpretation in the face of a historical, mythical or purely imaginary act. Its difference with the image that violence emanates in its exercise lies in the fact that the artistic image is not an intimidating image, it has neither the form nor the purpose of scaring those who see it, perhaps it seeks to produce shock or experience aesthetic, perhaps within the sublime level, but does not pursue the aim of intimidating in order to obtain submission, obedience or any other type of specific response.

The symbolic (non-factual) action of the violent act implies the reconfiguration of the system of intersubjective and social relations in which it unfolds. The question then is whether violent representation in art can be described in terms of "symbolic violence", as if a device of semiotic coercion of some kind could operate in it. First of all we must say that the artistic image of violence does not constitute a form of symbolic violence. As we have underlined, the artistic image does not seem to be a sign of domination with the aim of dissuading its recipients, the aesthetic order is not the field of the political and even seems to escape the ideological function, if we stick to a traditionalist or formalist idea. This implies distinguishing between the image that elaborates, that poetically works on violence and the postulated image that would itself be a force of symbolic violence, but some historical conditions can establish forms of usufruct and artistic production captured in the logic of symbolic violence: in *The Work of Art in the Age of Its Technological Reproducibility*, 1936, Benjamin captures this logic in the aesthetic production of Nazism when he co-opts and produces its artistic effluvia. The Nazi aesthetics was created with an irrefutable propagandistic interest in nourishing in the masses the image of Aryan greatness, heroism and supremacy and its contempt and intimidation towards the peoples they considered inferior. Art that exercises representation as violence of imposition, coercion and implantation is an art that displays a nature of power; but at the same time, this condition of power/art proximity shows a metaphysical conception of art: as a timeless essence capable of projecting itself into eternity. A question that is highlighted in a further thesis: power probably implies a desire to control and limit the euresis of art, in two senses: for the need to extinguish the art that contradicts it (because it has a strange fear of its timelessness and its ability to reveal the logical void and uselessness on which it is based), and also for the ambition of producing a semiosis perpetuating it. The ambition of power over art is the ambition to codify itself infinitely, to fix its form in time as an indelible sign. This ambition is possible on the illusion of the timelessness of art. It is based on a metaphysical conception of creation and on the invariable ontology of *poiesis*. Therefore, the possibility of making a distinction between the orders of the *logos* of violence in art as a poetic semiosis of violence and as a semiotic device for exercising it is only possible in a vision capable of understanding both the historical horizon in which art is produced and used and the pragmatic nature of the functioning of its form and its meaning.

The Norwegian sociologist Johan Galtung proposes that violence be divided into "direct violence", "cultural violence" and "structural violence", each of which occupies a point of a triangle represented as if it were an iceberg whose upper end represents the direct one, the one that is visible, the most evident of the three, the aggressive, grotesque, physical and verbal aggression. [3] A line crosses the triangle horizontally, pretending to be the level that divides the external from the deep, the visible from the invisible, Below that level is the invisible, ambiguous violence, and then there are the other two points of the triangle in which "cultural violence" and "structural violence" are located. The cultural one is contextualized by circumstances legitimized by one's customs, religion, philosophy, science, law or art. It has symbolic connotations and is accepted in a social group. It occurs between groups who identify themselves through their practices. Violent acts are committed in the name of faith, or in the name of art, or creation, or science. "Cultural violence" is the case, for example, of nuclear tests or explosions in the middle of the ocean, in the name of research, or experiments on animals in the name of science. The structural one is the most terrible because it is what supports a discourse of social stratification whereby it becomes impossible to satisfy the needs of one group or another. This form is specific to societies that have established laws and structural customs almost always in favor of the power of the State, social customs that have created categories and conditions impossible to break and which, in this impossibility of giving answers to society, become a form of violence that is not easy to spot. This is present in places of power, it is manipulative, it favors political

3 On this topic: Richard F. Mollica, *Le ferite invisibili. Storie di speranza e guarigione in un mondo violento*, Il Saggiatore, Milan, 2007; Adriana Cavarero, *Orrorismo. Ovvero della violenza sull'inerme*, Feltrinelli, Milan 2007.

groups and generally acts against the weakest, it is a form of control supported by laws. To question or fight it we must create drastic reforms or important social movements. "Direct violence" is often a consequence of the other two that seem invisible.

Still on the topic, in *The Vision of Parallax* the philosopher Slavoj Žižek proposes the Greek term παράλλαξις (parállaxis) to refer to the change in the observer's point of view. In terms of optics and astronomy, "parallax" refers to the apparent displacement of the observed object when the observer's position changes. The notion of "parallax gap" saves the vision of dialectical materialism in Žižek's perspective, of the tension that forms between the point where the observer is located and the observed object. In some way it means considering otherness, the difference between two. The vision of parallax is a renewed reading of reality, in this way we move through the philosophical, scientific and political parallax to analyze social aspects relating to differences, racism or other problems. It seems important to me to return to these concepts for the analysis of the artistic vision that concerns us, since in art the "parallax error" is certainly an intrinsic condition, it is an allusion to the particular gaze of the artist who through his practice captures real events in his works. Žižek's theory of parallax is a metaphor for the artist's subjective vision, so to speak, of his style. [4] "The parallactic Real thus contrasts with the traditional (Lacanian) notion of the Real as what 'always returns to its place', as what remains constant in all possible (symbolic) universes: he parallactic Real is rather what accounts for the multitude of manifestations of the same underlying Real." [5]

From this moment on it is therefore possible to reflect on updating these notions. Is it really difficult to identify so-called invisible or symbolic violence? The issue has become increasingly current and evident, so much so that we continue to see and listen to the voices of analysts who draw conclusions and debate. There have been many movements, both artistic and otherwise, that have forced us to look at the violent forms of everyday life and the nuances of this phenomenon. We become media observers of violence, above all due to habitual and increasingly common practices, such as the frequency of disappearances of politicians and citizens, feminicides, murders of women, which are evidently the result of terrible gender violence, misogyny and discrimination, domestic violence, perhaps the result of the patriarchal culture in which we live. Actions triggered by inequality, the free expression of opinion or the denunciation of acts of social injustice. It would appear that it is becoming easier and easier to spot violence. However, it is necessary to report it in every presentation and make it public. It is necessary to dismantle it and trace its axes. As it is developing solutions starting from our practice, from our language: identifying the harmful forms of power groups and proposing new possible ways starting from art. The Latin American scenarios allow us to draw a fairly defined sociological and historical picture of violence, allowing us to identify the factors that favor it (international indifference, for example) and the role of ideologies (first of all that of identity: the raw material of a rhetoric of "us", whose purity must be affirmed and defended against "an other" perceived from time to time as threatening, suspicious, or simply excessive). Charles Merewether refers to the hemispheric experience of colonization when he points out that "the artists and writers of Central and South America have often spoken of the trauma of deterritorialization, reflected in tales of violent expulsion from their lands and in the culture of colonial slavery." [6] Merewether argues that the political history of this continent must inform any interpretation or analysis of Latin artists. It is therefore a question of moving towards a broader meaning of the notion of deterritorialization, emphasizing the use that Gilles Deleuze and Félix Guattari [7] give to the term and which, as Karen Kaplan explains, indicates "the dislocation of identities, people and meanings that is endemic to the postmodern world system." [8]

4 Slavoj Žižek, *La visione di parallasse*, Il nuovo melangolo, Genova, 2013 [English edition: *The Parallax View*, MIT Press, Cambridge (MA) 2009].

5 Slavoj Žižek, *op. cit.*, p. 42 (translation by the author).

6 Charles Merewether, "Displacement and the Reinvention of Identity", in *Latin American Artists of the Twentieth Century*, Museum of Modern Art, New York 1993, p. 146.

7 The term has found a peculiar application in the philosophy of Gilles Deleuze and Felix Guattari, in particular in the work *Millepiani*, 1980, in which the concept of deterritorialization characterizes the body without organs in its creation, from the point of view of social, historical and economical relations.

8 Karen Kaplan, "Deterritorializations: The Rewriting of Home and Exile in Western Feminist Discourse", in *Cultural Critique*, no. 6, University of Minnesota Press, Minneapolis 1987, p. 188.

So what political capacity does art have? How should artists address injustice and violence? In 1965 León Ferrari clearly answered these questions: "Art will not be beauty or novelty; art will be efficiency and agitation." And in the same year he expressed his beliefs in a controversial work – *La civilización occidental y cristiana* – which consists of a two-meter model of a US Air Force bomber plane oriented downwards to support a crucified Christ. A work defined by Andrea Giunta as an "image-manifesto" that combines icons of war and religion in a provocative way. [9] With the intention of lashing out against the hypocrisy of Christian values, Ferrari had created a comparison/clash between news, history and the history of art in an image that incorporates violence for its own sake, inserting it as a form of conceptual transmission. This assumption as a way of acting on the spectator and as a constructive factor became a primary characteristic of much of the avant-garde of the 1960s, fundamentally the one which proposed an art of action, aimed mainly at the event and at the intervention with respect to the materiality of the work. The discovery of this "image-manifesto" as a result of the "effectiveness" of the artistic work implies the desire to challenge the public, not from the margins, but by appealing to the masses. The invective tone of his poetics makes no distinctions or reservations. Ferrari's work, multifaceted and challenging, resists a linear reading and traditional categorizations of the field of art. His complex production can be seen as a pendulum between the decoding of violence and the playful exploration of the limits of meaning. Despite his apparent heterogeneity, he maintains an organicity and musicality in series that repeat, reformulate, overlap and contaminate each other, challenging those social and political problems that he himself faced firsthand throughout his career. Before conceiving art as a restricted practice, aimed at an elite, Ferrari developed from the beginning the idea of an "art of meanings" (title of one of his essays from 1968) [10] based on socially significant aesthetic-political experimentation to address a wider audience. His words regarding the scandal and outcry that the work here displayed caused clarify more than anything else what moved his artistic practice: "All I ask of art is that it helps me say what I think as best I can with the uttermost clarity, to invent the visual signs that allow me to condemn the barbarism of the West in the most effective way. It is possible that someone will prove to me that this is not art; I wouldn't have any problem, I wouldn't change my path, I would limit myself to change its name: I would delete art and call it politics or something else." [11] In 2007 the artist, now eighty-six years old, won the Golden Lion for the communicative force with which he had evoked the outrage and terror of present and past history.

Not far from Ferrari's attitude is the theatrical performance *Cristo 63* by Carmelo Bene with the artist Alberto Greco and the musician Giuseppe Lenti, staged on January 4, 1963. In fact, we realize that the tension towards symbolic violence explodes precisely because the visual perception (of reality and theatre) is written within a modern allegory, in an eccentric dialectic between what is figured in the expression, the subjective intentions that produced it and its autonomous meanings. The show-homage to Joyce's *Cristo 63* was announced by the slogan *Arte-Vivo*, coined by Greco to indicate an art exposed to the unexpectedness of reality. Greco was a painter and poet, exponent of Argentine Informalism, the artistic movement born in the 1950s in Buenos Aires in the context of that creative attitude which, starting after the Second World War, also affected North America, Europe and Japan. It was a phenomenon capable of encompassing multiple declinations (from Pollock's action painting to Lucio Fontana's spatial painting, to the gestural-sign performances of the Gutaj group) in the name of an art free from significant patterns and structures. Greco had already exhibited some of his works both at home and in France, where he had lived for two years before moving to Genoa in the early 1960s. In the Liguria city he wrote a first short manifesto with which he covered the city streets in July 1962 to announce the principles of a new way of conceiving the artistic fact: "living art is contemplation and direct communication. It wants to end with the premeditation that means gallery and exhibition. We must put ourselves in direct contact with the living elements of our

9 Andrea Giunta, *León Ferrari: retrospectiva. Obras 1954-2006*, Centro Cultural Recoleta, Buenos Aires, 2006, p. 376. See also: Andrea Giunta, *El caso Ferrari*, Ediciones Licopodio, Buenos Aires 2008.

10 *El arte de los significados*: text newly elaborated by León Ferrari to be dealt with in El Primer Encuentro Nacional del Arte de Vanguardia (Rosario Argentina, 1968).

11 Daniel Link, "León Ferrari, la experiencia exterior", in *León Ferrari. Brailles y Relecturas de la Biblia*, Malba – Fundación Costantini Museo de Arte Latinoamericano de Buenos Aires, Buenos Aires 2012, p. 11.

reality: movement, time, people, conversations, smells, noises, places, situations." [12] *Cristo 63* was an unscripted and very improvised show. It was put on stage impromptu, except for some pre-determined ideas that constituted the subject or a hint of a sketchy plot. A provocative happening therefore, somewhere between derisive and blasphemous. And although the poster had announced that the show would be staged "from" Friday January 4, 1963 inside the Teatro Laboratorio in Via Roma Libera at number 23, there was only one performance. Exactly Friday January 4, 1963. The play was filmed by director Alberto Grifi with two cameras. The scene photographer was a young Claudio Abate. The show focused on the last moments of the life of Jesus Christ: the Last Supper, the betrayal by Judas Iscariot who sells him to the messengers of the High Priest, who, after having judged him a blasphemer, sends him to the Romans. The faithful John, the youngest of the Apostles, Mary and Magdalene follow Christ in his trial up to the flagellation and death with crucifixion. The part of Christ was assigned to Carmelo Bene, that of John the Apostle was entrusted to Alberto Greco and that of Judas to Giuseppe Lenti. "Since we had no wood – declared Greco – Carmelo broke all the wardrobes in the dressing rooms and with these large poles he made the cross himself." The police arrived. The Teatro Laboratorio was closed, Greco arrested and asked to leave Italy. Bene began a long trial on charges of obscene acts in a public place which was later resolved with full acquittal. [13] Nothing remains of the video that Grifi shot that evening (probably destroyed by the judiciary after the seizure of all the audiovisual material relating to the show), while the nine surviving images of Abate (displayed in the exhibition) restore all the spatial form of that legendary *Cristo 63*.

Lucio Fontana, who returned to Argentina in 1939, remained there until 1946, working mainly in Buenos Aires. In the last year of his stay in Buenos Aires, he developed the "Manifiesto Blanco" with a group of students from the Altamira School, an expression of the research he conducted in those years towards new forms of language. Subsequently, from Argentina to Italy, he brought with him a block of drawings, including the three on display. They explicit the process of automation which at the same time concentrates and releases the gesture with theatricality and psychological tension, thus highlighting a combinatorial ability, a decisive breaking of the fixity of figurative schemes, and a taste for light inventiveness and spatial inspiration. We can also observe how a certain plastic inflection, some chiaroscuro with indication of hinted volumes, and a solicitation towards organic and at times vaguely surrealist ways allude to forms of sculptural space and full-bodied thickness. [14] In Milan, Fontana contrasts that impassive, timeless event which is the cut to his mobile, sparkling, almost always automatic gesture of drawing. Painting without painting, space that becomes non-space. In *Concetto spaziale, Attese*, 1959, the flat surface painted dark blue suffers six slashes (cuts) of various sizes distributed across the canvas. In the cut, the canvas retracts and a space appears between the surface of the canvas and a "non-specific back". Fontana acts on the monochromatic surface by producing cuts to introduce into the work a space that is as real as it is indefinite. This very revolutionary gesture – certainly not at all "violent", except in its extreme radicality – undermines the space of representation and the two-dimensionality of the canvas, starting the path towards the dematerialisation of the work. From the beginning, on the back of the "cuts" Fontana placed the title "Attesa" (if unique) or "Attese" (if multiple), specifying however also the nature of the "Spatial concept". "Waiting" in a rather broad and deliberately multi-allusive sense, probably going from a hypothesis of a futuristic condition to an almost metaphysical contemplative intention. In the new cycle of "cuts" (1958-1968), Enrico Crispolti underlines how their decisive and characterizing monochromatism begins to assert itself, and at the same time a desire to order the cut or cuts as primary and elementary structures, gesturally very calibrated. [15]

Liliana Porter began using photography in her work in the 1970s, a practice that allowed her to add a new dimension to her research into the temporality of the image and what constitutes the materiality of the work. Echoing the conceptualist and minimalist movements booming on the international scene at the time, she proposed a personal version based on the

12 Alberto Greco, *Arte Vivo Movimento Dito*, July 24, 1962. Author's translation from the Italian version of the manifesto published at www.albertogreco.com.

13 Marta Marchetti, "Cristo '63 di Carmelo Bene. Omaggio a Joyce", in *Acting Archives Review. Rivista di studi sull'attore e la recitazione*, year VIII, no. 16, Università Sapienza, Rome 2018.

14 Paolo Fossati, *FONTANA/disegni*, Electa Editrice, Milan 1977, pp. 14-15.

15 Enrico Crispolti (edited by), *Fontana. Catalogo generale*, Electa, Milan 1986, pp. 74-78.

body scale. The body is often represented by the artist's face and hands, almost always associated with geometric shapes drawn on the wall where her photos hang. The lines extend beyond the two-dimensional support, merging the photograph with the drawing and integrating the white space of the wall into the work. Starting from the 1980s and 1990s, Porter's research on the relationship between reality and fiction took the form of the staging of small characters and figures from popular culture, collected in the markets and during her travels, in comparison with the immensity of the world. Playing with dimensions, each figure invites us to look at what is behind the image and challenge our perception. Tiny and discreet figures carrying out banal but gigantic, almost superhuman tasks. Illustrating the absurdity and tragedy of life, these works are a satirical and humanistic commentary on each person's place and role in society. *La barrendera* offers an almost fantastic scene at the center of a landscape composed of old musical instruments, broken chandeliers and deteriorated objects (watches, crockery, etc.): a small, petite woman intent on sweeping away the disorder of our contemporaneity, finding a way to go. Faced with an intimidating accumulation of objects, mostly destroyed or no longer functional, the street cleaner seems absorbed in this seemingly impossible task for her and therefore for all of us. For Porter it is a metaphor of time, of its violence, of its impetuosity, which drags us and overwhelms us, taking away and destroying everything. Under an apparent simplicity, these unusual combinations evoke our collective memory, between laughter and nostalgia, and bring into play our relationship with reality and our instinct to project certain values onto the protagonists of her installations. What will be the outcome of the story?

Prominent figure of the intellectual avant-garde of Buenos Aires, promoter of transgressive actions and performances, Liliana Maresca used her body as an identity and political tool. *Maresca se entrega todo destino* is an erotic portrait published in the magazine *El Libertino* together with her telephone number. It is precisely a photographic performance composed of fourteen photographs in sequence taken by Alejandro Kuropatwa and inserted on a double page as an advertisement that parodied the format of telephone hotlines. Maresca appears wearing a striped t-shirt, white shorts and in the company of a teddy bear, next to the title of the photo shoot proposed by the magazine's manager, Marta Dillon. [16] A first level of reading of the work plays with the dematerialization of art, the precarious place between presence and absence, the philosophical and inevitably biographical idea of letting go, while a second evokes the alienated self through the metaphor of the artist as a commodity. Throughout Maresca's production there are games of appropriation of an erotic language and a sexual disposition in which eroticism functions as basic communication, even beyond sexuality. As Maresca declared: "eroticism is the most primary communication, and with my work I talk about love, encounter, friendship with others. I am redeeming the possibility of enjoying my body, which was not made to suffer but to enjoy." [17] In her photos there is a body and an erotic rereading at the service of the body of that woman, diagnosed as HIV-positive, in a collective and joyful surrender of herself, constructed as flashes of pleasure, going against the current of a vision of condemnation of one's own enjoyment. A gesture of transgression of the limits of sexuality, which expands both as a place that questions the principles of pleasure and erotic-sexual desire and as a place of self-affirmation. The artist's body here is not just any body, but that of a woman who lives with the HIV virus and creates erotic poses with and through her sick body, which claims her field of action and her sexual availability. An organism that makes itself available to confirm her imminent absence. This context experiences the overflows that the work itself produces and articulates around a society experiencing the AIDS crisis and the search for a reinvention of ways of coexistence. We focus where she seems to insist once again on the invisibility of the personal as political within the biopolitical management of life, which simultaneously places emphasis on that sick erotic body, relegating it as part of the intimacy of her life when it could function as a counter-image to hegemonic rhetoric stigmatizing bodies infected by the HIV virus, thought of without desire and without sex. The readings offered by Maresca's work have nothing to do with uncertainty or passive surrender towards a destiny of loss and, much less, with the mortuary images that circulated and condemned the HIV-positive community in those years.

16 *El Libertino* was a monthly magazine of erotic stories created by Marta Dillon and Diego Ciardullo in 1992, which was published until November 1994 (the very month when Maresca died), including stories, translations, interviews, photographs and erotic comics.

17 Liliana Maresca quoted in Laura Gutiérrez, "Liliana Maresca y el cuerpo disponible. Revisitando el erotismo, entre la alquimia y el ojo avizor", in *Revista Estudios Curatoriales*, year V, no 7, Buenos Aires 2018.

On the contrary, Maresca underlines the opening of possibilities of escape in the face of the certainty of death and constitutes an alternative, offering herself to any fate. There is a political imagination about which bodies we want to inhabit and how to inhabit them by merging with others, giving ourselves to others. In brief, the expansive place of the imaginations that the artist's body implements in and with her own vital and sexual relationships prevents us from reducing her strength and limiting the meanings of her artistic practices to a univocal sense of female sexual desire. She revitalizes the idea of surrendering to every destiny, to everything you have to give. A dedication with and together with others, which produces the reinvention of life, leaving traces sewn like collective plots. The anxiety of feeling in the construction of habitable life, in the gestures of action in the exact moment in which she imagines other possible subjective becoming, suitable for every destiny, suitable (also) for the destiny of erotic enjoyment as a radical political inventiveness of another possible body. [18]

Censorship, the persecution of writers and the prohibition of their texts motivated by political interests and the desire to influence our thoughts, our ideas and even our very bodies materialized as urgent demands in the installation *El Partenón de libros prohibidos* which Marta Minujín created in Avenida 9 de Julio in Buenos Aires in 1983, shortly after the collapse of the civil-military dictatorship in Argentina. It was a conceptual work that was expressed through other works written by different authors, intellectuals and references from the world of censored ideas deprived of expression. The structure contained approximately thirty thousand books. [19] In the artist's words: "It was so fantastic to emerge from that horrible tyranny, from that monstrous thing that we were experiencing, that the Parthenon was put together magically, without money, without permits, and all the publishing houses that had hidden the banned books that they were donating." [20] It was the publishers who decided which books would be destined for the Parthenon. It was a fair recognition: they had, by necessity, been the custodians of the hidden treasure, a task that could have cost them their lives. For survival reasons, hiding or burying books became a common practice during the dictatorship period; the requisition of the same as a preliminary or simultaneous step to the serious violations of human rights committed (such as kidnappings and forced disappearances of people, physical or psychological torture, rape and sexual abuse, threats and extortion, interrogations without procedural guarantees, etc.) was the reverse of the medal. The monumentality of the installation served to bring to life the wisdom contained in every silenced sentence. An invitation to recover poetry and joy. The Parthenon in Athens was the first Western tribute to democracy. In 1983 the artist became convinced of the importance of sharing this symbol with the Argentine people as a promise of a new way of life, of a better existence. Words as an instrument of power. The policy of control over books was one of the many devices (such as schools, the media, the police, social organizations, etc.) that the military dictatorship used with the desire to close with the past. Total coercion was then the mechanism used in the systematic plan of extermination: books not only make us free, but are, perhaps, the most blatant proof of our different way of thinking.

Ana Gallardo, in the contemporary artistic circuit, recovers a critical and dissident genealogy – since in her practice one finds the iteration of a method of radical violence organized by processes of historical materialism – and the formation of a logic, or substructure, of contamination that functions by means of circuits that operate in connection with the production and spread of death. Her work crosses the space of art and reactivates the now desublimated operations of the Latin American tradition, but fomented by the current political agenda, and points towards key mechanisms that link death with power. In her aesthetic practice, concepts such as death, violence and politics constitute a distinct logic: the sacrificial economy. The artist marks the degree to which the notion of sacrifice undergoes an intrinsic indeterminacy in its multiple manifestations, working simultaneously as a theoretical device, historical structure, concept-metaphor, ideological strategy, symbolic economy, archaeological evidence, legal foundation of the State, grammar secret of power and counter-image of a project for total revolt. By elaborating and re-elaborating the meaning of sacrifice, Gallardo takes death

18 Laura Gutiérrez, *op. cit.*

19 The figure coincides with the estimated number of prisoners who disappeared during the dictatorship; which is why it is highly symbolic.

20 Andrea L. Gastron, "El Partenón de los libros prohibidos: un análisis en las intersecciones entre la sociología, el arte y el derecho", in *Revista Latinoamericana de Sociología Jurídica*, Buenos Aires 2020, no. 1, pp. 72-73.

to the limit where destruction and suppression become irreversible. Her works *Canibal* and *Retén* tell how during the armed conflict in Guatemala (1960-1996) women were victims of every form of human rights violation. Sexual violence was a generalized and systematic practice, carried out by state agents as part of a more comprehensive counter-revolutionary strategy and the long duration of the war allows us to capture all its evolutions. If until the end of the 1970s sexual violence was selective, aimed at targeting women belonging to social, political and revolutionary movements, from the beginning of the 1980s it instead became indiscriminate, massive and public, concentrating mainly in areas with a strong presence indigenous. Violence against women is used as a form of punishment against men deemed enemies. The army or paramilitaries indiscriminately rape mothers, sisters, wives and daughters of men suspected of belonging to or supporting guerrilla groups. The public nature of the violations testifies precisely to their punitive and exemplary function, becoming a warning to all those who participate in or sympathize with the guerrilla organizations. The public displays of bodies mutilated in their private parts is nothing more than a tool aimed at sowing terror. Sexual crimes against women thus take on the characteristic of a weapon with which war is fought.

Blood illustrates in a remarkable way the entire operation of violence, and that used in Cristina Piffer's work, *200 pesos fuertes*, is the shed blood of the victims of the original populations of Argentina in the 19th century, particularly during the years of the *Conquista del Desierto*. [21] This blood soon loses its clarity, becomes cloudy and dirty; it ages, dries up and forms one with the impure blood of violence and death. The rational self-definition of political economy and the doctrine of modernity encounter a cognitive fault in the example of Argentina and in the corresponding model of temporality that connects past and present, life and death, politics and sacrifice. Under this scheme, "necropower" [22] appears not only as a reality that self-generates and reproduces itself in historical cycles, but as a discursive localization that erases (or redesigns) the limits of the representation of violence and prefigures the tools necessary for its critical deconstruction. What is at stake is not an essence, a materialized consciousness of another radical place outside progress, or the promise of democracy and modernity. Quite the opposite: what emerges through the artist's work is the program of the ideological war machine as the engine of the capitalist system in its essential logic of formation and expansion, the spatialization of government occupation put into practice through a symbolic and psychic territoriality. Piffer's work fits into this context: it is a representation that exceeds, not being assimilable, symbolic transposition, a pulsation that occurs in the sphere of manifestation.

The body exhibited in the performances of Mariana Bellotto and the Grupo Performático Sur is in itself a writing, a system of signs that represent and translate man's indefinite search, his fears, his anxieties, his unconscious desires, his relationships with time, understood however as an indefinite entity, without beginning and without end, which is important to be able to interpret through one's body. In her works Bellotto reconstitutes a sort of neo-natal situation between herself and the others, where gestural language is welcomed into one's body before even receiving speech. She outlines her characteristic "body language" through a series of actions aimed at the public, in which she tries to touch the depth of being often through devices of deprivation, discomfort, violence and even suffering. For Bellotto the choreographed gesture is therefore a sort of element that tells of humanity and that more than anything else touches the Other, the neighbor, since, while the performers perform, the participation of the body of the Other cannot but be present. The naked body, the undressed body, action and passion of art and gaze. Beautiful body, sublime body, defenseless body, extraordinary body: the gaze plays to invent its meanings. It is the nest of the forms and symbols of seeing that

21 On August 14, 1878 the Argentine president Nicolás Avellaneda appeared before the Parliament of the Nation to ensure that the Law of August 23, 1867 was approved. This law aimed to carry out the occupation of the part of the territory up to the Río Negro river to extend, and subsequently delimiting, the borders of Argentina. In October of the same year, Parliament authorized an investment of 1 million 600 thousand Argentine pesos to finance the expedition. Thus began what was called the *Conquista del Desierto*. In 1879, with the second expedition of General Julio Argentino Roca, the peak of violence was reached. Despite the name, a question immediately arose, or rather two: that territory was not desert at all – as it was rich in natural resources – and much less was it devoid of population – as it was inhabited by numerous groups of original peoples.

22 Achille Mbembe, "Necropolitics", in *Public Culture*, 15, no. 1, Duke University Press, Durham 2003, p. 13. In his essay Mbembe also refers to the construction of a specific "terror formation" which he calls "necropower".

inscribe geographies and geologies of representation in this undefined territory. The body in Bellotto's work appears as a figure and object, object of desire, body of power, political body. The body as geographical writing draws the levels of meaning, from the canons of art to those of its political meaning. The geological writing of the body, however, speaks of its layers, of the biological and temporal depth, of the interiority of the flesh. The vulnerability and fragility staged by the artist trigger relationships between gaze, desire and power. The geography and geology of the body tell us about the devices with which culture constructs the representation of the self and the Other.

Jorge Macchi's post-minimalism and his exemplary ability to explore the limits of creation are a clear effect of the radiation described above. It is a trend that best gathers his desire to problematize – starting from an *ars combinatoria* – the relationship between images and ideas, residual history and rules of control, anonymity and subjectivity: a network of meanings that has its point in the images crucial for approaching the problems of representation; who uses the works to observe an ever-escaping reality, of which only value judgments generally remain and tend to reduce the ambiguity and multiplicity of images to categories aimed at schematizing the multiplicity of their visions under binary principles: local/global, center/periphery, reality/fiction, presence/absence. Concepts that on the one hand help us to think about the tensions between the worlds that are located inside and outside the main centers of power (to reflect on the importance of the clashes, intersections and exchanges of these traffics of information, materials, territories), but that force us to locate the discussion of differences in a perspective accepting the existence of a broader perspective. The synthesis of this substrate emerges perfectly in Macchi's art: a work that is based on the most radical and absolute immediacy. They are the objects – real, often common and banal – that act directly upon our perception. All the individual elements present in his works acquire value through the denomination: they are the words, the titles of his works, which explain the object and move it onto the territory of its own literalness, exalt it through the direct and simple exhibition of the power of its literal meaning: the fan is a fan. Macchi narrates reality and reflects on the existence of immaterial realities, responds to the morphological freedom of external forms and internal structures, using various means unconventional to artistic language as auxiliary tools to express complex concepts. His poetics relate to a political, social and cultural conceptualism that confirms and reaffirms the desires, fears, dreams and also the contradictions of a society – the Argentine one – which experiences modernity and experiences unresolved political situations. In this scenario the artist juggles with enviable ease, with wise intelligence and with the right dose of irony capable of transforming the inconsistencies of life into a theater full of possibilities for the often absurd and contradictory game of our life. Observing – as we know – is never a mechanical or even naive operation: we are never faced with evidence that is beyond question, because sight and mind are always in a "false" condition, influenced by anticipations, by the prejudices, scientific and even metaphysical beliefs of those who observe. Evidently it is not enough to want to see (or hear, or understand) to truly see; having a "true" experience of the world, without being confused by one's preconceptions, is a difficulty. It is the problem, if you will, of reading "phenomena" understood not as events in themselves (a positively utilitarian purpose, at least in the intentions, of the specific sciences), but of how they appear to our consciousness. It is the suggestion towards a skeptical suspension of every rational judgment in favor of that healthy creative and liberating doubt from – I dare say – boundless possibilities. The ideological barriers raised around Argentina are the objective inevitability of ancient archetypes – utopias materialized and made visible by indisputable processes of measuring and scaling new geographies, new latitudes and longitudes, new proximities and distances. And it is still a notion-dimension to which it is difficult, if not impossible, to relate and equally genetically impossible to try not to. Something, ultimately, very lyrical and almost romantic in the attempt to reach a non-understanding of that dimensional entity that is the Argentine reality.

What is the status of the artistic image in a time in which the word "change" is part of all the discourses that deal with the analysis of the current Latin American reality? The extraordinary historical-artistic undertaking of modernity, with the characterizing, normative and exemplifying role that the field of art has covered in it, delimiting notions such as autonomy, distancing, reflexivity, poetics, has distorted its maxims and its functioning, has modified its postulates and its practices, has reformulated, or rather, has left out its intentions and its warnings to develop new artistic forms that today are redefined in each individual case. However, the criticism of the crystallizations of visual modernity, which since the 1970s has materialized in languages that implied unprecedented expressions of creative production, different solutions of the artistic space, and which appealed more to participation than to contemplation on the part of the spectator, has revealed itself in Argentine culture mostly through a distinct conceptualization of the processes of art and the place of artistic images. The analysis of change does not refer so much to the description of the process of this transformation, but rather to what is postulated as the emergence of a new state of art capable of differentiating what modernity was from a current episteme that is developing starting from the complex and problematic scenario of globalization, which concerns the production of works, their circulation and the forms of spectators' involvement. Our exhibition proposes a map of the evident symptoms of a change that runs through the circuits of Argentine contemporary art, which follows the training and circulation of artists and is expressed in multiple paths, posing a question aimed at re-proposing - from a different point of view - the relationship between art and contexts. The artist has also changed. His training is different, the way of producing his work has transformed, the ways in which his works are inscribed are different. Often invited to develop projects in distant places, dislocated from his context of origin, the artist behaves, in many cases, like an ethnographer. Hal Foster argues that in emerging left-wing art a new paradigm has delineated that is structurally similar to the old model of "the author as producer": the artist as ethnographer. [23] In this new paradigm the object of contestation remains largely the institution of bourgeois-capitalist art and its exclusive definitions of art and artist, identity and community, but the subject of the association changes: the committed artist fights more in the name of the cultural and/or ethnic Other. He designs his work anticipating a transformative role, the ability to subvert the dominant culture. Foster, however, warns of the danger of "ideological patronage" which threatens this form of understanding artistic production. The method presupposes the representation of the Other and his needs. In these representations, primitivist fantasies and paternalist attitudes are not absent. The artist conceives his role as that of an analyst capable of diagnosing the problems of a community, he realizes that his work carries a reparative function, and in the meantime contributes to raising awareness, following a process of transformation. The ethnographic medium includes artistic practices that refer to the contextual, that look at inter- or transdisciplinary, and that give the artist a redemptive role. Art - continues Foster - has passed into the expanded field of culture and implies a sociological map that is directed towards institutional criticism in different ranks. An expression that believes that the trigger of the creation process, rather than inspiration, is investigation. The artist as ethnographer is an investigator of contexts. Tomás Saraceno explores a precise aspect of the overlap between art, ethnography and anthropology and analyzes the ways in which the world of contemporary art assimilates concepts and methods from these disciplines to translate them into defamiliarizing and politically dense practices, reflections and devices. In this perspective, Saraceno shows how, in a relatively new field of research determined by the internationalization of the art system, ethnography and anthropology are so deeply incorporated into artistic discourse - that is, into its very object of study - that this almost becomes a research tool in itself. To obey a criterion of coherence, Saraceno chooses to return a very detailed but partial point of view on the topic, speaking of worlds interested in assuming sociological and political responsibilities, in dismantling the residues of ethnocentrism, in reflecting on the effects of mass culture, to question the history of relations of domination between peoples and maintain a critical eye on the outcomes of globalization. On January 25, 2020 the *Pacha* aerosol sculpture was flown with a message on its surface written together with the communities of Salinas Grandes in Jujuy, Argentina: "Water and life are worthier than lithium". Led by pilot Leticia Noemi Marquès and floating completely free of fossil fuels, Pacha marks the most sustainable flight in human history and one of the most important experiments in the history of aviation. The feature film *Fly with Pacha* was made in solidarity with the thirty-three indigenous communities of the Salinas Grandes region, represented by the population of Tres Pozos, Pozo Colorado, San Miguel del Colorado and Inti Killa de Tres Morros. The flight amplified their voices in unison against harmful lithium mining practices in northern Argentina. *Pacha* makes it clear that lighter-than-air human flight is possible and raises awareness of multispecies communities in peril in our age of planetary climate crisis. As Saraceno comments: "We are flying with our heads in the clouds but our feet on the ground. *Fly with Pacha* represents an achievable utopia and a challenge for all of us to connect together and change our habits, not our climate." [24]

23 Hal Foster, "L'artista come etnografo", in *Il ritorno del reale. L'avanguardia alla fine del Novecento*, postmedia books, Milan 2006, pp. 175-210.

24 Declaration by Saraceno released on the occasion of his solo exhibition *Particular Matter(s)* at The Shed in New York, 11.02-17.04.2024 (tehshed.org).

The strength of the image arises when it detaches itself from its context. Its condition of appearing, of acquiring meanings in distinct moments, implies a manipulation of time, refers to its paradoxical anachronistic condition, full of stratified times, survivals, durations. The history of images is a history of temporarily impure, complex, overdetermined objects. In this sense, the images proposed by Adriana Bustos cannot be analyzed as simple documents of history. They are also events. They acquire meanings that are not foreseen, anachronistic with respect to their time, historical as a verifiable experience in time and place: what they had their origin in is the place in which meanings that are perceived as symptoms are actualized. Bustos' work can be traced back perfectly to the image/symptom described by Didi-Huberman: the appearance that interrupts the normal course of the representation. The symptom refers to a second-degree complexity. It appears inappropriately, it bothers our present. Bustos' images are not documents of history, configurations that are part of a linear and unique story, their becoming is continually crossed by survivals and repetitions. They interrupt history, they produce it, they are vital, alive, complex. Can the artist, aware of carrying out a practice within this field, give rise to an ethics of responsibility? In other words, is an ethics of responsibility possible by assuming the split character of the subject and of a truth that can only be half-said? History as a science is incapable of fully refuting the ambivalence of its very name, i.e. plot of fictions (telling stories) and knowledge of events (making history). Coming to terms with all this means accepting that history cannot simply provide chronologies. After all, one does not come out better even when one denies history as such: when one decrees it "over" or when one claims to "do away" with it. The current debates on the "end of history" and, in parallel, on the "end of art", are crude, poorly posed, because they are based on crude, non-dialectical models of time. Bustos' work *Ceremonia Nacional*, composed of two juxtaposed projections, compares on the one hand a fragment of the documentary *Olympia*, directed by Leni Riefensthal in 1938, in which the Berlin Olympic Games of 1936 are narrated, while on the other is a fragment of the opening ceremony of the 1978 World Cup, in the midst of the civil-military dictatorship of the self-proclaimed National Reorganization Process, which governed Argentina between 1976 and 1983. The comparison reveals the fascist propaganda models of both periods and the similarity of their formal and aesthetic structures.

"Transculturation," [25] hybridization, otherness, subaltern cultures, are therefore the frequent terms of a reflection that in recent years has been generated by distinct analyzes on the contradictions that the Argentine reality is leaving behind. Sometimes, however, the concepts that allow us to explain cultural intertwining can transform into generalizations that reduce these processes to illustrations demonstrating only cases regarding a given theory. Historical-artistic studies demonstrate that on few occasions it is possible to fully recover the thought processes existing behind the transformations and transmissions of ideas and techniques between cultures. Thanks to incisive research and the invention of a plastic system that incorporates aspects of architecture, sculpture and design, Nicolás Robbio managed to escape this initial problem. If at the beginning his production was mostly based on a conceptualization of creative activity, little by little it became more complex and cerebral, and his world became populated with ideas embodied in symbolic objects. Hence his obsession, mixed with a sort of fetishistic attraction, for everyday objects, because nothing is completely innocent, everything has an ideological substratum within itself. His work is a sponge of all the political and social situations that are generated through the production of an object and a space, it is like inventing a gaze for themselves, multiple, polytheistic and heterogeneous. A disenchanted gaze that does not only collect the ashes of the past, but rather what resists the most disconcerting fragility of the present, going through dispersion, confinement, exclusion and death. It is about reformulating the connection between art and politics outside all mechanical correspondence or illustrative dependence. A production that is characterized by having taken its question to the extreme around the meaning of art and the limiting conditions of practice in the context of a highly repressive society. Experiences that, starting from the Argentine reality, move towards a more universal context, disseminating a critical response to its occurring in a system in which the absurd, the illogical, the inconsistency, the "surreality" reign. His survival strategy was to avoid the obvious and literal discourse, creating works with multiple and apparently enigmatic meanings. Today, this ambiguity of his reveals itself as an efficient tactic through which the artist manages to evade both the normal mechanisms of control and the more subtle ones that seek to fossilize historical movements in a single form of being.

25 The neologism "transculturación" (transculturation) was coined by Fernando Ortiz Fernández (1881-1969), Cuban anthropologist, ethnomusicologist and essayist, and is used for the first time in his work *Contrapunteo cubano del tabaco y del azúcar* (1940) to indicate the phenomenon of convergence and fusion of different cultures.

"The sixth day" of Alessandra Sanguinetti offers us a vision of life on a small Argentine farm from the point of view of its animals. The project in question is *On the Sixth Day*, 26 created as a cross-section of country life focused on the interaction between men and animals raised for slaughter, sweeping away the bucolic idyll of the countryside. Often photographed close to the ground, the images show the courage, struggles and adventures of chickens, pigs, horses and cows. We see them as newborns, playing, competing with each other for food, with their fate always uncertain as the human presence inevitably looms over them. The metaphorical frame of biblical creation lends itself to interpretations that are not only poetic and suggestive, but also anthropological and political. On the sixth and last day God created the animals, then man and woman, and in blessing them he said to them: "And God blessed them, and God said unto them, 'Be fruitful and multiply, and replenish the earth, and subdue it; and have dominion over the fish of the sea, and over the fowl of the air, and over every living thing that moveth upon the earth'" (Genesis 1.28). With their rich, almost surreal colors, these photographs evoke traditional fairy tales or classic children's books in which animals represent human behavior to teach moral lessons. However, Sanguinetti portrays these animals as individuals in their own right, each with their own mysterious spirit, recounting their life from birth to death with a direct and emotionless gaze. The first thing that amazes us when we see these photographs is the violence: each portrait of an animal heralds sacrifice, each image in this series gives us a disturbing portrait of the line we cross when we end a life, and of what it means to have a relationship of domination over another living being. The farm depicted is full of death, a death made of rotting carcasses, animals slaughtered to make food, dead embryos eaten by other animals, blood. Is it possible that exploring the border separating us from what we subjugate can lead us to a better understanding of our nature as human beings?

Eduardo Basualdo imagines landscapes that he conceives as an experience of perception for the viewer. He relies on the universal and natural cycle of the world which he deconstructs to give it its own autonomous strength, which the human seems to have no grip on. The recreation of natural forms, the ambiguity of the representation of nature, the physical impact of the work on space are the main themes of his site-specific installation for the exhibition. A mysterious and threatening black mass develops in space, taking possession of it, arousing fascination and fear at the same time. Initially you cannot distinguish shapes or figures, you have to get closer to find out what is in that black magma. Here the visitor must not limit himself to the simple cognitive process deriving from a visual sensation linked to the work, but must be curious to go beyond what he sees, overcome the barrier of appearance to perceive what not everyone can or wants to see. All the senses are stimulated by Basualdo's installations, from the touch that is evoked by the processing of that typical black aluminum sheet often used by the artist as material for his creations to the sight stimulated by the diversified tension of the play of light that is created on the black and imperfect surface of his works. Basualdo has created a landscape of memory, of remembrance, a time interval between life and death, between reality and what may be a parallel but not too distant universe. In this dark and apparently disturbing environment, where the unconscious is led to prevail over rationality and conscience, man tends to be afraid, to have the perception that something else, splendid or terrifying, is about to happen or become visible, ready to overwhelm him. Although Basualdo's creativity draws its resources from spaces not even visible to man, it is also true that his narrative path originates from real entities. Geographically delimited and determined places are used by the artist to move forces without time and place. Although they go so far as to describe unknown abysses, his works always start from a realistic setting. His dream fantasies do not arise from nothing, but need, to set in motion, the stimulus represented by a scene, an object or a real event. The world around him is his theater of action, the book from which he draws his inspiration. Each place, delineated spatially and temporally, becomes the support for the intrusion of atopic and achronic forces.

Miguel Rothschild's gaze is instead melancholic. His photographs represent house façades and lots of sky, urban sections that appear abandoned, unfinished, improvised. Electric and telephone cables stretch between the anarchically sprawling buildings of the poorest neighborhoods of Buenos Aires, the wild weave of which Rothschild traces through the cracks in the protective safety glass. He calls these works *Atrapasueños*, dream catchers: fragile cult objects of the North

26 The photographic book of the same name was published in 2005 by Nazraeli Press and republished by Mack in 2023 in an updated and widened edition with previously unpublished images.

American Indians, now mostly international folklore souvenirs, whose nets hold positive dreams, which can come to mind during the day to give their message, while negative dreams are sucked up and returned to the Universe. This is because the dream catcher is a "gift" from the Spider woman, and just as the spider's web holds what the spider needs to live, so the dream catcher holds the dreams that can give us information. The myth lives in the metropolis, in the city of tango, but the disillusionment is violent, it hits hard and brutally when you see the slums of the poorest neighborhoods. No tango in these areas, no poetry – only harsh, arid, raw poverty and abandonment by the institutions. Everything here has stopped working. What remains is the memory of a life once lived. Rothschild, son of this city, does not resort to the tones of tragedy, but to a sarcastic sense of transience, especially in a self-destructive, indifferent and defenseless society. The artist is not a social critic. He transforms the pain for his city into a severe and at times violent gesture, providing a brutal remapping of the city with thick scratch lines on the glass. Something similar happens in the *Burnered* series: by piercing and therefore destroying fragments of the surface of the image, Rothschild not only forcibly intervenes in his work, but also alters its content to the point of manipulating our vision by shifting attention towards the shapes created randomly by burns on photographic paper. Here too what is being destroyed is underlined, thus giving the depicted skies and landscapes a tangible quality and, ultimately, allowing us as spectators to take part in them. The paper is full of holes, the burnt edges lift upwards, expand dimensionally outwards and also allow a vision into the opening, into that uncertainty which cannot help but send our mind back to Lucio Fontana's holes. In his practice of combustion, Rothschild generates irregular shapes, sometimes completely wild and mysterious. It is the interaction between reality (image) and fiction that fascinates him so much. Only chance knows how the holes will appear in the end: they are an expression of unpredictability, which also applies to the fire element.

Leandro Erlich questions habits, what we are used to. We don't question them, they don't challenge us, they don't seem to be a problem, we live them without thinking. We need to question those things that seem to have stopped surprising us. This type of questioning of daily life, of automatisms and daily rituals, functions as a stimulus for Erlich's work. In principle, his gaze is aimed at living habits and urban spaces of intimacy. In an era dominated by fake news, the work *El cartel*, which as an artistic fiction speaks in a very plausible way about the (un)selling of public culture in our country, is the manifesto that announces the sale of the museum building through the "Erlich property". [27] A brief state of confusion creates something that can potentially make us see a reality. [28] The interesting exercise implemented by the artist is to encounter something that puts us in a certain state of alert and which, from his point of view, activates the critical sense. Inside the museum everything is worth it. The public expects that anything can happen, but outside we are lacking the protection zone, and it involves all of society, not just the public who usually enter the museum. And each person becomes a valid interlocutor with the ability to reflect, to think and, in this case, even to be indignant. Contemporary art is therefore not a subject for scholars alone. Erlich leads us to see the venerable institution of the art museum as a sort of material ghost of itself: something that is always there in its place, but the next day it might disappear. It touches that part of our collective imagination that fears not so much the real consequences of a situation but the mere possibility, even hypothetical, that it could occur. To put it more simply: if our most treasured art institutions can be bought and sold like any real estate, what does this mean for the rest of our public institutions and, by extension, ourselves?

At first glance Matías Duville might seem like a landscape painter, but all of his landscapes are about threats and forebodings. Nothing in them is sentimentally rustic, since Duville evokes and inserts elements of disturbance and destruction into his works. The images seem full of premonitions and the overall effect is that of dark anxiety. He reminds us that this planet is an extraordinarily fragile place full of

27 The work designed specifically for this exhibition is a new version of *El cartel* displayed on the façade of the Malba museum in Buenos Aires on the occasion of his first solo exhibition in Argentina curated by Dan Cameron (2019). In that case, however, the sale referred to a private building owned by Eduardo Costantini, so the reflection revolved around a possible economic crisis in the market that would have led a wealthy entrepreneur to sell his property.

28 The idea of proposing this new version of the work to Erlich was born from the writer and has in itself a clear reference to the sale and closure to the public of La Casa degli Atellani in Milan (including Leonardo's vineyard), purchased by the French entrepreneur Bernard Arnault.

dangers. In the new version of the *Precipitar una especie* installation, especially designed for the internal courtyard of the PAC, a metal tube spans the distance that unites two possible but distant landscapes. The idea behind the work is that of unified time despite the differences and adversities represented by the two stones that interrupt and crush the pipe. The environments that Duville creates mix with the material, the representation clashes with the brutality of the procedure which becomes part of the representation itself and the very presence of the two boulders underlines its violent character. Nature here functions as a universal place where different and apparently opposite elements converge. Form and content are part of an irreducible relationship because the atmosphere created by Duville is closely linked to the type of material used and the way of working it. The installation, however, could also concern the possibility of uniting two realities that continuously overlap (at least in the artist's mind), and therefore the tube can be thought of as a timeline that also connects distances. Almost a state of mind. What has always attracted Duville is the analogy between mental space and real space. His work dives into the depths of the mind to capture new geographies, to capture the unpredictable.

Bocanada is an installation by Graciela Sacco consisting of a series of photographs showing close-ups of wide-open mouths that communicate feelings such as fear, indignation, anger, with a clear and strong political and social meaning. Art understood as a "scream" that faces reality by highlighting even its darkest aspects and at the same time participates in historical construction. A new version of the work was set up at PAC on the thirtieth anniversary of the first street interventions in which the Argentine artist used her iconic images to signal a state of emergency and to challenge the power games taking place in urban space. This first "interference" – a term that the artist used to talk about her artistic practice – took place in the city of Rosario in 1993, when Sacco posted her images around a kitchen responsible for preparing food for the public schools of the city, which were at risk of closing. [29] Starting from a semi-dystopian image, *Bocanada* refers to the neoliberal measures of the 1990s which plunged Argentina into poverty and unemployment and triggered the socio-political and economic crisis in which the country found itself at the beginning of the twenty-first century. [30] The interfering image disturbs, lives in the interstices, arises from people's memory, and is politically critical when it questions power in relation to the human condition, to the established order, to the formal attitude materializing it. Interferences are interruptions, cuts, crossings, obstructions, different ways of installing forms of signaling or calling for attention. [31]

Mariela Scafati uses frameless canvases to create three-dimensional installations where the work ends up having a character of body and expression. Her monochromatic palette further accentuates the connection between paint and the body, giving each form its own identity. Scafati creates a sort of intersectional feminism of forms, migrating between different artistic disciplines and media. Her sculptural scenarios are made up of monochrome panels that take on the connotation of anthropomorphic forms modeled on the public who enjoys the work, just like the site-specific installation created for the PAC exhibition *Cuántos cuerpos somos cuando te toco*, a sort of wish to stay in contact, stay united, not create separations. These resilient compositions are adaptable to different choreographies. The artist thinks of the picture mounted upside down that hangs from the ceiling as an expanded landscape, composed of many paintings that cover the airspace suspended by ropes and whose ends maintain a tension between the canvas and the anchoring points. Despite this type of suspension, where movement is limited, where at first sight the work is immobile, the mediation of the pulleys on the ceiling triggers the disturbing idea of being able to generate other movements. Installations that seek to present painting not as an image, but as an object in space, with its own vitality. Scafati describes her work as in tune with her affections,

29 Clara Garavelli, "Bocanada (Graciela Sacco, 1993-2023): Thirty Years of 'Interferences'", in *Alternautas*, vol. 10(2), University of Warwick Press 2023.

30 C. Garavelli, *op. cit.*, p. 6. The fact that during the government of Carlos Menem (1989-1999) a policy of national reconciliation left no room for revisiting the past had a great impact on the artistic production of those years. While many artists felt the need to fill and contest that void, others embraced more independent postmodern aesthetic explorations, detached from direct reference to socio-political context.

31 Diana B. Wechsler, *Graciela Sacco. Nada está donde se cree...*, Ediciones Larivière, Buenos Aires 2015.

the people with whom she interacts, her closest bonds and the way she translates body parts into works. Her suspended structures, sometimes with ropes and pulleys, sometimes tied with the Japanese Shibari technique, boasting a great erotic connotation, generate an immersive sculptural state. Physical and psychological constraints are a constant in the Argentine artist's research as she explores the dynamics of power in our society. Pink is the color par excellence against hatred, against violence and it is also the color of the transfeminist struggle, a permanent symbol of rejection of systemic and structural violence on women's bodies, a symbol of recognition and sisterhood, but also a symbol of the LGBTQI+ community in memory of that triangle of pink fabric sewn on the shirts of homosexuals deported to concentration camps, which still evokes so much suffering today. After the birth of the homosexual liberation movement, the pink triangle was claimed and reused, as a gesture of identity challenge, by the homosexual movement, becoming a political symbol. Pink is the color that always receives a comment, but it is also the source of good feelings, it is a color of life. The work at PAC is a tribute to all those people who had the courage to be who they are and who fought for this.

Juan Sorrentino's work intertwines nature, architecture and sound as vibration. In the installation *Ashes to Ashes* he collected ashes from burned forests in northern Italy, exactly north of Bergamo, and logs as a product of these fires. A work in dialogue with ecology, polycrisis,[32] with technology, with sound, with the relationship - often violent - between man and nature. In his artistic practice, first of all, Sorrentino moves within the environment; whatever action it is, he looks at how we interact with it and how, in that conversation, we find ourselves somewhere in between or acting out of contrast and opposition. At the same time, the world of vibrations is a gigantic and incomplete manifesto for Sorrentino, with few explanations and definitions, constantly rewritten. It is a world of intensity and sensations that the artist likes to experiment with in order to get into the facts and rethink the world from there, at least starting from artistic practice. Sorrentino brings natural elements into air-conditioned museum spaces, that is, into environments where even the atmosphere is artfully regulated. He removes the museum from the atmospheric conditions developed by technology to expose it to what it systematically excludes from the visit and from the aesthetic experience, making it as multisensory and multispecies as possible.

Argentine art is therefore the superposition of different spaces and times, the accumulation of decades in the same place, a heterogeneous set of identities and knowledge. It escapes any claim of interpretation aimed at its reduction/simplification into a uniform and ordered whole. Any description that has Argentina as its subject cannot abstain from the analysis of the intricate network of cultural complexities that coexist in the same space and that give rise to movements of integration and repulsion, of fusion and juxtaposition, always partial and negotiable. When temporal distance has allowed for sedimentation, art historians will be faced with the task to decipher and separate aspects and peculiarities which, ultimately, distinguish and characterize the broad and often contradictory Argentine context. However, the interest that Argentine artists demonstrate in the creation of a multiple dialogue, through the instrument of a rediscovered art, remains central - and ultimately constitutes the unifying factor.
It is the dialogue that the artists establish with a complicit and prepared observer, who knows Argentine history and has his eyes open to the world scene. It is a dialogue that requires, more than a single reading code, a multiplicity of access codes, to be fully usable. The objectives of Argentine art seem to go far beyond the threshold of political commitment or the simple pleasure of viewing: there are questions that arise around the way of looking at things, of "saying" things, or of being "silent" about them; there are calls to review the temporal relationships between observer and subject; sometimes there is an affirmation of an eternal instant, other times of a majestic timelessness full of cultured references, still other times of a sensual delirium that is transmitted with shapes, with colors, and with a voluptuousness of contemplation that belongs to the artists even before the observer.
In all this we find the charm of Adrián Villar Rojas' art. The work that was created especially for the

32 The term "polycrisis", developed in the 1990s, was recovered a few years ago by the former president of the European Commission Jean-Claude Juncker, but it became truly famous only after being adopted by one of the most renowned economic historians of recent years, the British Adam Tooze, who used it as a way to interpret the confusing situation of the world economy, complicated by climate crisis, war and numerous other crises. Juan Sorrentino himself used this term in an interview conducted on the occasion of the exhibition for the PAC YouTube channel.

exhibition, taken from his series *Rinascimento*, consists of a model of a white home refrigerator with a diorama-style window covering the open freezer compartment. A domestic but minimal object, the freezer is full of a set of natural foods chosen for the occasion. Continuing the artist's investigation into entropy in the Anthropocene, this work meditates on the fragility of living forms and their relationship with machines.
The freezer chamber and its contents are literally frozen in time, preserving objects, presences, which over time become increasingly obscured by the enveloping ice bitten by the freezer. A lush painting that aims to recall the still lifes from the Renaissance period, to which the title of the series also refers. However, Villar Roja's work points to a new post-Enlightenment Renaissance, in which the natural and the machine worlds are bound together to create new hybrid ecosystems in the face of violent ecological ruin. This subversive portrait of organic and precarious forms of life is varied and spontaneous: a document of the present for the future.

What Nostalgia Tells Hope

Ferran Barenblit

> "A small cronopio was looking for the key to the street door on the night table, the night table in the bedroom, the bedroom in the house, the house in the street. Here the cronopio paused, for to go into the street, he needed the key to the door."
>
> – Julio Cortázar, *Cronopios and Famas*

I write these lines with a certain advantage over the other essays in this catalogue. Not only because the fact of being an external observer of the curators' work acts in my favor, allowing me to assume the critical distance that is most congenial to me, but also because, as sometimes happens, I deliver my text long after the others. This allowed me to enjoy the exhibition at PAC in Milan with the artists' works already installed, as well as witness some events that took place during the exhibition and which will undoubtedly become fundamental chapters in Argentine history. A week after the opening of the exhibition, and following an electoral victory that was unthinkable only a few months before, Javier Milei took office as president. This has provoked a series of cascading events which, far from laying the foundations for the long-awaited growth and progress (at least at the time of writing this text), in just a few weeks have generated an even more acute perception of an endless crisis; the one with which the inhabitants of the country claim to have lived for decades, perhaps even for as long as they can remember. The structure of the state, economy and work are, obviously, the issues dominating all debates, mixed with denialism, discussions on the free access to firearms, and attempts to derogate social rights won through long struggles. Using arguments that frankly should be more in-depth, the new president exploits the nostalgia for a certain, unlikely model of society to hide new inequalities and social violence.

The current situation in Argentina repeats what has already happened many times throughout its history: the almost grotesque exaggeration of some global trends. The new Argentine president falls into a category that continues along the path already traced by some leaders of other democracies during the second and third decades of the 21st century. It's the category of those who appeal to emotion rather than rationality and who claim the role of presumed "common people" opposed to the "elites", labeled as intrinsically bureaucratic, corrupt and inefficient. The State, by definition, is the enemy of individuals and the realization of their desires. To its acolytes, any defense of a state that advocates civil rights and liberties appears dangerous and is quickly dismissed as Marxist or *zurda* (meaning "left-handed" or "leftist"), a term Milei often uses. Once again, Argentina is a distorted mirror in which history is reflected, capable of taking any element to its extreme consequences. Observing the works of many of the artists in the exhibition *Argentina. What the Night Tells the Day*, one sees the idea of a culture that takes certain elements of Western civilization, exaggerates their defects, and subjects them to the judgment of their contradictions.

For this reason, we operate from a precise indeterminacy. Argentine art often moves between the said and the unsaid, within the complex and multifaceted space that is created between the artist and their audience. It is a place that does not *exist*, but *happens*. This channel has an almost magical quality. It is created when a connection is established between sender and recipient, which transforms the artwork into something endowed with a transitory and fleeting truth, valid only until another truth arrives to replace it. It occupies an ambiguous space, open to multiple interpretations. It shuns any sublimation that transcends the ordinary. Or rather, it seeks its reason for being by becoming active only when a spectator observes it, demanding active participation, sometimes linked to the identification of common references. In a country marked by syncretism, founded on a complex amalgam of ideas and attitudes, there is a constant need to find this shared, collaborative space.

All this is present in the artists participating in the exhibition. Often, they say one thing and perhaps mean something diametrically opposite. In each of these works we find something that tells us we don't quite create them, that makes us doubt even that. An explicit and almost sensational renunciation of any certainty emerges. Ultimately, what they propose to us is doubt and the acceptance of doubt. Probably this is what makes them tremendously powerful, capable of triggering countless situations with unpredictable consequences. Perhaps the most significant is that of dividing the audience into two groups: on the one hand those who understand the underlying irony and accept the work of art as a platform to question the world; on the other, those who are not willing to do so and aspire to a rigid literalness. From here to accusations of blasphemy, to scandals, to the judicial closures and reopenings of exhibitions, it is a short step, proving that in Argentina culture – including art, obviously – is a very powerful force. For their purposes, artists make use of cross-references that manifest themselves with a certain obviousness. It is an art that is aware of its history and of the fact that to understand where we are we must remember where we come from. In this sense, it parallels what happens in other Latin American cultural contexts, always with the awareness that we cannot exist without knowing our origins.

It is an art that *does not exist* but *happens*. Perhaps this is why the body is a recurring presence: the body that appears represented in the works, according to certain canons of Western art; the body of the artists, which often appears transposed into their work; that of the spectator, which either feels reflected in the work, or is forced to carry out actions of all kinds reminding that it is a human body, that it has needs, occupies a space, and that whatever it does is subject to a symbolic code.

Complicity is fundamental. There is something unsaid, but present in many of the works included in the exhibition, which refer to things that are not in the room, but shared with both the artists and the public they address. A continuous questioning of the place they occupy in history, often their story, and the infinite moments of euphoria and disappointment spent together. It is a complicity often based on nostalgia. Everything that could have been and wasn't. Argentina, at least as understood by the one who signs these lines, was built starting from an ideology presented under the notion of progress, as for almost any American nation. The land where the dream of modernity could become reality, obviously at the expense of the other non-European for whom no one has ever reserved a place. Even today, Argentines share the yearning for a world based on logic and reason, in which the future replaces the past as a driving force and horizon; a reference point to build rather than to react to. However, the idea of this world of growth and development has collided with a persistent and stubborn reality, which by dint of military uprisings, sensational violence, disheartening economic crises and, in general, the continuous dismantling of all previous conquests, has remembered that all that optimism was unfounded. Some might say that the same happened in other Western cultures, in America as in Europe, during the 20th century. It was also discovered, sometimes traumatically, that the grand narrative of modernity was unachievable, and that the dream of an emancipatory rationality could hardly be carried forward. The difference is that perhaps Argentine culture has always suffered from a lack of it.

Like the disoriented cronopio of Cortázar's short story, many artists search for that lost key. An object that serves as an incipit and an ending, with which more or less transitory but valid truths can be constructed to obtain what we seek. What the cronopio wants is a tool allowing him to open and close doors, start and end cycles or, ultimately, leave the house knowing that he will be able to return. It is also a message for all those en route, whether for travel, migration or exile. "Being Argentinian means being sad, being Argentinian means staying away," Cortázar said again. After all, being Argentinian means being constantly on the move, walking around the house without finding the key to go out and find the road. In the end, the cronopio remains in his room, near the night table, stuck in the search for something that will allow him to start another story.

Lucio Fontana. Profeta del arte espacial

Silvia Bignami

Three blue ballpoint pen drawings on paper (*Concetto spaziale*, 1946, 46 DSP 31, 32, 33) and a "slash" (*Concetto spaziale, Attese*, 1959, 59 T10) by Lucio Fontana represent a sort of overture – out of chronological order – for the exhibition on the last fifty years of Argentinian art: *Quel che la notte racconta al giorno* ("What the Night Tells the Day"), curated at Padiglione d'Arte Contemporanea in Milan by Diego Sileo and Andrés Duprat, director of the Museo Nacional de Bellas Artes in Buenos Aires.

Starting with Fontana means reiterating the radical nature of an act, the ongoing quest for a new language. A potential example for young Argentinian artists which also emphasises how Fontana subsequently developed ideas for the renewal of art which came to fruition in Buenos Aires between 1940 and 1947. The artist's experience proved essential for the formulation of Spatialism, which would resonate – with significant outcomes – on the Italian avant-garde scene after his return to Milan in 1947. Last but not least, it is also a way to revisit his dual life as the "artist of two worlds", [1] the "Milanese from Santa Fe", as he was saluted by Raffaele Carrieri in the poem *Buongiorno a Fontana*, written for the exhibition at Beatrice Monti's Galleria dell'Ariete, which opened on June 9, 1962. [2]

A de-facto Milanese – in Milan, he had been trained in sculpture by Adolfo Wildt, and the city had represented the heart of his astonishing and ever innovative artistic production – Lucio Fontana was born in 1899 in Rosario de Santa Fe (Argentina), where his father Luigi, a sculptor with a solid academic background who had emigrated from Italy in 1891, had built up a thriving business for the creation of public monuments, mainly funerary ones. Fontana lived in Argentina in three distinct periods: from his birth to 1906, then from 1921 to 1927 and, lastly, from 1940 to 1947: *"una deriva de ida y vuelta"*. [3] To delve into into his Argentine stays, we can begin by interweaving the letters to his father, his brother Zino, artists, architects and critics (Tullio d'Albisola, Pablo Edelstein, Gyula Kosice, Attilio Rossi, Luciano Baldessari, Gio Ponti, Juan Zocchi), thus gathering a wealth of firsthand information that directly reflects

1 *Lucio Fontana. Catalogo ragionato di sculture, dipinti, ambientazioni*, edited by E. Crispolti, Milan 2006, volume I, p. 16.

2 *"Buon giorno, buongiorno a te / Milanese di Santa Fe / Milanese pioniere / Dei pianeti in costruzione: / Scandalo e onore / Di tre generazioni! / Carissimo punteruolo / Subbia e trapano / Al nostro miserabile spazio / Di topi nel formaggio / Sardine in scatola / Pieni di mitologia / E di scuola classica. / Buon giorno, buongiorno a te / Manovale di corpi astrali / Tornitore di uova nere / Impresario di sfere: / Mondi e mappamondi / Dell'altro ieri! / Come un diamante che taglia / Sei sempre in allarme / Dove la terra finisce / E comincia il cielo: / Fecondo feritore dello spazio / Operaio numero uno / Del grande zero universal."* ("Good morning, good morning to you / a Milanese from Santa Fe / a Milanese pioneer / of the planets under construction: / Scandal and honour / of three generations! /Dearest pick / chisel and drill / for our wretched space / of mice in the cheese / tinned sardines / filled with mythology / and classical studies. Good morning, good morning to you / labourer of astral bodies / turner of black eggs / entrepreneur of spheres: maps and globes / from yesteryear! /Like a sharp-edged diamond / You're always worried /where the Earth ends / and the sky begins: / fruitful wounder of space: / number-one labourer / of the great universal zero.")

3 *Lucio Fontana en las colecciones públicas de la Argentina*, edited by A. Duprat, F. Farina, exhibition catalogue (Buenos Aires, Museo Nacional de Bellas Artes, 28 April-30 July 2017), p. 5.

his private life and artistic journey. [4] In more recent years, studies on these periods have intensified, starting from the distant seminar organized by Rosarian Emilio Ellena in Santiago de Cile in 1998. [5]

Fontana's friend Carrieri welcomed him back upon his permanent return to Italy in March 1947 aboard the *"vapore Argentina"* [6] – he had arrived in Buenos Aires on the transatlantic liner *Conte Grande* on April 21, 1940 – with an article in "Tempo" titled *Fontana ispano-lombardo*: "We were pleased with his strong and loyal presence, with the moustache resting on his mouth like an iron gutter; the moustache that sparked in his Hispanic-Lombard cadence". [7] Fontana's landing was surrounded by a mythical and legendary aura, perhaps due to the false news that had declared him dead in a car accident. Some anecdotes tell of his linguistic pastiche, of "sa propre langue, où se mélangeaient l'italien, l'espagnol et le milanais". [8] In 1961, describing the "gaucho of the Pampas" who had founded Spatialism, Enzo Fabiani wrote in the magazine "Gente": "Fontana speaks of philosophy and love, spatial art, light and reincarnation, mixing words in Spanish, French, and Milanese". [9] Luigi Carluccio's analysis was more ironic and detailed: "After all, all of Lucio Fontana's language could provide exceptional material for study for some new Freud, doubling the pages of the *Psychopathology of Everyday Life* that seeks to explain our lapses, our goofs, our forgetfulness, and is becoming a bestseller these days. For example, he, Fontana, says 'gellulite' instead of cellulite, just to recall a crowded beach at the end of July. Fontana's linguistic nonsense, I believe, depend on the fact that he spelled and wrote his early life lessons in the streets of Rosario de Santa Fe in Argentina. There is nothing worse than the grafting of two languages that appear similar and that life circumstances lead to using intermittently. Something, through the echoes of memory, stumbles, perhaps, in Fontana's language, and the only way to save himself is precisely

4 See Lucio Fontana. *Lettere 1919-1968*, edited by P. Campiglio, Milan 1999.

5 I. Arestizábal, E. Ghilioni, A. Giunta, *Lucio Fontana: un seminario. Tre trabajos invitados*, Santiago de Chile 1998 (I. Arestizábal, *Los Fontanas de la colección de la Cancelleria argentina*, E. Ghilioni, *Fontana. Rosario, Tres momentos*; A. Giunta, *Cronica de posguerra. Lucio Fontana en Buenos Aires*). The most recent essays were published in the exhibition catalogue at the exhibition at the Metropolitan Museum of Art in New York, *Lucio Fontana. On the Threshold*, edited by I. Candela, New Haven-London 2019 (A. Giunta, *The War Years: Fontana in Argentina*, pp. 41-49, ed. E. Crispolti, *The Latin-Axis in the Twentieth-Century Avant-Garde*, pp. 60-65). See also the exhibition *Lucio Fontana. Los orígenes*, curated by C. Barbato, V. Spata (Rosario de Santa Fe, Museo Juan B. Castagnino, 21 July-21 August 2019), Florence 2019. 2022 saw the first scholarship *Lucio Fontana, periodo argentino: monumenti progetti e opere* awarded to Enrico Crispolti by the Fondazione Cini and the Fondazione Fontana. See also the following important works by Daniela Alejandra Sbaraglia and Lorena Mouguelar: D. Sbaraglia: *Cavalier Luigi Fontana. Scultore (1865-1946),* in "L'uomo nero", XI, 11, 2015, pp. 180-203; *I Fontana e il ritratto: innovazione e tradizione di un genere tra XIX e XX secolo, in Intorno al ritratto. Prospettive storiche, studi e ricerche*, study day proceedings (Turin, 1-2 December 2016), pp. 257-264; *Luigi y Lucio Fontana escultores. Confluencias ítalo-argentinas en la plástica de principios del siglo XX*, in "Anuario Tarea", IIPC UNSAM, V, 2018, pp. 118-155, open edition http://revistasacademicas.unsam.edu.ar/index.php/tarea/article/view/813; D.A. Sbaraglia, R. Miranda, *Lucio Fontana, su familia y trayectoria*, in Centro de Estudios Genealógicos and Históricos de Rosario, Bulletin n. 12, year 21, 2023, pp. 167-220; L. Mouguelar: *La obra temprana de Lucio Fontana y Julio Vanzo. Una variante del modernismo estético en Argentina*, doctoral thesis, Universidad de Rosario de Santa Fe (Argentina), 2010; *Lucio Fontana en Argentina: relecturas*, in "Separata", CIAAL-UNR, X, 15, 2010, pp. 38-55; Nuevas esteticas y temas clásicos. *Fontana y Vanzo durante 1927*, in "Avances. Revista del area Artes", CIFFyH-UNC, XI, 13, 2007-2008, pp. 89-104; *Vanzo y Fontana en los Salones Nexus. Apreciaciones de la crítica rosarina, in Libro electrónico de las Terceras; Jornadas sobre Arte y Arquitectura en Argentina*, La Plata 2005, CD Rom; Ead., *Los comienzos de Fontana en el arte. Primer acercamiento al "Primitivismo"*, in "Avances. Revista del area Artes", CIFFyH – UNC, 14, 2008, pp. 161-173. The monograph by Paolo Campiglio is awaiting publication, along with ongoing research conducted by the author of the present essay, starting with this short contribution from Buenos Aires.

6 Letter from Lucio Fontana to Tullio d'Albisola, 6-2-46 [1947], in L. Fontana, *Lettere a Tullio d'Albisola*, edited by L. Bochicchio, Milan 2023, p. 59.

7 R. Carrieri, "Fontana ispano-lombardo", in *Tempo*, 35, IX, 10 August-6 September 1947, p. 15.

8 O. Hahn, "Expositions. Avec Fontana c'est différent", in *L'Express*, 3-9 February 1969, p. 66.

9 E. Fabiani, "Un gaucho della Pampa ha fondato lo spazialismo", in *Gente*, 45, V, 10 November 1961, pp. 56-58.

to let his imagination mull over the difficulties of language all at once. [10]

Several references to Argentina can be also found, from 1959 onwards, in the writings (at times in Spanish) – comments, wordplay and everyday notes – on the back of Fontana's "cuts". For example: "Romero Brest se deja crecer la barba 1+1 011" (59 T144); "Hoy es un dia meravilloso (65 T34); "Quando ho fatto questo quadro pensavo a Rosario Santa Fe" (65 T81); "Sono nato nel 1899 a Rosario di Santa Fe, mio padre era scultore" (66 T 38); "es muchos tiempo que no voy en Argentina" (66 T22); "è tornato Presta da Parigi e mi à portato i saluti da Le Parc" (65-66 T 38); "Bravo! all'argentino che ha tinto la laguna verde" (68 T 46), referring to Nicolas García Uriburu's intervention during the 34th Venice Biennale in 1968.

1946-1959

The timeline chosen for Fontana's works on display allows us to map out, between Argentina and Italy, the trajectory aptly summarised in the incisive title of Antonelli's essay *Dall''Argentina' allo spazio. L'irresistibile ascesa di un artista*; [11] a trajectory previously – and prematurely – perceived by Juan Corradini in his 1947 article *Lucio Fontana. Profeta del arte espacial*. [12]

Fontana's Argentine years between 1940 and 1947 are indeed crucial to understand the outcomes of his journey towards Spatialism, which led to the manifestos of the movement (1947, 1951), to his *Neon Structure* for the 9th Triennale in 1951, to the invention of his "holes", "environments", "spatial concepts" and the more famous "cuts". The same goes for his 1946 drawings and his designs for the Harrods windows [13] in calle Florida in Buenos Aires, whose shapes are very similar to the first *Ambiente spaziale a luce nera* displayed at the Galleria del Naviglio in Milan on 5th February 1949.

In Buenos Aires, Fontana took active part in the lively debate on Abstractionism, which had a definite impact on his work. He also engaged with an intellectual and experimental aspect carried forward by young artists seeking new languages compared to those proposed by official institutions. In 1944, the magazine "Arturo" was born, featuring collaborations from artists like Carmelo Arden Quin, Gyula Kosice, Edgar Bayley, Rhod Rothfuss, and from theorists such as Tomás Maldonado. The following year saw the founding of the *Arte Concreto-Invención* movement, and the Madí movement was established in 1946, marked by the publication of the Madí Manifesto signed by Kosice in 1946. In 1946, Fontana co-founded Altamira, Escuela libera de Artes Plasticas, funded by Spanish publisher Gonzalo Losada, in exile in Buenos Aires after the Civil War. *Pintura* was taught by Jorge Larco, Emilio Pettoruti, and Raúl Soldi, *escultura* by Fontana himself, *grabado en madera* by Victor Rebuffo, *grabado en cobre y litografia* by Laerte Baldini, *anatomia artística* by Enrique Romero Brest, *estética y historia del arte* by Jorge Romero Brest. Simultaneously, Fontana taught at the Manuel Belgrano Academy, the famous *Manifiesto Blanco* was the result of of discussions with his students Bernardo Arias, Horacio Cazeneuve and Marcos Fridman. Fontana inspired the manifesto but did not sign it: "From Argentina, as is common knowledge, he brought back that 'Manifesto Blanco' which gave life to Milanese Spatialism was born, like Jupiter's thigh to Minerva. He owed his success to the enthusiasm his work aroused among youths. He was fifty years old when youths recognized him as a great master, despite the hostility of critics and the indifference of merchants". [14]

Fontana's 1946 drawings, some titled in Spanish as *"concepto espacial"* ("spatial

10 L. Carluccio, "Farebbe i buchi anche nel mare il pittore eversivo Lucio Fontana", in *Gazzetta del Popolo*, 3 August 1965.

11 A. Negri, "Dall'"Argentina" allo spazio. L'irresistibile ascesa di un artista", in *L'uomo nero. Materiali per una storia della modernità*, I, 1, pp. 41-50.

12 J. Corradini, "Lucio Fontana. Profeta del arte espacial", in *Histonium*, 94, VIII, March 1947, pp. 166-171.

13 See *Vidrieria creada per Lucio Fontana y titulada "Trajes de Fiesta"*, photograph published in the article "Vidrierias artisticas", in *Saber Vivir*, 44, IV, 1944, p. 63; *Vidrieria "Pieles" creada por Lucio Fontana*, photograph published in the article "El arte de presentar", in *Saber Vivir*, 62, V, 1946, p. 69.

14 G. di San Lazzaro, "Chroniques du Jour. Fontana et Duchamp, in Panorama 68**", in *XXe Siècle*, 31, 1968.

concept"), foresee his radical shift through solutions of poetic immediacy developing from previous figurative drawings, such as *Figura en el espacio* (40DTR 550) and the *Pampas* (40DTR 551-54) from 1940, ideally opening to the boundless spatiality of the Argentine territory. Fontana referenced the endless spaces of the Pampas in a notable conversation with Carla Lonzi, debating with an American critic: "Look, I once spoke with a critic, such an idiot, an American, Vedova was there too, who told me first of all: 'eh, you, a spatialist, what do you think?...'. And meanwhile, he knew I was spatial, he said that I was nothing, and, in the meantime, he knew what I was doing, starting by knowing who I am and what I do, 'so if you tell me that I did not invent Spatialism, it means that you know me, that I am not a stranger.' He said 'yes, but you... space, what do you expect, you're Italian, space... we Americans, the deserts of Arizona, out there'... 'Ah,' I said, 'so that's space?... Because then look, I'm not Italian, I'm Argentinian, and I have the Pampas which are ten times bigger than the deserts of Arizona, but space isn't the Pampas, space is something else in our minds, you understand?' He got up and left". [15] We can imagine an endless Pampa behind the three men on horseback outlined against a blue sky dotted with small white stars in the graffiti-drawn and coloured plaster tablet *Uomini a cavallo* (1932), as well as in the plaster sculpture *Luna en la Pampa* (1944).

The "slash" on display, *Concetto spaziale, Attese*, 1959, with an autograph and dedication by Fontana to Marieda Di Stefano on the back, is part of an important nucleus of works purchased directly from the artist by the Boschi-Di Stefano couple over a few years. The collection passed passed to Civiche raccolte d'arte milanesi in 1974. [16] The meeting between the two collectors and Fontana might date back to the years preceding his 1940-1947 Argentine sojourn. Antonio Boschi remembers the *espacial* Fontana as follows: "I reserve a separate mention for Fontana, who left for his native Argentina before the war as a sculptor and returned as a spatialist. [...] I said 'spatialist' and not painter because Fontana really tried to render the third dimension physically, rather than using perspective to give us an illusion of it. In my opinion, he was neither a painter nor a sculptor nor an architect, but everything all at once: a creator of environments. [...] We went to his magnificent studio on Via Monforte almost every Saturday, and followed his mental struggles and ingenious inventions step by step". [17]

15 Lucio Fontana, from C. Lonzi et al., *Autoritratto* (Bari 1969), Rome 2010, pp. 91-92, 103-106.

16 See G. Zanchetti, *Lucio Fontana. Concetto spaziale, 1957,* Milan 2000.

17 A. Boschi, in *50 anni di pittura italiana nella collezione Boschi-Di Stefano donata al Comune di Milano*, edited by M. Precerutti Garberi, exhibition catalogue (Milan, Palazzo Reale, 27 May-20 September 1974), Comune di Milano, Milan 1974, pp. 11-12.

OPERE / WORKS

Testi di / Texts by Cecilia Rabossi

Eduardo Basualdo

Eduardo Basualdo interviene nello spazio – protagonista essenziale della sua ricerca – con installazioni inquietanti. Per il PAC l'artista realizza un'installazione *site-specific*, un volume nero, roccioso e informe che si dispiega nello spazio espositivo. Davanti alla sua presenza monumentale, il tempo sembra essere sospeso e lo spazio si restringe, provocando una certa tensione nello spettatore e generando ansia, inquietudine e angoscia.

La sua forma amorfa ricorda la terra smossa, indurita, prodotta forse dal fuoco, mentre la sua consistenza ricorda la superficie irregolare dei meteoriti o delle rocce vulcaniche, frutto della solidificazione del magma: un modo per ricordare le estinzioni del passato o per prefigurare catastrofi future. Questa presenza monumentale ci interroga inducendo così una riflessione sulla nostra stessa distruzione: la sua esistenza potrebbe essere il risultato di un'eruzione vulcanica, frammenti di meteoriti o di un grande asteroide impattato. Per l'artista, l'idea di un pericolo vicino e inevitabile "ti riporta in un luogo di attenzione" [1].

L'opera, enorme ed effimera, pone dunque un simulacro: all'apparente pesantezza della pietra che ci viene mostrata si contrappone la fragilità e la leggerezza dell'alluminio scelto per la sua costruzione.

Eduardo Basualdo invades space with disturbing installations, this space is no mere container, yet a key protagonist in his artistic quest. The artist had created a site-specific work for the exhibition at PAC: a shapeless, rocky, black mass spreading out over the exhibition area. Before its monumental presence, time appears suspended and space to shrink, making viewers tense and causing anxiety, anguish and restlessness.

The work's amorphous shape is reminiscent of disturbed and hardened soil, perhaps a product of fire. Its texture also recalls the irregular surface of meteorites or volcanic rocks resulting from solidified magma: a way to remember past extinctions or to foretell future catastrophes. This monumental presence questions viewers, while its very existence could be the result of a volcanic eruption or fragments of meteorites or of a great asteroid that once impacted the Earth in order for us to reflect on our own destruction. For the artist, the idea of an inevitable danger near at hand "takes us to a place of attention, where we can break down the pretence of art". [1]

And so this colossal yet ephemeral work is actually pretence: the weight calculated in tonnes of this heavy rock that reveals itself to us contrasts with the fragility and lightness of the aluminium chosen to make it.

Nuestra estrella se agotó, 2023
Alluminio e cinefoil
/ Aluminum and cinefoil
Dimensioni variabili
/ Variable dimensions
Courtesy l'artista / the artist, Ruth Benzacar Galería de Arte, Buenos Aires; PSM, Berlin; Galeria Luisa Strina, São Paulo
Foto / Photo Lorenzo Palmieri

Nelle pagine seguenti / Following pages
Nuestra estrella se agotó, 2023
Alluminio e cinefoil
/ Aluminum and cinefoil
Dimensioni variabili
/ Variable dimensions
Courtesy l'artista / the artist, Ruth Benzacar Galería de Arte, Buenos Aires; PSM, Berlin; Galeria Luisa Strina, São Paulo
Foto / Photo Lorenzo Palmieri

Sullo sfondo / In the background
Fausto Melotti, *I Sette Savi*, 1981

1 Julia Villaro, *Eduardo Basualdo. Un peligro pende sobre nuestras cabezas*, Clarín, 9 febbraio 2018, consultato il 28 ottobre 2023: https://www.clarin.com/revista-n/arte/eduardo-basualdo-peligro-pende-cabezas_0_ByWvYWtLf.html.

1 Julia Villaro, "Eduardo Basualdo. Un peligro pende sobre nuestras cabezas", Clarín, 9th February 2018. Consulted on 28th October 2023: https://www.clarin.com/revista-n/arte/eduardo-basualdo-peligro-pende-cabezas_0_ByWvYWtLf.html.

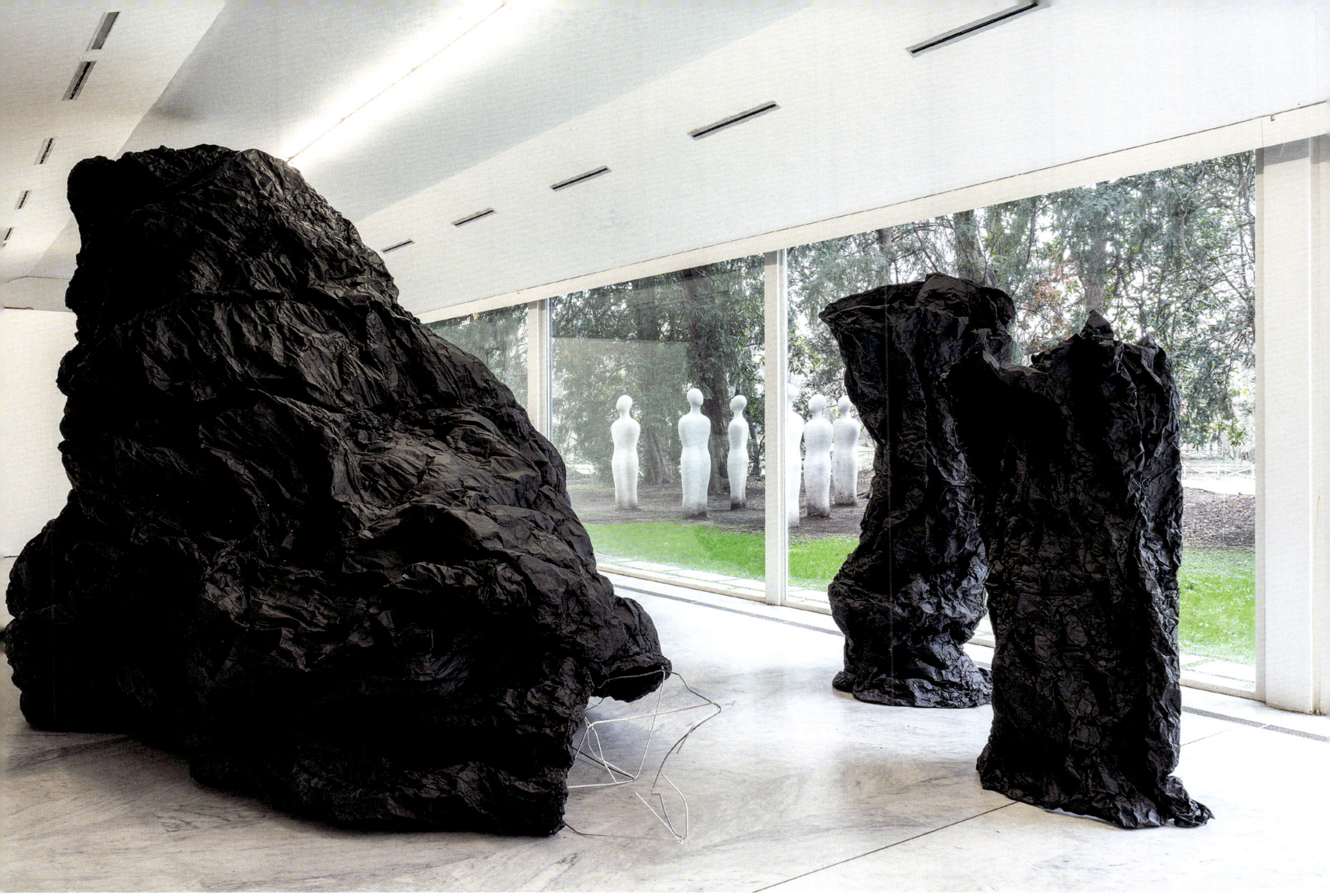

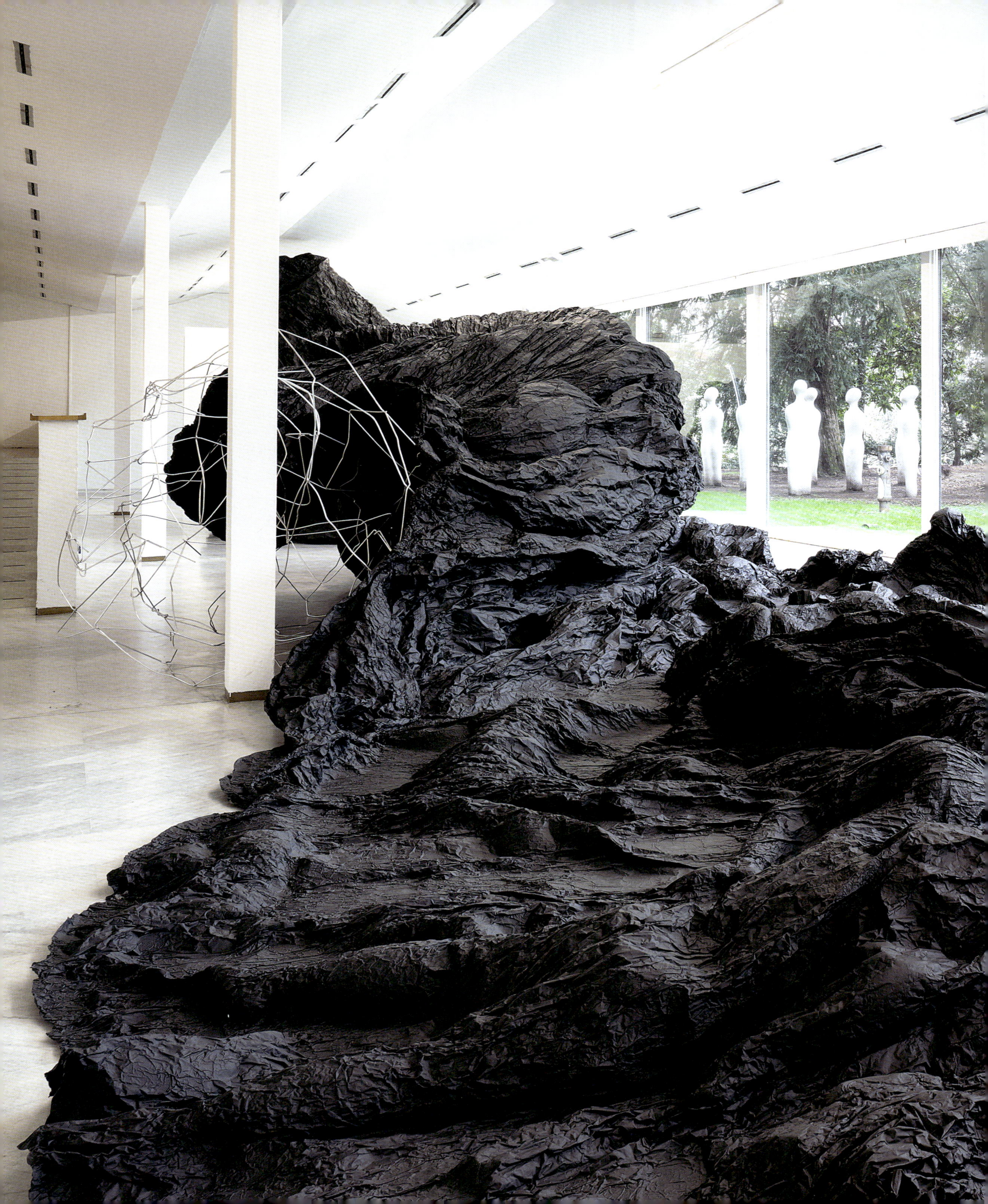

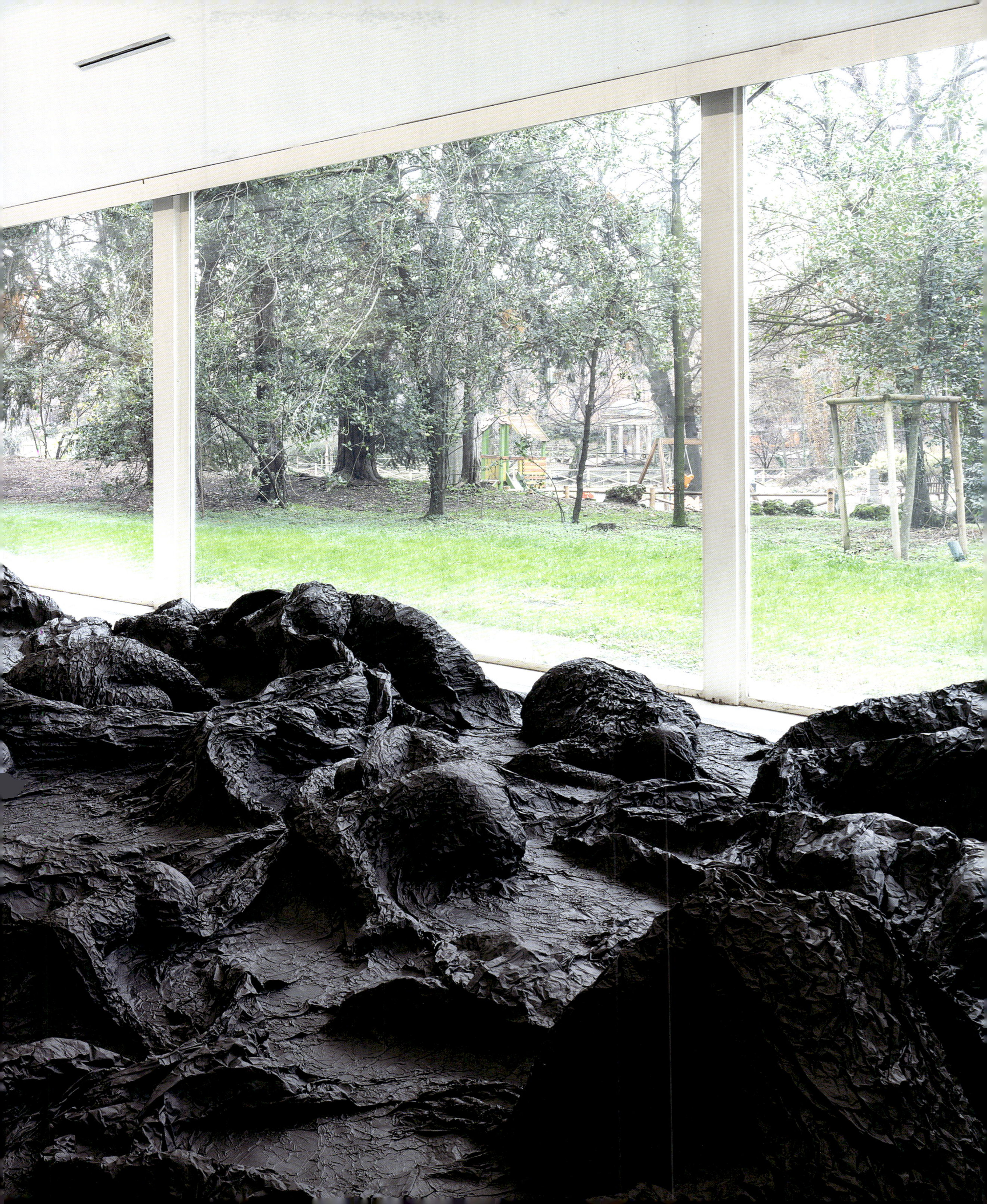

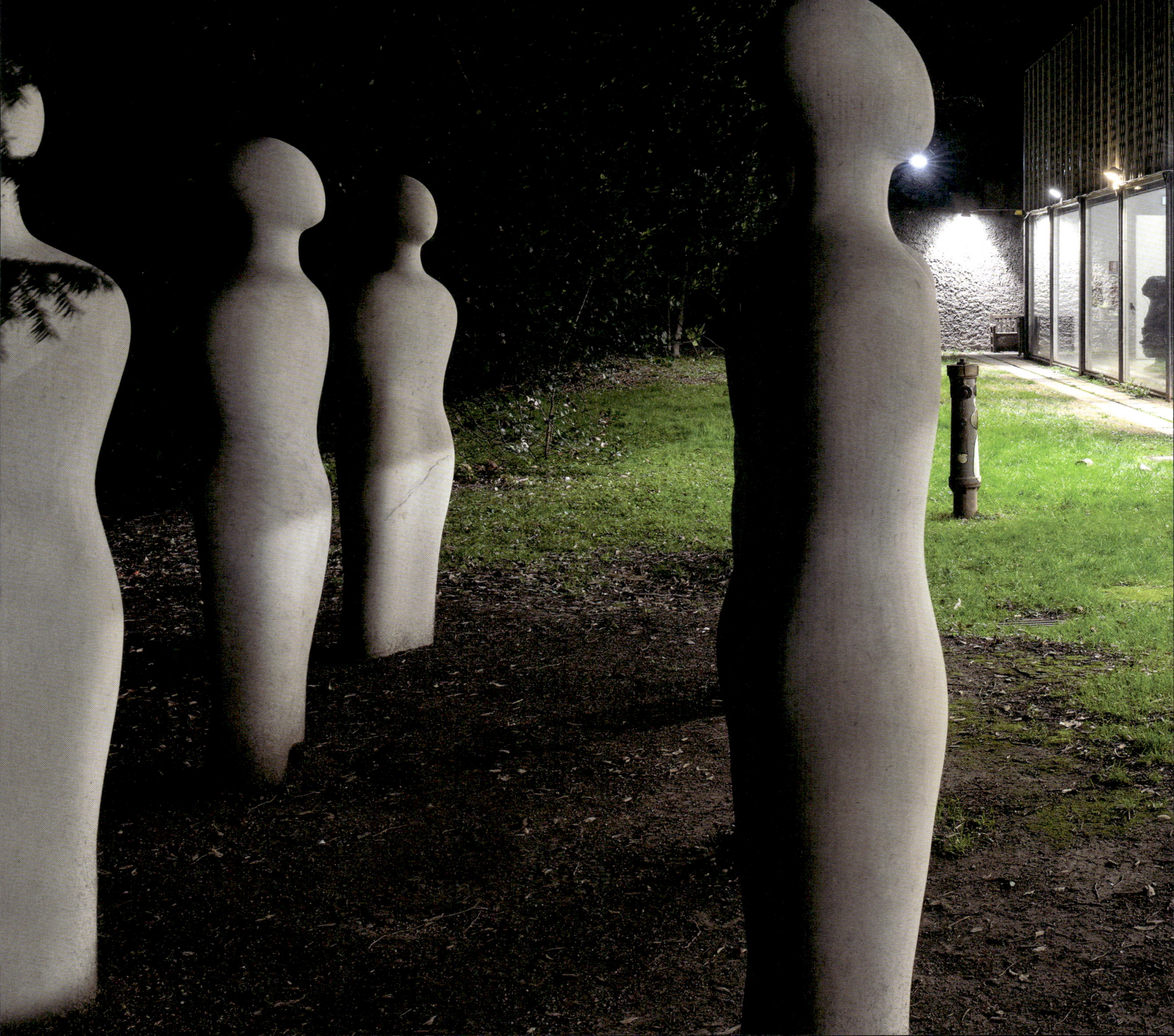

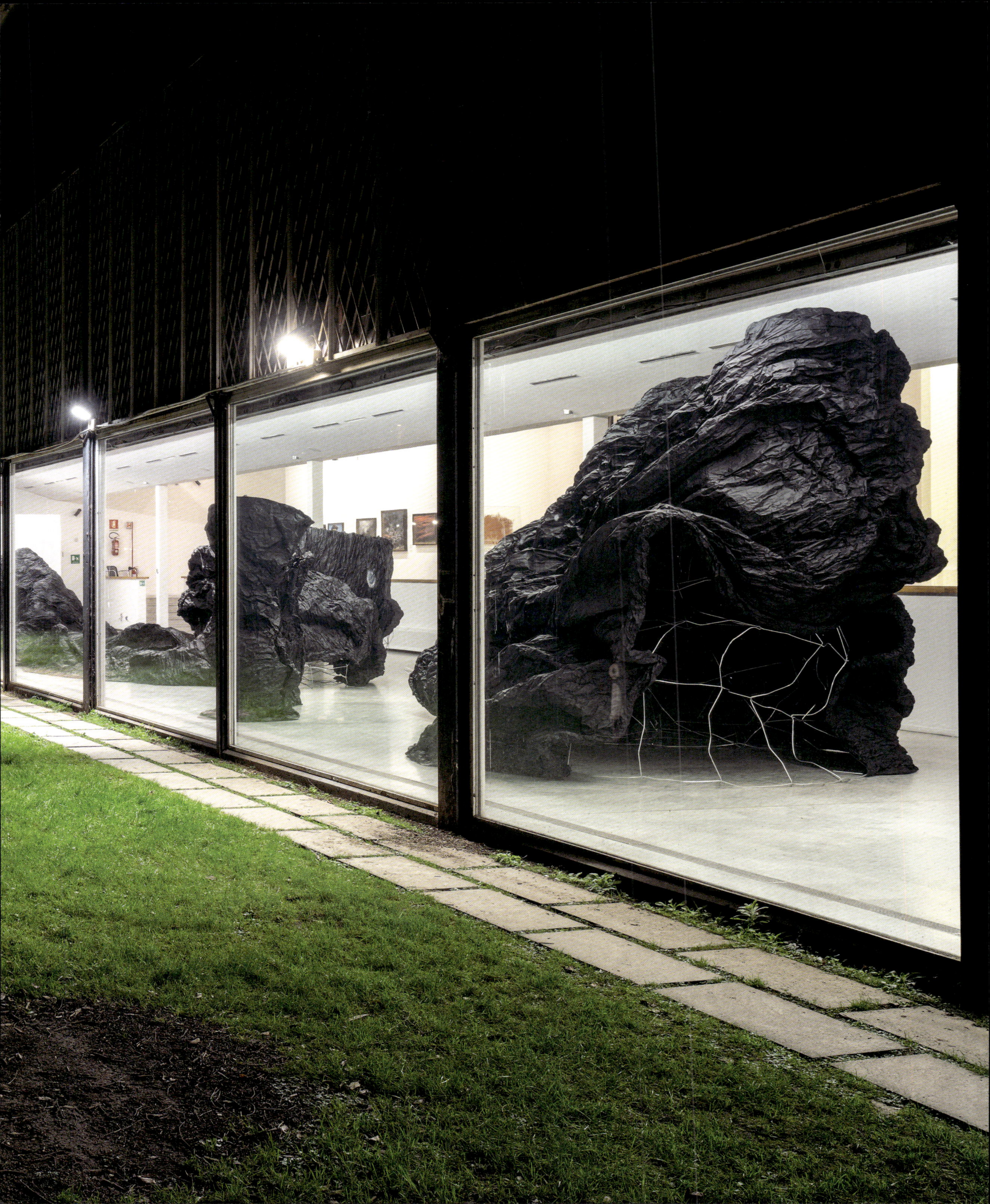

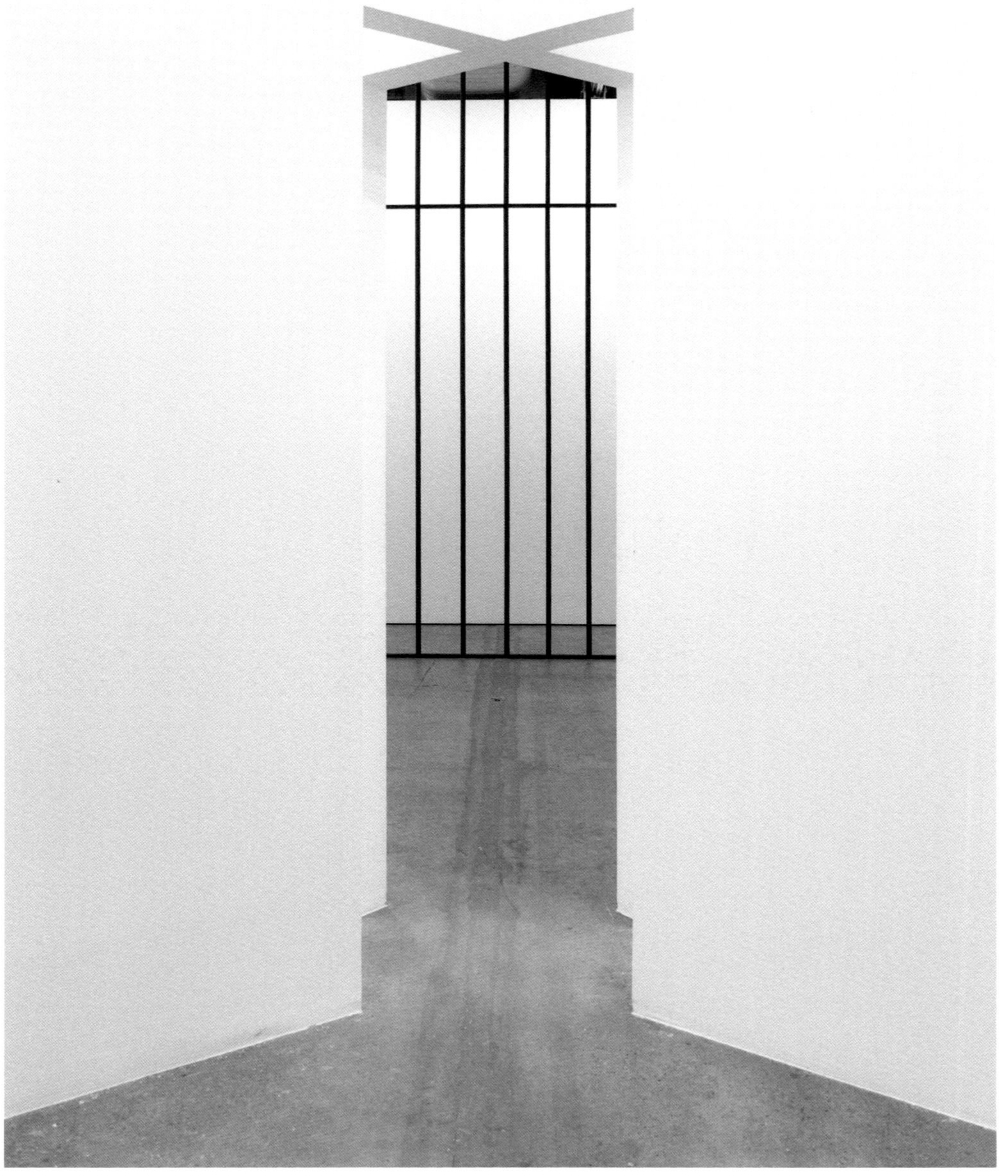

Cruz, 2013
Pareti bianche / White walls
5 × 5 × 5 m
Courtesy l'artista / the artist e / and
Galeria Luisa Strina, São Paulo

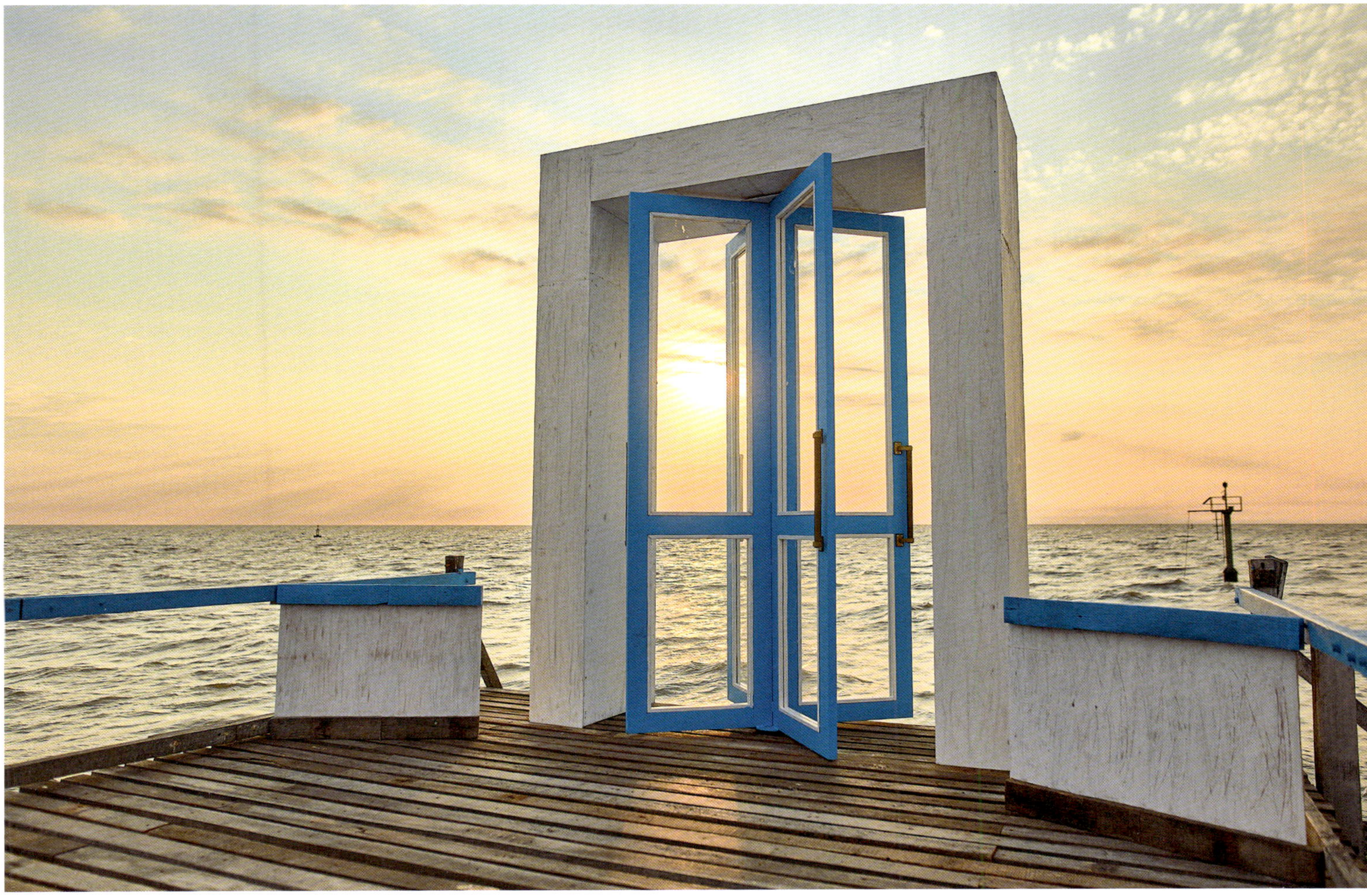

Perspectiva de ausencia, 2018
Installazione, oggetti, interventi
/ Installation, objects, interventions
"Rayuela" Art Basel Cities Week,
Buenos Aires
Courtesy l'artista / the artist, Ruth
Benzacar Galería de Arte, Buenos Aires

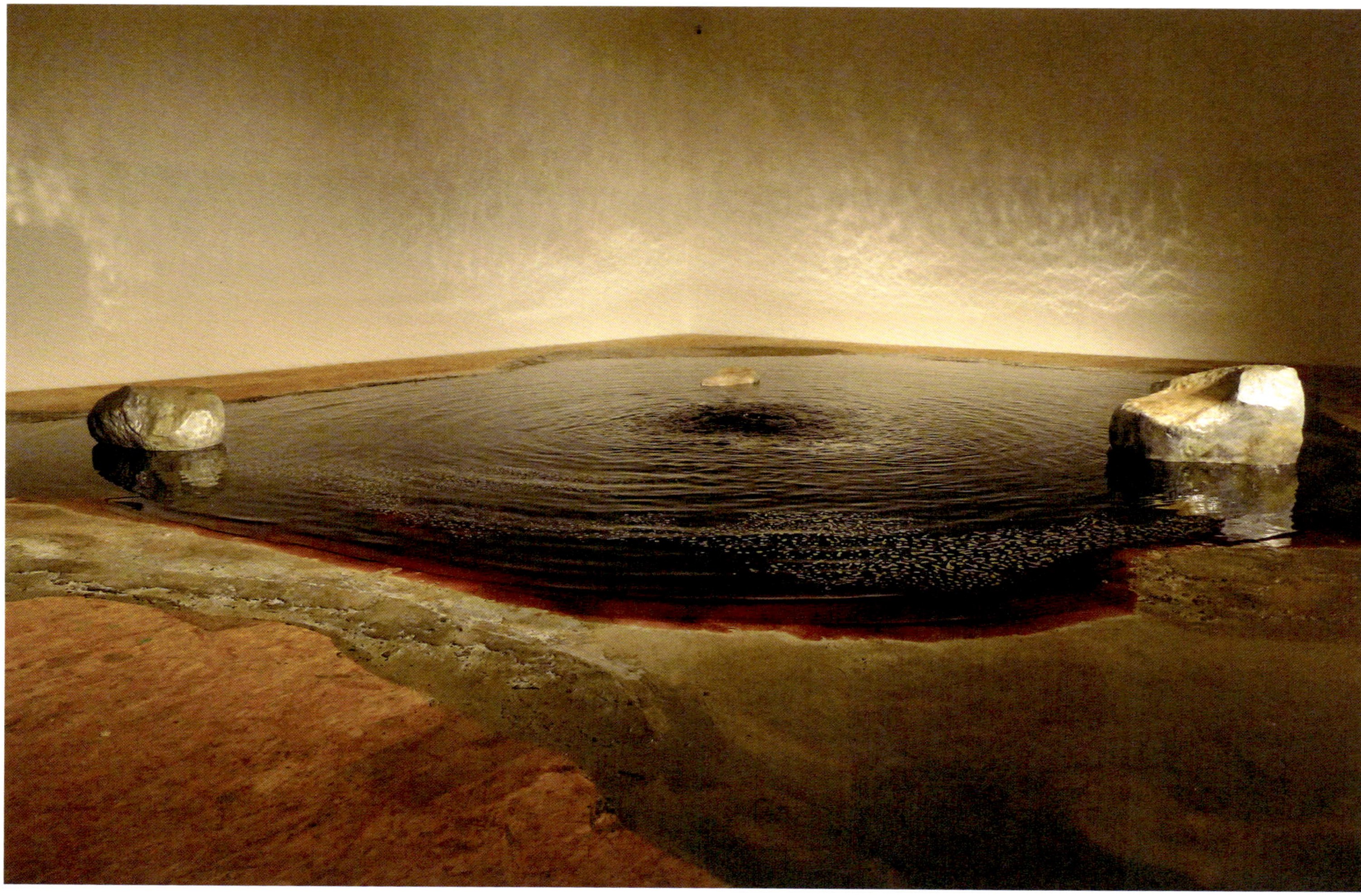

El Silencio de las Sirenas
2013
Tecnica mista / Mixed media
Dimensioni variabili / Variable dimensions
Installazione / Installation at Museo MAR, Buoneos Aires
Courtesy l'artista / the artist

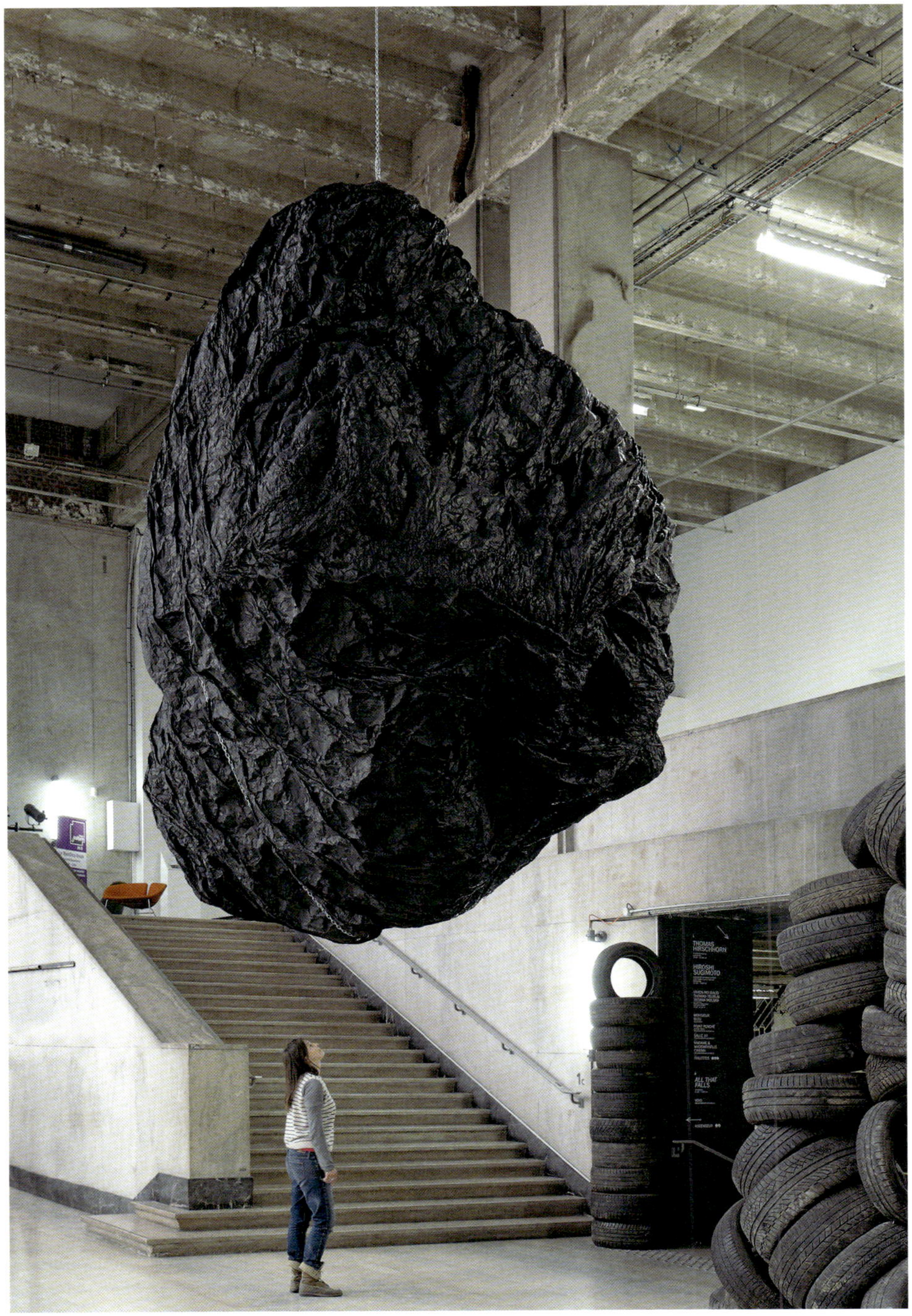

Teoría (*La cabeza de Goliath*), 2014
Alluminio nero, ferro e catene
/ Black aluminum, iron and chains
6 × 4 × 3 m
Dimensioni variabili
/ Variable dimensions
Courtesy l'artista / the artist e / and
Palais de Tokio, Paris
Foto / Photo Palais de Tokio, Paris

Mariana Bellotto

Mariana Bellotto è una regista, coreografa e performer che concepisce l'interdisciplinarietà e la sperimentazione come fondamento della sua arte. In un mondo che sta virando verso il distopico, l'artista include altre persone nella sua ricerca, pensa ai corpi come a un mezzo critico e politico. Dalle sue performance, invenzioni performative, video-performance e audiovisivi affronta temi come il consumo, l'impatto delle azioni dell'uomo sulla natura, la tecnologia e la violenza.

Il Grupo Performático Sur (GPS), creato e diretto dall'artista dal 2015, si nutre dei più svariati approcci e, nella sua costruzione, si serve di elementi visivi, sonori e tecnologici per riflettere e lavorare sull'aspetto scenico. La danza è concepita come una materia permeabile che, come afferma Mariana, "permette di giudicare con libertà questioni filosoficamente complesse, addentrandoci negli interrogativi della vita attuale, sin dall'irriverenza dell'intuizione e del caos [...]. Il mondo corre e con questo cresce la necessità di trovarsi in uno stato creativo" [1].

L'artista espone al PAC la video-performance *Trilogía pandémica* (Trilogia pandemica): il video inizia con le immagini documentarie di un serpente che compie la muta, scene che alludono alla trasformazione dei corpi in tempi post-pandemici. In un secondo momento, in *Tecnopiel*, i performer occupano uno spazio indefinito per un preciso intervallo di tempo. Un uomo circondato dalla tecnologia in disuso annuncia che attraverserà un portale diventando un essere post-pandemico, un ibrido: appaiono dunque esseri umani all'interno di sacchi trasparenti, come delle plastiche umane, dei rifiuti tecnologici. In *Coda-Trash*, lo schermo di un computer mostra l'accumulo di rifiuti digitali, la riproduzione e lo scarto di immagini, la registrazione di un incontro, il tasto Canc e il cestino come protagonisti.

Mariana Bellotto is a director, choreographer and performer who views interdisciplinarity and experimentation as lying at the foundation of her creations. In a world that seems to be growing increasingly dystopian, the artist includes other people in her research. She thinks of bodies as a critical and political medium. From her performances, performative inventions, video-performances and audiovisuals she addresses issues such as consumption, the impact of human actions on nature, technology and violence.

Grupo Performático Sur (GPS), created and directed by the artist since 2015, is a group that draws inspiration from the most diverse approaches and, in its construction, makes use of visual, sound, and technological elements to reflect on and fashion its performances. Dance is conceived as a permeable material that, as Bellotto states, "allows us judge philosophically complex questions freely, delving into the big questions of contemporary life beginning with the irreverence of intuition and chaos (...) The world is moving so quickly, and our need to find ourselves in a creative state grows with it". [1]

The artist exhibits at PAC the video performance *Trilogía pandémica* (Pandemic Trilogy): the video begins with documentary-style images of a large reptile shedding its skin, images that allude to bodily transformation in a post-pandemic age. Later, in *Tecnopiel*, the performers occupy a time lapse in an undefined space. A man surrounded by obsolete technological items announces that he will pass a portal, becoming a post-pandemic being, a hybrid: we then see human parts, humans wrapped in plastic bags, plasticized humans, technological refuse. In *Coda-Trash*, a computer screen displays the accumulation of digital waste, the multiplication and elimination of images, the recording of a meeting, the "Delete" key and the Recycle Bin in a starring role.

MUNDO DE MIERDA, 2023
Performance
In occasione dell'inaugurazione della mostra al PAC / On the occasion of the opening of the exhibition at PAC
Performers: Catalina Jure, Ludmila Mazzucchelli e / and Jorge Yañez
Assistente / Assistant Paula Dreyer
Courtesy l'artista / the artist e / and PAC Padiglione d'Arte Contemporanea, Milan
Foto / Photo Lorenzo Palmieri

Nelle pagine seguenti / Following pages
MUNDO DE MIERDA, 2023
Performance
In occasione dell'inaugurazione della mostra al PAC / On the occasion of the opening of the exhibition at PAC
Performers: Catalina Jure, Ludmila Mazzucchelli e / and Jorge Yañez
Assistente / Assistant Paula Dreyer
Courtesy l'artista / the artist e / and PAC Padiglione d'Arte Contemporanea, Milan
Foto / Photo Lorenzo Palmieri

1 Adriana Barenstein, *Producciones de danza de Mariana Bellotto: 'Tal vez el caos es el corazón de mi obra'*, APU – Agencia Paco Urondo, 13 marzo 2022, consultato il 3 ottobre 2023: https://www.agenciapacourondo.com.ar/cultura/producciones-de-danza-de-mariana-bellotto-tal-vez-el-caos-es-el-corazon-de-mi-obra.

1 Adriana Barenstein, "Producciones de danza de Mariana Bellotto: 'Tal vez el caos es el corazón de mi obra'", APU Agencia Paco Urondo, March 13, 2022. Consulted on October 3, 2023 at https://www.agenciapacourondo.com.ar/cultura/producciones-de-danza-de-mariana-bellotto-tal-vez-el-caos-es-el-corazon-de-mi-obra.

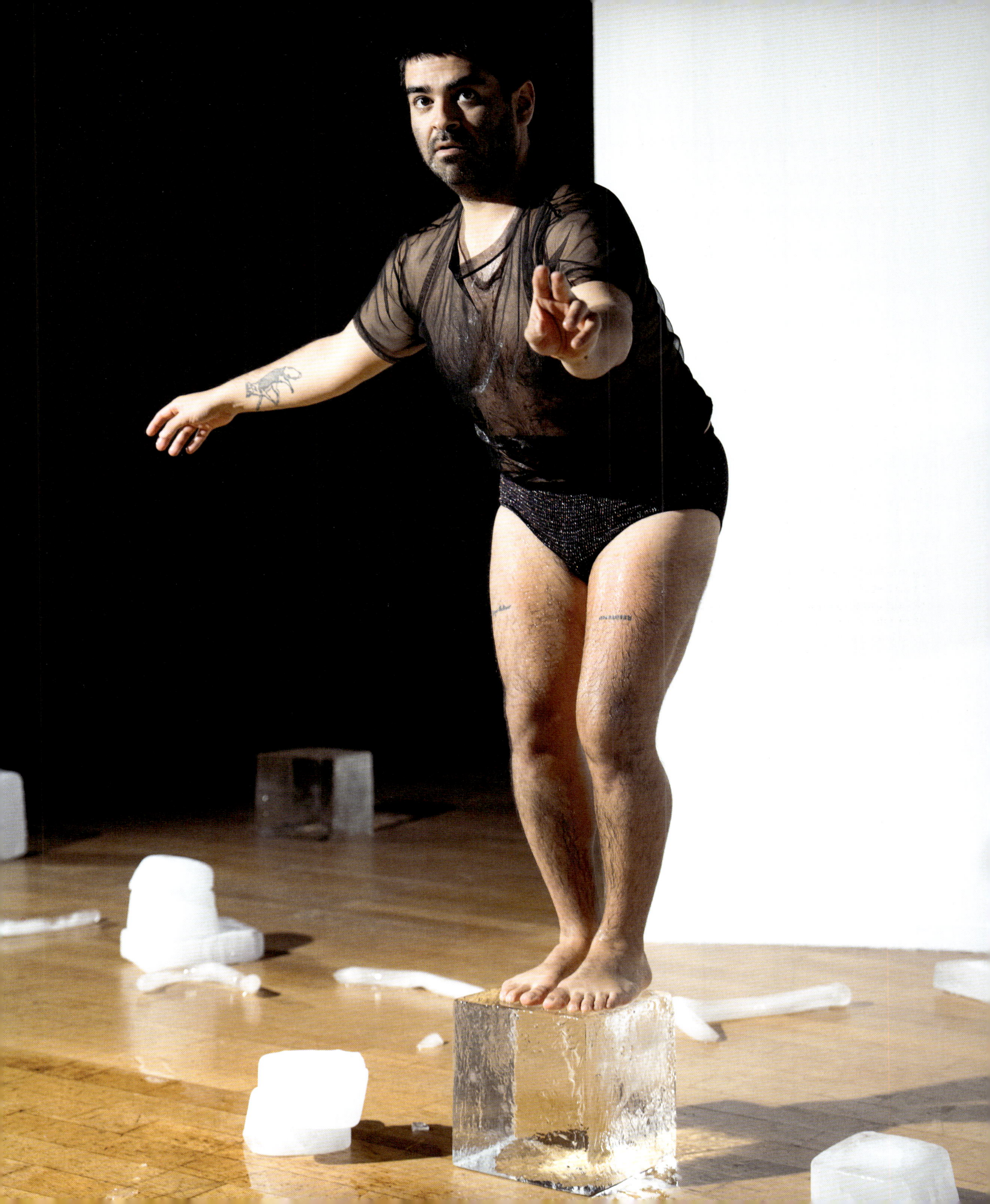

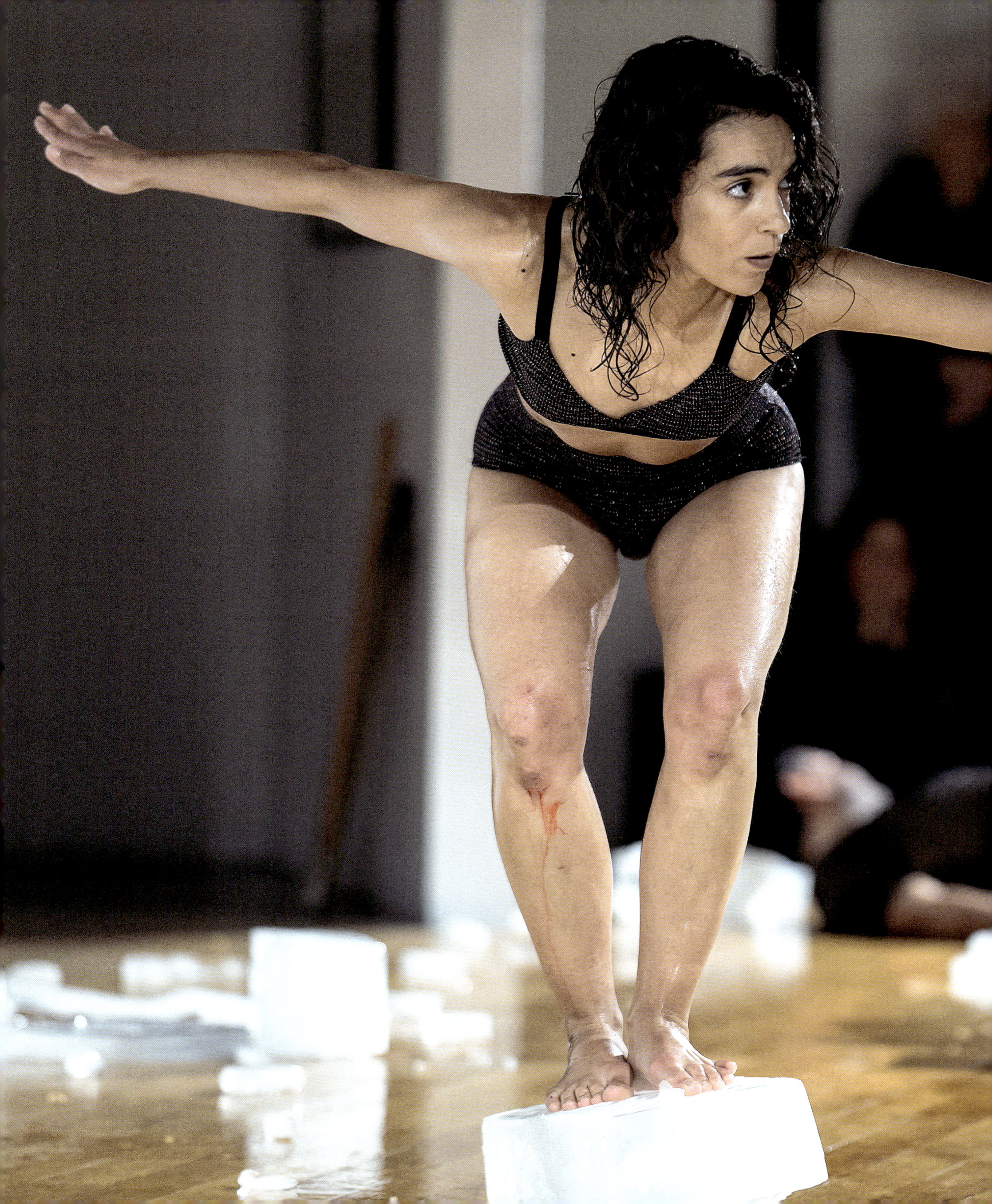

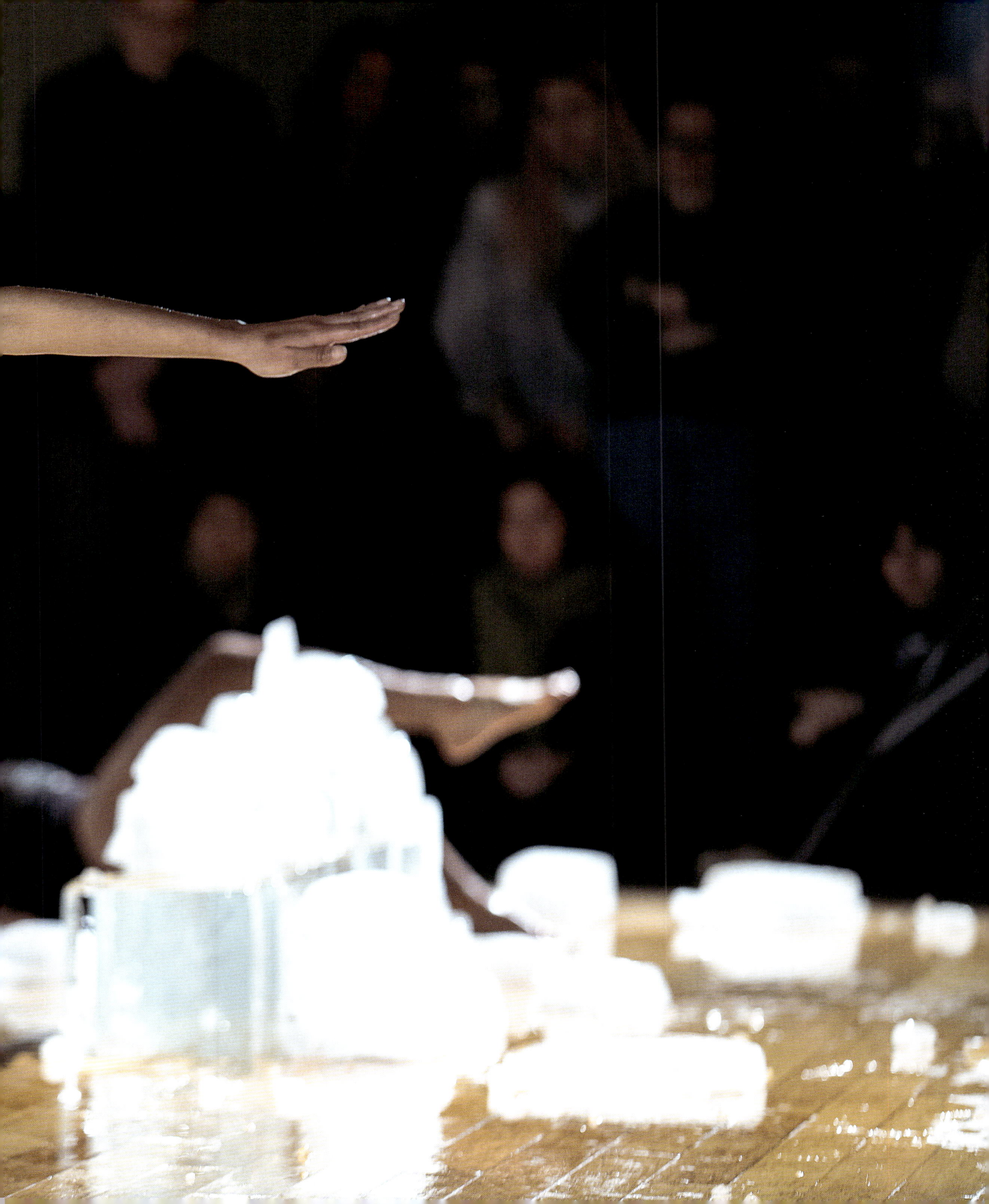

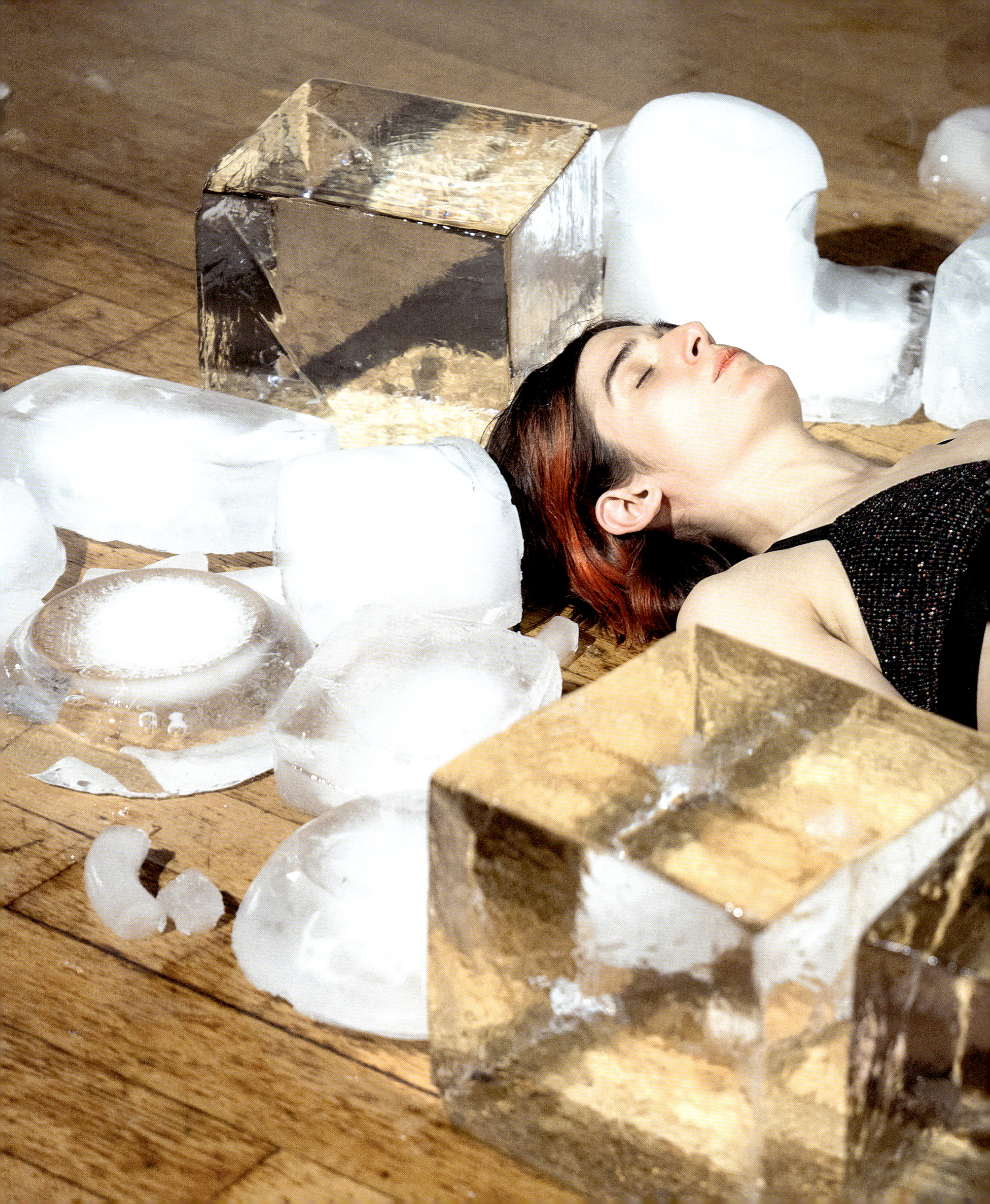

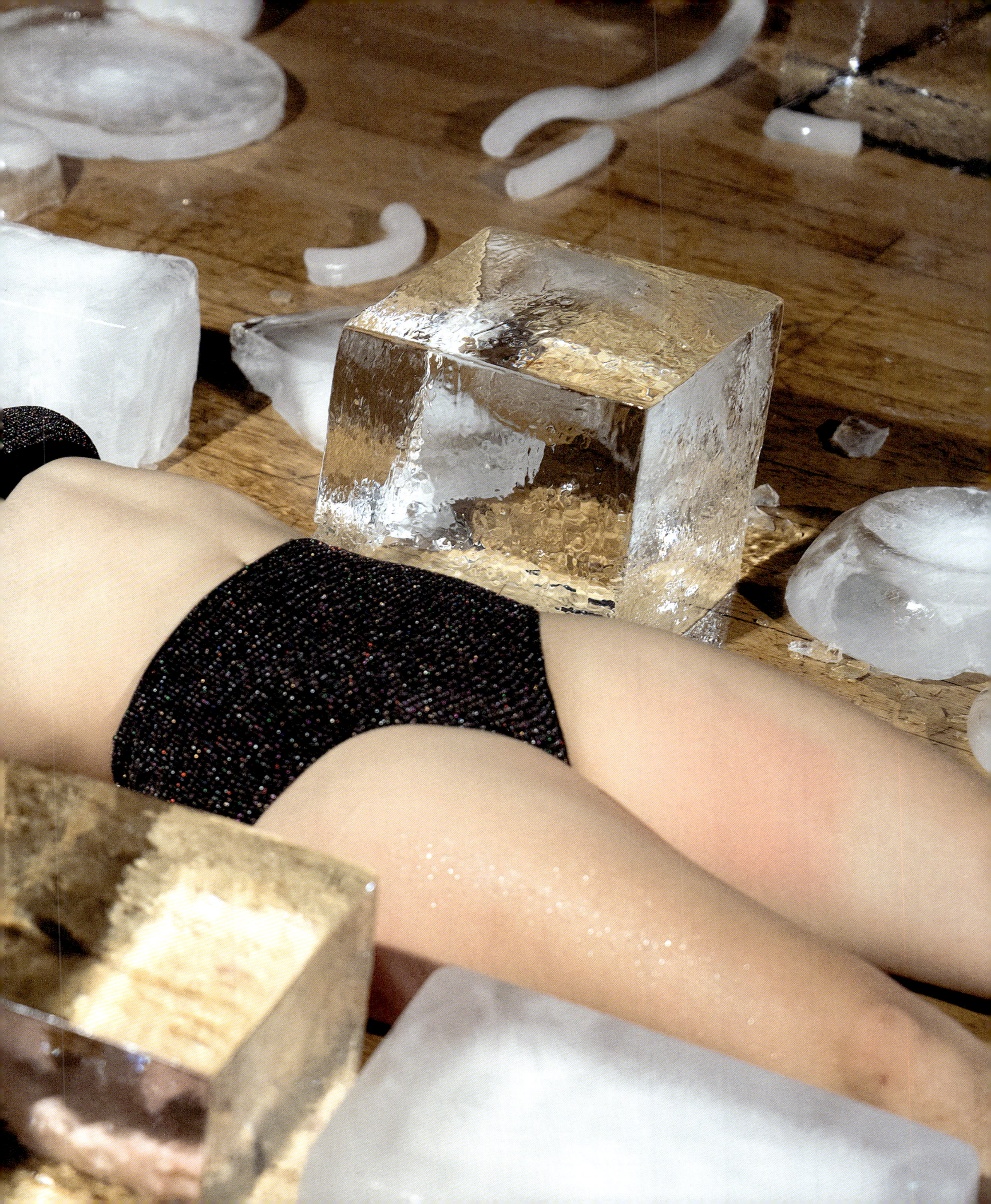

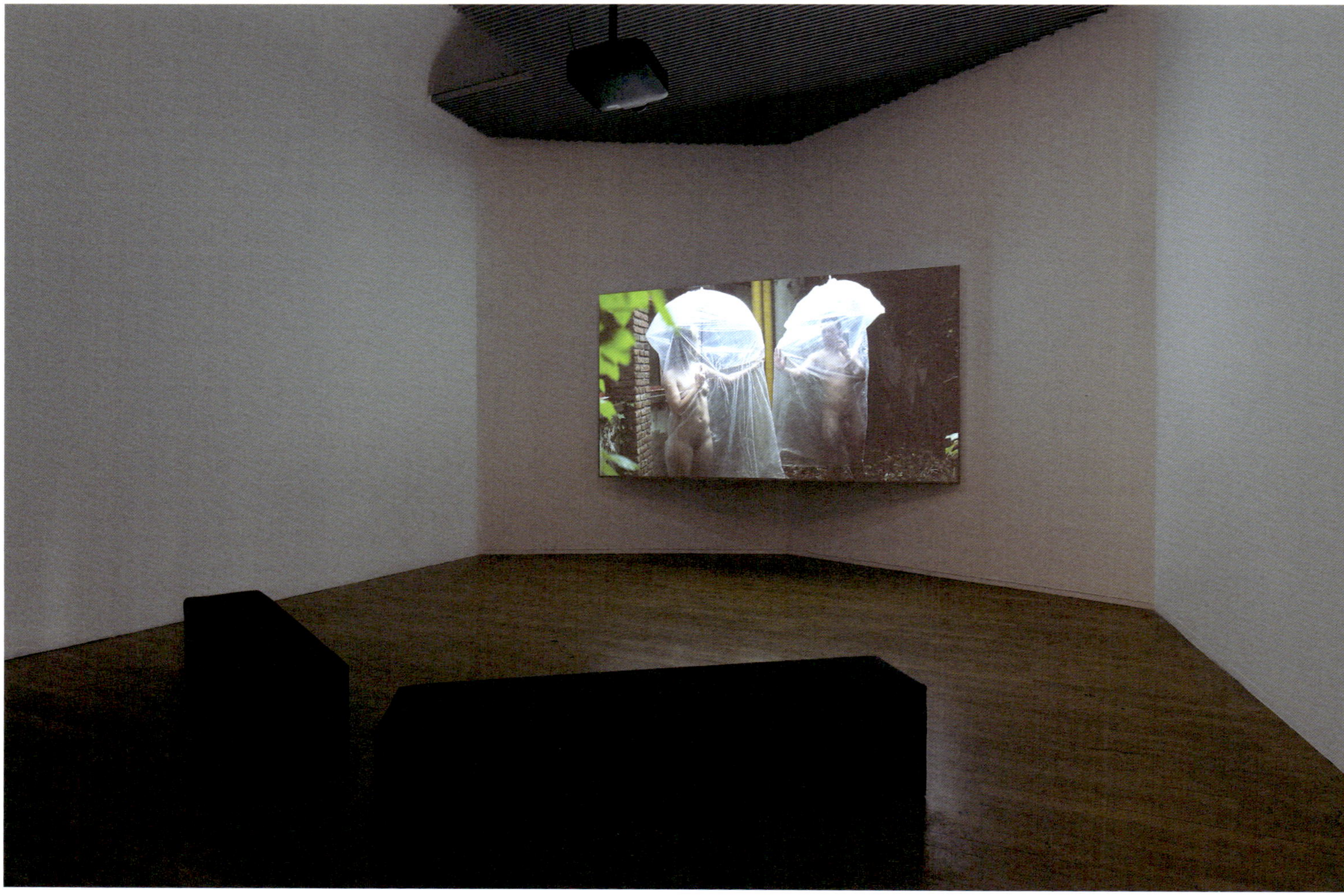

Trilogía pandémica, 2022
Video-performance, colore, suono
/ Video-performance, color, sound
18'20"
In collaborazione con / In collaboration
with Grupo Performático Sur
Veduta della mostra al PAC, Milano
/ Exhibition view at PAC, Milan
Courtesy l'artista / the artist
Foto / Photo Lorenzo Palmieri

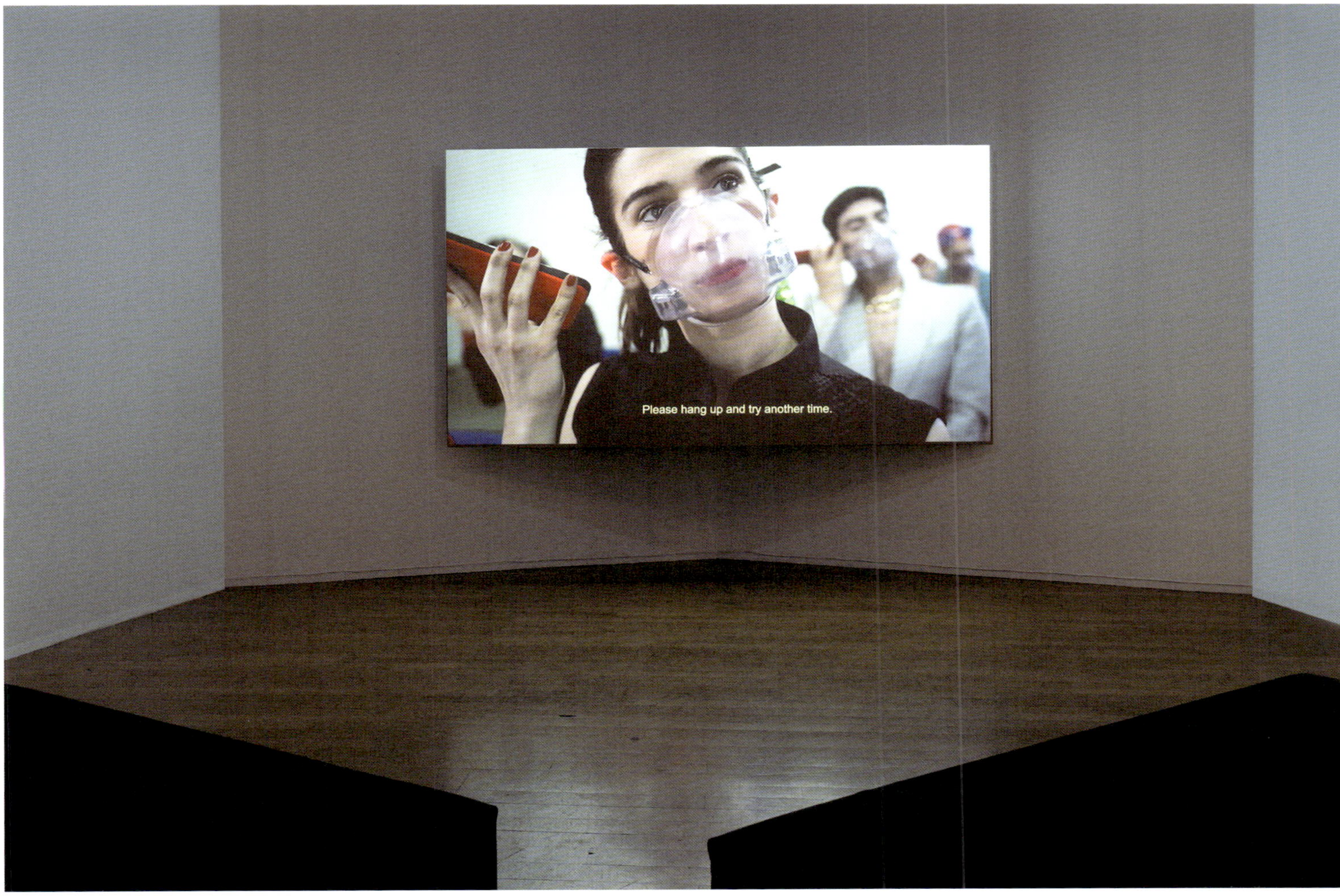
Please hang up and try another time.

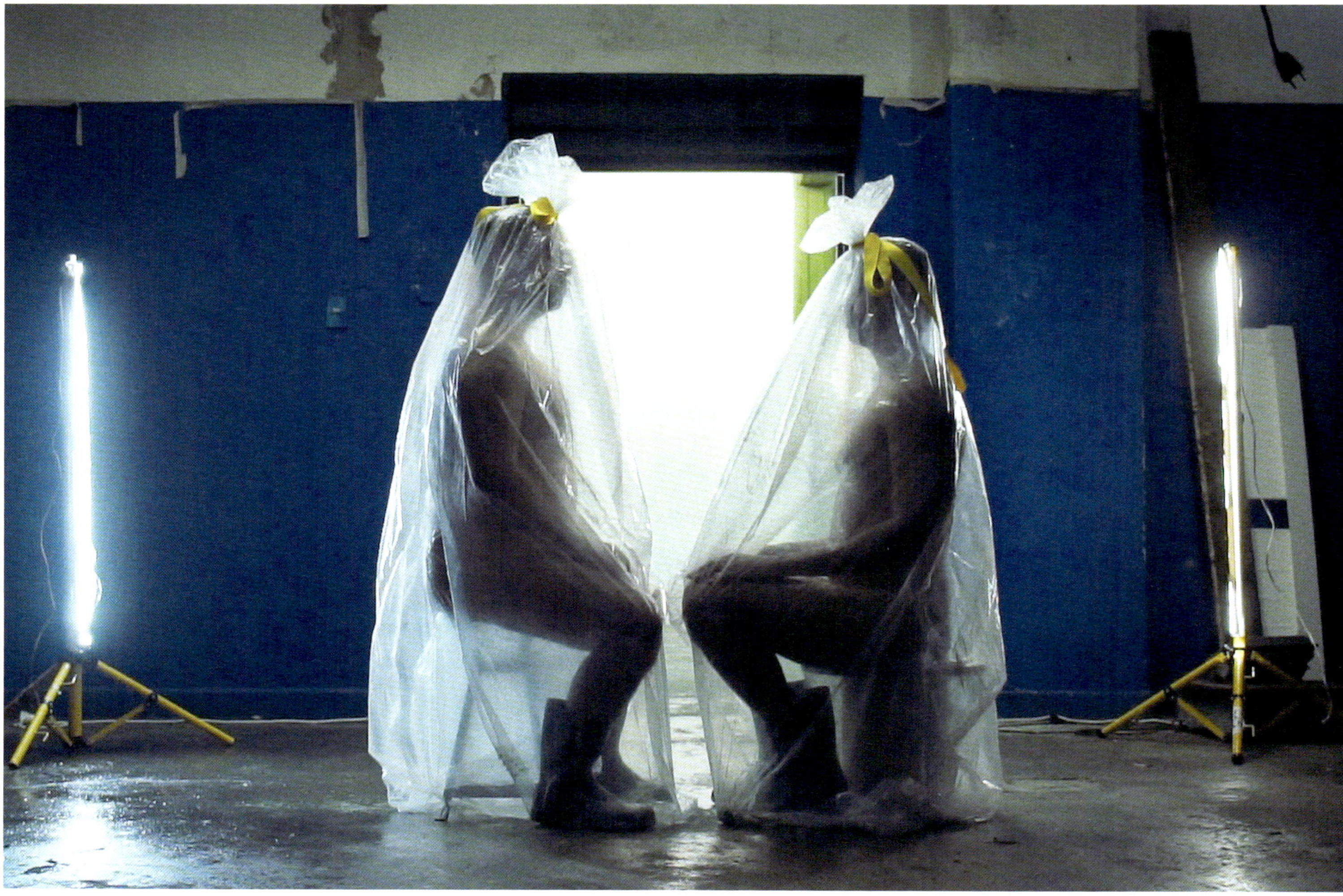

Trilogía pandémica, 2022
Video-performance, colore, suono / Video-performance, color, sound
18'20"
In collaborazione con / In collaboration with Grupo Performático Sur
Courtesy l'artista / the artist

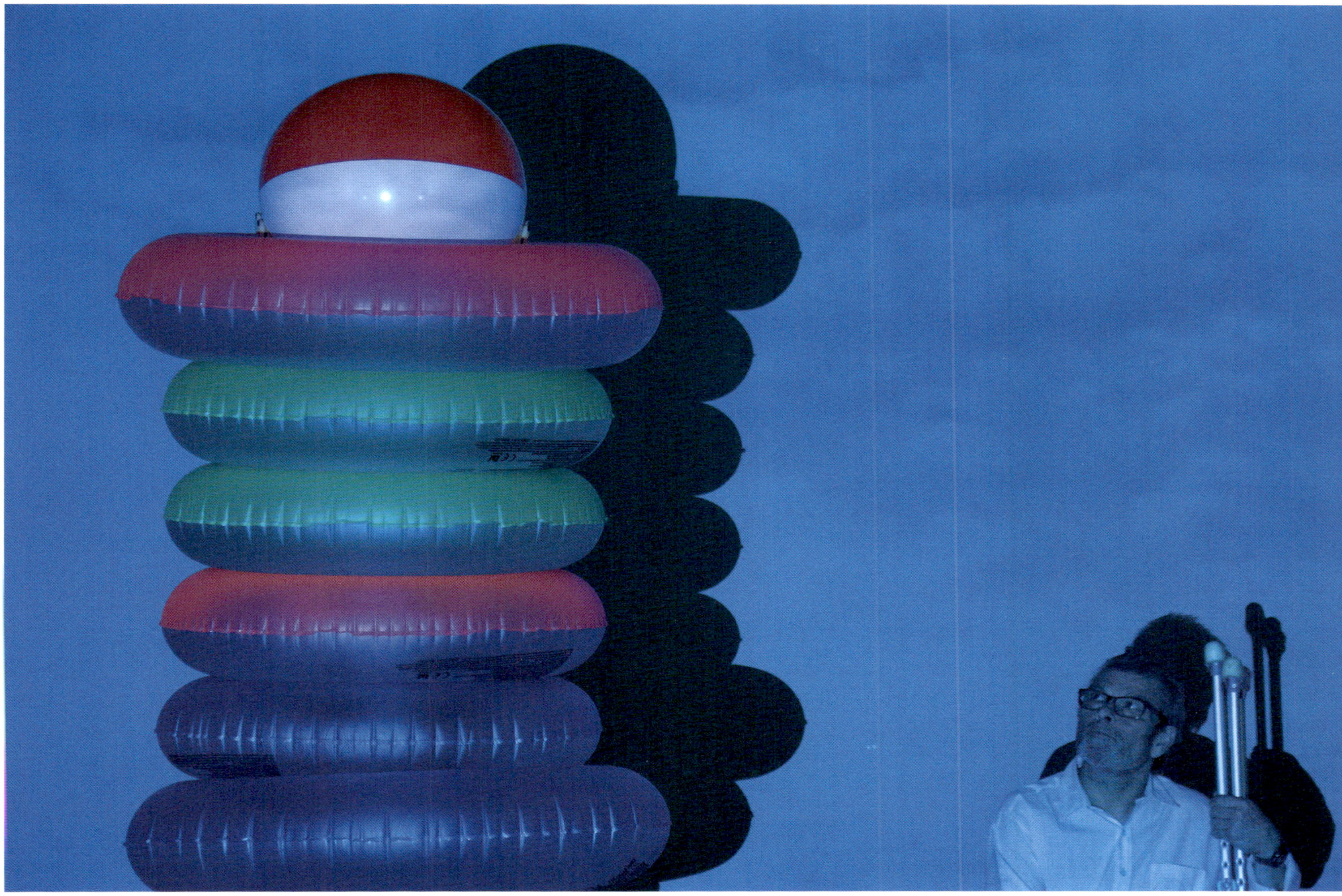

Sensación Térmica, 2015
Luogo / Place: Buenos Aires
Courtesy l'artista / the artist
Foto / Photo Celina Duprat

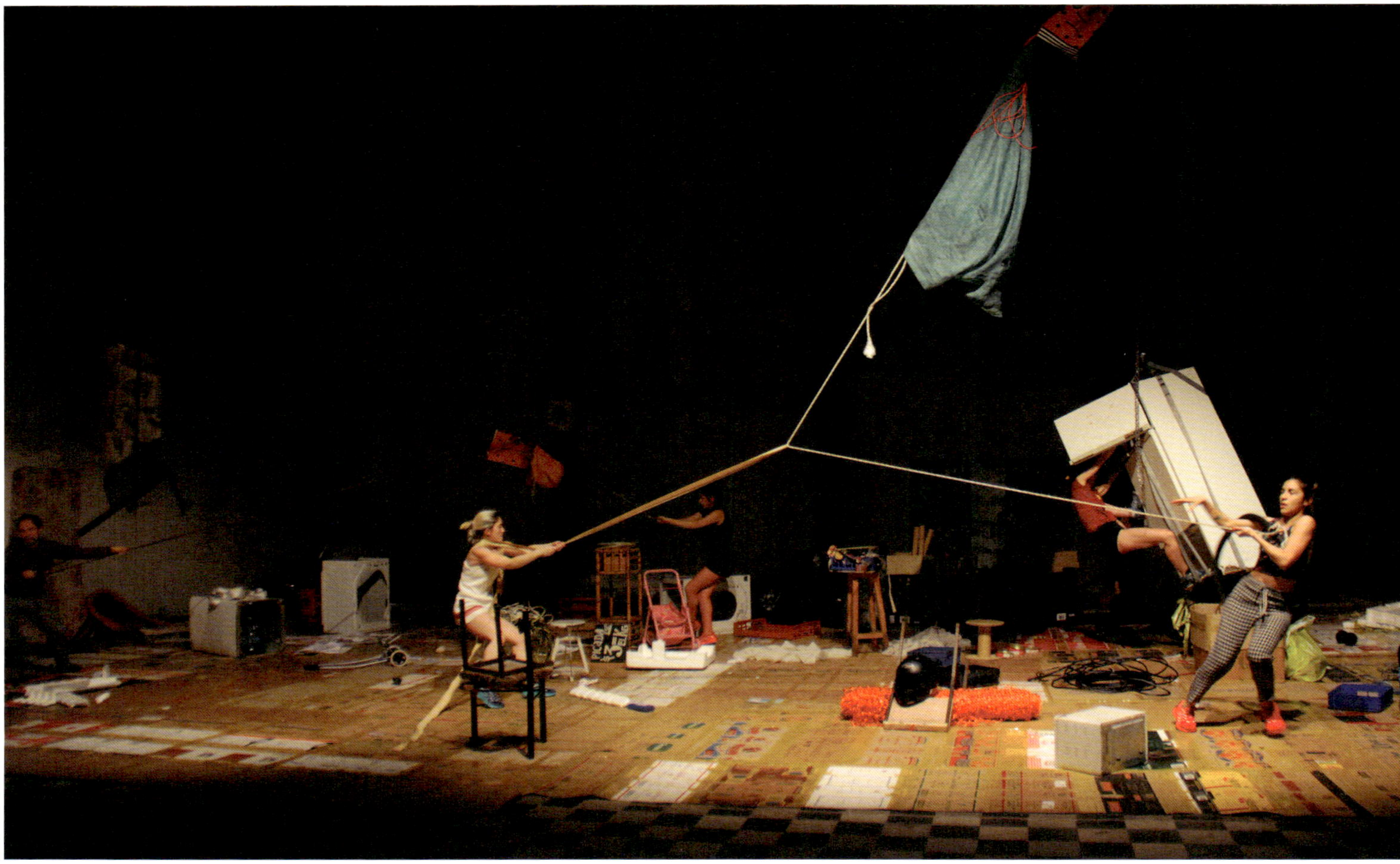

Antropología contemporánea del paisaje, 2017
Performance, Buenos Aires
Courtesy l'artista / the artist
Foto / Photo Celina Duprat

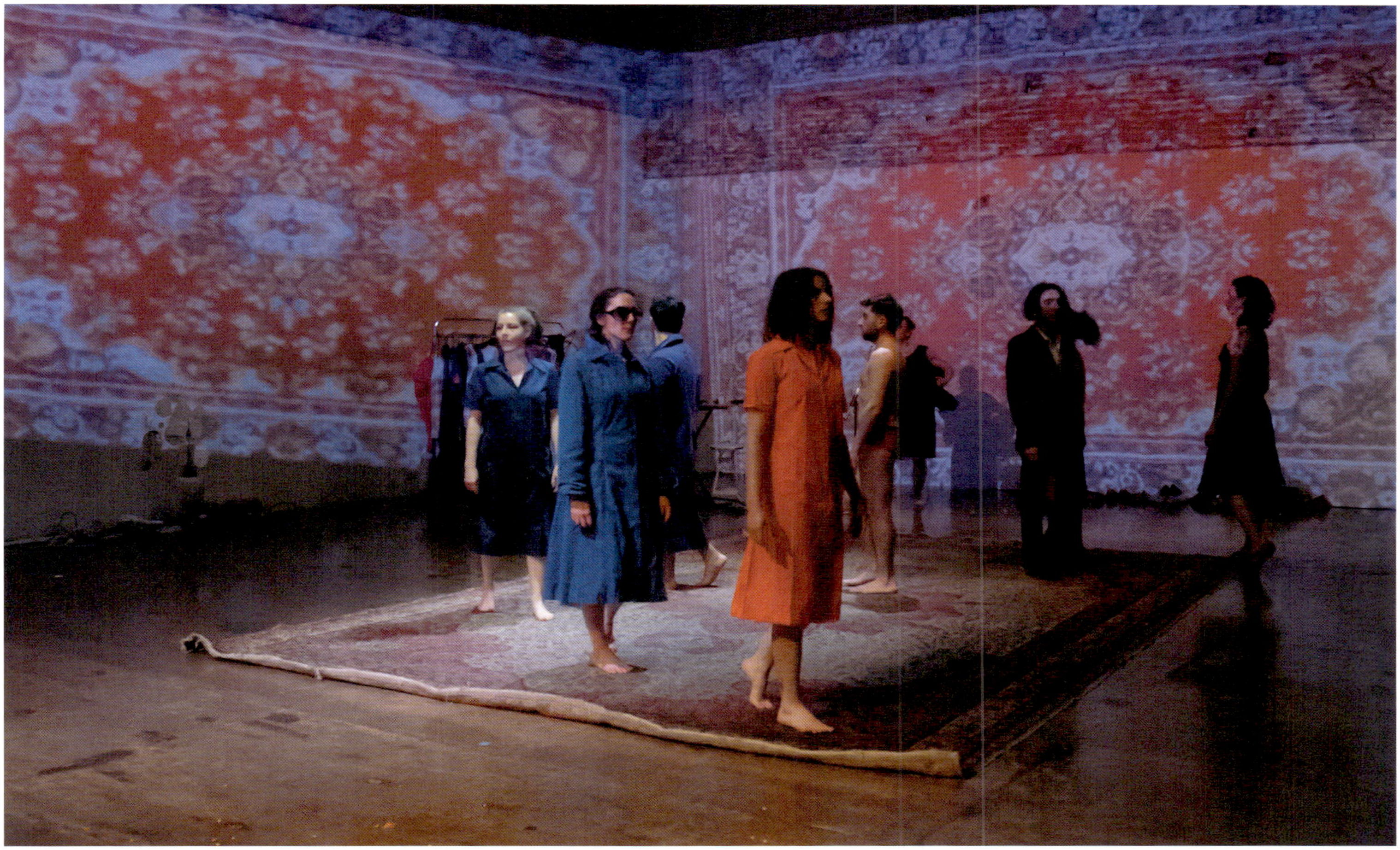

Jardín panóptico, 2020
Performance, Buenos Aires
Courtesy l'artista / the artist
Foto / Photo Celina Duprat

Adriana Bustos

La fotografia, il disegno, l'installazione e la videoinstallazione sono i *media* scelti da Adriana Bustos per realizzare opere che mettano in evidenza o in discussione fatti storici e culturali avvenuti nel corso dei secoli: una ricerca rivista dalla prospettiva degli studi postcoloniali che testimonia eventi storici o sociali accaduti nel corso dei secoli.

Nella videoinstallazione *Ceremonia Nacional* (Cerimonia nazionale), Bustos mette in relazione le registrazioni filmiche di cerimonie sportive avvenute nel corso del XX secolo in contesti politici autoritari. L'opera, composta da due schermi in forma di dittico, collega e associa da un lato un frammento del documentario *Olympia* sugli XI Giochi Olimpici di Berlino del 1936, dall'altro Bustos seleziona un frammento dell'apertura dei Mondiali di Calcio del 1978 in Argentina, durante la dittatura civico-militare (1976-1983). Il primo documentario, diretto dalla fotografa e regista tedesca Leni Riefenstahl, utilizza tutte le risorse tecnologiche ed economiche a disposizione per sviluppare il pezzo propagandistico del governo nazionalsocialista presieduto da Adolf Hitler. Sebbene il documentario registri l'evento sportivo da angolazioni e con effetti estremamente innovativi, il momento politico del film consiste nell'inaugurazione alla presenza del Führer, della comitiva dei gerarchi nazisti, degli atleti tedeschi come simbolo della razza ariana e del pubblico con il braccio alzato nel tipico saluto nazista. Questo momento viene messo a confronto dall'artista con l'inaugurazione del Campionato Mondiale di Calcio presieduta dal generale Jorge Rafael Videla, un frammento che fu usato dalla dittatura allo scopo di migliorare l'immagine dell'Argentina all'estero. La selezione visiva mostra un'analogia tra i modelli propagandistici di entrambi i governi che utilizzano le stesse risorse formali e comunicative. Con la sua opera, Bustos genera una narrazione non lineare degli eventi selezionati attraverso una contrapposizione tra la registrazione in bianco e nero del primo filmato e quella a colori del secondo, rendendo visibili le risorse visive utilizzate dai fascismi più sanguinari.

Installations, photography, drawings and video installations are the media chosen by Adriana Bustos to develop her works, which attest to the historical or social events that took place over the centuries: a research reviewed from the perspective of postcolonial studies, testifyng to historical or social events that have occurred over the centuries.

In her video installation *Ceremonia Nacional* (National Ceremony), Bustos drew a relationship between film recordings of sports ceremonies that took place during the 20th century within authoritarian political contexts. The work – composed of two screens set up as a diptych – connects and associates sections of the documentary *Olympia* (on the XI Olympic Games, which took place in Berlin in 1936), and the inaugural ceremony of the football World Cup held in Argentina in 1978 during the civic-military dictatorship (1976–1983). The former, directed by German photographer and director Leni Riefenstahl, relied on all available technological and financial resources to develop the propaganda piece of the National Socialist led by Adolf Hitler. Although the documentary recorded the sports event from novel perspectives and effects, the film's political moment lies in the opening ceremony in the presence of the Führer, a party of Nazi leaders, the German athletes symbolising the Aryan race and the public raising their arms in the Nazi salute. Precisely the moment the author compares to the inauguration of the 1978 World Cup, presided over by General Jorge Rafael Videla and used by the dictatorship as an attempt to improve Argentina's image abroad. The visual selection shows an analogy between the propaganda models of both governments that use the same formal and communication resources. With her work, Bustos generates a non-linear narrative of the selected events through a contrast between the black and white recording of the first film and the color recording of the second, making visible the visual resources used by the bloodiest fascisms.

Ceremonia Nacional, 2016
Video a 2 canali, colore, suono
/ Two-channel video, color, sound
14'35"
Courtesy l'artista / the artist

Nelle pagine seguenti / Following pages
Ceremonia Nacional, 2016
Video a 2 canali, colore, suono
/ Two-channel video, color, sound
14'35"
Courtesy l'artista / the artist

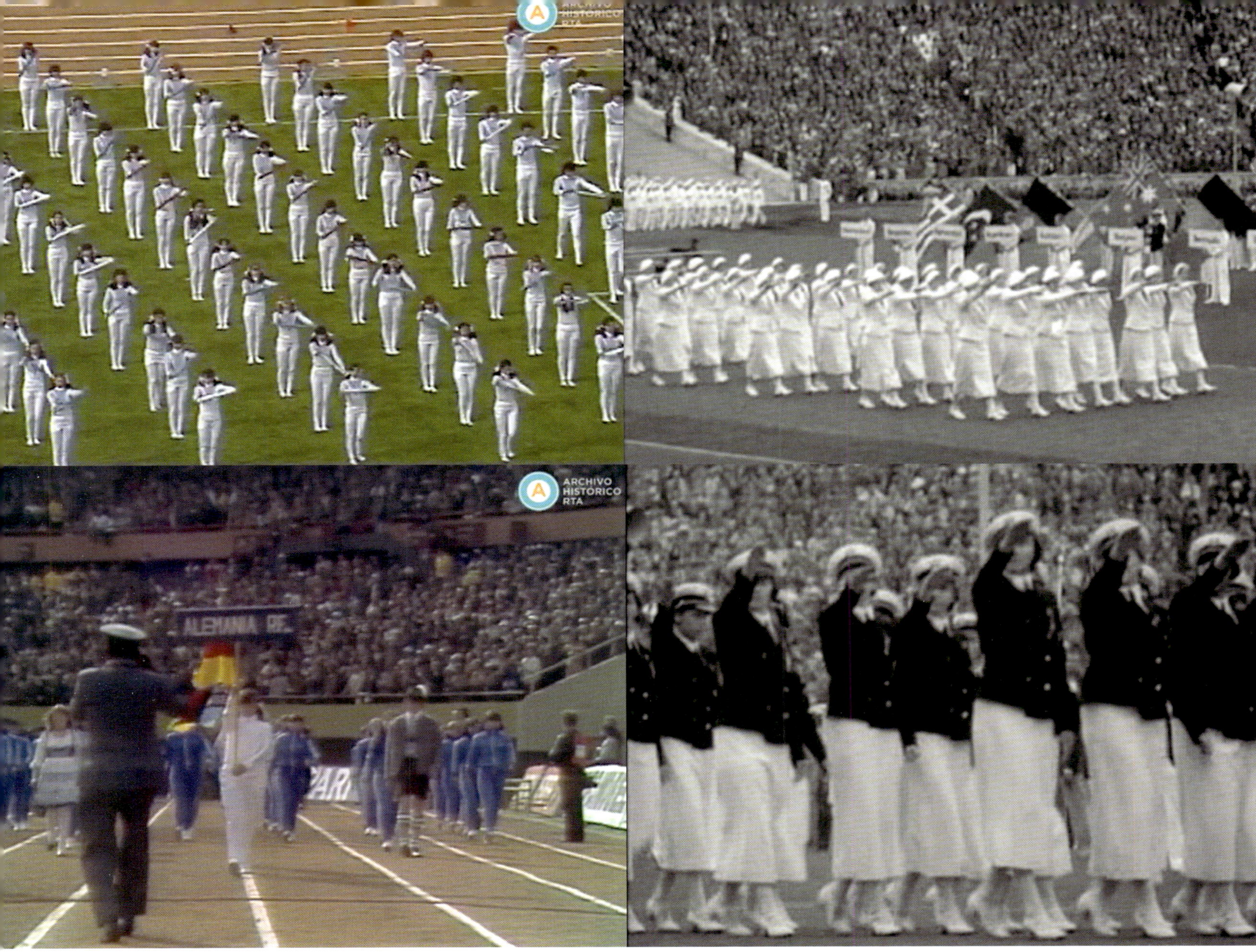
ARCHIVO HISTORICO RTA
ALEMANIA RF.

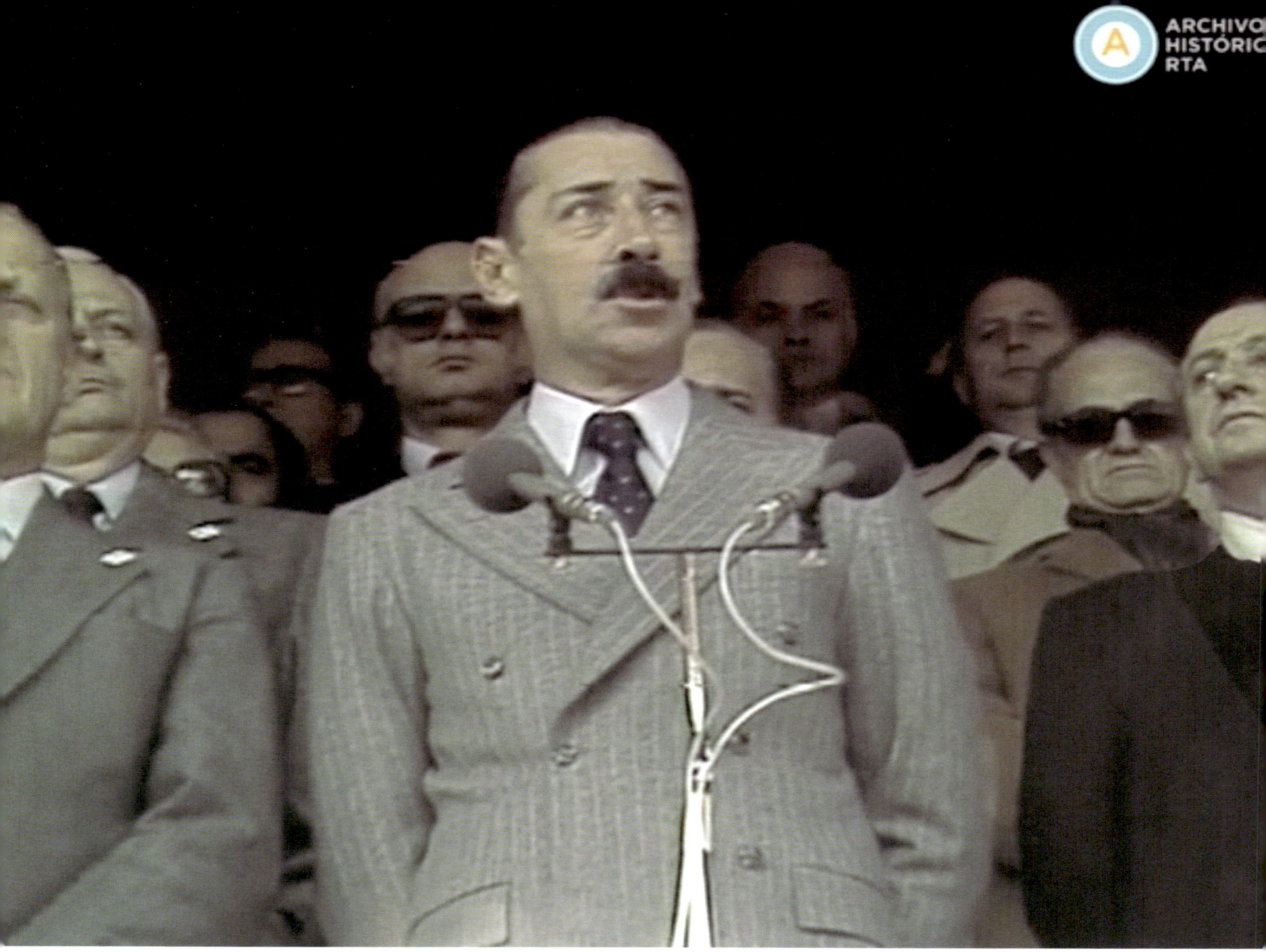

Nelle pagine seguenti / Following pages
Cerimonia Nacional, 2016
Video a 2 canali, colore, suono
/ Two-channel video, color, sound
14'35"
Veduta della mostra al PAC, Milano
/ Exhibition view at PAC, Milan
Courtesy l'artista / the artist e / and PAC
Padiglione d'Arte Contemporanea, Milan
Foto / Photo Lorenzo Palmieri

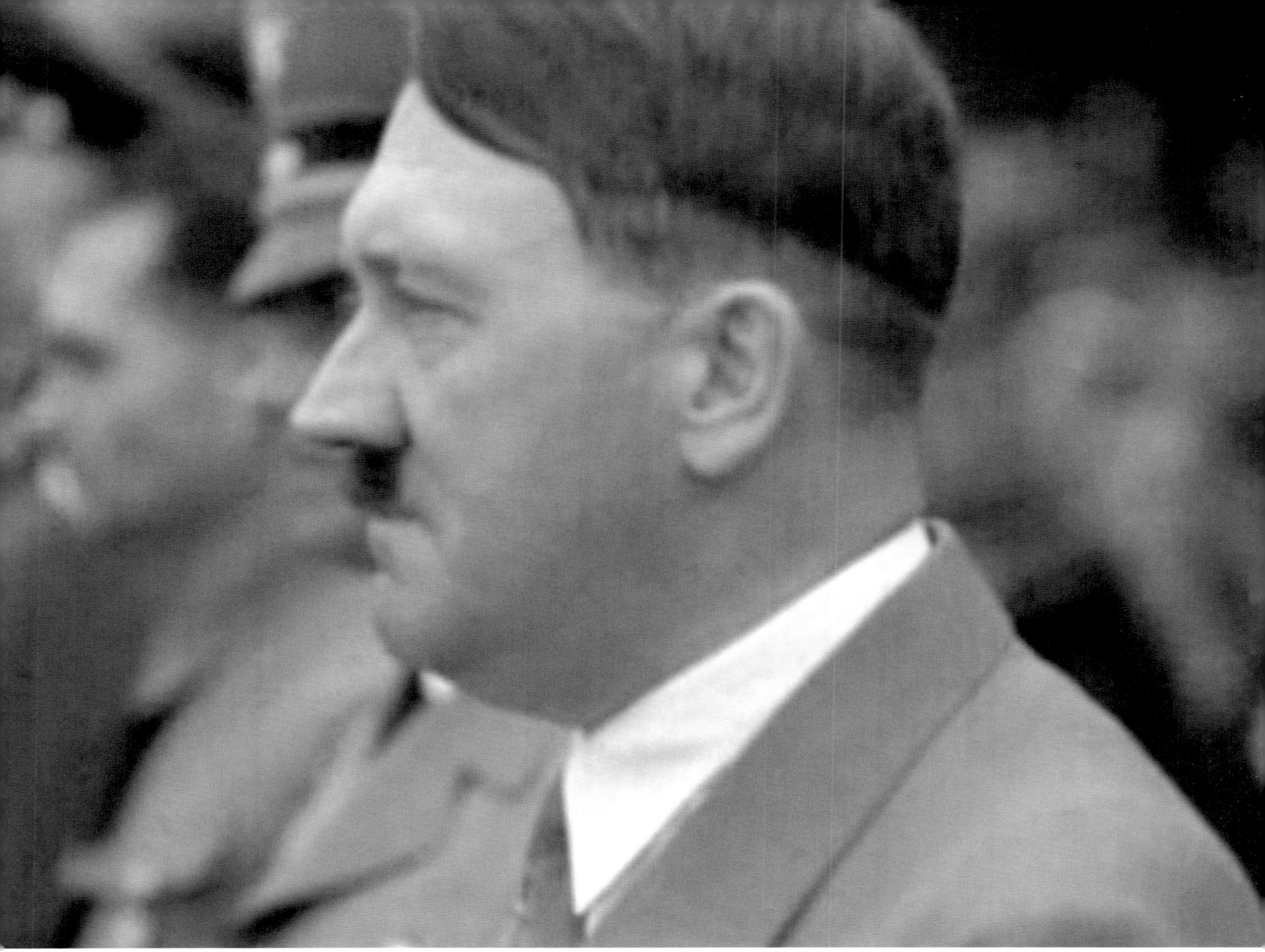

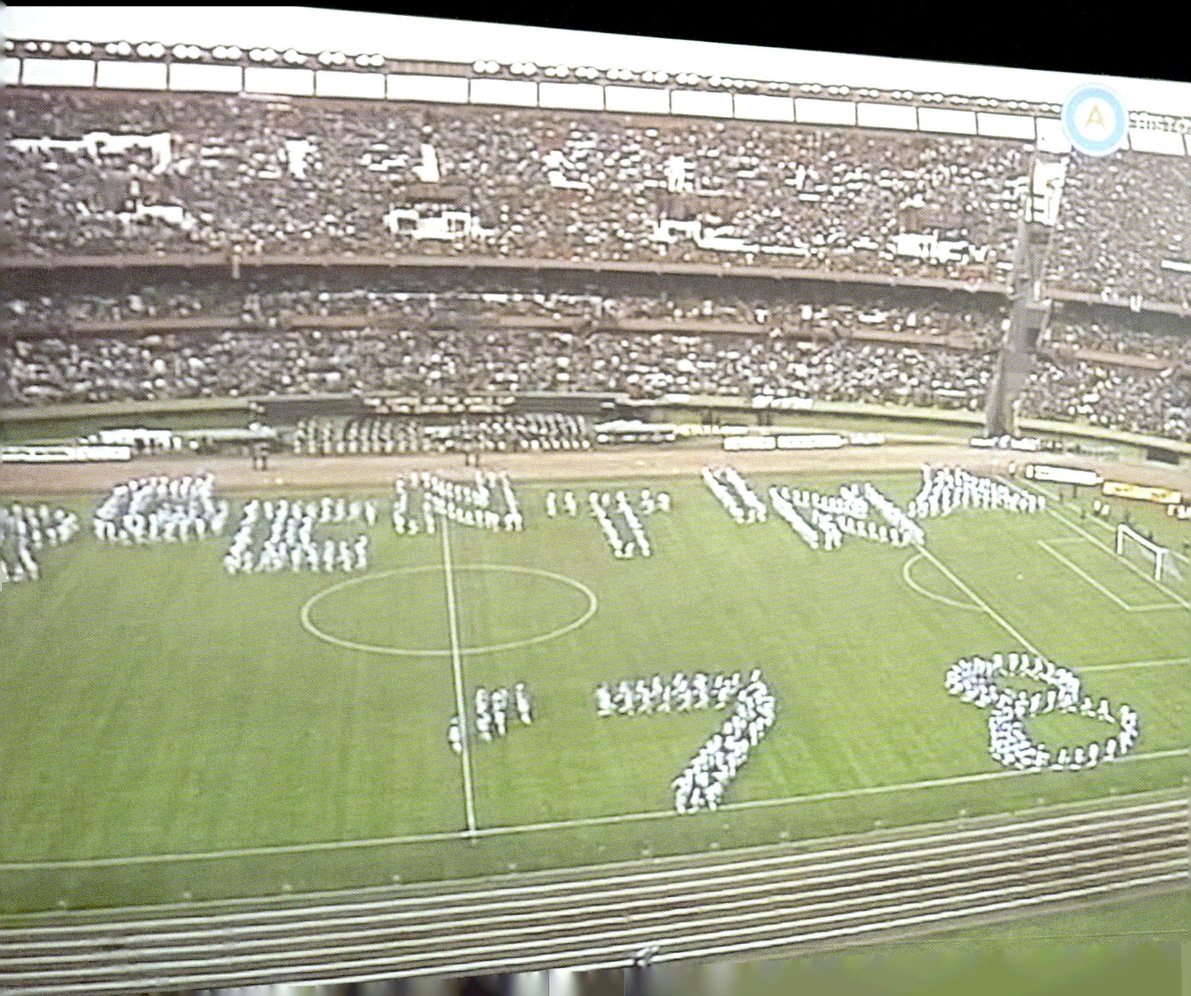

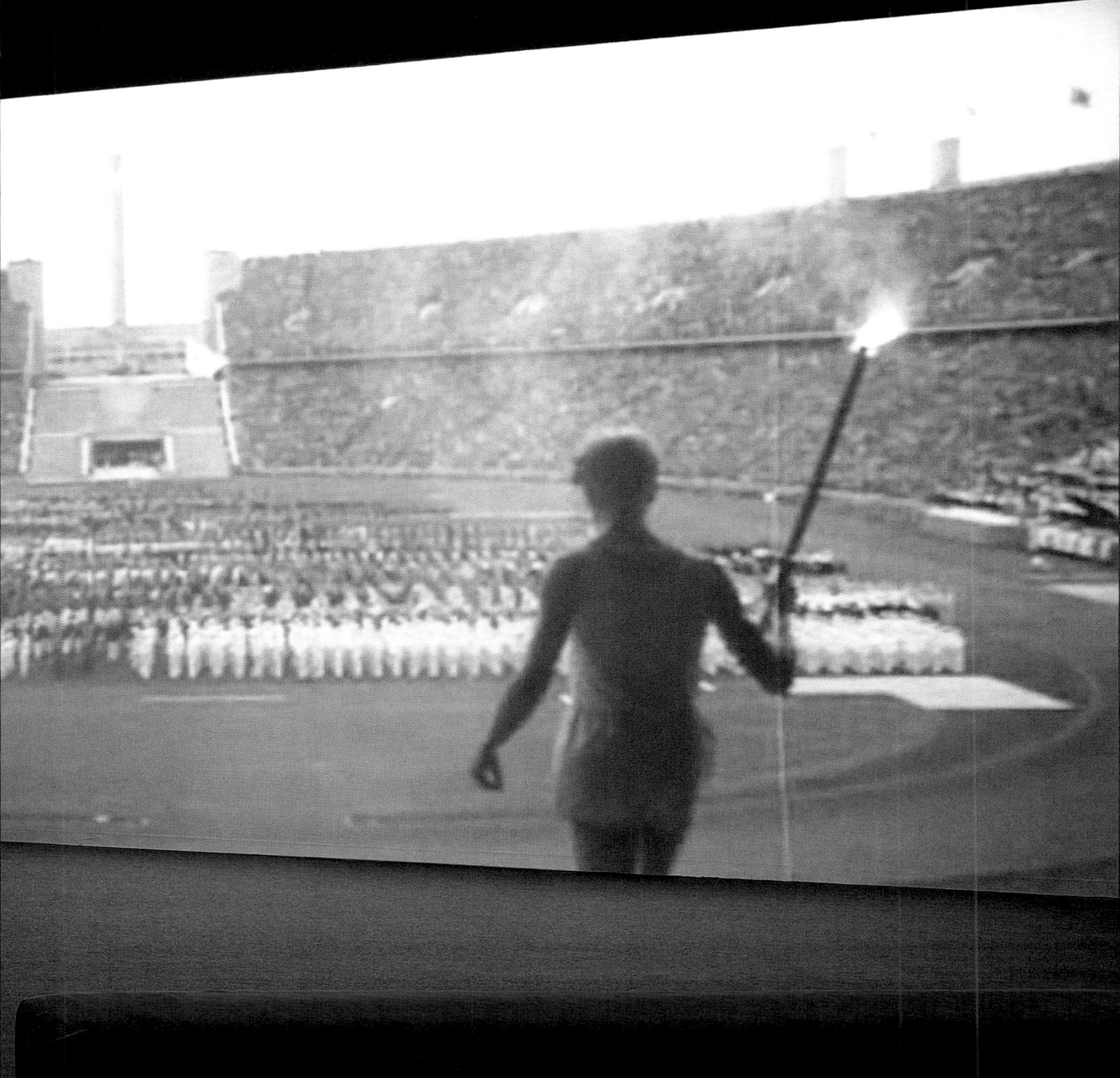

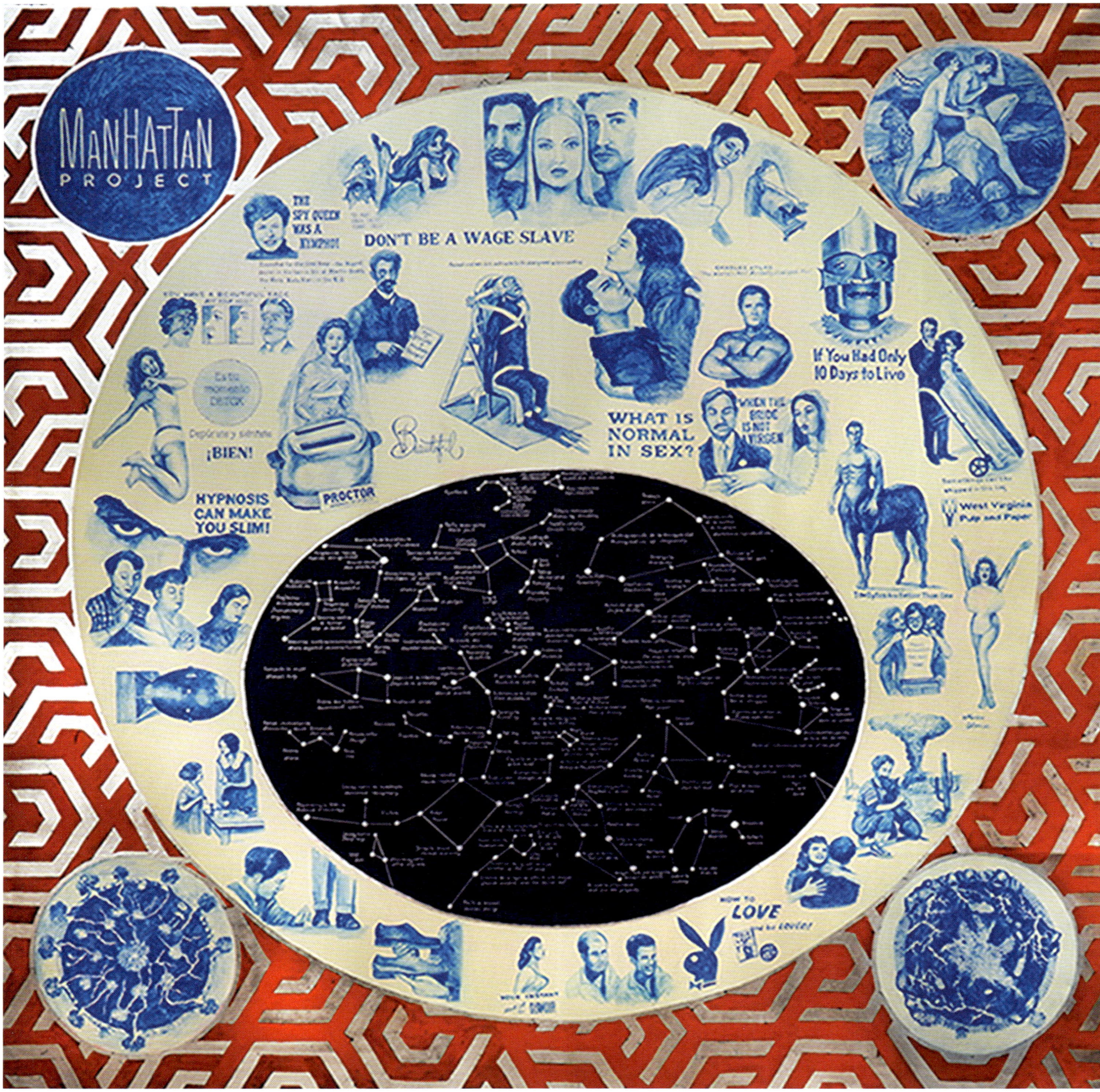

Official Territory, 2022
Acrilico, gouache e foglie d'argento su tela / Acrylic, gouache and silver leaves on canvas
200 × 200 cm
Courtesy l'artista / the artist

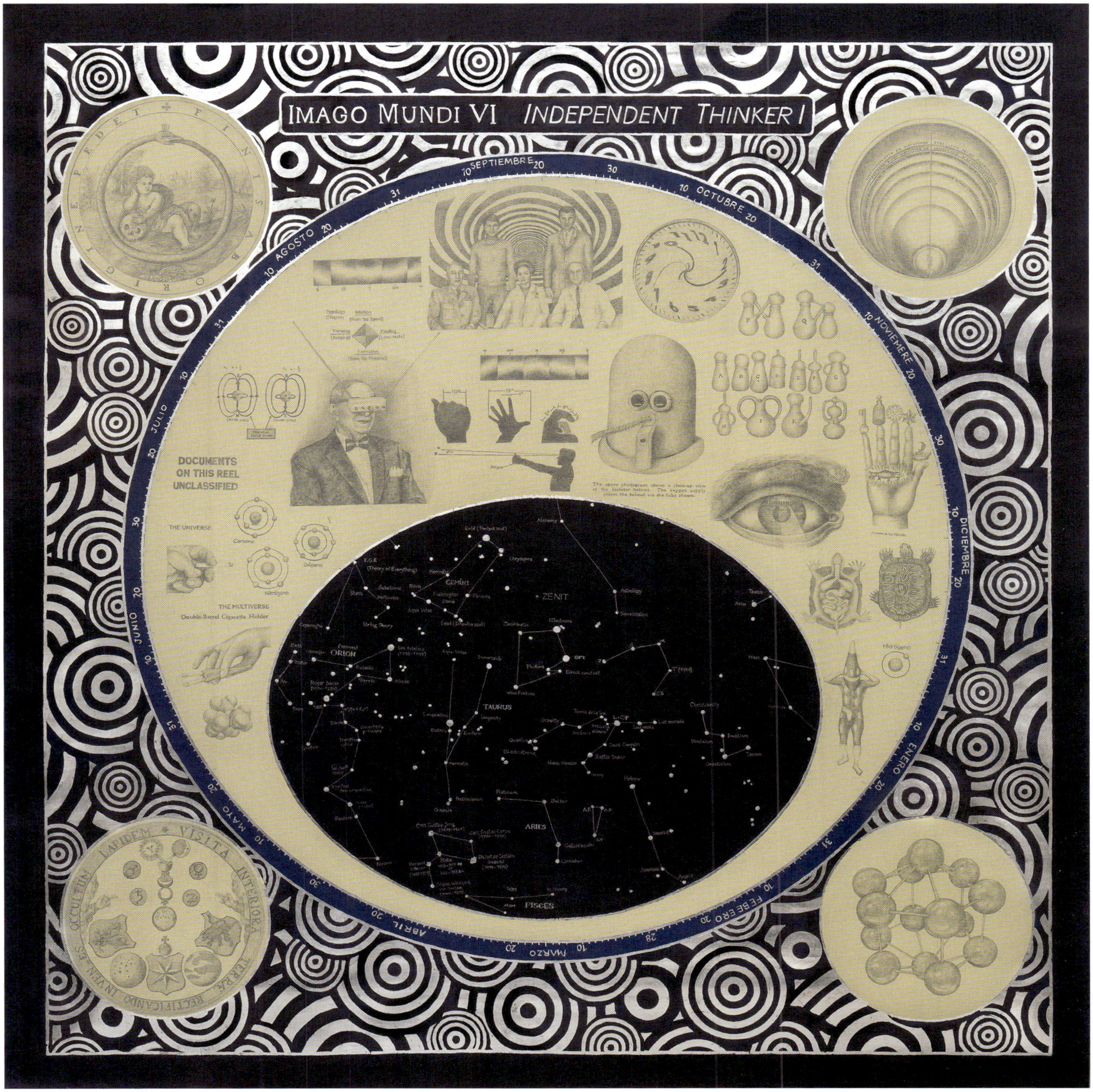

Independent Thinkers, 2014
Grafite, acrilico e foglie d'argento su tela / Graphite, acrylic and silver leaves on canvas
200 × 200 cm
Courtesy l'artista / the artist

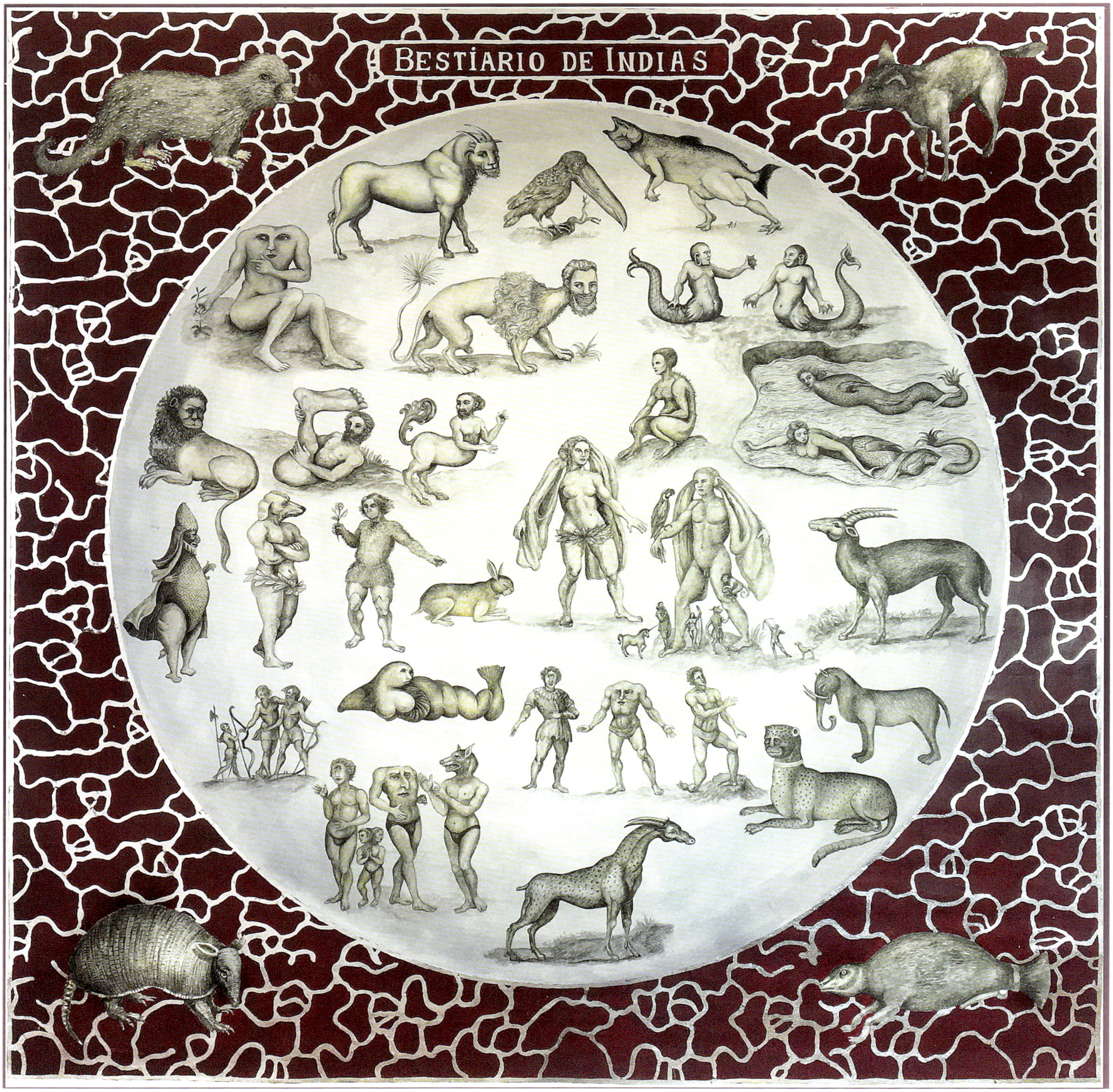

Bestiario de Indias, 2022
Acrilico, gouache e foglie d'argento su tela / Acrylic, gouache and silver leaves on canvas
189 × 189 cm
Courtesy l'artista / the artist

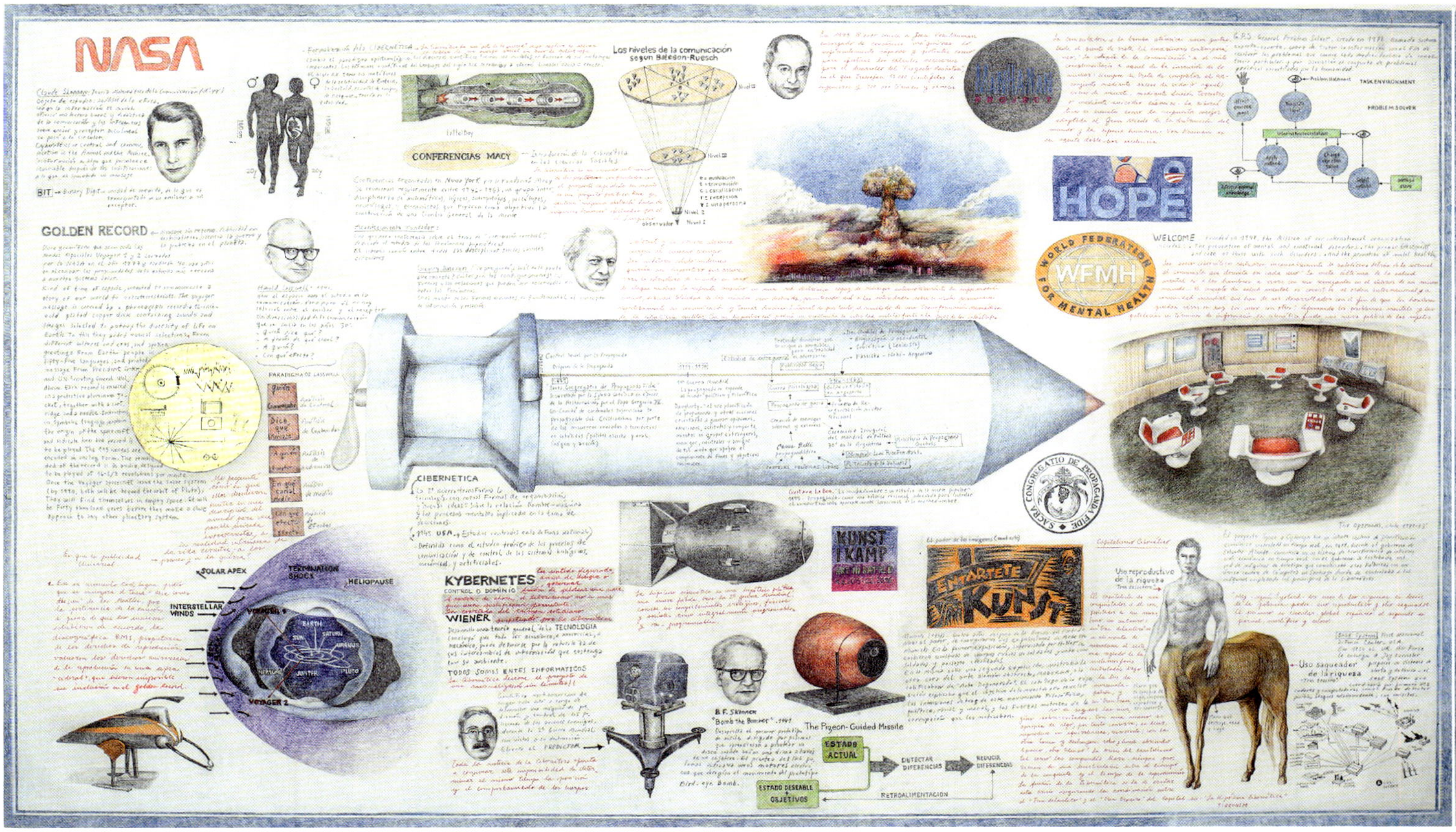

Nasa, 2017
Matita colorata e oro su tela
/ Color pencil and gold on canvas
110 × 180 cm
Courtesy l'artista / the artist

Matías Duville

Nella ricerca artistica di Matías Duville, il paesaggio prende corpo grazie a disegni, installazioni, oggetti e video e le sue opere esprimono modalità differenti di avvicinarsi a un territorio, reale o immaginario e, come definisce lo stesso artista, queste "spedizioni" gli permettono di lavorare su tempo e spazio, sul naturale e sull'umano.

Duville realizza *site-specific* per il cortile interno del PAC una nuova versione dell'installazione *Precipitar una especie* (Precipitare una specie), prodotta in occasione della sua personale alla galleria BARRO di Buenos Aires nel 2014. Il titolo ha un doppio significato: l'idea scientifica di coagulare una sorta di specie aliena con mezzi chimici e quella di dare vita a un nuovo essere. Chimica, scienza e natura si mescolano nel suo lavoro. L'artista manipola un lungo tubo d'acciaio con il quale disegna una linea nello spazio, un tubo immenso, a tratti arrugginito, che viene vincolato a due grosse pietre che ne modificano il tracciato. Dagli estremi di questa linea tubolare, che crea un'installazione di dimensioni tali da sovrastare sull'ambiente e sullo spettatore, escono un cactus e un pino, che evocano paesaggi diversi, ma che l'artista fa convivere diminuendo la distanza e dando l'idea che appartengano allo stesso universo naturale. Nell'installazione emerge una tensione tra i materiali che la compongono, giocata sul doppio: a elementi duri si contrappongono elementi morbidi, a quelli naturali quelli artificiali.

In the artistic research of Matías Duville, the landscape takes shape thanks to drawings, installations, objects and videos. His works express different ways of approaching a territory, real or imaginary and, as the artist himself states, these "expeditions" allow him to work on time and space, on the natural and the human.

For PAC's outdoor area, Duville has created a site-specific new version of his 2014 installation *Precipitar una especie* (Precipitate a Species), created on the occasion of his solo show at BARRO Gallery in Buenos Aires, in 2014. The title has a double meaning: the scientific idea of coagulating a sort of alien species with chemical means and that of giving life to a new being. Chemistry, science and nature mix in his work. The artist manipulates a long steel tube with which he draws a line in space, an immense tube, sometimes rusty, which is tied to two large stones modifing its path. From the ends of this tubular line, which creates an installation of such dimensions as to dominate the environment and the spectator, emerge a cactus and a pine tree, which evoke different landscapes, but which the artist brings together by decreasing the distance and giving the idea that they belong to the same natural universe. In the installation, a tension played on the double emerges between the materials that compose it: hard elements are contrasted with soft elements, natural ones with artificial ones.

Precipitar una especie, 2023
Tecnica mista / Mixed media
Courtesy l'artista / the artist; BARRO, Buenos Aires; Casa Triângulo, São Paulo
Foto / Photo Lorenzo Palmieri

Nelle pagine seguenti / Following pages
Precipitar una especie, 2023
Tecnica mista / Mixed media
Courtesy l'artista / the artist; BARRO, Buenos Aires; Casa Triângulo, São Paulo
Foto / Photo Lorenzo Palmieri

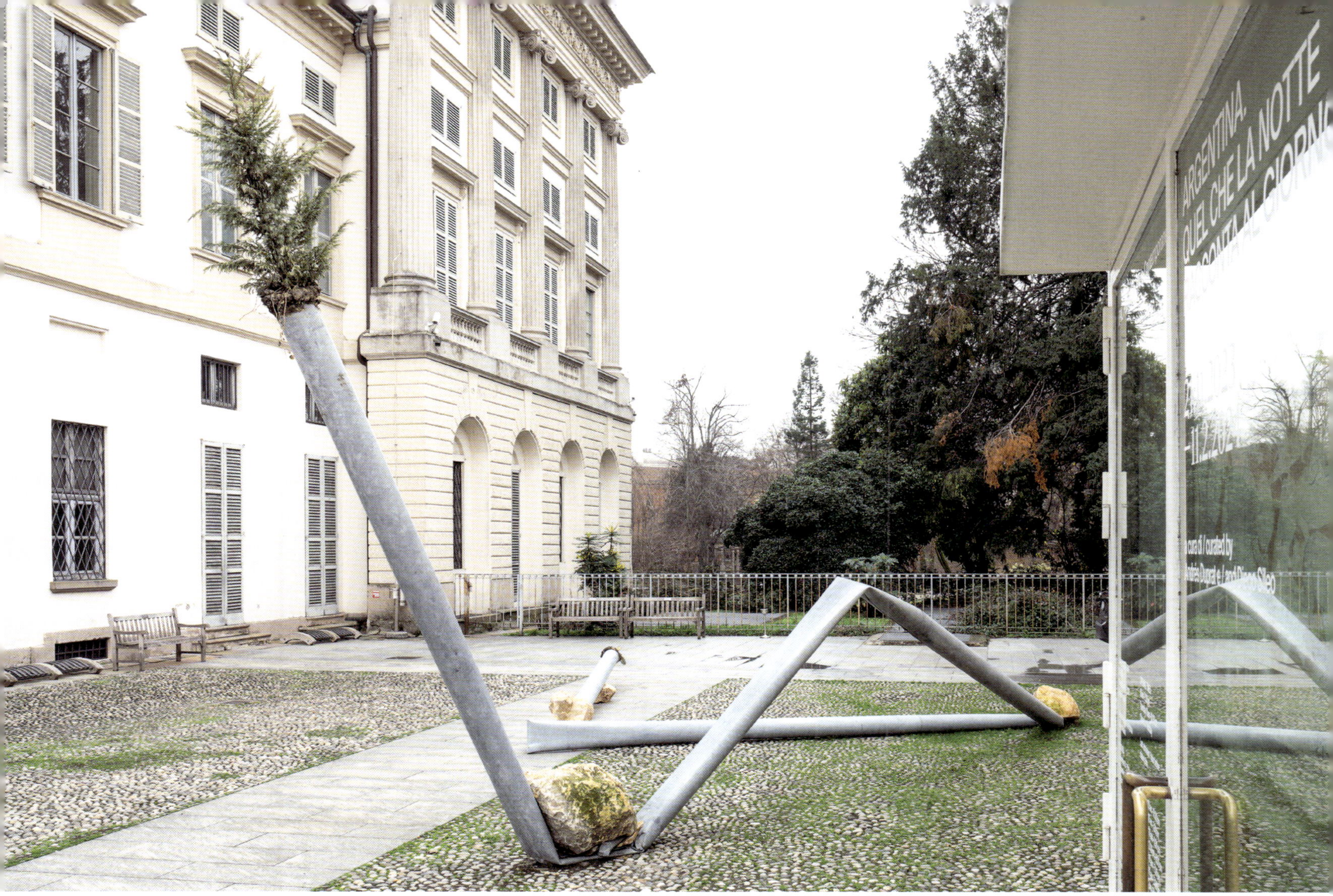
ARGENTINA,
QUEL CHE LA NOTTE

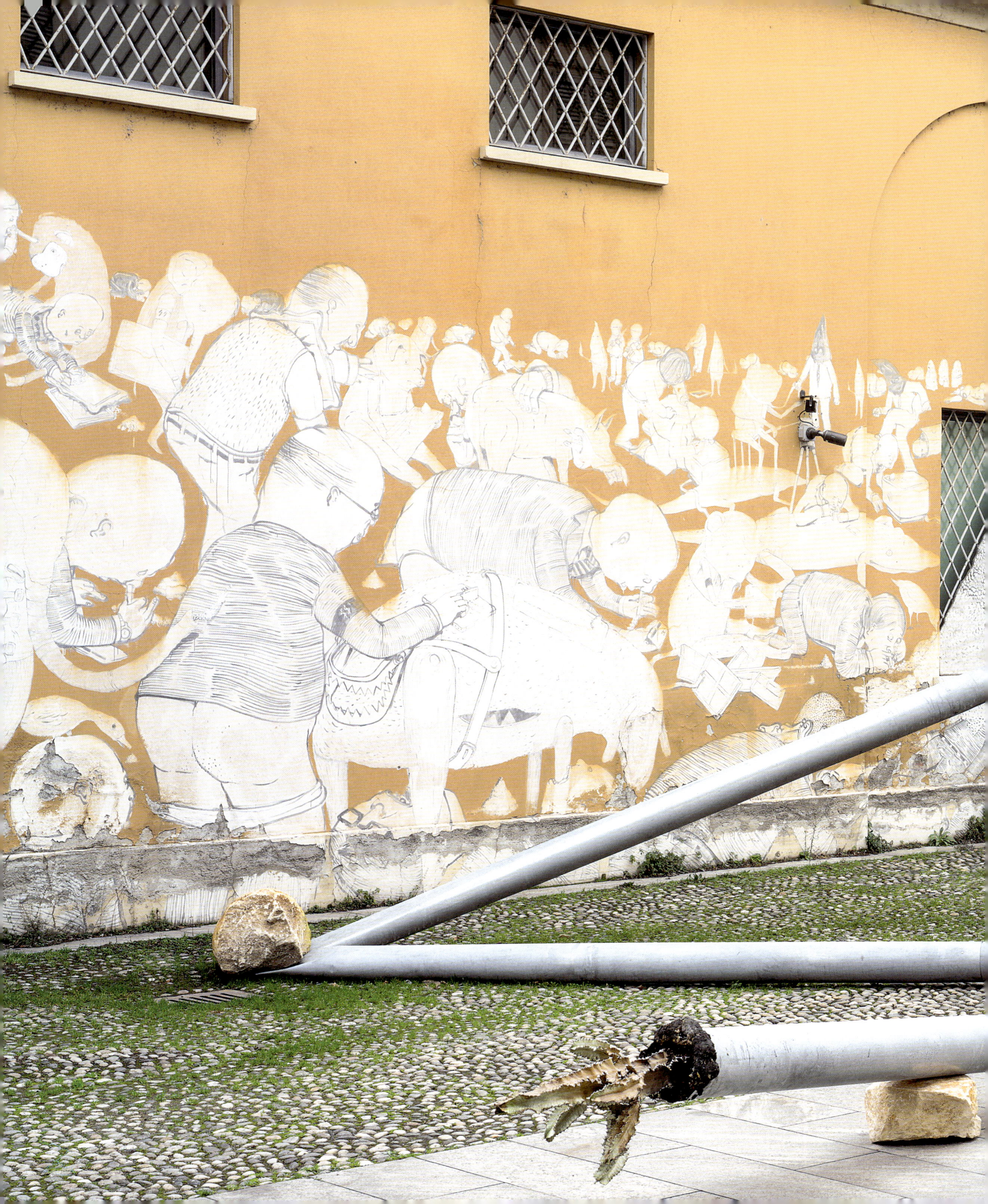

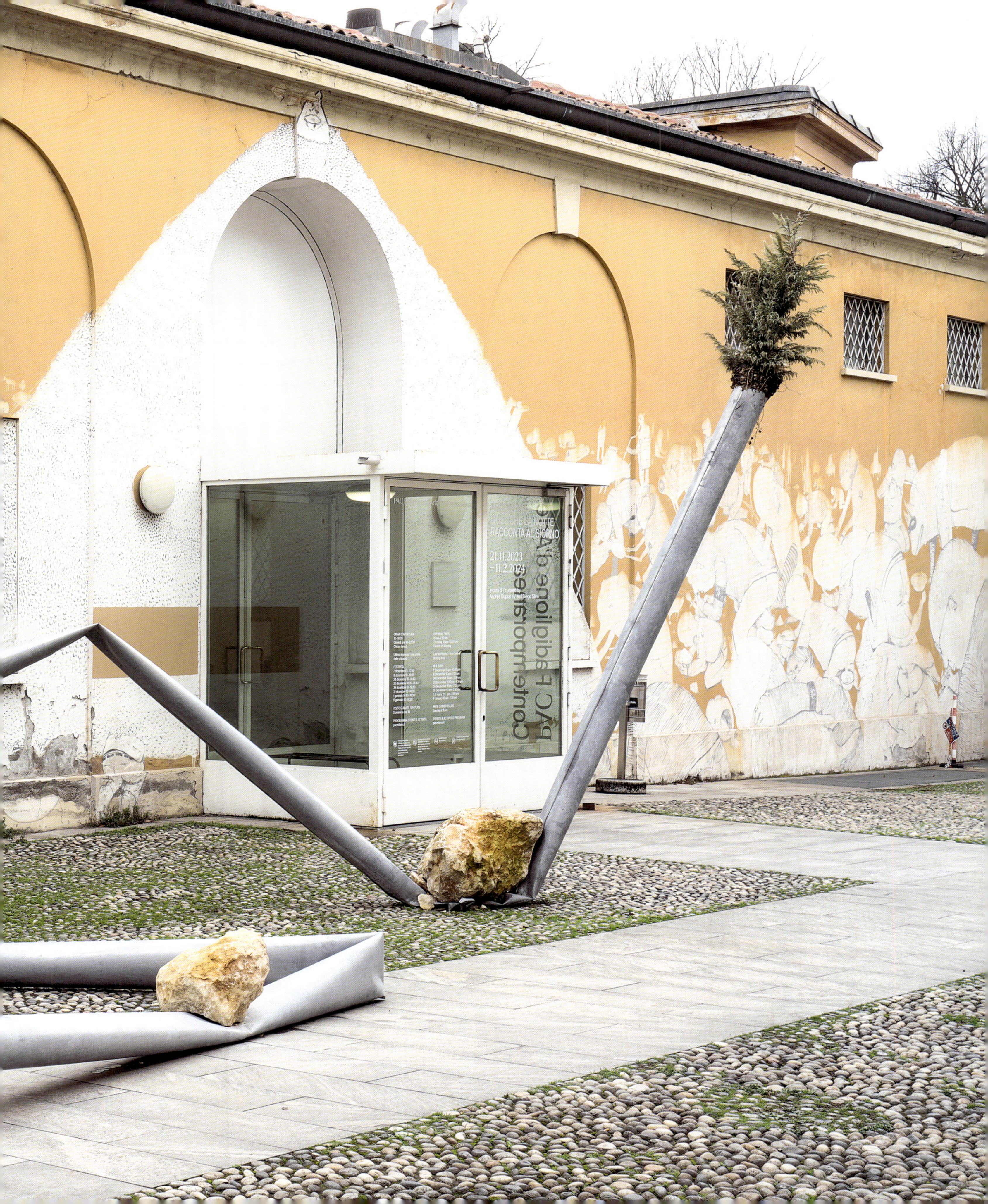
RACCONTA AL GIORNO
21.11.2023
– 11.2.2024

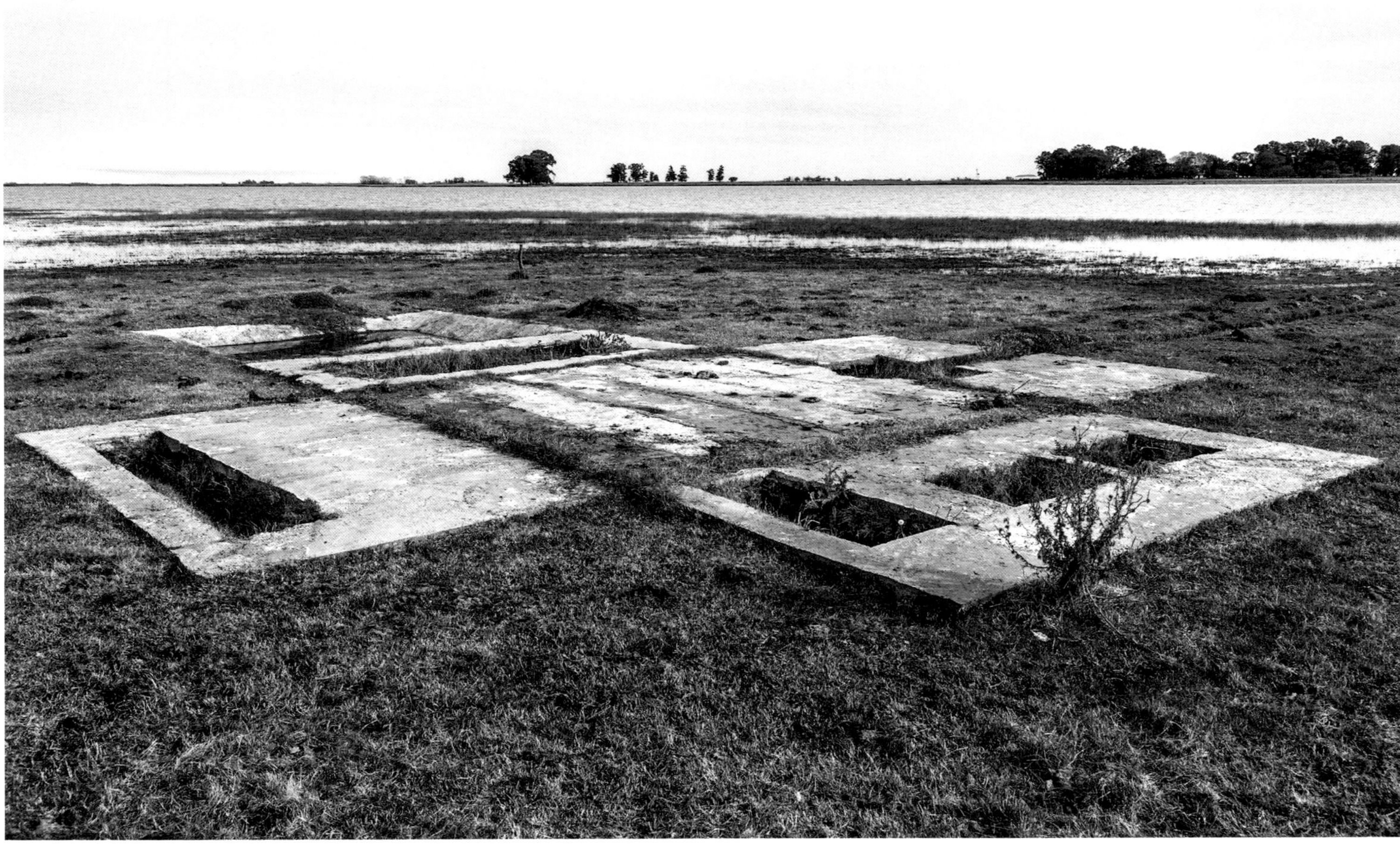

Hogar, 2011
Installazione / Installation
Junin, Prov. Buenos Aires
Courtesy l'artista / the artist; BARRO, Buenos Aires; John Simon Guggenheim Memorial Foundation Fellowship

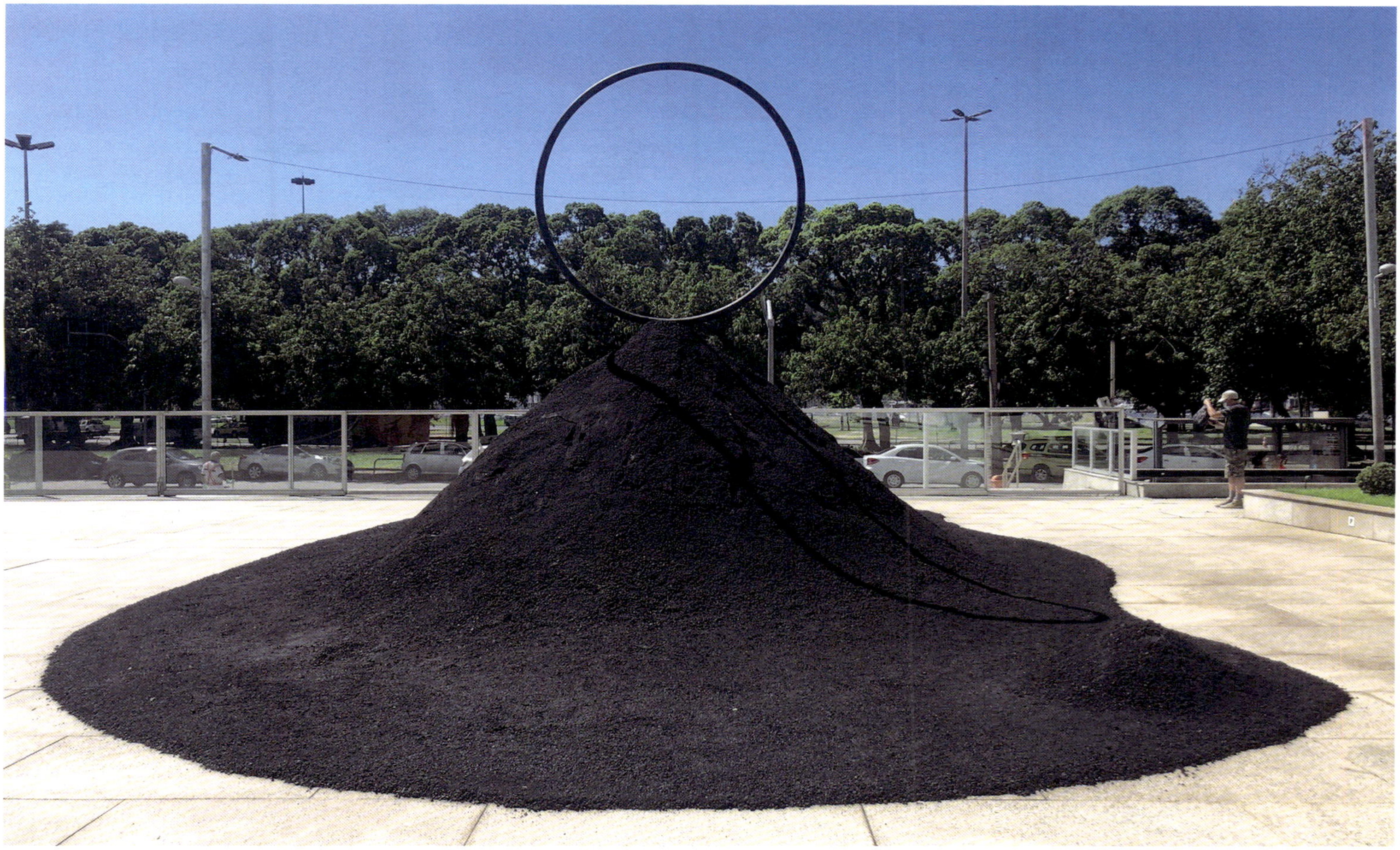

Arena Parking, 2022
Pavimentazione in asfalto
/ Asphalt pavement
Installazione / Installation
Courtesy l'artista / the artist
e / and Fundação Getulio Vargas,
Rio de Janeiro

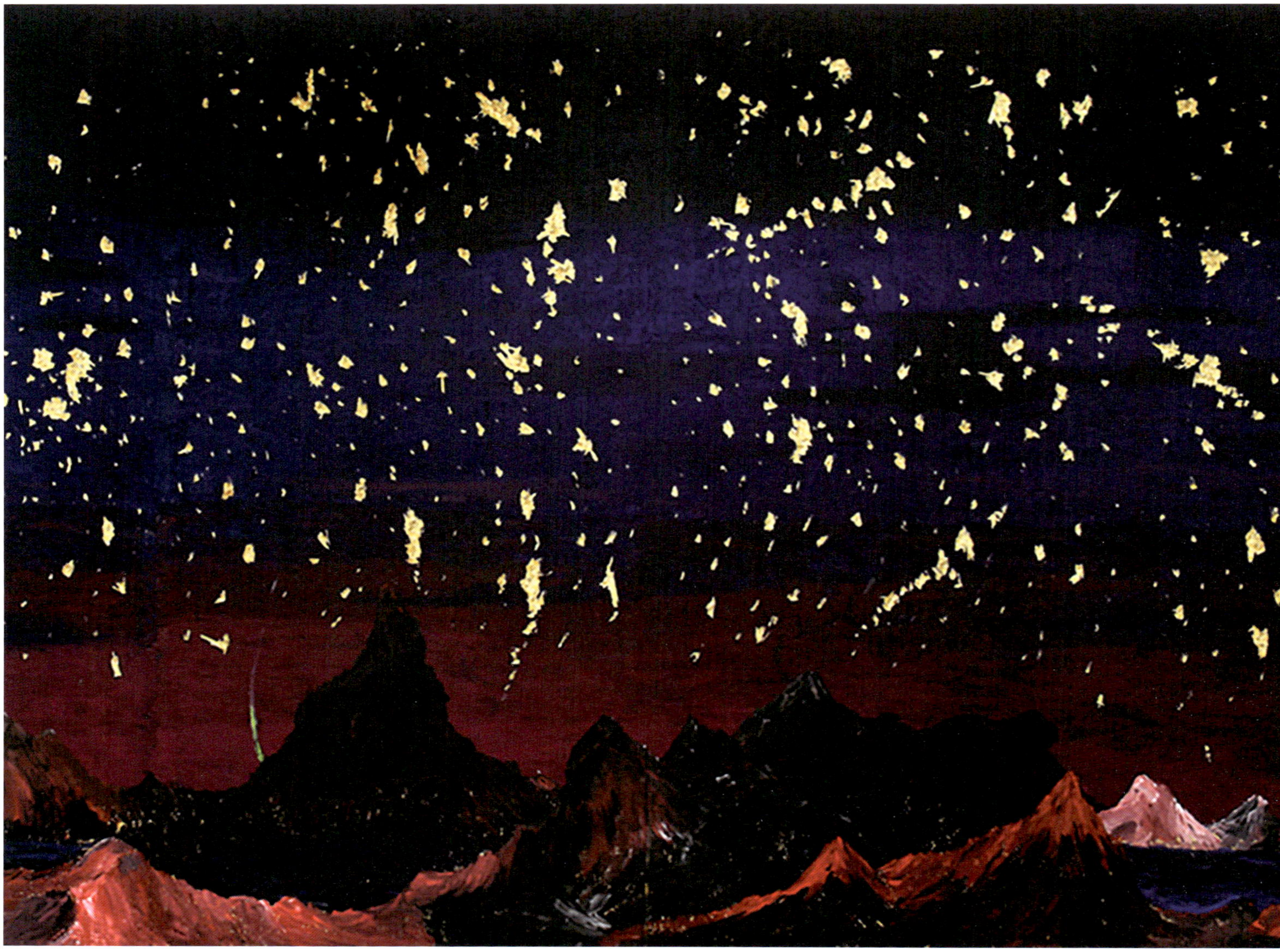

Death clock, 2011
Acrilico su pannello truciolare
/ Acrylic on chipboard
244 × 488 cm
Courtesy l'artista / the artist

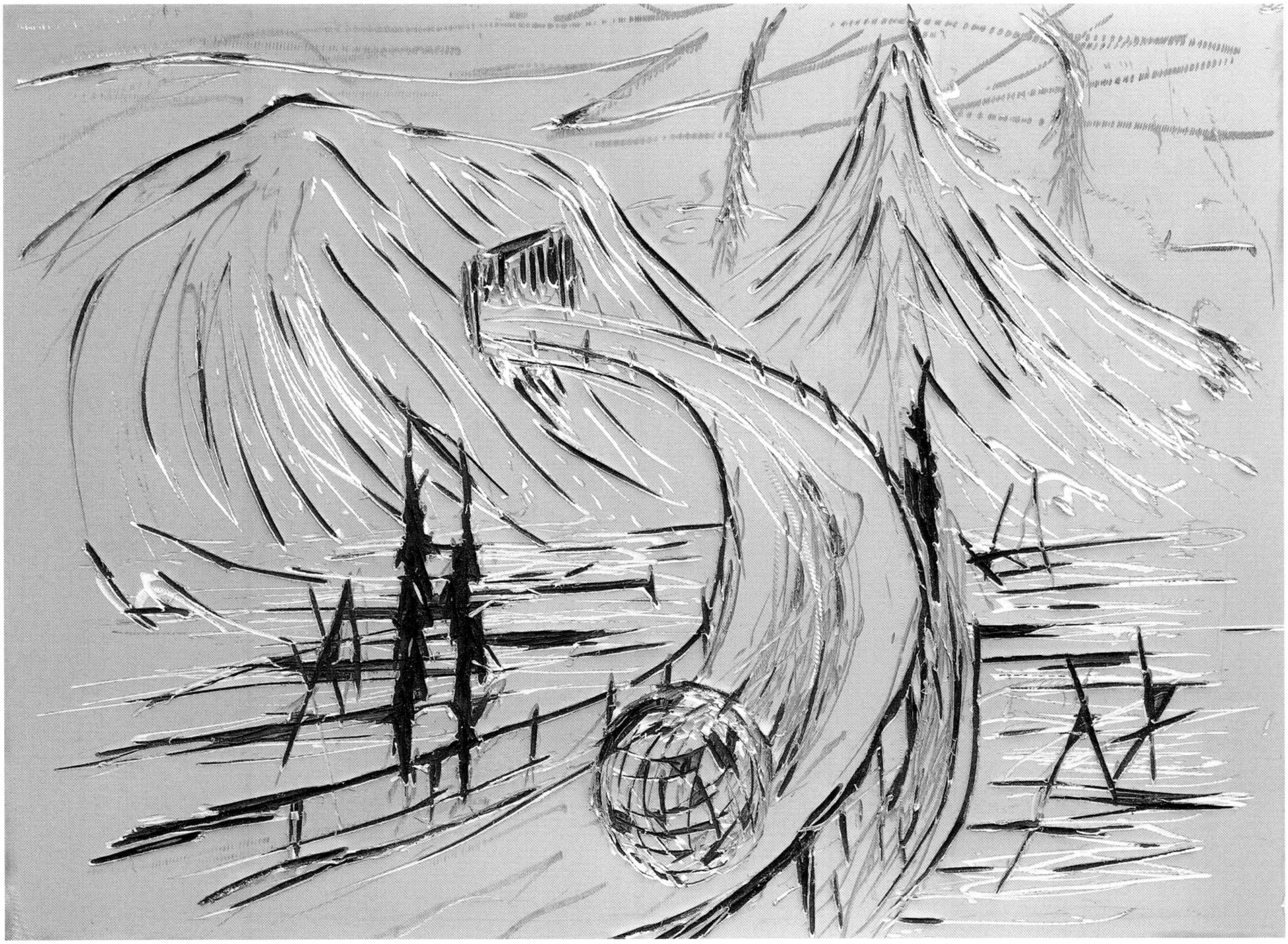

Bola de confusión, 2023
Alluminio / Aluminum
90 × 100 cm
Courtesy l'artista / the artist

Leandro Erlich

La ricerca di Leandro Erlich è volta alla risignificazione degli spazi quotidiani, giocando con la percezione degli osservatori. La realtà è messa in discussione, cancellando il limite tra reale e finzione. Per il PAC Erlich rielabora *Vendesi*, realizzata nel 2019 in occasione della sua esposizione antologica *Liminal*, curata da Dan Cameron, al MALBA, Museo de Arte Latinoamericano de Buenos Aires.

Nella nuova versione *site-specific* creata per la mostra milanese, l'artista interviene sulla facciata del PAC affiggendo un grande cartello immobiliare che annuncia la vendita dello storico padiglione milanese di proprietà della Pubblica Amministrazione. Si legge che l'immobile sarà liberato solo a partire dal marzo 2024, in riferimento alla data di fine dell'esposizione: la realtà viene messa in discussione, cancellando il limite tra reale e finzione, proprio come in tutta la produzione dell'artista. L'azione è provocatoria e parte da una falla che non può durare a lungo nel tempo ma, come sottolinea l'artista stesso, "questo microstato di confusione pone qualcosa che potenzialmente può farci vedere una realtà" [1] e attivare una riflessione critica sul dibattito sempre aperto della valorizzazione e della promozione della cultura pubblica. Come scriveva Dan Cameron in occasione della precedente versione dell'opera, "Erlich ha fatto in modo che un'importante istituzione museale venisse vista come una sorta di fantasma di sé stessa: qualcosa che potrebbe trovarsi qui un giorno e sparire il giorno dopo, senza tuttavia dare segno di pericolo immediato" [2].

In his works, Leandro Elrich attempts to give new meaning to everyday spaces by playing with viewers' perception. He questions reality and blurs the lines between reality and pretence. For PAC Erlich reworks *Vendesi* (For Sale) created in 2019 on the occasion of his anthological exhibition *Liminal*, curated by Dan Cameron, at MALBA, Museo de Arte Latinoamericano de Buenos Aires.

In the new site-specific version created for the Milanese exhibition, the artist intervenes on PAC façade by posting a large real estate sign announcing the sale of the historic Milanese pavilion owned by the Public Administration. We read that the property will only be released starting from March 2024, in reference to the end date of the exhibition: reality is questioned, erasing the limit between real and fiction, just like in all the artist's production. This provocative act stars from a breach that cannot last long but, as the artist himself emphasises: "this microstate of confusion erects something which can, potentially, show us a kind of truth", [1] and activate a critical reflection on the open debate on the valorization and promotion of public culture. As stated by Dan Cameron on the former version of the work: "Erlich has ensured that the venerable institution of the art museum be seen as a sort of material ghost of itself: something that could be here one day and disappear the next without, however, appearing in immediate danger of doing so." [2]

Vendesi, 2023
PVC
350 × 230 cm
Courtesy Leandro Erlich Studio e / and GALLERIA CONTINUA, San Gimignano, Beijing, Les Moulins, Habana, Roma, São Paulo
Foto / Photo Lorenzo Palmieri

1 Dichiarazione di Erlich in P. Pasik, "Gente que pasea debajo de una pileta, el Malba en venta y otras ilusiones: bienvenidos al arte de Leandro Erlich", in *Clarín*, Buenos Aires, 2 luglio 2019, consultato il 10 settembre 2023: https://www.clarin.com/cultura/puso-venta-malba_0_8IMCgnvtL.html.

2 Dan Cameron, "Atravesar el umbral", in *Leandro Erlich. Liminal*, MALBA, Buenos Aires 2019.

1 As quoted by Erlich in Pamela Pasik, "Gente que pasea debajo de una pileta, el Malba en venta y otras ilusiones: bienvenidos al arte de Leandro Erlich", in *Clarín*, Buenos Aires, 2nd July 2019. Consulted on September 10, 2023: https://www.clarin.com/cultura/puso-venta-malba_0_8IMCgnvtL.html.

2 Dan Cameron "Atravesar el umbral", in *Leandro Erlich. Liminal*, MALBA, Buenos Aires 2019.

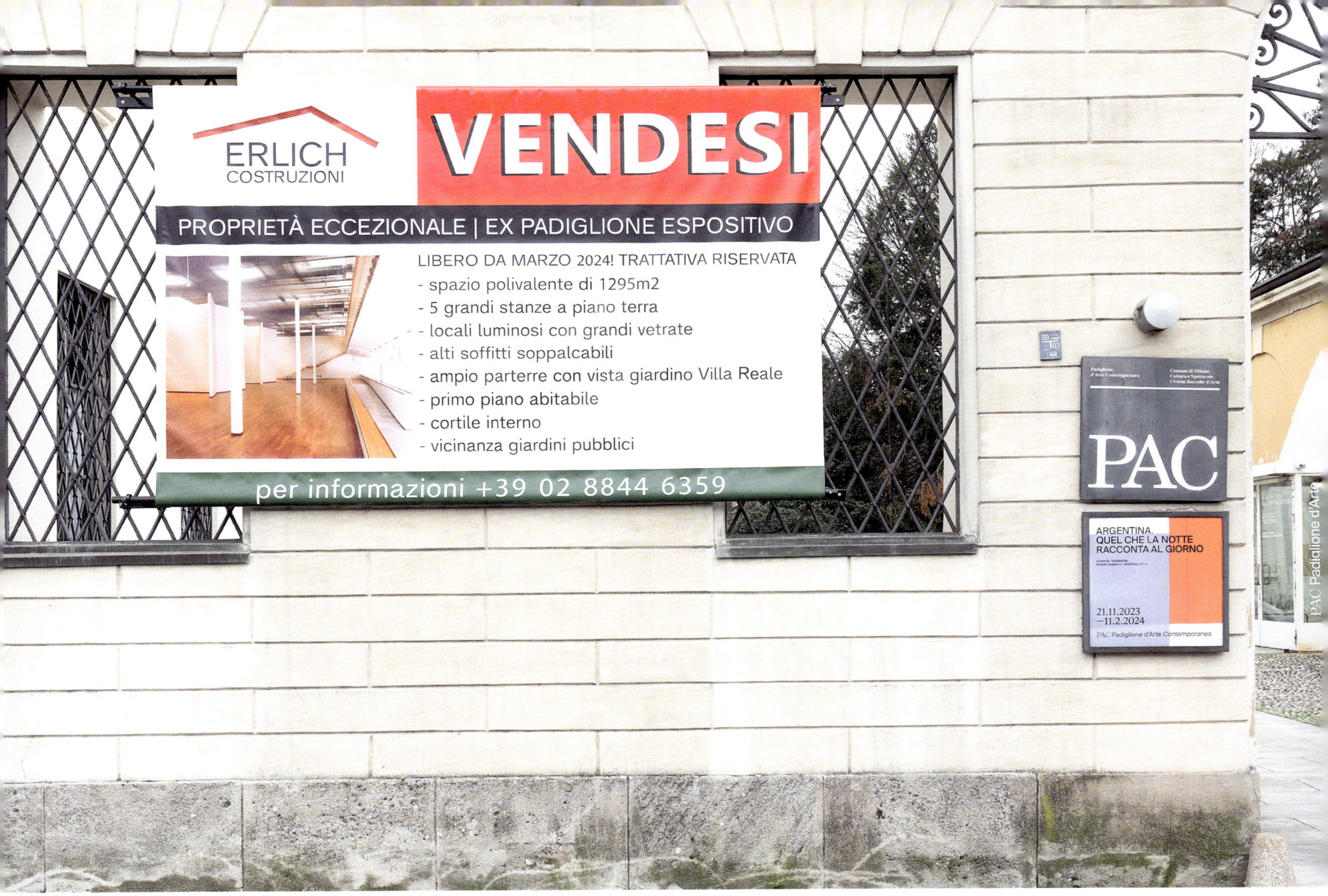
ERLICH
COSTRUZIONI
VENDESI
PROPRIETÀ ECCEZIONALE | EX PADIGLIONE ESPOSITIVO
LIBERO DA MARZO 2024! TRATTATIVA RISERVATA
- spazio polivalente di 1295m2
- 5 grandi stanze a piano terra
- locali luminosi con grandi vetrate
- alti soffitti soppalcabili
- ampio parterre con vista giardino Villa Reale
- primo piano abitabile
- cortile interno
- vicinanza giardini pubblici
per informazioni +39 02 8844 6359
Padiglione d'Arte Contemporanea
Comune di Milano
Cultura e Spettacolo
Civiche Raccolte d'Arte
PAC
ARGENTINA.
QUEL CHE LA NOTTE
RACCONTA AL GIORNO
21.11.2023
–11.2.2024
PAC Padiglione d'Arte Contemporanea
PAC Padiglione d'Arte

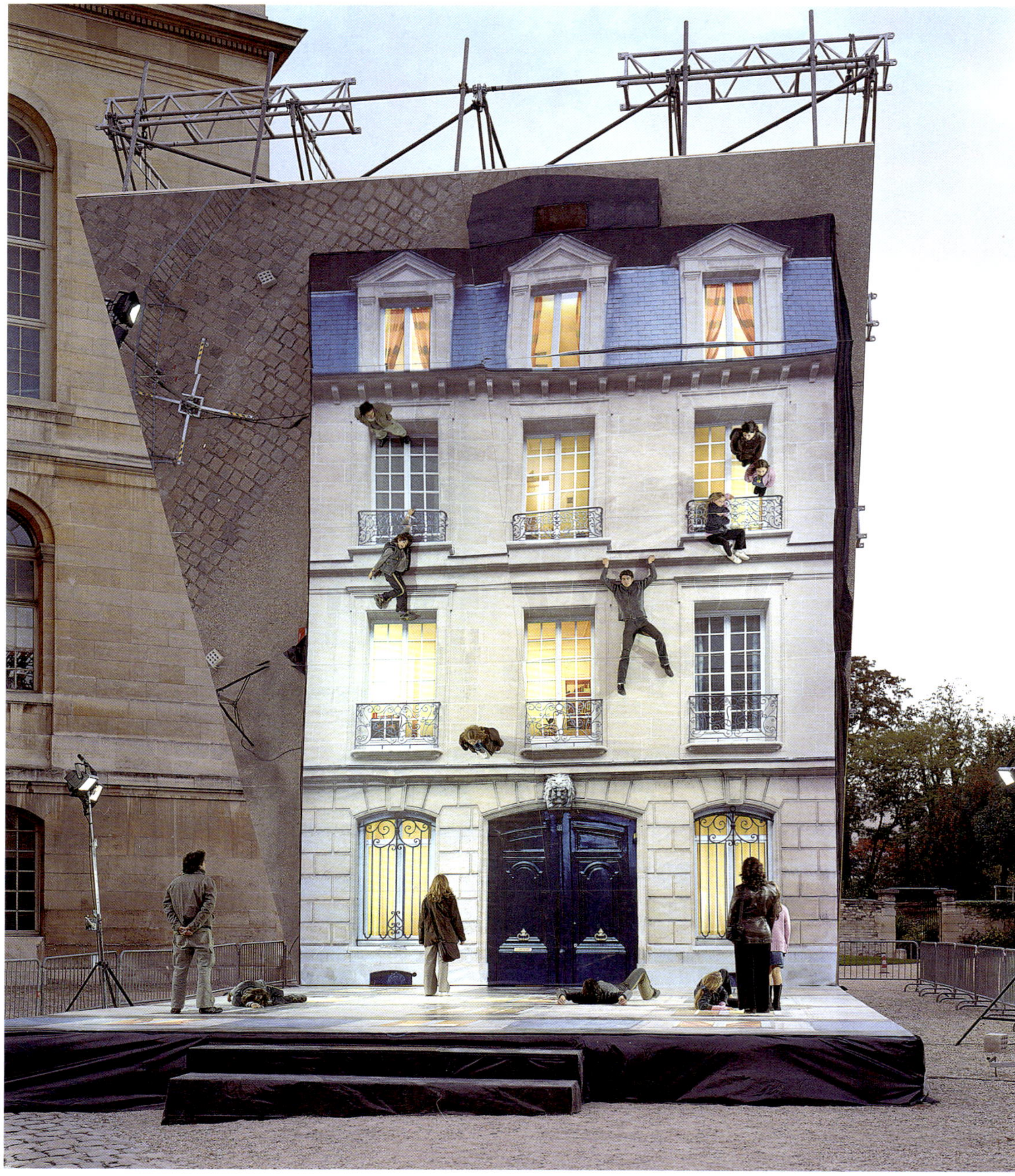

Bâtiment, 2004
Installazione / Installation
Nuit Blanche, Paris
Courtesy Leandro Erlich Studio

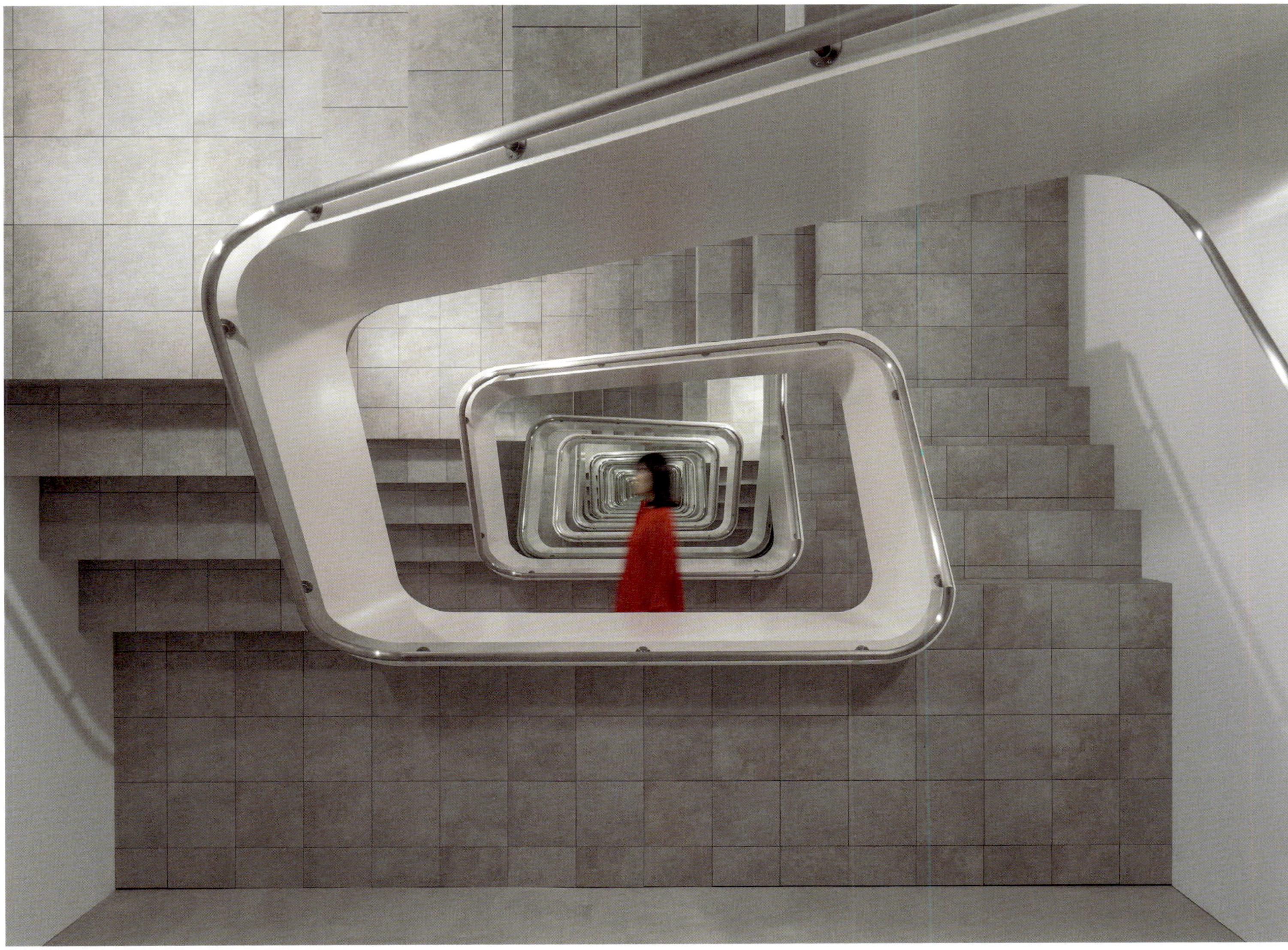

Infinite Staircase, 2020
Installazione / Installation at KAMU,
Kanazawa, Japan
Courtesy KAMU
Foto / Photo Kioku Keizo

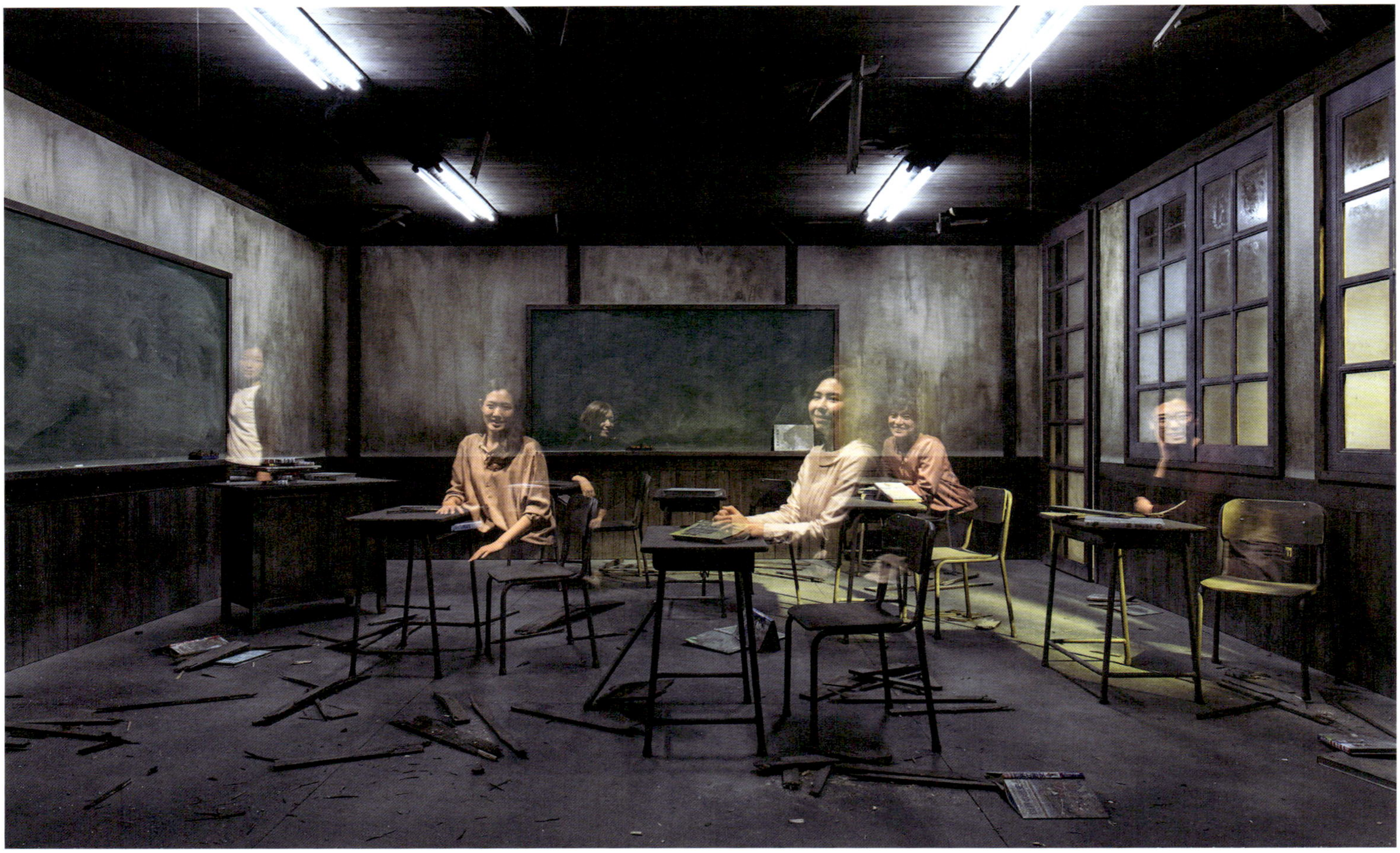

Classroom, 2017
Installazione / Installation at Mori Art Museum, Tokyo
Courtesy Mori Art Museum, Tokyo
Foto / Photo Hasegawa Kenta

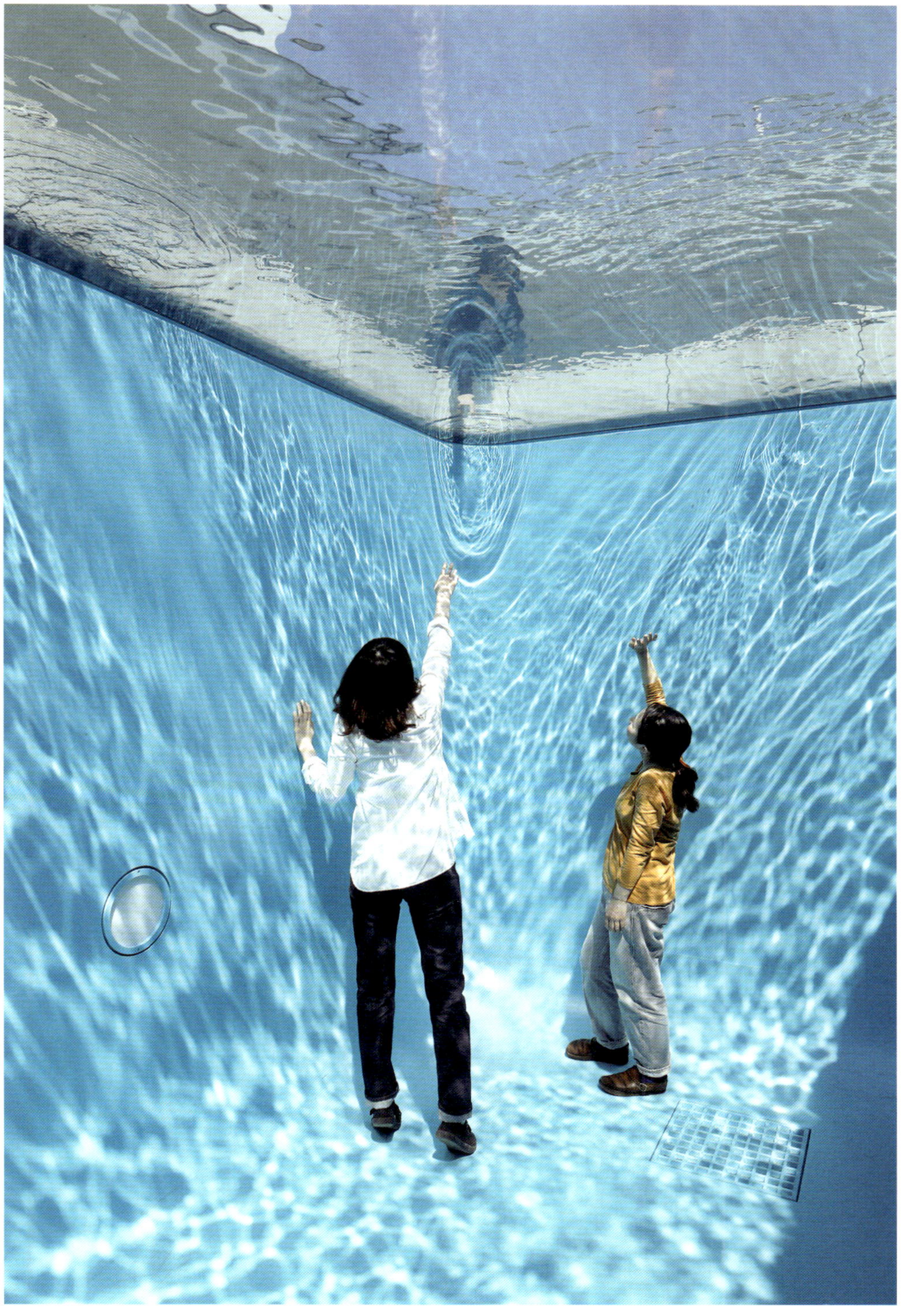

Swimming Pool, 2004
Installazione / Installation at 21st Century Museum of Contemporary Art, Kanazawa, Japan
Courtesy 21st Century Museum of Contemporary Art of Kanazawa, Japan
Foto / Photo Kioku Keizo

León Ferrari

Nel corso della sua carriera, León Ferrari torna più volte su temi come la religione, il potere, l'intolleranza e la violenza, per riflettere sulla matrice culturale occidentale e cristiana, mettendola in discussione. Alla ricerca del modo più efficace per trasmettere ciò che voleva dire o "far vedere", l'artista sperimentò le tecniche e i linguaggi artistici più diversi: ceramica, intaglio, disegno, oggetti, xerografia, ma le tecniche più ricorrenti nelle serie su questi temi sono il collage e l'assemblaggio.

Nel 1965 Ferrari presentò l'opera *La civilización occidental y cristiana* (La civiltà occidentale e cristiana) al Premio Di Tella a Buenos Aires: un Cristo crocifisso montato sulla replica in legno di un aereo da guerra nordamericano che denunciava la violenza dell'Occidente. Inaugurando la sua produzione più politica, scaturita dalla guerra del Vietnam, e aprendo una lunga discussione sulla religione intesa come origine della violenza, l'artista dichiara: "Credo che la nostra civiltà stia raggiungendo il più avanzato grado di barbarie mai registrato. Mi sembra infatti che per la prima volta nel corso della storia ci sia una concomitanza di barbarie: il paese più ricco e potente invade uno dei paesi meno sviluppati, ne tortura gli abitanti, poi li fotografa, pubblica le foto sui suoi quotidiani e nessuno dice nulla [...]" [1].

Quest'opera cardine della produzione di Ferrari fu inviata al premio con altre tre casse: *Cristo murió*; *La civilización occidental y cristiana bombardea las escuelas de Long Dien, Cauxé, Linn Phung, Mc Cay, An Tanh, An Minh, An Hoa y Duc Hoa*; *15 votos de la OEA*. Alcuni giorni prima dell'inaugurazione, con l'opera già montata, il direttore dell'Istituto Di Tella, Jorge Romero Brest, ne chiese il ritiro, dichiarando che offendeva la sensibilità religiosa degli impiegati dell'istituto. Davanti a un simile atto di censura (il primo di tanti), Ferrari prese la decisione politica di ritirare l'aereo ed esporre solamente le casse: "Mi trovai davanti a un bivio: prendere la strada delle arti plastiche, che suggeriva, o meglio esigeva, di ritirare tutto e denunciare la censura, oppure imboccare quella della politica e seguire la mia idea iniziale di esporre proprio lì qualcosa sul Vietnam, nel luogo delle tanto proclamate libertà degli Stati Uniti bombardatori" [2]. Spinto dalla volontà di esprimere ciò che pensava nel modo più chiaro possibile, Ferrari si propose di generare "i segni plastici e critici" più efficaci per "condannare la barbarie dell'Occidente" [3].

1 León Ferrari, "La respuesta del artista", in *Propósitos*, Buenos Aires, 7 ottobre 1965.

2 Lettera di León Ferrari ad Andrea Giunta, 7 agosto 1993, Archivo FAALFA.

3 Ferrari, "La respuesta del artista", cit.

Throughout his career, León Ferrari often returned to subjects like religion, power, intolerance and violence, so as to reflect on and question their Western and Christian cultural origins. In search of the most effective way to convey what he wished to say or to "show", the artist experimented with a great variety of artistic techniques and languages: ceramics, carving, drawing, objects, photocopies, etc. But collages or montages were his recurring resources.

In 1965, Ferrari presented *La civilización occidental y cristiana* (Western and Christian Civilisation) at Premio Di Tella in Buenos Aires. His operation consisted in assembling Santería Christ on the wooden replica of a North American fighter plane. This montage, aimed to denounce the violence of the Western world, was the start of Ferrari's more political production. The Vietnam War sparked his concern for the intolerance shown by the West and the Catholic Church. He said: "[...] I believe that our civilisation is reaching the most advanced state of barbarianism ever recorded in history. Because it feels like the first time in history that all these conditions of barbarianism are present at the same time: the richest and most powerful country invading one of the least developed, torturing its citizens, photographing this torture, publishing the photos in its newspapers without anyone saying a word [...]". [1]

This work was sent to the award along with three other works: *Cristo murió*; *La civilización occidental y cristiana bombardea las escuelas de Long Dien, Cauxé, Linn Phung, Mc Cay, An Tanh, An Minh, An Hoa y Duc Hoa*; *15 votos de la OEA*. However, a few days before the inauguration, with the work already mounted, the director of the Instituto Di Tella, Jorge Romero Brest, asked Ferrari to withdraw it, claiming that it offended the religious sensitivity of the institute's employees. Faced with such a censorial act, Ferrari decided to withdraw the airplane, leaving only the crates on display: "[...] I found myself at a crossroads: that of plastic arts with suggested (or required) that I withdraw everything and expose the censure, or that of politics, thus following my initial idea of displaying something from Vietnam in this very place of freedom proclaimed by US fighter planes". [2] And on this quest to find the clearest way of saying what he thought, Ferrari resolved to create the most effective "plastic and critical signs" to "condemn the barbarianism of the West". [3]

1 León Ferrari, "La respuesta del artista", in *Propósitos*, Buenos Aires, October 7, 1965.

2 Letter of León Ferrari to Andrea Giunta, August 7, 1993. Archivo FAALFA.

3 León Ferrari, "La respuesta del artista", *op.cit.*

La civilización occidental y cristiana, 1965
Assemblaggio (aereo da guerra in legno dipinto e Cristo in gesso) / Assembly (painted wooden war plane and plaster Christ)
200 × 120 × 60 cm
Courtesy Colección Familia Ferrari, Acuerdo FALFAA – CELS
Colección Familia Ferrari
Foto / Photo Lorenzo Palmieri

L'esposizione dell'opera di Leon Ferrari al PAC di Milano è possibile grazie alla Fundación Augusto y León Ferrari Arte y Acervo (FALFAA) e al Centro de Estudios Legales y Sociales (CELS). Il CELS fa parte del movimento per i diritti umani nato in Argentina a metà degli anni '70 per affrontare l'ultima dittatura militare e chiederne conto per i suoi crimini. La democrazia ha portato con sé nuovi obiettivi che hanno dato forma a ciò che il CELS è oggi: un'organizzazione latinoamericana che lotta per i diritti e l'uguaglianza. Per maggiori informazioni: cels.org.ar / The exhibition of Leon Ferrari's work at PAC Milan is possible thanks to the Fundación Augusto y León Ferrari Arte y Acervo (FALFAA) and the Centro de Estudios Legales y Sociales (CELS). CELS is part of the human rights movement that came about in Argentina in the mid-1970s to confront the last military dictatorship and hold it accountable for its crimes. Democracy brought with it new objectives that have also shaped what CELS is today: a Latin American organization that fights for rights and equality. For more information visit: www. cels.org.ar

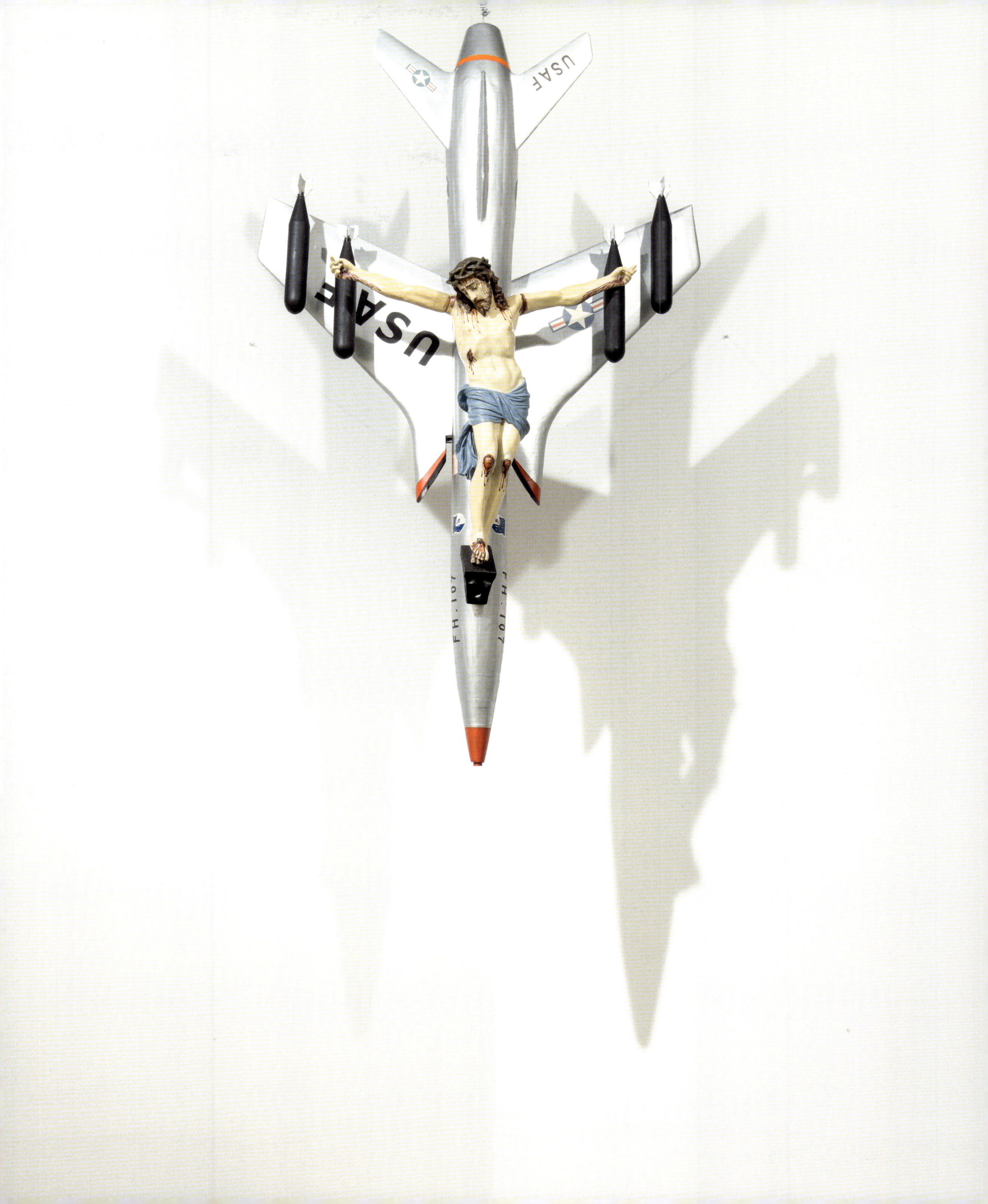
USAF
USAF
FH.107
FH.107

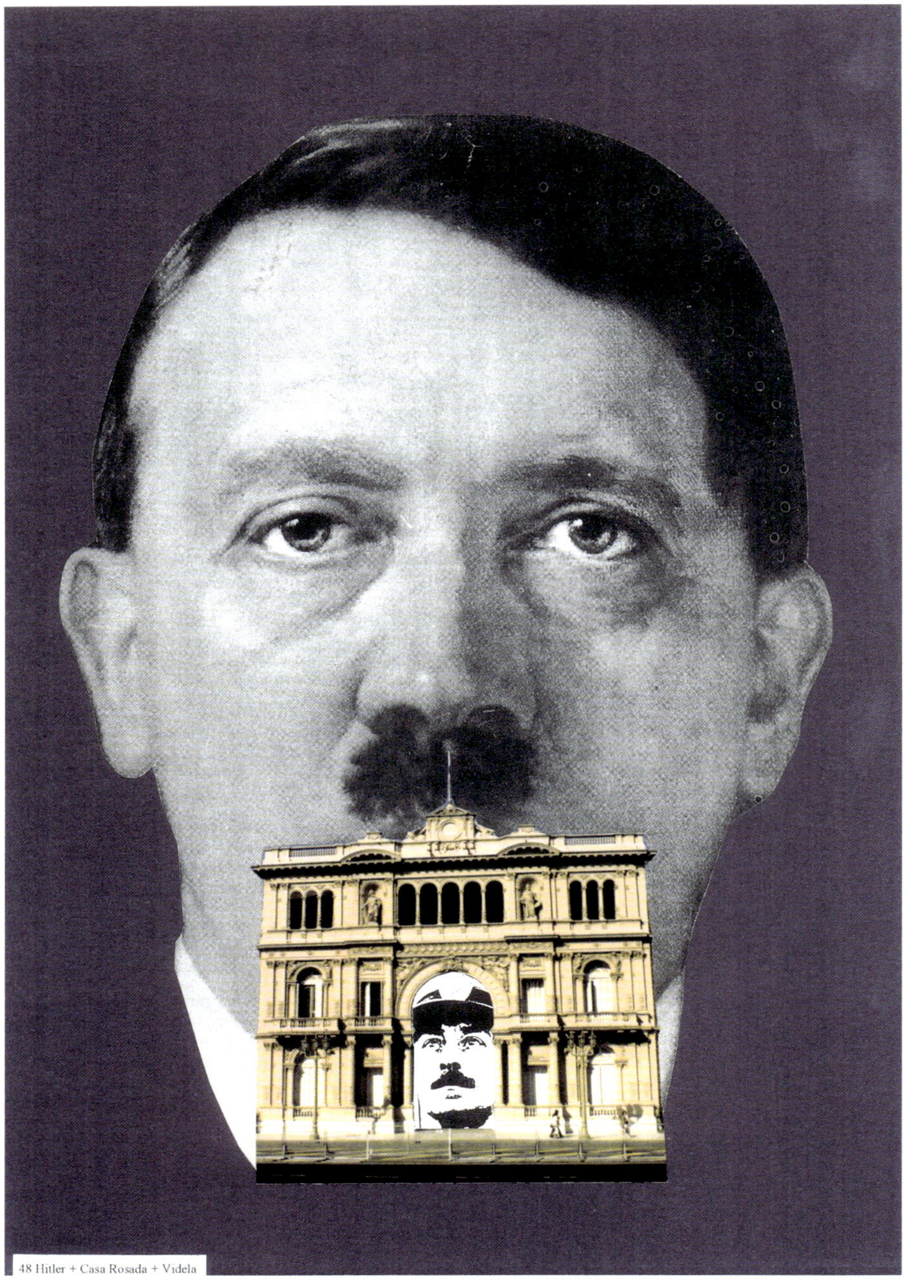

Sin título, dalla serie / from the series
Nunca más, 1995
Collage su carta / Collage on paper
34,4 × 24,1 cm
Courtesy Colección Familia Ferrari,
Acuerdo FALFAA – CELS
Colección familia Ferrari
Foto / Photo Matías Iesari

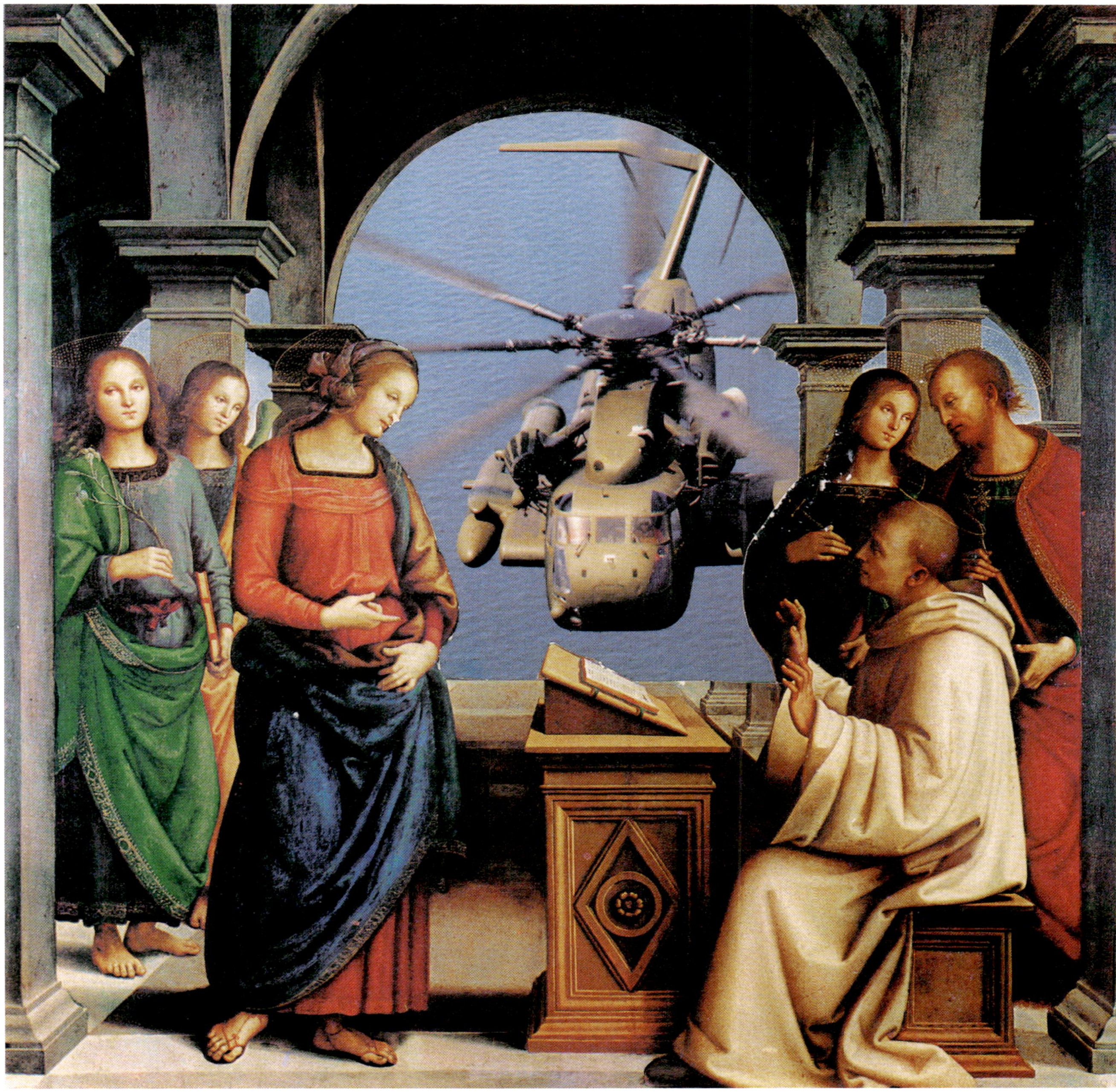

Sin título, dalla serie / from the series
Releitura da Bíblia, novembre
/ November 1986
Collage su carta / Collage on paper
25,2 × 24 cm
Courtesy Colección Familia Ferrari,
Acuerdo FALFAA – CELS
Colección familia Ferrari
Foto / Photo Matías Iesari

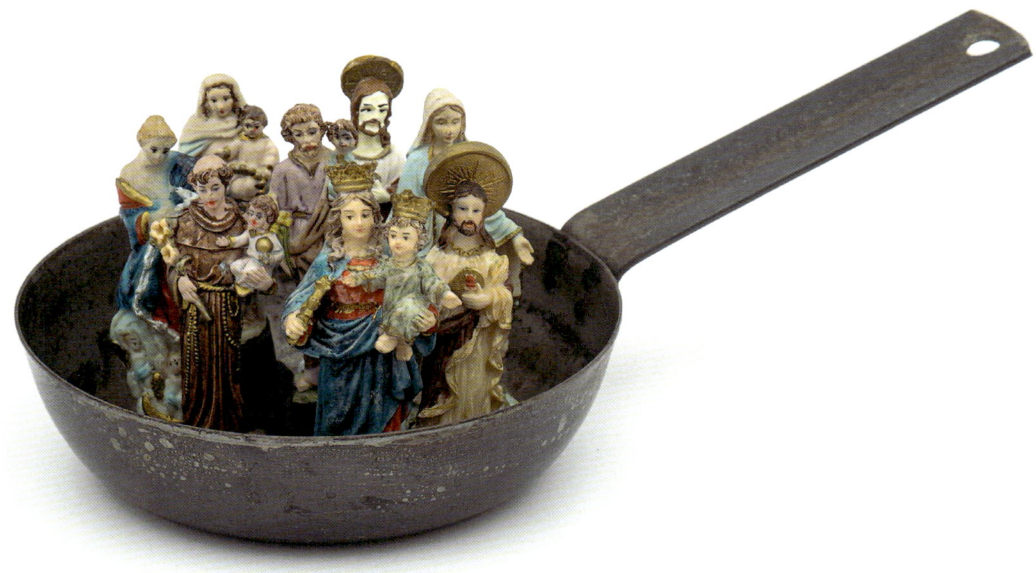

Sin título, dalla serie / from the series
Ideas para infiernos, 2000
Padella, stautine di santi
/ Frying pan, statues of saints
11 × 31,5 × 16 cm
Courtesy Colección Familia Ferrari,
Acuerdo FALFAA – CELS
Colección familia Ferrari
Foto / Photo Catalina Romero

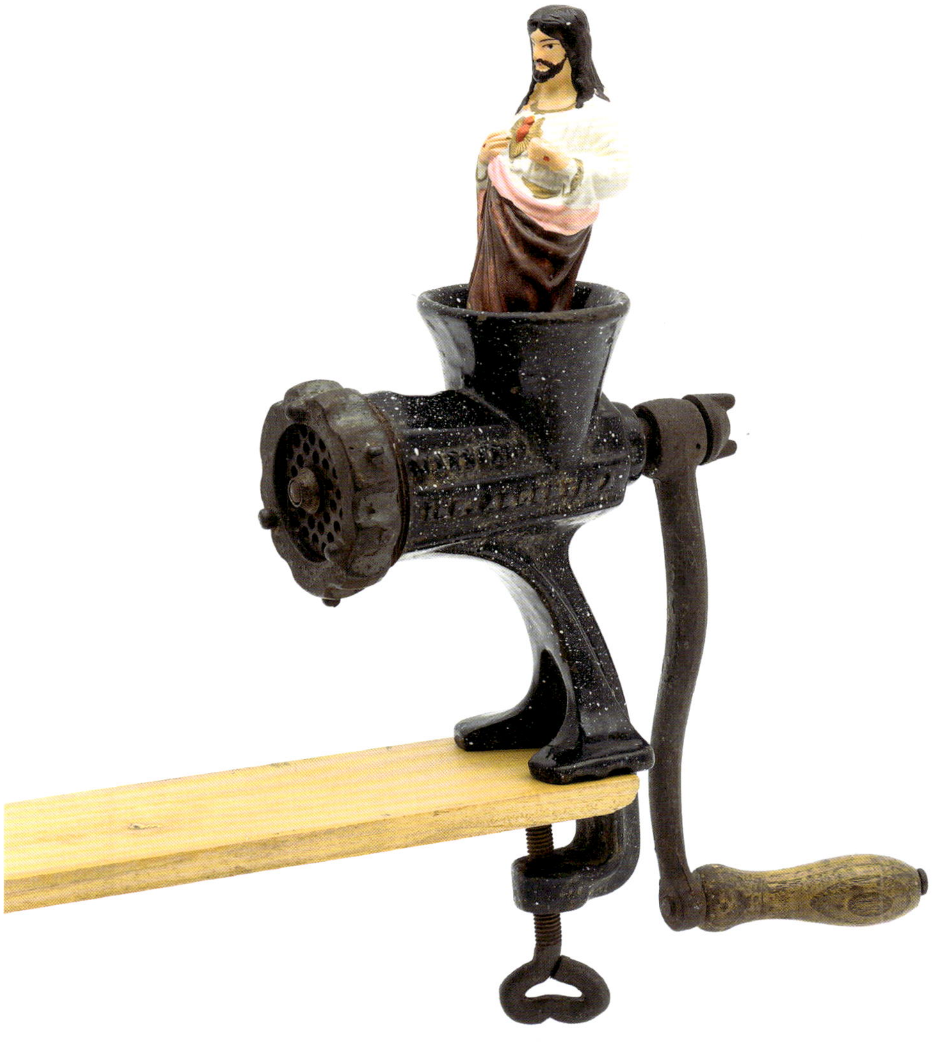

Sagrado corazón, dalla serie / from the series *Ideas para infiernos*, 2000
Tritacarne, statuetta di santo
/ Meat mincer, saint statue
39 × 10 × 25 cm
Courtesy Colección Familia Ferrari,
Acuerdo FALFAA – CELS
Colección familia Ferrari
Foto / Photo Catalina Romero

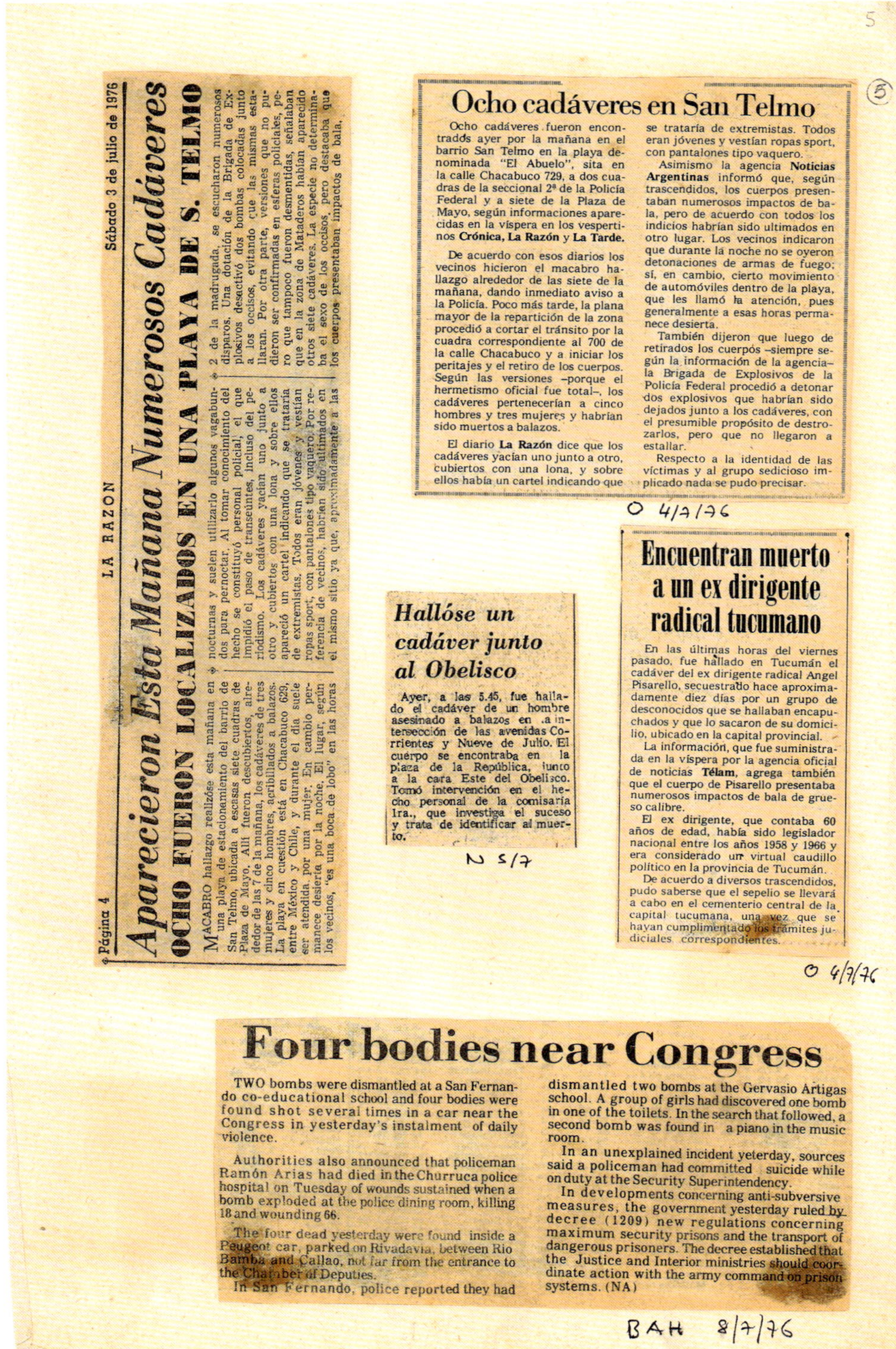
Página 4 LA RAZON Sábado 3 de julio de 1976

Aparecieron Esta Mañana Numerosos Cadáveres

OCHO FUERON LOCALIZADOS EN UNA PLAYA DE S. TELMO

MACABRO hallazgo realizóse esta mañana en una playa de estacionamiento del barrio de San Telmo, ubicada a escasas siete cuadras de Plaza de Mayo. Allí fueron descubiertos, alrededor de las 7 de la mañana, los cadáveres de tres mujeres y cinco hombres, acribillados a balazos. La playa en cuestión está en Chacabuco 629, entre México y Chile, y durante el día suele ser atendida por una mujer. En cambio permanece desierta por la noche. El lugar, según los vecinos, "es una boca de lobo" en las horas nocturnas y suelen utilizarlo algunos vagabundos para pernoctar. Al tomar conocimiento del hecho se constituyó personal policial, el que impidió el paso de transeúntes, incluso del periodismo. Los cadáveres yacían uno junto a otro y cubiertos con una lona y sobre ellos apareció un cartel indicando que se trataría de extremistas. Todos eran jóvenes y vestían ropas sport, con pantalones tipo vaquero. Por referencia de vecinos, habrían sido ultimados en el mismo sitio ya que, aproximadamente a las 2 de la madrugada, se escucharon numerosos disparos. Una dotación de la Brigada de Explosivos desactivó dos bombas colocadas junto a los occisos, evitando que las mismas estallaran. Por otra parte, versiones que no pudieron ser confirmadas en esferas policiales, pero que tampoco fueron desmentidas, señalaban que en la zona de Mataderos habían aparecido otros siete cadáveres. La especie no determinaba el sexo de los occisos, pero destacaba que los cuerpos presentaban impactos de bala.

Ocho cadáveres en San Telmo

Ocho cadáveres fueron encontrados ayer por la mañana en el barrio San Telmo en la playa denominada "El Abuelo", sita en la calle Chacabuco 729, a dos cuadras de la seccional 2ª de la Policía Federal y a siete de la Plaza de Mayo, según informaciones aparecidas en la víspera en los vespertinos **Crónica**, **La Razón** y **La Tarde**.

De acuerdo con esos diarios los vecinos hicieron el macabro hallazgo alrededor de las siete de la mañana, dando inmediato aviso a la Policía. Poco más tarde, la plana mayor de la repartición de la zona procedió a cortar el tránsito por la cuadra correspondiente al 700 de la calle Chacabuco y a iniciar los peritajes y el retiro de los cuerpos. Según las versiones –porque el hermetismo oficial fue total–, los cadáveres pertenecerían a cinco hombres y tres mujeres y habrían sido muertos a balazos.

El diario **La Razón** dice que los cadáveres yacían uno junto a otro, cubiertos con una lona, y sobre ellos había un cartel indicando que se trataría de extremistas. Todos eran jóvenes y vestían ropas sport, con pantalones tipo vaquero.

Asimismo la agencia **Noticias Argentinas** informó que, según trascendidos, los cuerpos presentaban numerosos impactos de bala, pero de acuerdo con todos los indicios habrían sido ultimados en otro lugar. Los vecinos indicaron que durante la noche no se oyeron detonaciones de armas de fuego; sí, en cambio, cierto movimiento de automóviles dentro de la playa, que les llamó la atención, pues generalmente a esas horas permanece desierta.

También dijeron que luego de retirados los cuerpos –siempre según la información de la agencia– la Brigada de Explosivos de la Policía Federal procedió a detonar dos explosivos que habrían sido dejados junto a los cadáveres, con el presumible propósito de destrozarlos, pero que no llegaron a estallar.

Respecto a la identidad de las víctimas y al grupo sedicioso implicado nada se pudo precisar.

O 4/7/76

Hallóse un cadáver junto al Obelisco

Ayer, a las 5.45, fue hallado el cadáver de un hombre asesinado a balazos en la intersección de las avenidas Corrientes y Nueve de Julio. El cuerpo se encontraba en la plaza de la República, junto a la cara Este del Obelisco. Tomó intervención en el hecho personal de la comisaría 1ra., que investiga el suceso y trata de identificar al muerto.

N 5/7

Encuentran muerto a un ex dirigente radical tucumano

En las últimas horas del viernes pasado, fue hallado en Tucumán el cadáver del ex dirigente radical Angel Pisarello, secuestrado hace aproximadamente diez días por un grupo de desconocidos que se hallaban encapuchados y que lo sacaron de su domicilio, ubicado en la capital provincial.

La información, que fue suministrada en la víspera por la agencia oficial de noticias **Télam**, agrega también que el cuerpo de Pisarello presentaba numerosos impactos de bala de grueso calibre.

El ex dirigente, que contaba 60 años de edad, había sido legislador nacional entre los años 1958 y 1966 y era considerado un virtual caudillo político en la provincia de Tucumán.

De acuerdo a diversos trascendidos, pudo saberse que el sepelio se llevará a cabo en el cementerio central de la capital tucumana, una vez que se hayan cumplimentado los trámites judiciales correspondientes.

O 4/7/76

Four bodies near Congress

TWO bombs were dismantled at a San Fernando co-educational school and four bodies were found shot several times in a car near the Congress in yesterday's instalment of daily violence.

Authorities also announced that policeman Ramón Arias had died in the Churruca police hospital on Tuesday of wounds sustained when a bomb exploded at the police dining room, killing 18 and wounding 66.

The four dead yesterday were found inside a Peugeot car, parked on Rivadavia, between Rio Bamba and Callao, not far from the entrance to the Chamber of Deputies.

In San Fernando, police reported they had dismantled two bombs at the Gervasio Artigas school. A group of girls had discovered one bomb in one of the toilets. In the search that followed, a second bomb was found in a piano in the music room.

In an unexplained incident yeterday, sources said a policeman had committed suicide while on duty at the Security Superintendency.

In developments concerning anti-subversive measures, the government yesterday ruled by decree (1209) new regulations concerning maximum security prisons and the transport of dangerous prisoners. The decree established that the Justice and Interior ministries should coordinate action with the army command on prison systems. (NA)

BAH 8/7/76

Nosotros no sabíamos, 1976
Collage di articoli di giornale
/ Collage of newspaper articles
37 × 22 cm
Courtesy Colección Familia Ferrari,
Acuerdo FALFAA – CELS
Colección familia Ferrari
Foto / Photo Matías Iesari

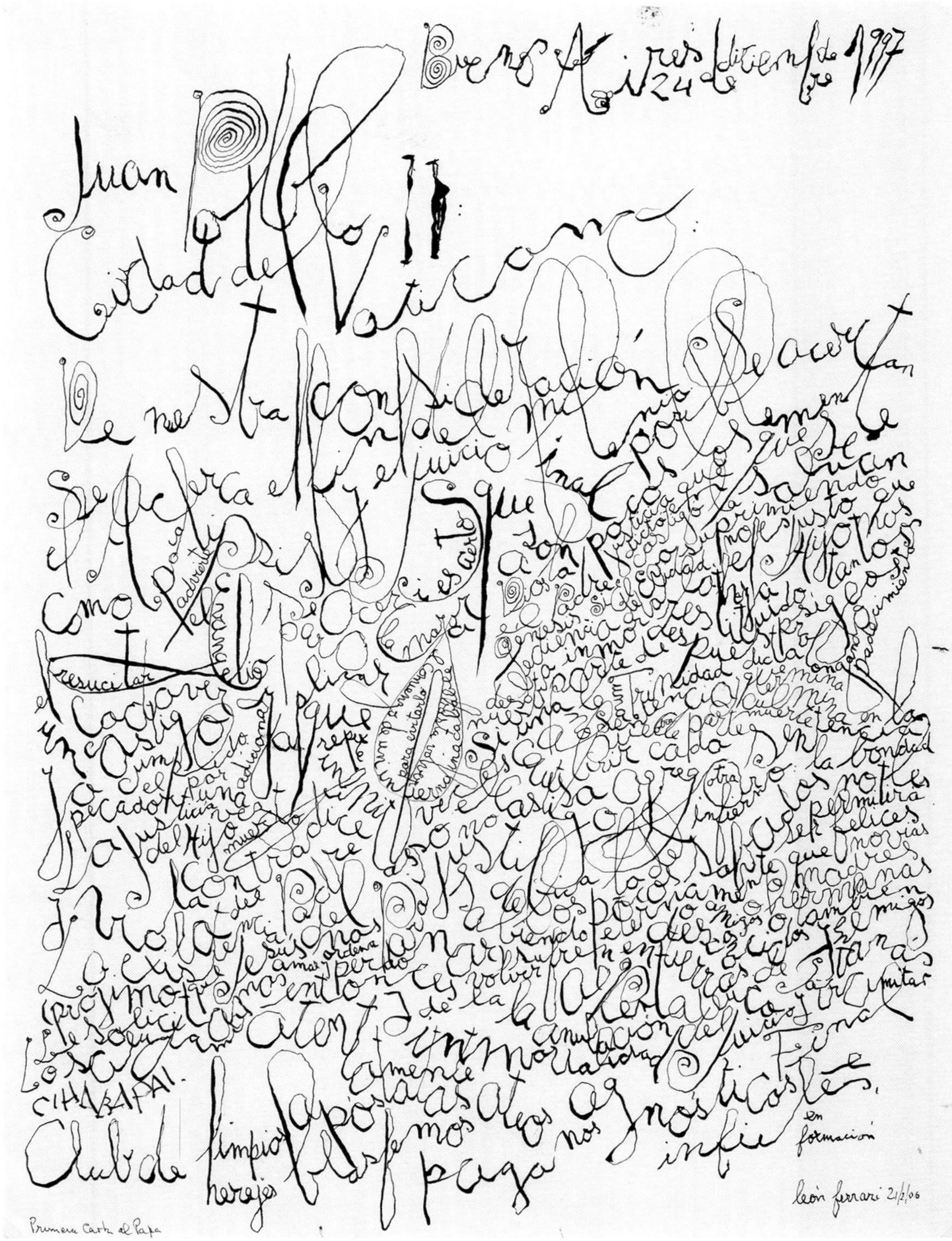

Primera carta al Papa, 21/2/2006
Inchiostro su carta / Ink on paper
47,7 × 35,8 cm
Courtesy Colección Familia Ferrari,
Acuerdo FALFAA – CELS
Colección familia Ferrari
Foto / Photo Catalina Romero

Lucio Fontana

La ricerca di Lucio Fontana, artista italo-argentino e precursore dell'action art e dell'arte concettuale, è caratterizzata dalla preminenza del gesto, della materia e dell'incorporazione dello spazio nella tela.

Fontana, tornato in Argentina nel 1939, vi resterà fino al 1946, lavorando soprattutto a Buenos Aires. Nell'ultimo anno della sua permanenza nella capitale argentina, elabora con un gruppo di allievi della Scuola di Altamira il *Manifiesto Blanco*, espressione delle ricerche da lui condotte in quegli anni verso inedite forme di linguaggio. Dall'Argentina porta con sé un blocco di disegni, tra i quali i tre in mostra, che rendono esplicito il procedimento dell'automatizzazione che concentra e scarica di teatralità e di tensione psicologica il gesto, così da mettere in evidenza una capacità combinatoria, una decisa rottura di fissità di schemi figurativi e un gusto di leggera inventiva e di estro spaziale. Si osserva anche come una certa inflessione plastica, qualche chiaroscuro con indicazione di volumi accennati, e una sollecitazione verso modi organici e a tratti vagamente surrealisti alludano a forme di spazio scultoreo e di spessore corposo.

In *Concetto spaziale, Attese*, 1959, la superficie piatta e dipinta di nero subisce sei fendenti (tagli) di varie dimensioni distribuiti sulla tela. Nel taglio, la tela si ritrae e appare uno spazio tra la superficie e un "retro non specifico". Fontana agisce sulla superficie monocromatica producendo tagli per introdurre nell'opera uno spazio tanto reale quanto indefinito. Questo gesto radicale mette in crisi lo spazio della rappresentazione e la bidimensionalità della tela, avviando il percorso verso la smaterializzazione dell'opera.

Fin dall'inizio, nel retro dei "tagli" Fontana ha posto l'intitolazione *Attesa* (se unici) o *Attese* (se molteplici), specificandovene tuttavia anche la natura di *Concetto spaziale*, *Attesa* in un senso piuttosto ampio e volutamente pluriallusivo, andando verosimilmente da un'ipotesi di condizione avveniristica a un'intenzione contemplativa quasi metafisica. Nel nuovo ciclo di "tagli" (1958-1968) Enrico Crispolti sottolinea come cominci ad affermarsi il loro deciso e caratterizzante monocromatismo e insieme una volontà di ordinarvi il taglio o i tagli quali strutture primarie ed elementari, gestualmente molto calibrate.

The research of Lucio Fontana, an Italian-Argentine artist and precursor of action art and conceptual art, is characterized by the pre-eminence of gesture, matter and the incorporation of space into the canvas.

Fontana, who returned to Argentina in 1939, remained there until 1946, working mainly in Buenos Aires. In the last year of his stay in the Argentine capital, he developed the *Manifiesto Blanco* with a group of students from the Altamira School, an expression of the research he conducted in those years towards new forms of language. From Argentina he brought with him a block of drawings, including the three on display, making explicit the process of automation which concentrates and releases theatricality and psychological tension from the gesture, so as to highlight a combinatorial capacity, a decisive break with the fixity of figurative schemes and a taste for light inventiveness and spatial inspiration. He also observes how a certain plastic inflection, some chiaroscuro with indication of hinted volumes, and a solicitation towards organic and at times vaguely surrealist ways allude to forms of sculptural space and full-bodied thickness.

In *Concetto spaziale, Attese*, 1959, the flat, black-painted surface undergoes six slashes (cuts) of various sizes distributed across the canvas. In the cut, the canvas retracts and a space appears between the surface and a "non-specific back". Fontana acts on the monochromatic surface by producing cuts to introduce a space that is as real as it is indefinite into the work. This radical gesture undermines the space of representation and the two-dimensionality of the canvas, starting the path towards the dematerialization of the work.

From the beginning, on the back of the "cuts" Fontana placed the title *Attesa* (Waiting, if unique) or *Attese* (Waitings, if multiple), however also specifying its nature as a *Spatial Concept*, *Waiting* in a rather broad and deliberately multi-allusive sense, probably going from a hypothesis of a futuristic condition to an almost metaphysical contemplative intention. In the new cycle of "cuts" (1958-1968) Enrico Crispolti underlines how their decisive and characterizing monochromatism begins to assert itself and at the same time a desire to order the cut or cuts as primary and elementary structures, gesturally very calibrated.

Lucio Fontana
Concetto spaziale
1946
Penna a sfera su carta / Ballpoint pen on paper, 27,5 × 22 cm
Courtesy Fondazione Lucio Fontana
© Fondazione Lucio Fontana, Milano, by SIAE 2024
Foto / Photo Lorenzo Palmieri

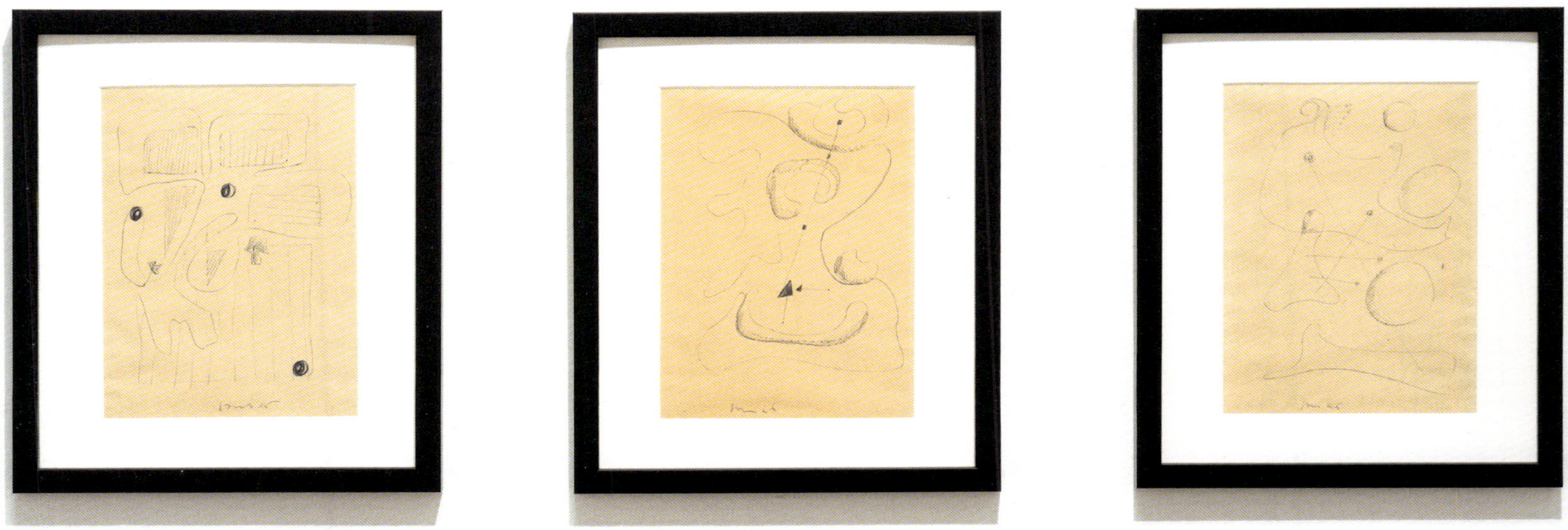

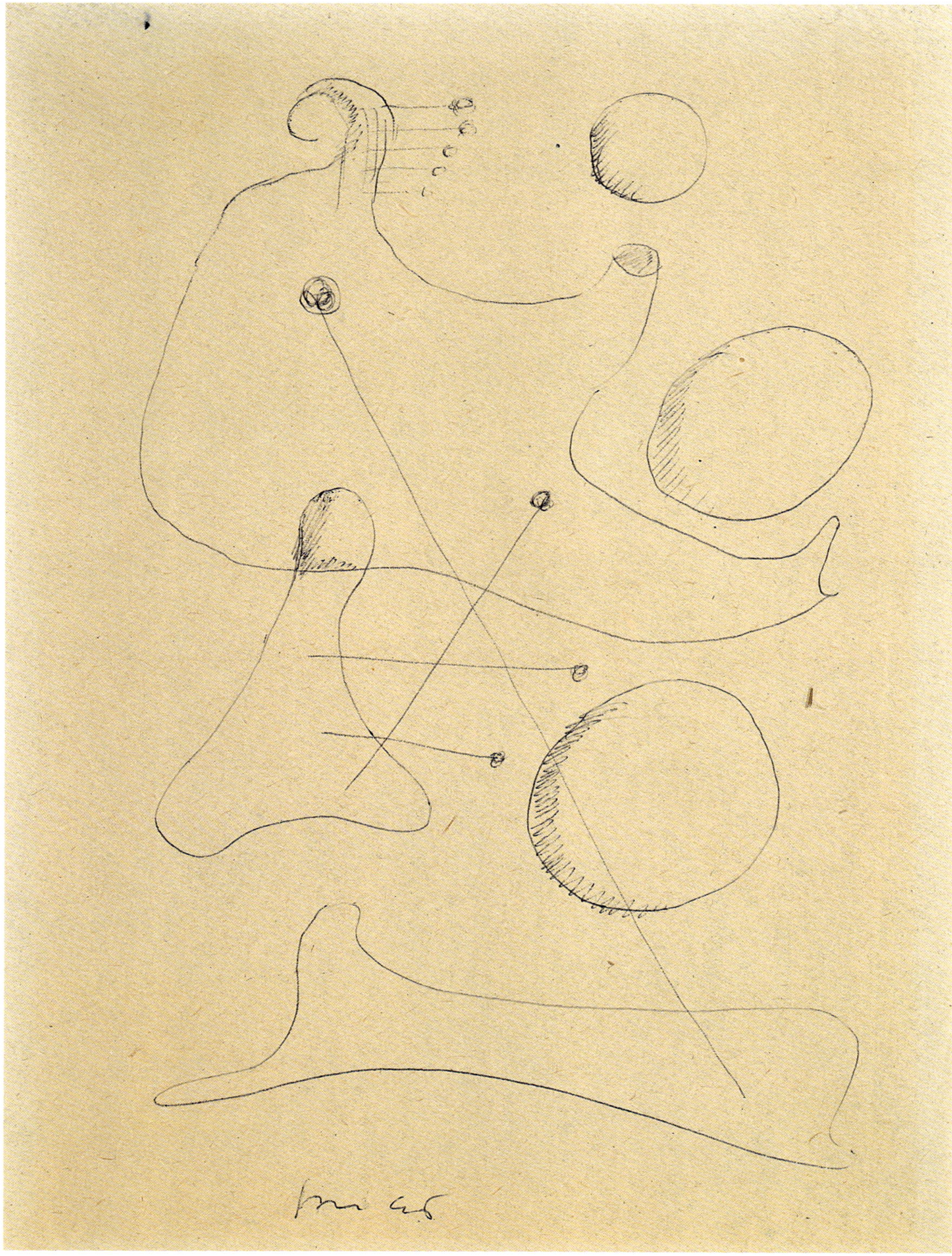

Concetto spaziale, 1946
Penna a sfera su carta
/ Ballpoint pen on paper
27,5 × 22 cm

Foto / Photo Federico Torra

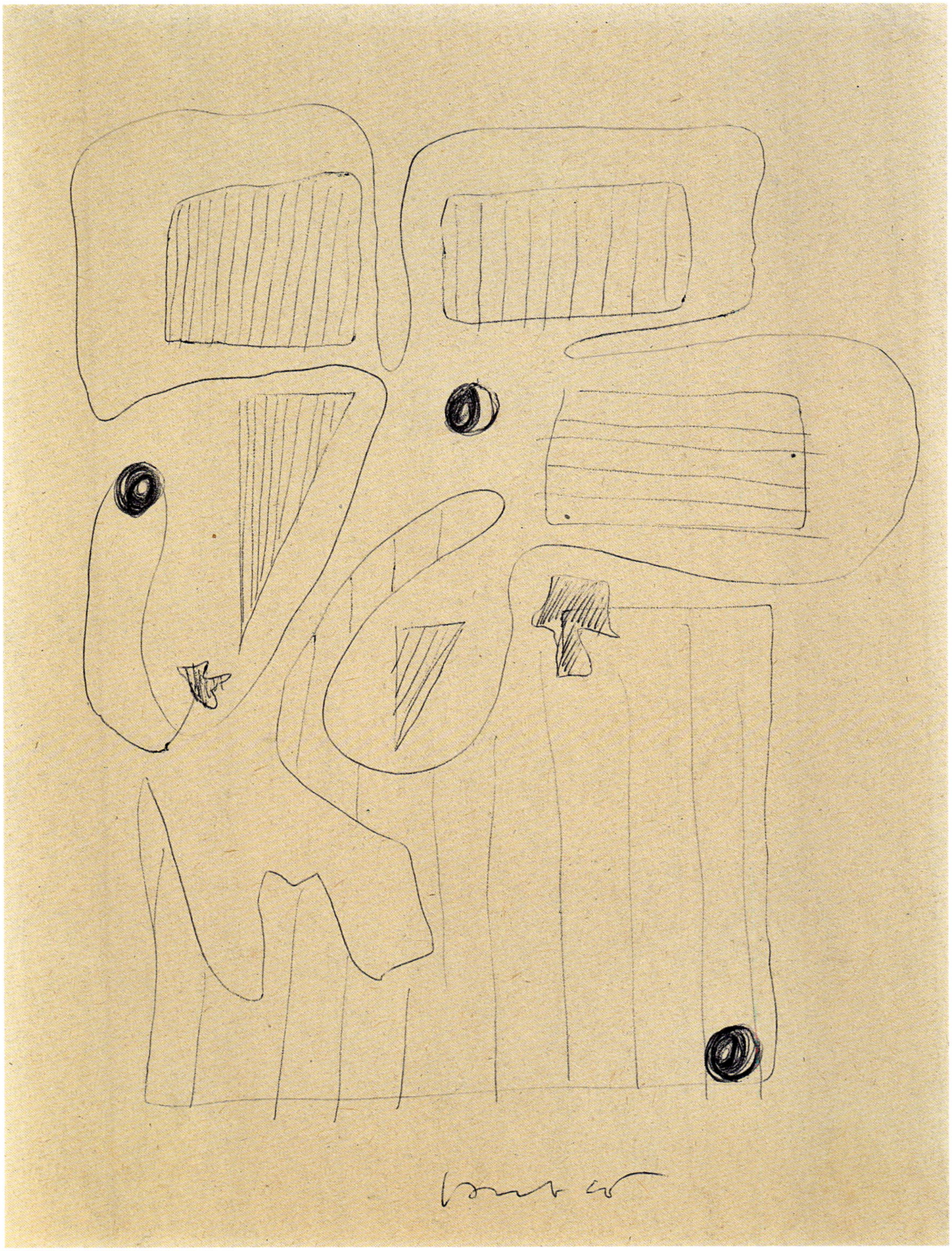

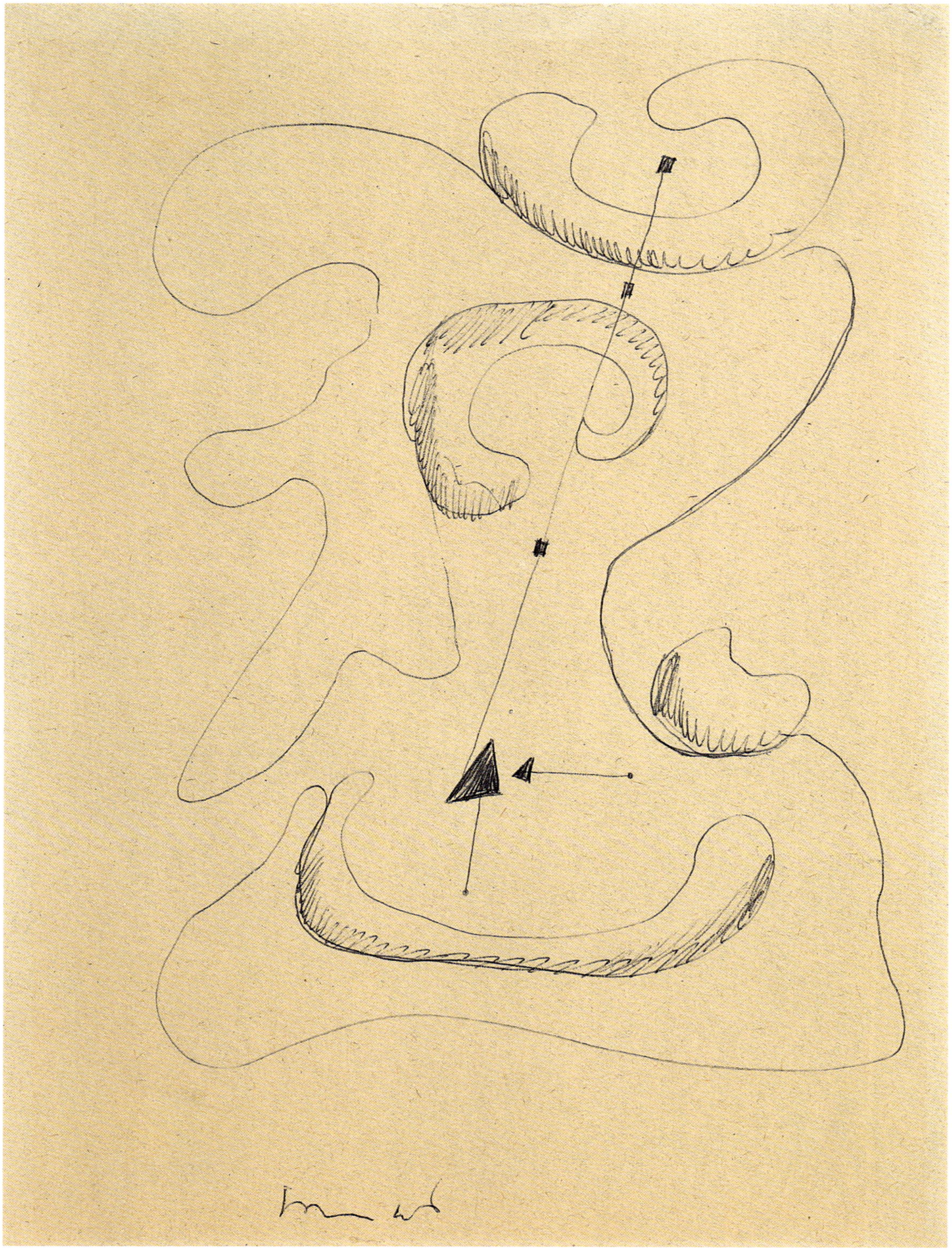

Concetto spaziale, 1946
Penna a sfera su carta
/ Ballpoint pen on paper
27,5 × 22 cm

Foto / Photo Federico Torra

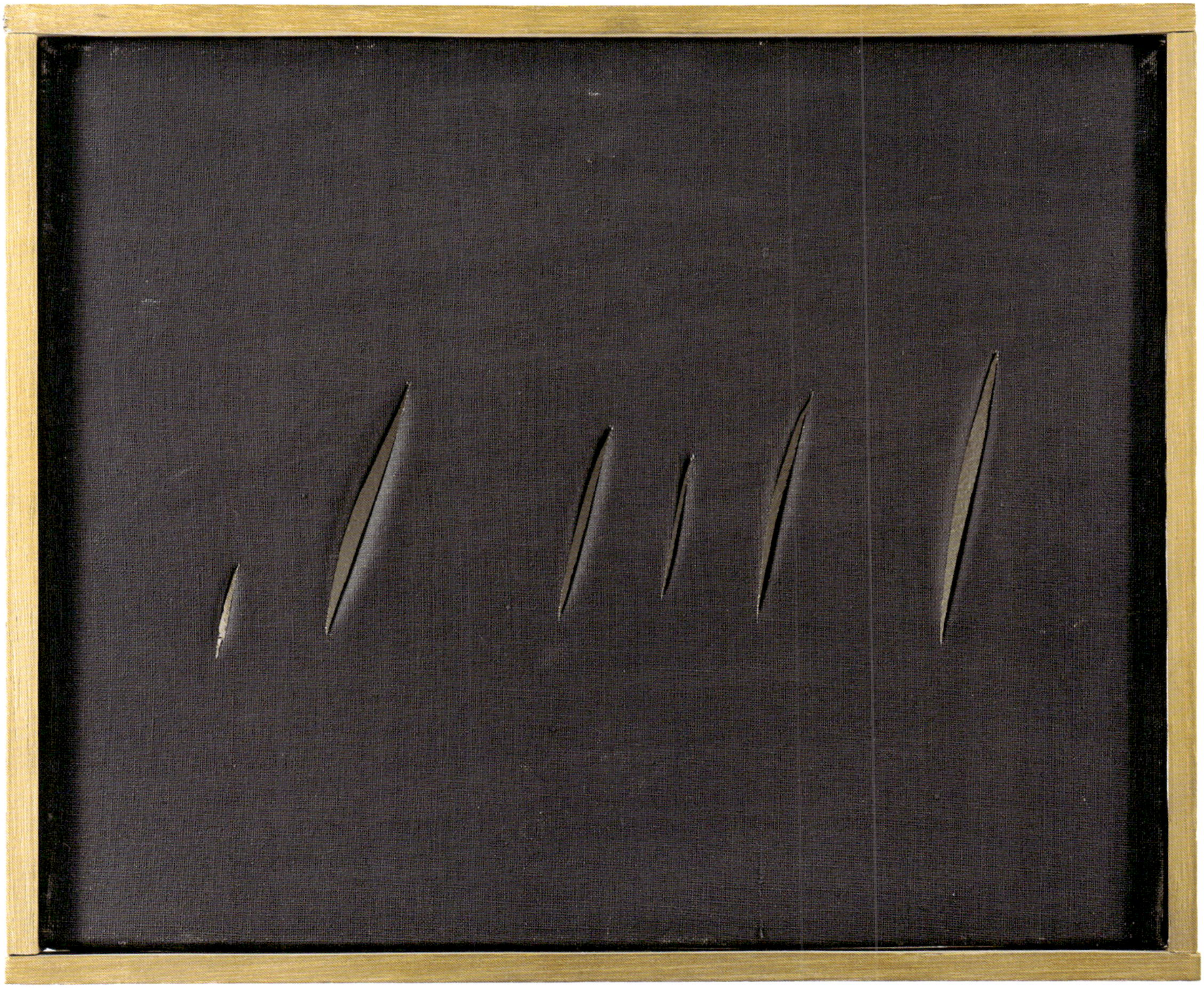

Concetto spaziale, Attese, 1959
Anilina su tela, nero
/ Aniline on canvas, black
Courtesy Casa Museo Boschi
di Stafano, Milano

Foto / Photo Lorenzo Palmieri

Ana Gallardo

L'opera di Ana Gallardo pone una profonda riflessione su temi come la vecchiaia, la violenza di genere, l'esclusione e la morte, come lei stessa afferma: "Uno degli aspetti proposti dal mio lavoro è il modo di fare arte come uno strumento di testimonianza, di trasformazione, politico. Affronto diverse sfaccettature della violenza di genere, come la violenza nell'illegalità dell'aborto e la violenza domestica; le donne come armi da guerra; la violenza all'invecchiare [...]" [1].

Le opere esposte oggi al PAC sono state presentate alla mostra *Dibujos textuales II* (Disegni testuali II) nel 2018 presso la galleria Ruth Benzacar di Buenos Aires. Si tratta di un'installazione monocromatica che avvolge lo spettatore: una serie di grandi fogli di carta disegnati a carboncino rivelano le tracce dei tratti dell'artista, mentre gli strati sovrapposti di nero opaco ne intensificano il carattere funereo. In ognuno dei cinque fogli esposti, Gallardo ha trascritto brevi testimonianze di donne guatemalteche che raccontano le paure e le sofferenze vissute durante l'insurrezione nel Paese. I testi scritti a mano sono collocati in basso, quasi a filo del pavimento, per generare una certa difficoltà di lettura e rendere necessario l'avvicinarsi metaforico dello spettatore a ciò che viene denunciato. La collocazione del testo traccia un'impattante linea testuale che lega tutte le storie, racconti che esprimono la crudeltà sui corpi: "Ci hanno messo le pistole dentro", "hanno frugato nei nostri sessi". Le loro parole emergono dal carboncino e, anche se nascono in un contesto specifico, possono rappresentare la sofferenza di altri.

Ana Gallardo's work presents an in-depth, thoughtful exploration of transcendental issues such as old age, gender violence, exclusion and death, as she states: "One of the points proposed by my work is the way of practicing art as a symbolic, transformative and political tool. I have been addressing various aspects of gender violence, such as violence in the illegality of abortion and domestic violence, women as weapons in war, violence in aging...". [1]

Her works currently exhibited at PAC were presented at the exhibition *Dibujos textuales II* (Textual Drawings II) in 2018 at the Ruth Benzacar gallery in Buenos Aires. The works create a monochrome installation that envelops viewers. A series of large paper sheets with charcoal drawings reveal traces of the artist's strokes, while overlapping opaque black layers intensify the works' funereal aspect. On each of the five pieces, Gallardo transcribed short quotes by Guatemalan women relating their fears and sufferings during the insurgency that took place in the country. The handwritten texts are placed at the bottom, almost level with the ground, which makes them hard to read, as visitors are forced to approach and unravel what is being denounced. In each of the pieces, the placement of the words creates a textual like that links the stories to speak of bodily cruelty: "They placed weapons inside us"; "They probed our sexes". Their words emerge from the black charcoal and, though they arise from a specific context, this context is not specified, and so they can also embody the sufferings of others.

Canibal, 2018
Carboncino su carta / Charcoal on paper
272 × 1173 cm
Veduta della mostra al PAC, Milano / Exhibition view at PAC, Milan
Courtesy l'artista / the artist e / and Ruth Benzacar Galería de Arte, Buenos Aires
Foto / Photo Lorenzo Palmieri

Nelle pagine seguenti / Following pages
Canibal, 2018
Carboncino su carta / Charcoal on paper
272 × 1173 cm
Veduta della mostra al PAC, Milano / Exhibition view at PAC, Milan
Courtesy l'artista / the artist e / and Ruth Benzacar Galería de Arte, Buenos Aires
Foto / Photo Lorenzo Palmieri

1 *Chi è Ana Gallardo? Materiali fragili, idee contundenti, azioni necessarie*, 8 novembre 2021, consultato il 4 ottobre 2023, https://altarmujeressxxi.wordpress.com/2021/11/08/ana-gallardo.

1 "¿Quién es Ana Gallardo? Materiales frágiles, ideas contundentes, acciones necesarias", November 8, 2021. Consulted on October 4, 2023 at https://altarmujeressxxi.wordpress.com/2021/11/08/ana-gallardo.

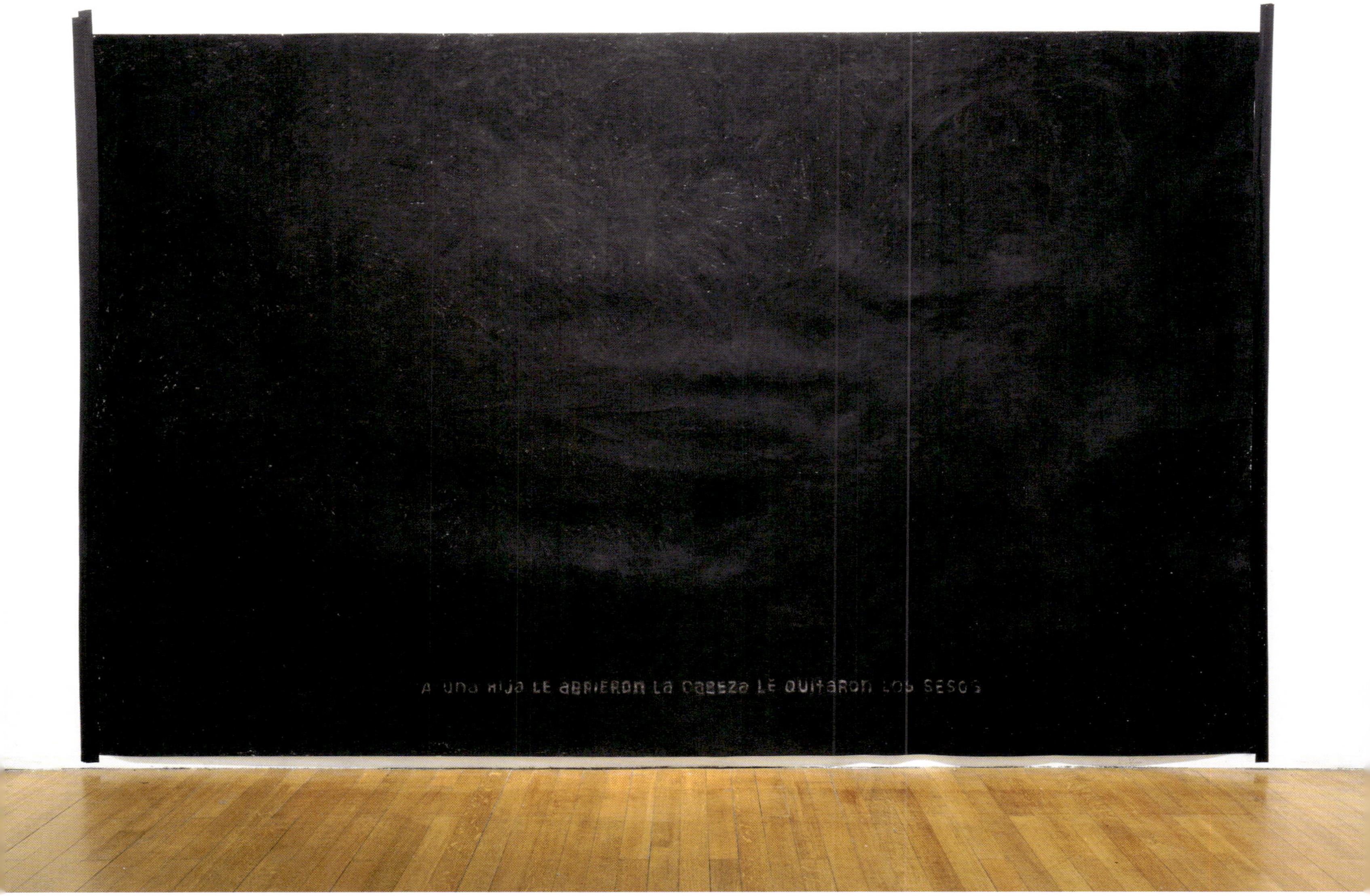
A una hija le abrieron la cabeza le quitaron los sesos

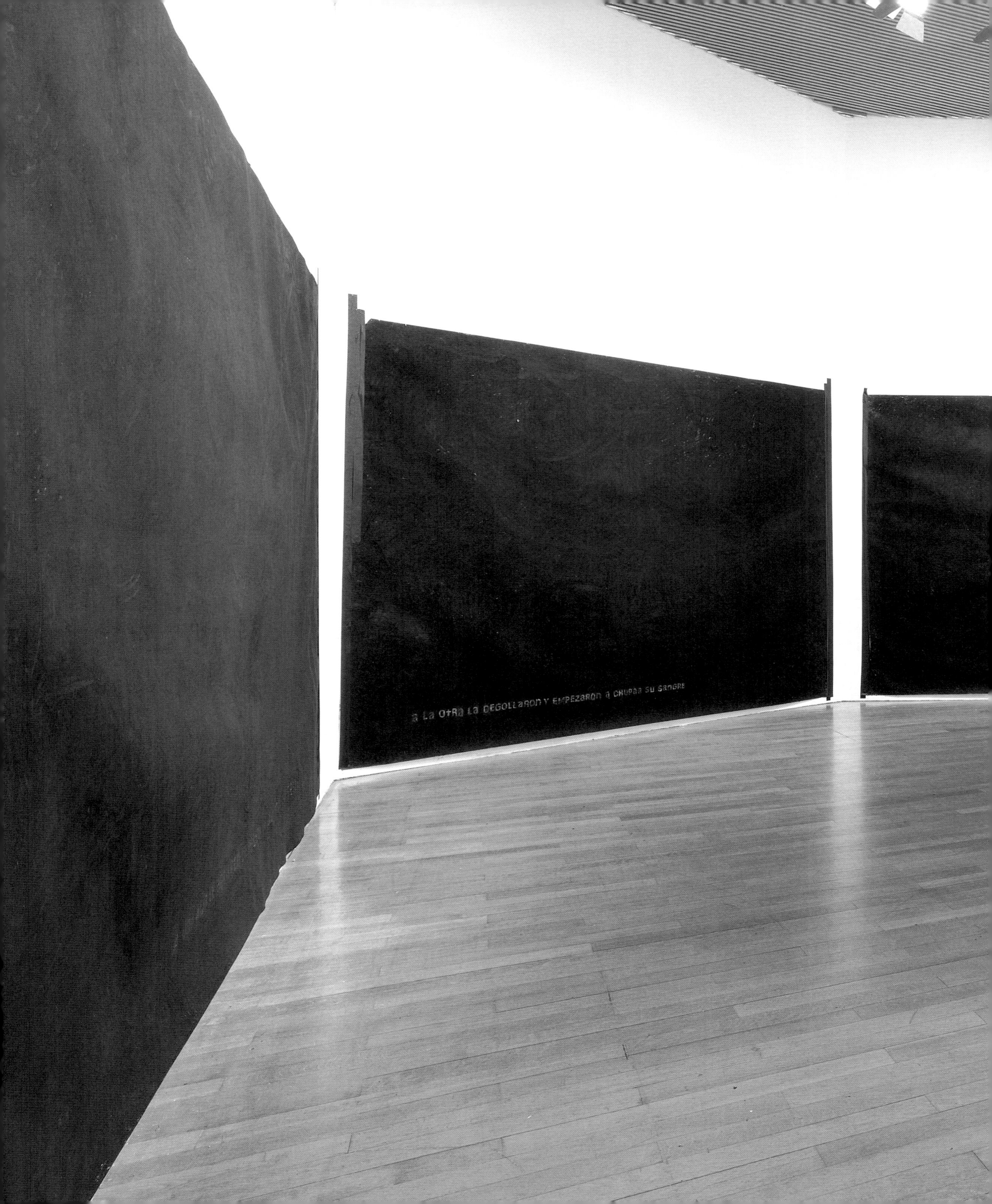
a La OtRa La DEGOLLaRON y EMPEZaRON a CHUPaR su SaNGRE

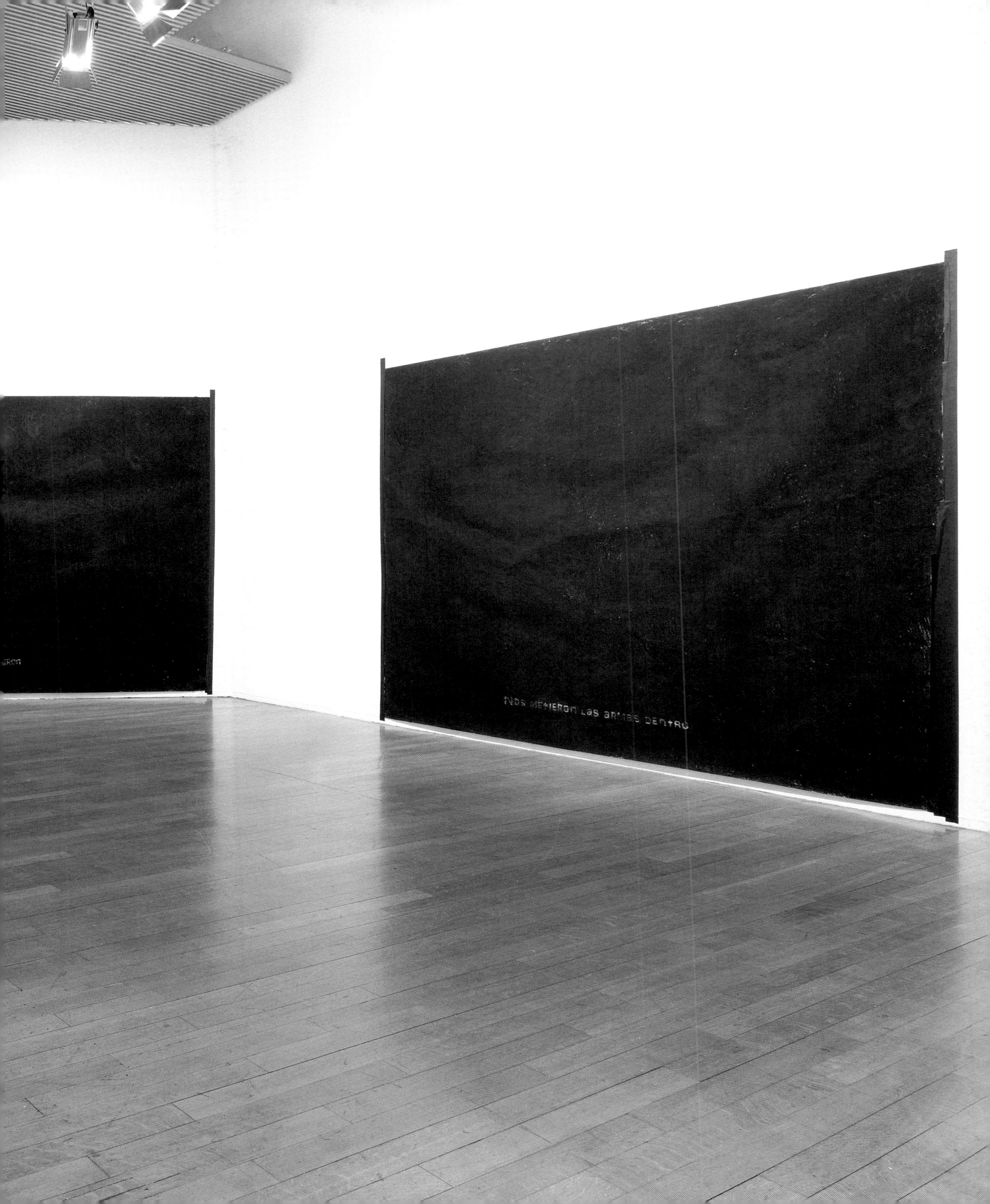
Nos metieron las armas dentro

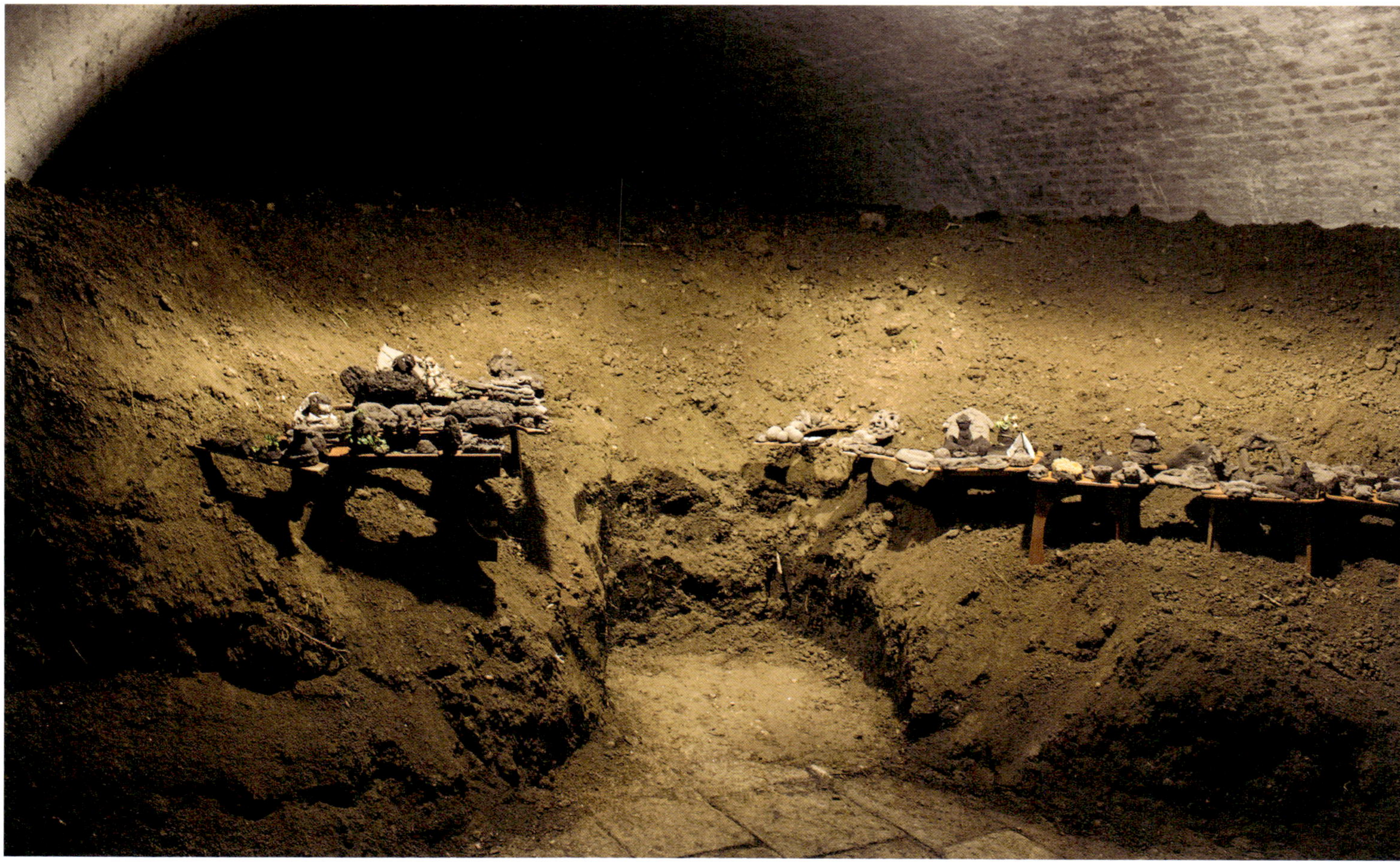

Pedimento, 2009 – 2015
Terra, oggetti / Earth, objects
Veduta della mostra della 56° Biennale di Venezia, 2015 / Exhibition view of the 56th Venice Biennal, 2015
Courtesy l'artista / the artist

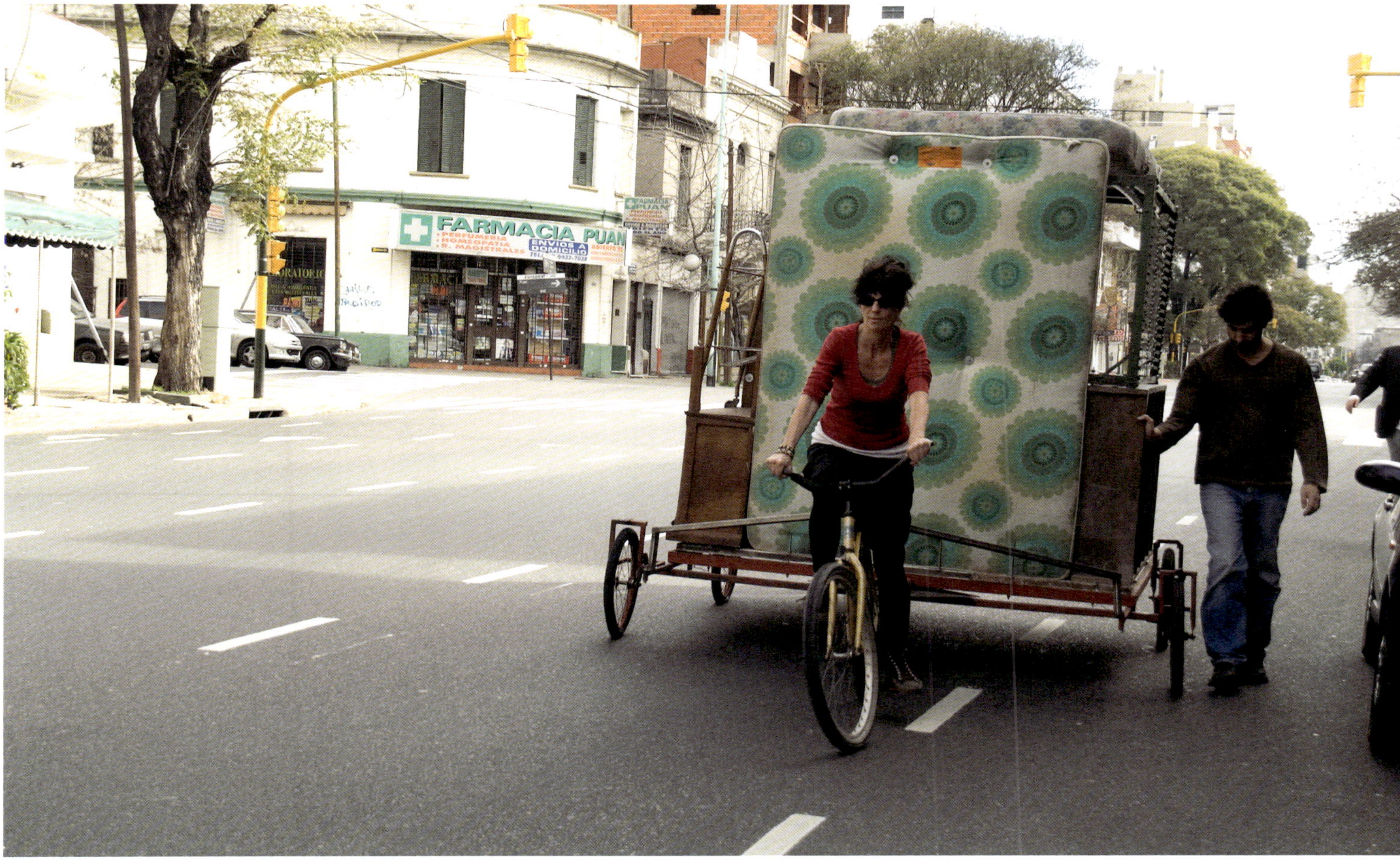

Casa rodant, 2007
Performance
Still da video / Video still
Pezzo realizzato con i mobili dell'artista
/ Work built with the artist's furniture
Courtesy l'artista / the artist

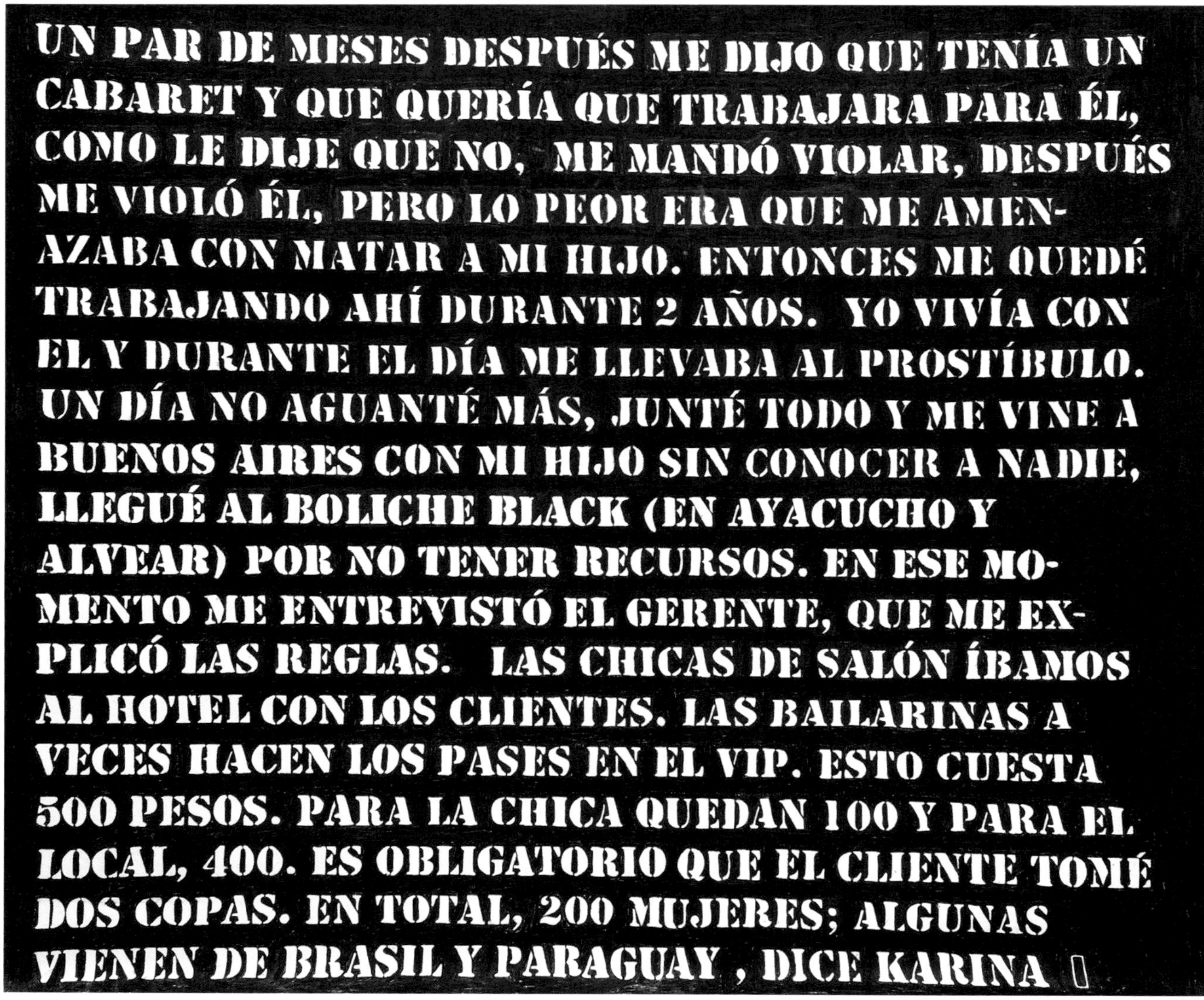

Sin título, 2014
Carboncino su carta / Charcoal on paper
227 × 272 cm
Courtesy l'artista / the artist

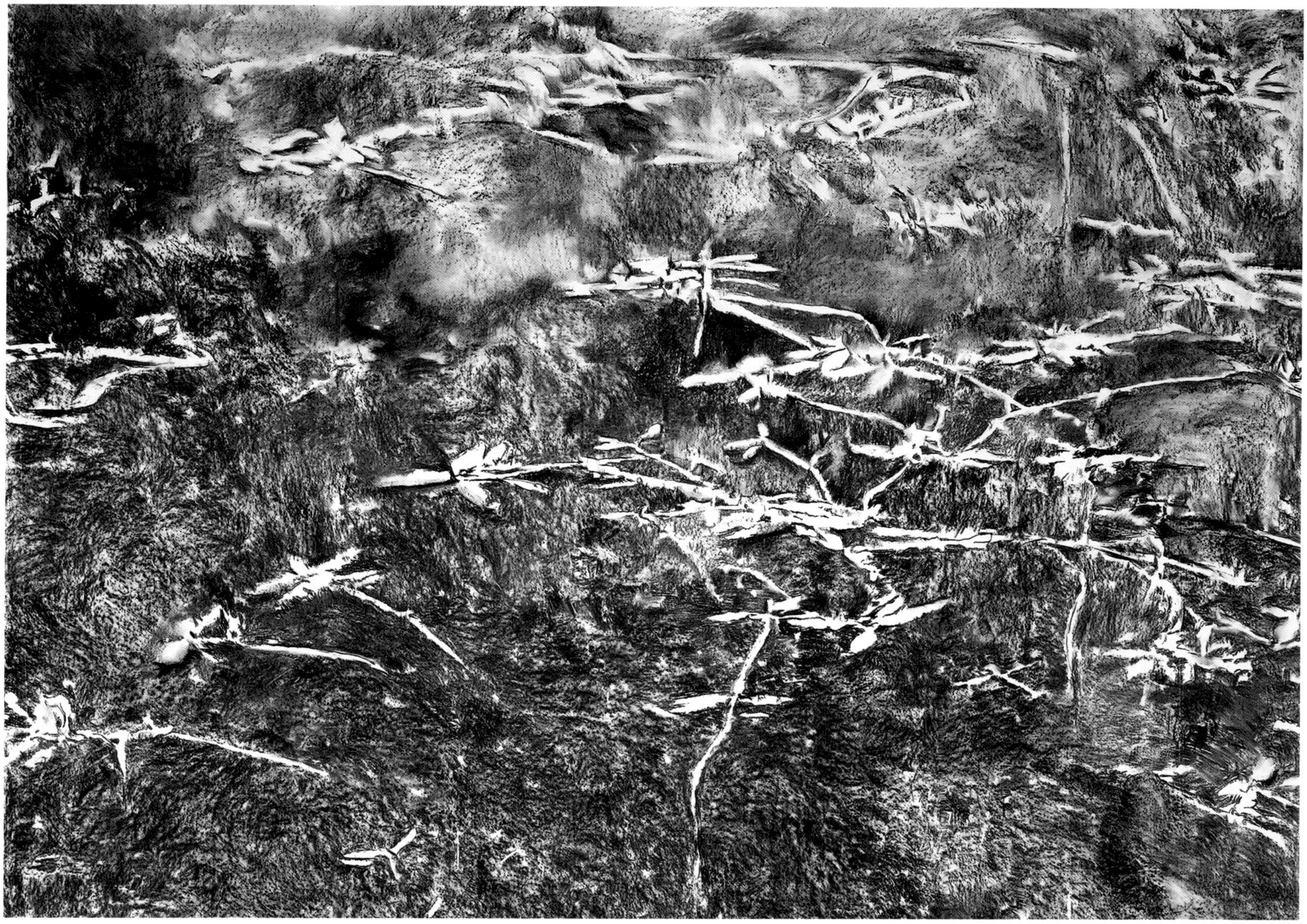

Studio per la ricostruzione di un paesaggio. La laguna di Zempoala, 2013 / Study for the reconstruction of a landscape. Zempoala lagoon, 2013
Carboncino su carta / Charcoal on paper
200 × 272 cm
Courtesy l'artista / the artist

Alberto Greco

Con il tentativo di coniugare arte e vita, Alberto Greco, nel manifesto *Dito del arte vivo* (Dito dell'arte vivente), scritto a Genova il 24 luglio 1962, dichiarava che il Vivo-Dito "è l'avventura del reale" e che era compito dell'artista insegnare a "vedere non attraverso un quadro, ma con il dito", focalizzandosi su ciò che accade intorno a lui. Riprendendo l'*objet trouvé*, l'arte proposta da Greco "cerca l'oggetto, ma quando lo trova lo lascia al suo posto, non lo trasforma, non lo migliora, non lo porta in una galleria d'arte". Nello sforzo di abbandonare ogni forma di "premeditazione", l'artista propugnava una rottura con lo spazio espositivo delle gallerie; progettava di stabilire "un contatto diretto con gli elementi vivi della nostra realtà. Movimento, tempo, persone, conversazioni, odori, rumori, luoghi e situazioni. ARTE VIVO, movimiento DITO" [1].

Dopo il trasferimento a Roma, con Carmelo Bene e Giuseppe Lenti, Greco concepisce e porta in scena *Cristo 63* al Teatro Laboratorio, *pièce* sperimentale che parodiava la Passione di Cristo. L'opera, uno spettacolo Vivo-Dito, non aveva una durata prestabilita e contemplava l'imprevisto, la partecipazione del pubblico, l'impiego di attori non professionisti e l'improvvisazione. La prima andò in scena il 4 gennaio 1963 senza un copione né linee guida condivise, una scelta che produsse situazioni inattese e reazioni tra gli attori e nel pubblico. Scene scatologiche, di nudo e un eccessivo consumo d'alcol provocarono l'intervento della polizia. Così, dopo un breve episodio di detenzione, Greco dovette fuggire dall'Italia con l'accusa di blasfemia.

Descrizioni e ricordi dell'esperimento teatrale appaiono nel *Gran manifiesto-rollo del arte vivo-dito* (Grande rotolo-manifesto dell'arte Vivo-Dito), opera composta da rotoli di carta ricoperti di scritte e disegni realizzata successivamente a Piedralaves, in Spagna.

Aiming to bring together art and life, in the manifesto *Dito del arte vivo* (Living Finger Art), written in Genoa on July 24, 1962, Alberto Greco claimed that the living finger "is the adventure of what is real", and that the artist's task is to teach people to "see not through a painting but with their finger", focusing on what is happening in the streets and all around us. As for found objects, the art created by Greco "seeks objects, but leaves found objects in their place, neither transforming nor improving them, nor taking them to art galleries". Aiming to end "premeditation", Greco proposed a break with gallery exhibition areas and supported the need to establish "direct contact with our reality's living elements. Movement, time, people, conversations, colours, sounds, places and situations. ARTE VIVO, movimiento DITO". [1]

After settling in Rome, along with Carmelo Bene and Giuseppe Lenti, Greco devised and staged *Cristo 63* – an experiment play parodying the Passion of Christ – at the Teatro Laboratorio. Considered a Vivo-Dito performance, it contemplated unexpectedness, the audience's participation, the use of amateur artists, and improvisation. The work premiered on January 4, 1963 without a script or even shared guidelines – a decision that caused unexpected situations and different reactions among actors and audience alike. Scatological scenes (like nakedness and excessive alcohol consumption) caused a huge scandal and required police intervention. And so, after a brief incarceration, Greco was forced to escape Italy under the accusation of blasphemy.

Descriptions and memories of the play appear in his work *Gran manifiesto-rollo del arte vivo-dito* (Great Reel-Manifesto of Living Finger Art), a work made up of rolls of paper covered in drawings and writing and created in Piedralaves, Spain.

Untitled (*Cristo 63* performance in Rome), 1963
Stampa alla gelatina d'argento su fibra di carta / Gelatin silver print on fiber paper
24 × 24 cm cad. / each
Courtesy Coleccíon Julian Mizrahi e / and Archivio Claudio Abate
Foto / Photo © Claudio Abate

1 Alberto Greco, *Manifiesto DITO dell'ARTE VIVO*, 24 luglio 1962, ore 11:30.

1 "Living art, Dito movement". Alberto Greco, *Manifiesto DITO dell'ARTE VIVO*, July 24, 1962, 11:30 a.m.

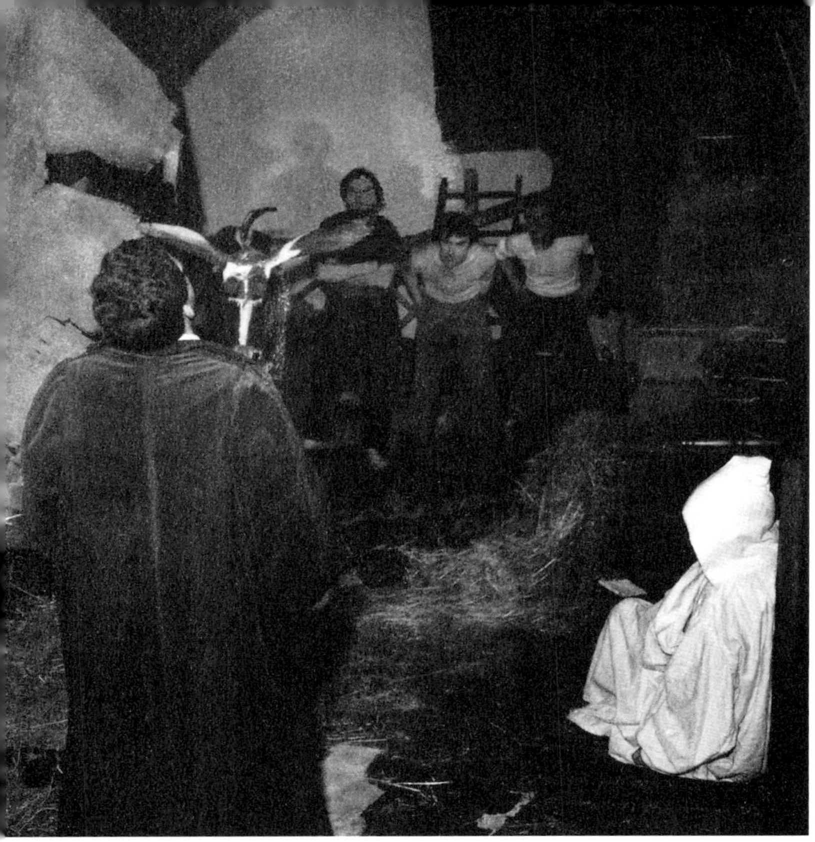
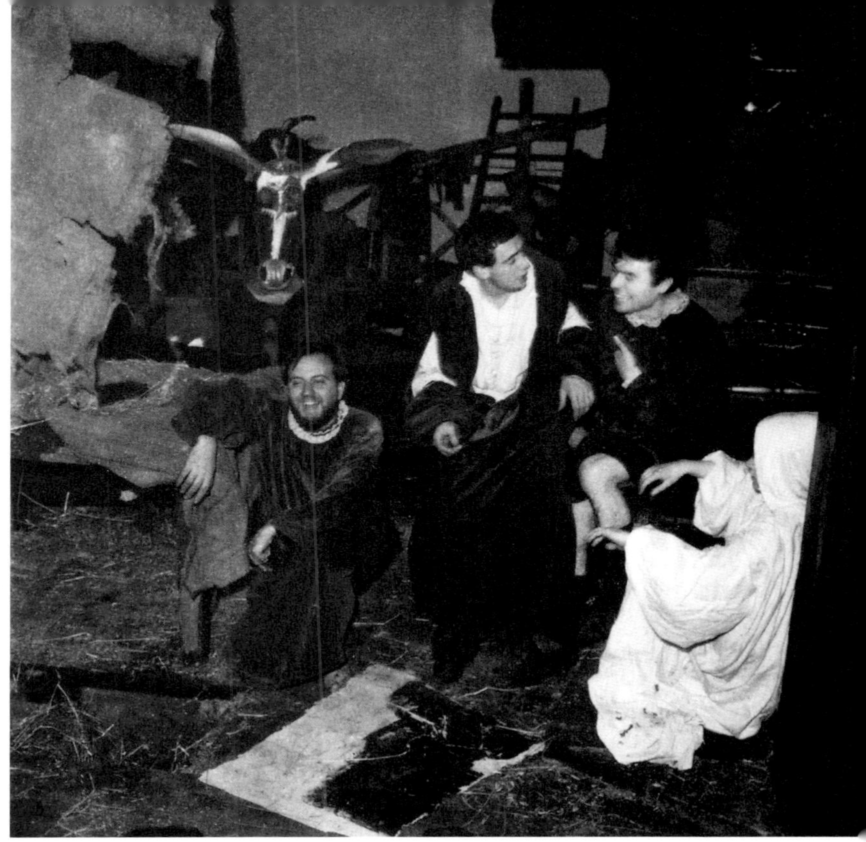

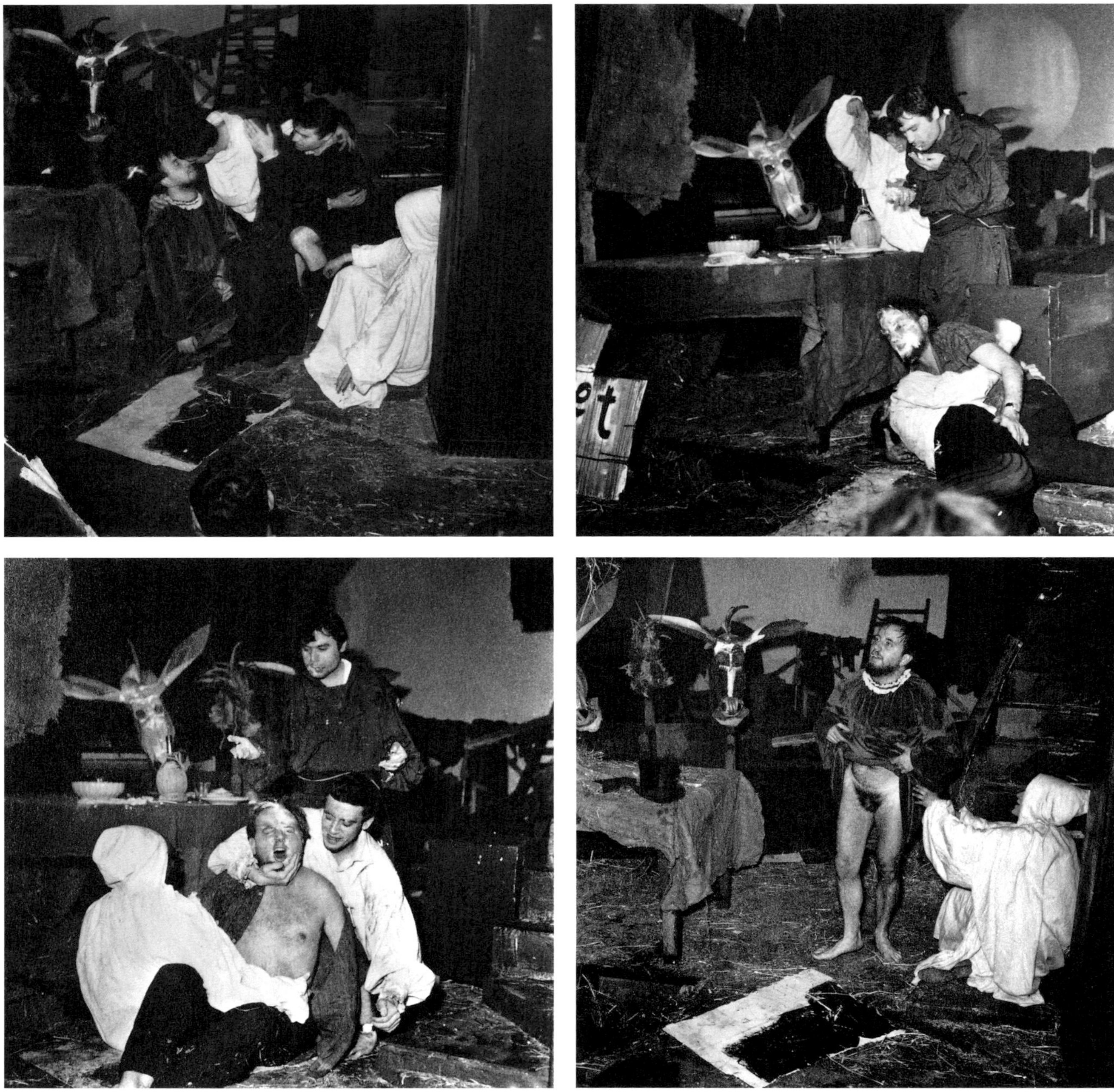

Untitled (*Cristo 63* performance
in Rome), 1963
Stampa alla gelatina d'argento
su fibra di carta / Gelatin silver print
on fiber paper
24 × 24 cm cad. / each
Courtesy Coleccíon Julian Mizrahi
e / and Archivio Claudio Abate
Foto / Photo © Claudio Abate

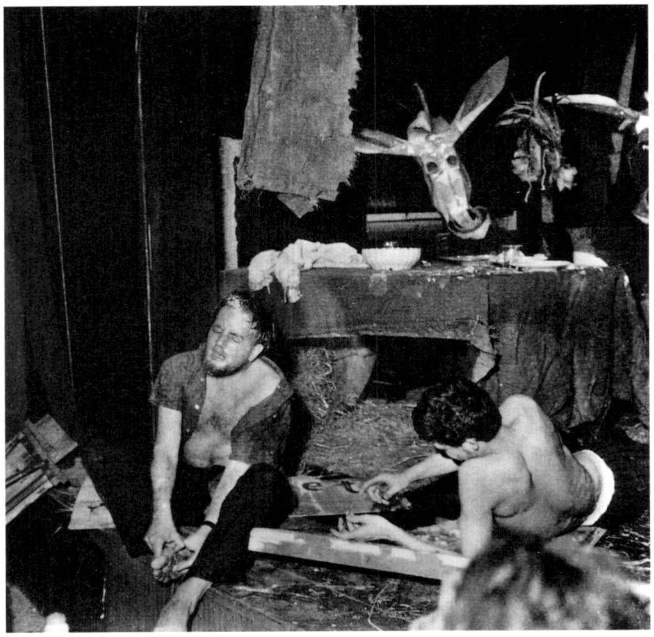

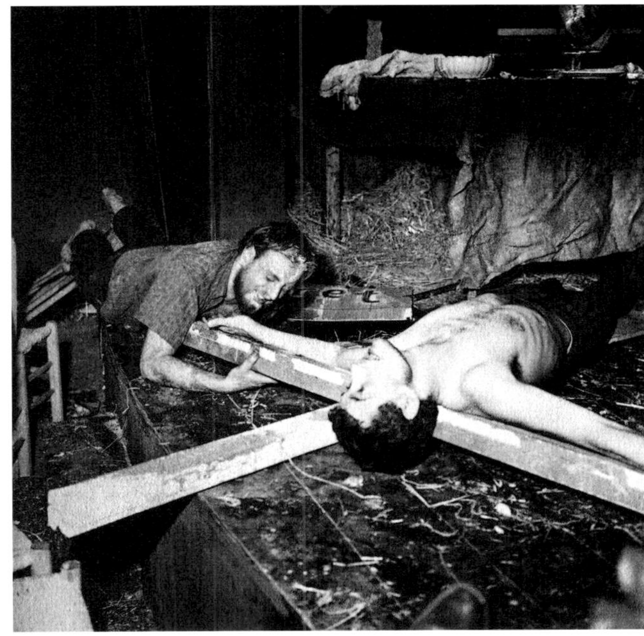

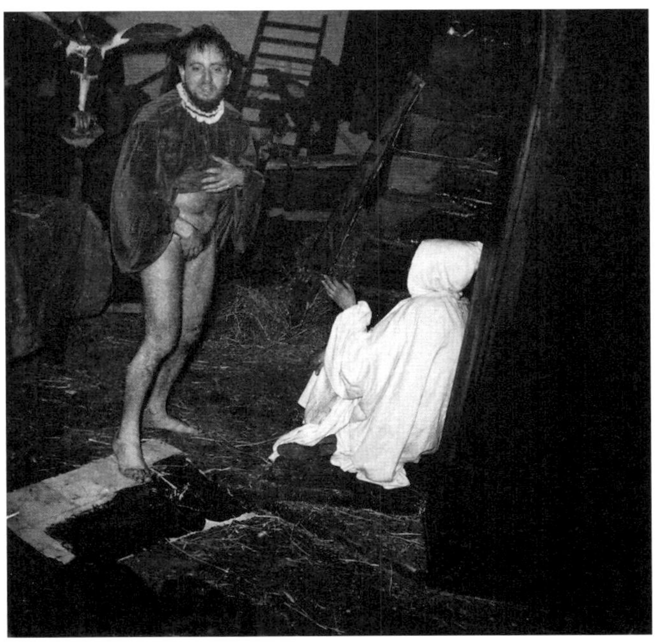

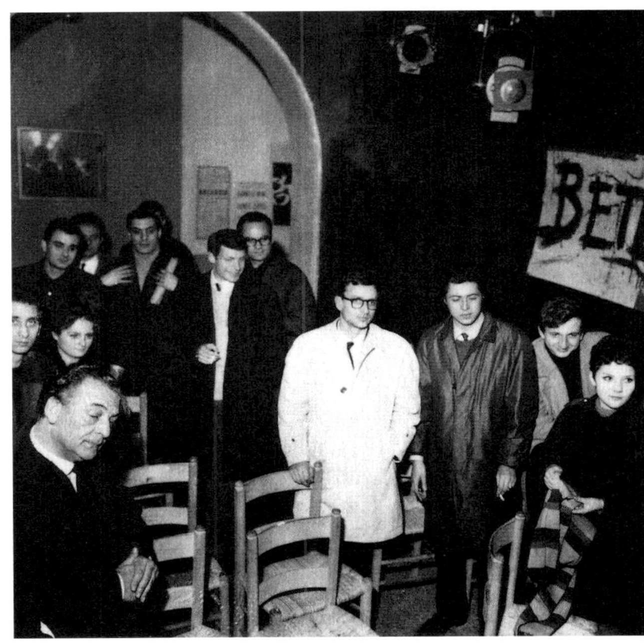
BETL

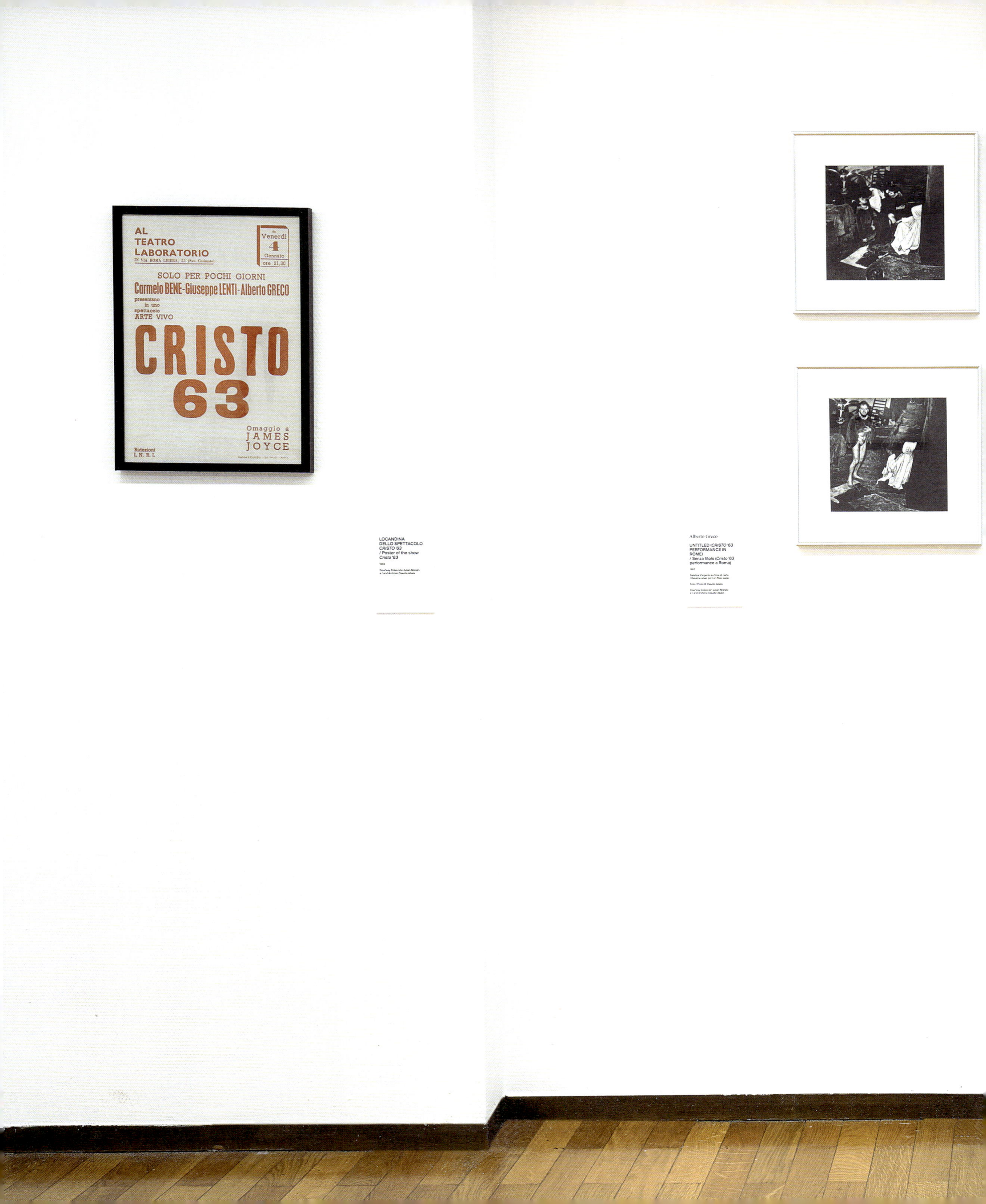
AL
TEATRO
LABORATORIO
IN VIA ROMA LIBERA, 23
Venerdì
4
Gennaio
ore 21,30
SOLO PER POCHI GIORNI
Carmelo BENE - Giuseppe LENTI - Alberto GRECO
presentano
in uno
spettacolo
ARTE VIVO
CRISTO
63
Omaggio a
JAMES
JOYCE
Riduzioni
I. N. R. I.
LOCANDINA
DELLO SPETTACOLO
CRISTO '63
/ Poster of the show
Cristo '63
Alberto Greco
UNTITLED (CRISTO '63
PERFORMANCE IN
ROME)
/ Senza titolo (Cristo '63
performance a Roma)

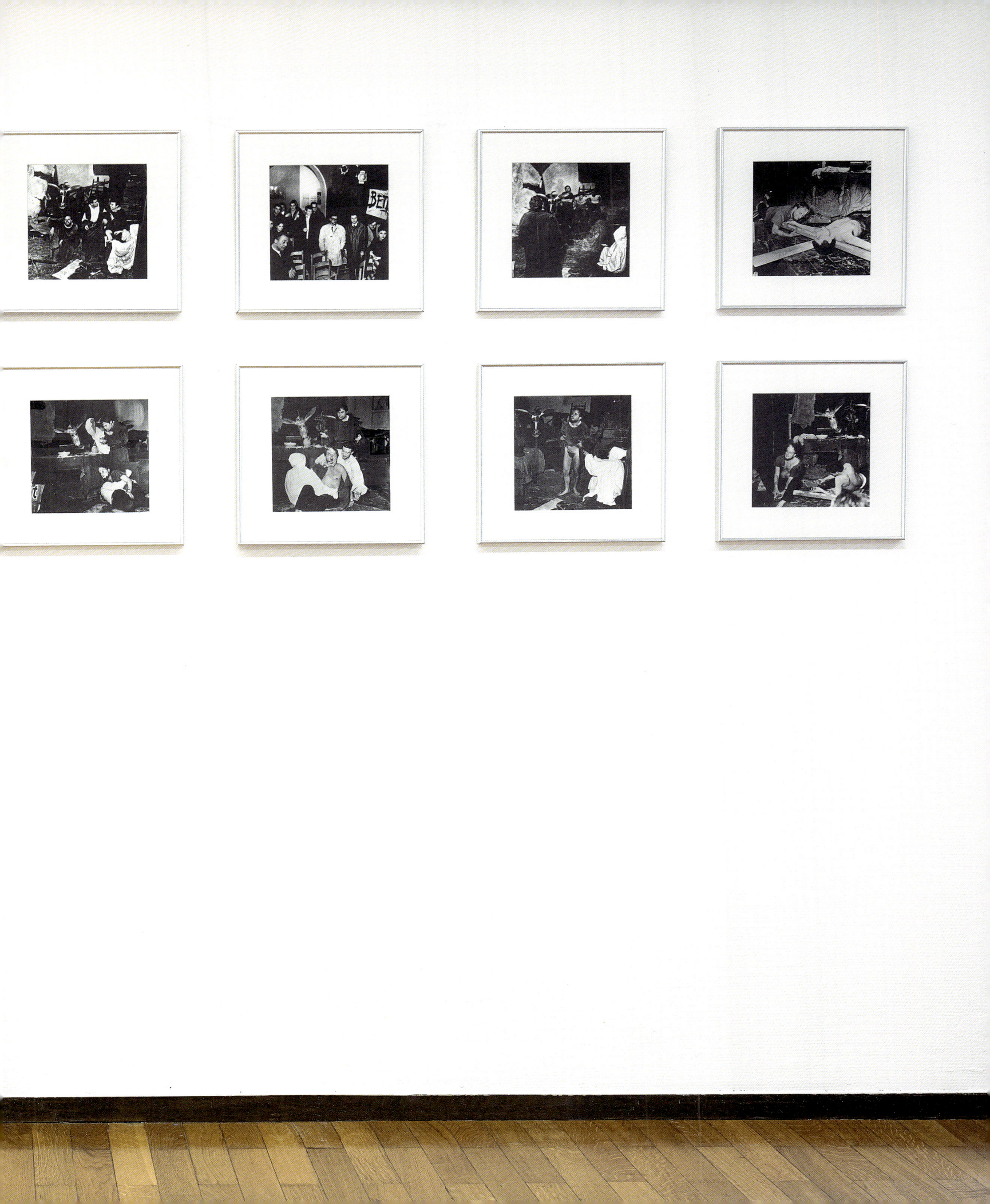

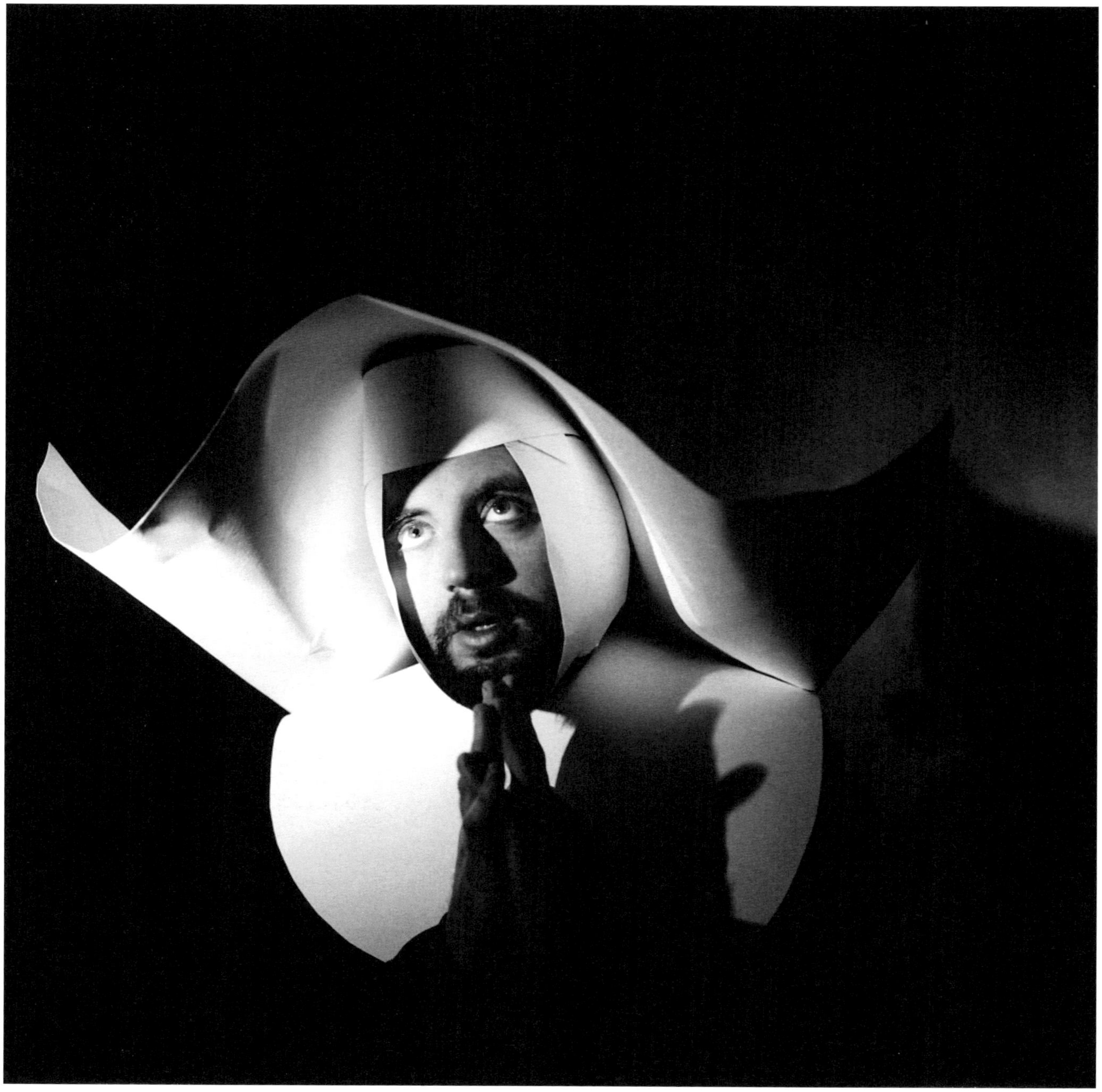

Albertus Grecvs, 1952
Stampa alla gelatina d'argento su fibra di carta / Gelatin silver print on fiber paper
30 × 30 cm
Courtesy Coleccíon Julian Mizrahi e / and Archivio Claudio Abate
Foto / Photo © Claudio Abate

Nelle pagine seguenti / Following pages
Untitled (*Cristo 63 performance in Rome*), 1963
Gelatina d'argento su fibra di carta / Gelatine silver print on fiber paper
Veduta della mostra al PAC, Milano / Exhibition view at PAC, Milan
Courtesy Coleccíon Julian Mizrahi, Archivio Claudio Abate e / and PAC Padiglione d'Arte Contemporanea, Milan
Foto / Photo Lorenzo Palmieri

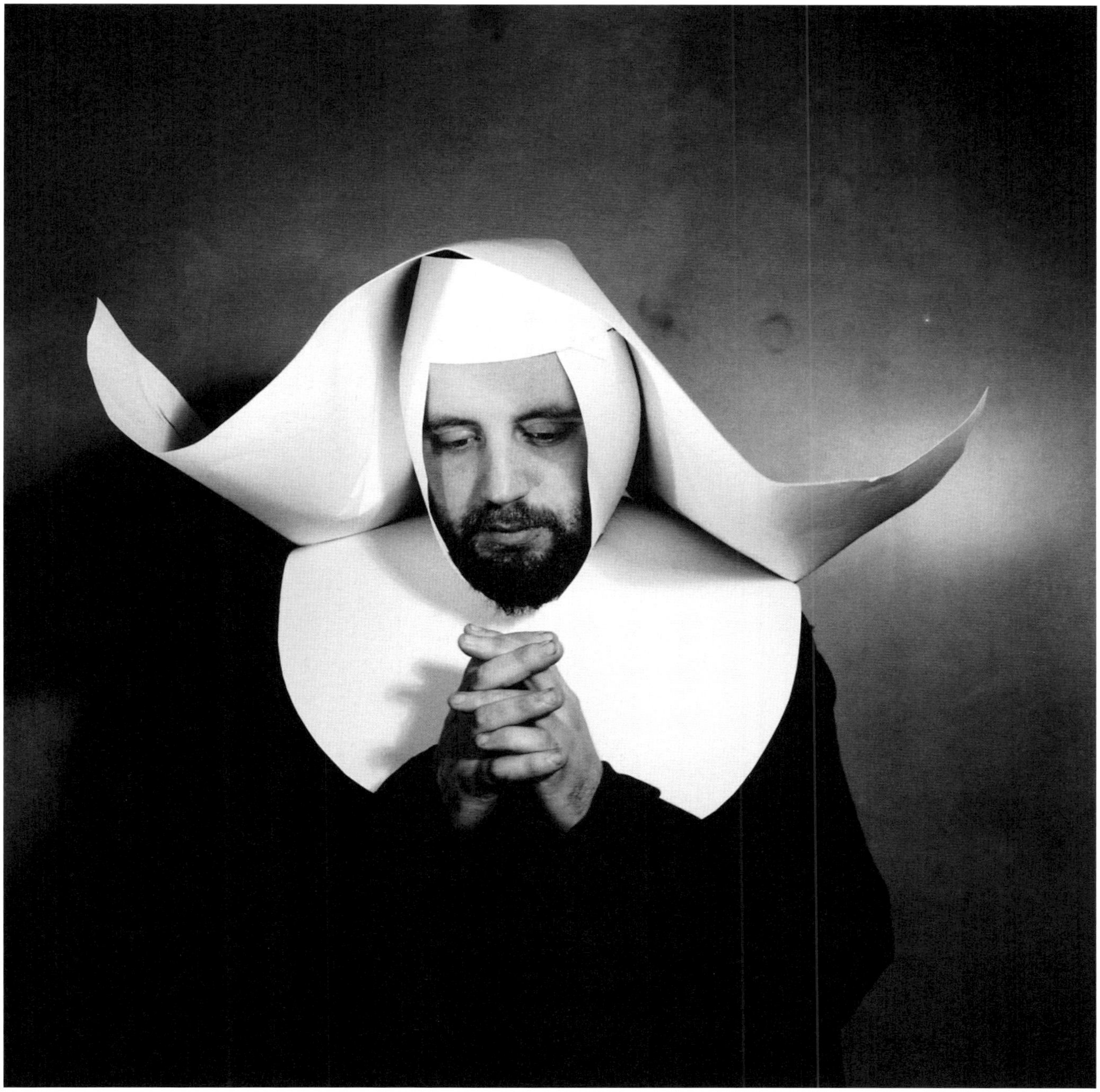

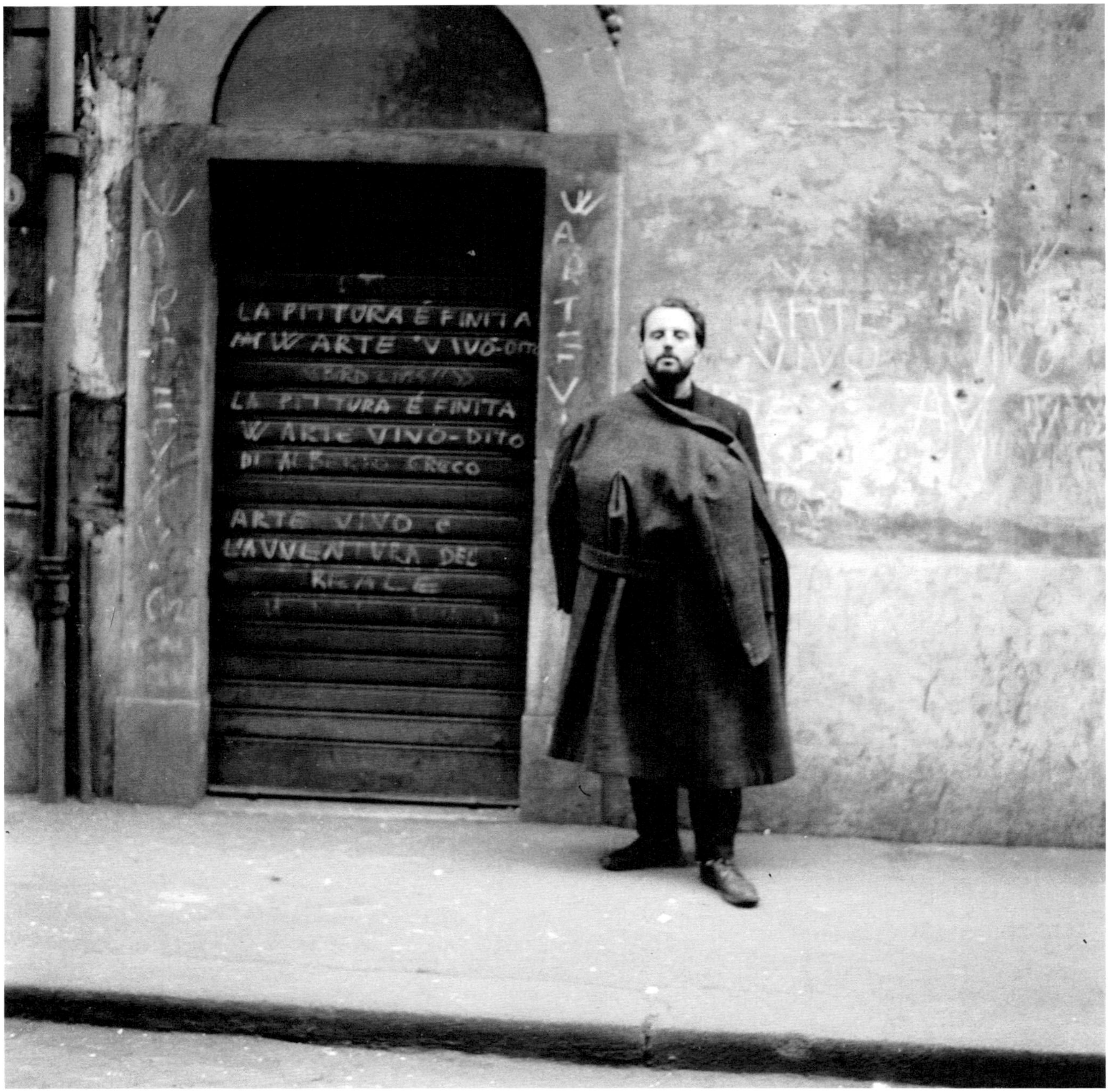

Untitled, *Rome*, 1962
Stampa alla gelatina d'argento su fibra di carta / Gelatin silver print on fiber paper
30 × 30 cm cad. / each
Courtesy Coleccíon Julian Mizrahi e / and Archivio Claudio Abate
Foto / Photo © Claudio Abate

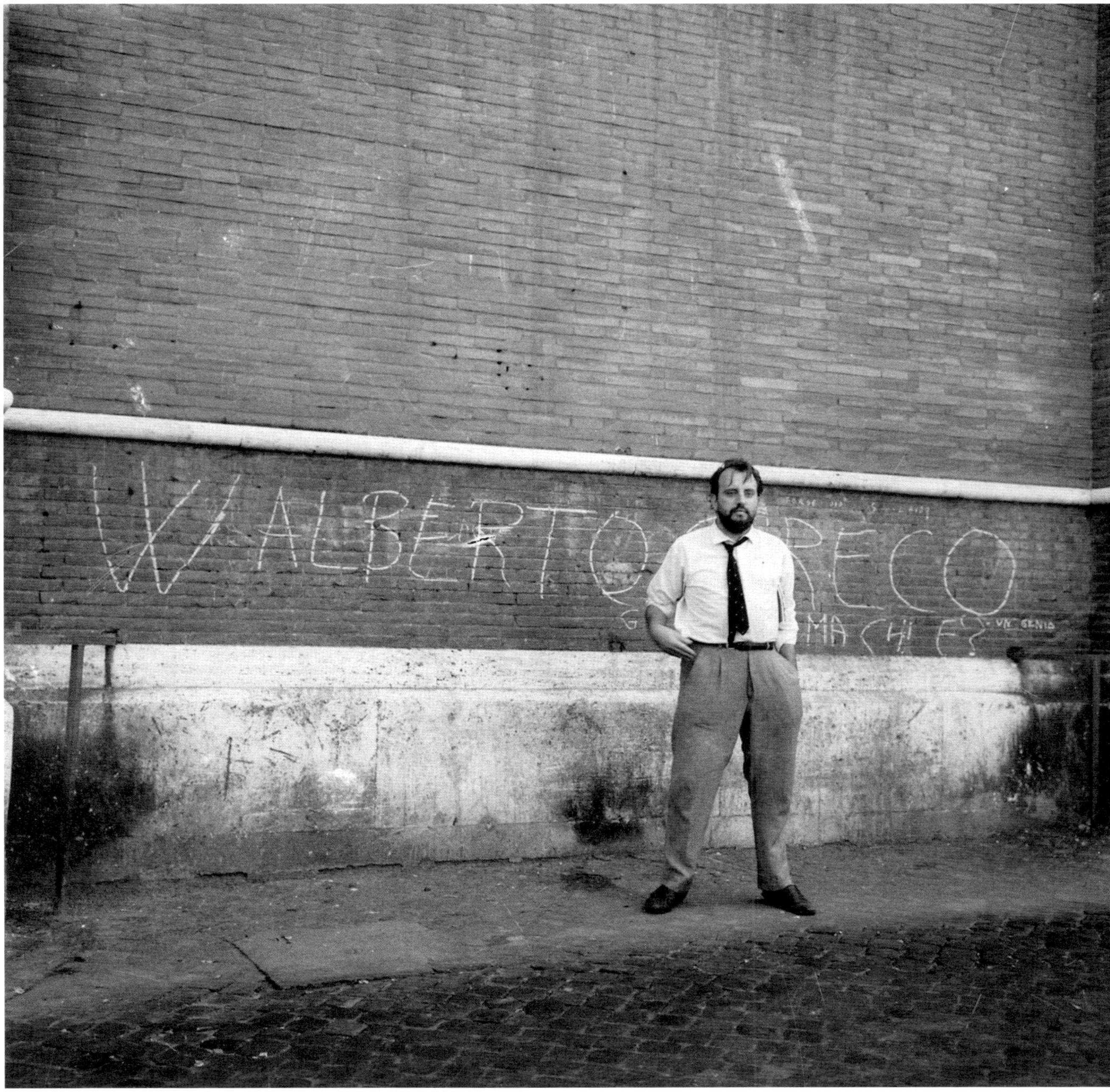
W ALBERTO
RECO
MA CHI E?
UN GENIO

Jorge Macchi

Jorge Macchi elabora, con linguaggi e *media* diversi – come il disegno, la pittura, il video, la fotografia, l'installazione e la musica –, delle proposte poetiche che sfidano la percezione dello spettatore. L'artista seleziona semplici oggetti che preleva da contesti quotidiani e li colloca in luoghi a loro estranei, un'operazione semplice che tuttavia disturba il senso e genera una sensazione di straniamento che apre a molteplici significati. Oltre alla decontestualizzazione e all'annullamento della funzione, l'artista lavora con l'idea della ripetizione per provocare nuove letture.

Nel 2013 Macchi realizza *Beehive* (Alveare), un'installazione composta da ventidue ventilatori da soffitto uniti tra loro, una situazione che ne elimina la funzionalità impedendo loro di ruotare e che, con la distribuzione proposta, richiama le celle dell'alveare. L'installazione si caratterizza per i ventilatori collocati sul soffitto della sala e un suono che, come un'ostinazione, si ripete insistentemente. La ripetizione dell'oggetto e la disposizione geometrica delle strutture rivelano un ritmo, una sorta di "musicalità" che percorre l'opera. Nello stesso anno Macchi realizza *Fan* (Ventilatore), un'installazione che recupera lo stesso oggetto, ma in questo caso è in funzione un solo ventilatore.

Le sue opere si prestano a svariate interpretazioni e, come afferma Macchi, il suo compito è solo "trovare un oggetto noto e familiare che mi serva come un amo o come un pretesto affinché l'approccio del pubblico all'opera avvenga semplicemente. Per questo tutta l'enfasi è centrata sul formale, sulle qualità della materia, per questo c'è una grande varietà. Tutto è orientato a quel cruciale primo momento di avvicinamento dell'osservatore al mio lavoro" [1].

In various languages and media such as drawing, painting, video, photography, installation and music, Jorge Macchi imagines poetic propositions that call on the observer's perception. He selects everyday simple objects that he arranges in unexpected places, a simple operation, yet one that disturbs our senses and generates a disorientation that paves the way for multiple meanings. Beyond the gesture of moving the object and stripping it of its function, the artist works with the idea of repetition to elicit new interpretations.

In 2013, he created *Beehive*, an installation composed of twenty-two roof fans connected to one another, a situation that prevents them from working since their blades are unable to rotate; at the same time, the arrangement he chooses creates a design resembling the little cells of a beehive. Set in a corner of the exhibition space, close to the walls, the blades, unable to rotate freely, dig grooves into these side surfaces, and also produce a sound that, like a musical *ostinato*, repeats itself insistently. In *Fan*, from the same year, he makes use of the same element, but in this case there is only one, functioning fan.

Macchi's works lend themselves to a multitude of interpretations and, as he puts it, his task is merely "to find a known, familiar object that I use as a lure or a pretext to facilitate and simplify the public's approach. This is why all the emphasis is centred on the formal, on the qualities of the material, this is why there's a great variety. Everything is oriented towards that crucial moment in which the observer first approaches my work". [1]

Beehive, 2013
Veduta della mostra al PAC, Milano / Exhibition view at PAC, Milan
Courtesy l'artista / the artist e / and PAC Padiglione d'Arte Contemporanea, Milan
Foto / Photo Lorenzo Palmieri
Sound design Manuel Eguía

Nelle pagine seguenti / Following pages
Dictionary of dead words, 2023
Gesso, marmo, cartongesso / Plaster, marble, drywall
360 × 1100 × 25 cm
Courtesy Galería Elvira González, Madrid
Foto / Photo Roberto Ruiz

1 Florencia Ortolani, "El objeto desestructurado. Intervista a Macchi", in *Artishockrevista*, 10 maggio 2016, consultato il 10 ottobre 2023: https://artishockrevista.com/2016/05/10/objeto-desestructurado-entrevista-jorge-macchi.

1 Florencia Ortolani, "El objeto desestructurado. Intervista a Macchi", in *Artishockrevista*, May 10, 2016. Consulted on October 10, 2023 at https://artishockrevista.com/2016/05/10/objeto-desestructurado-entrevista-jorge-macchi.

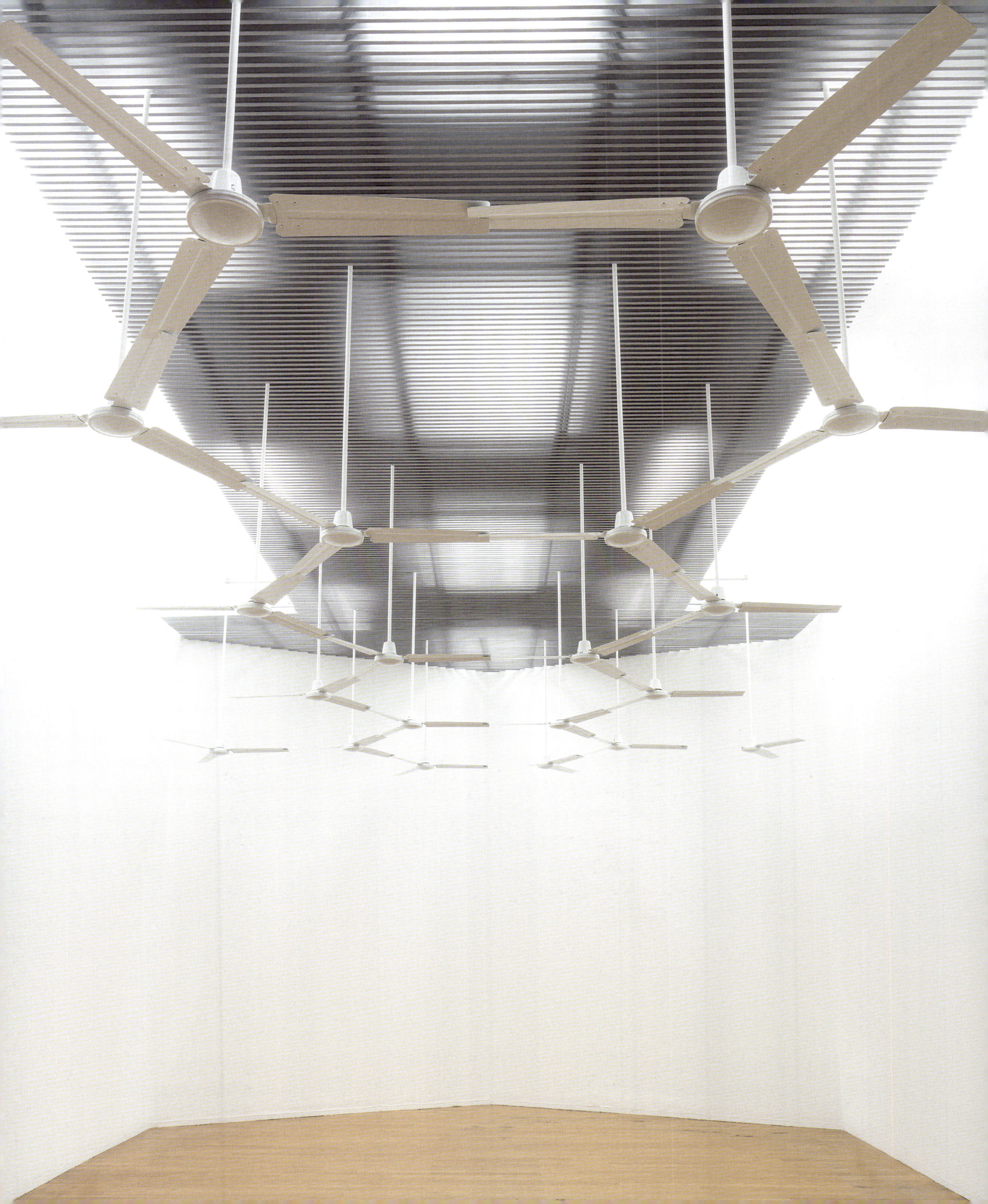

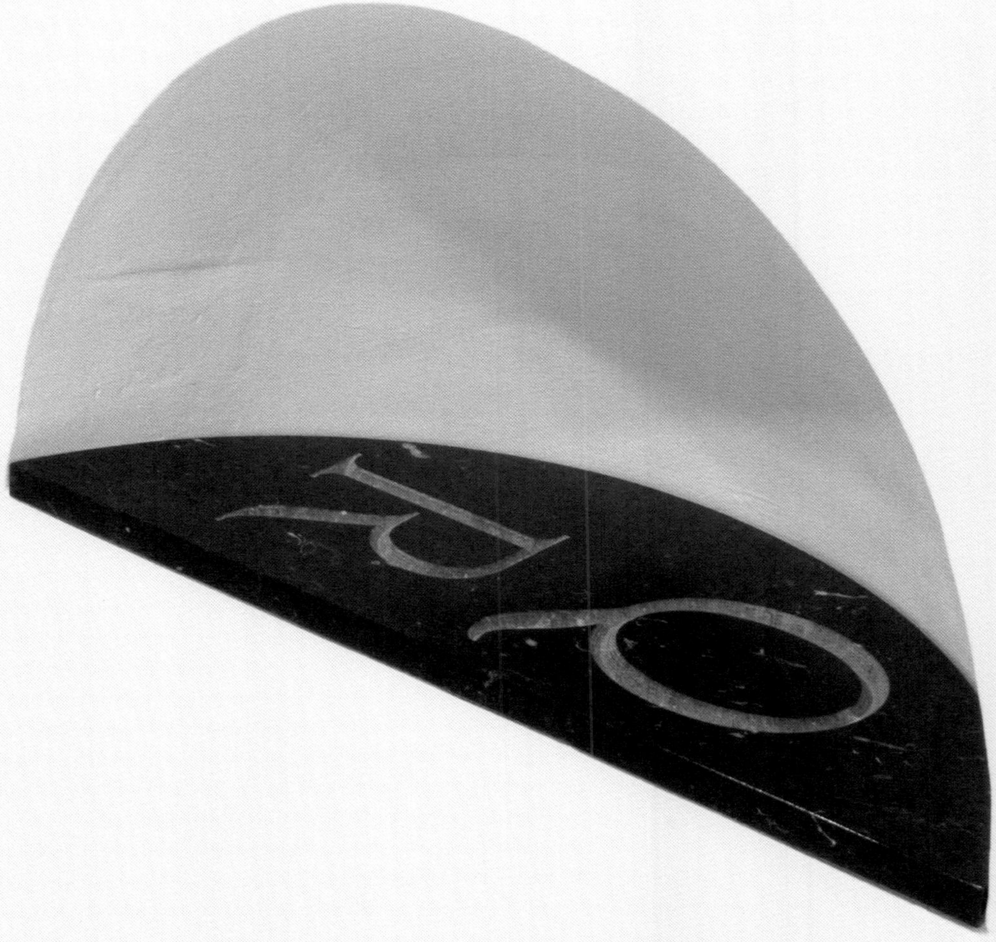

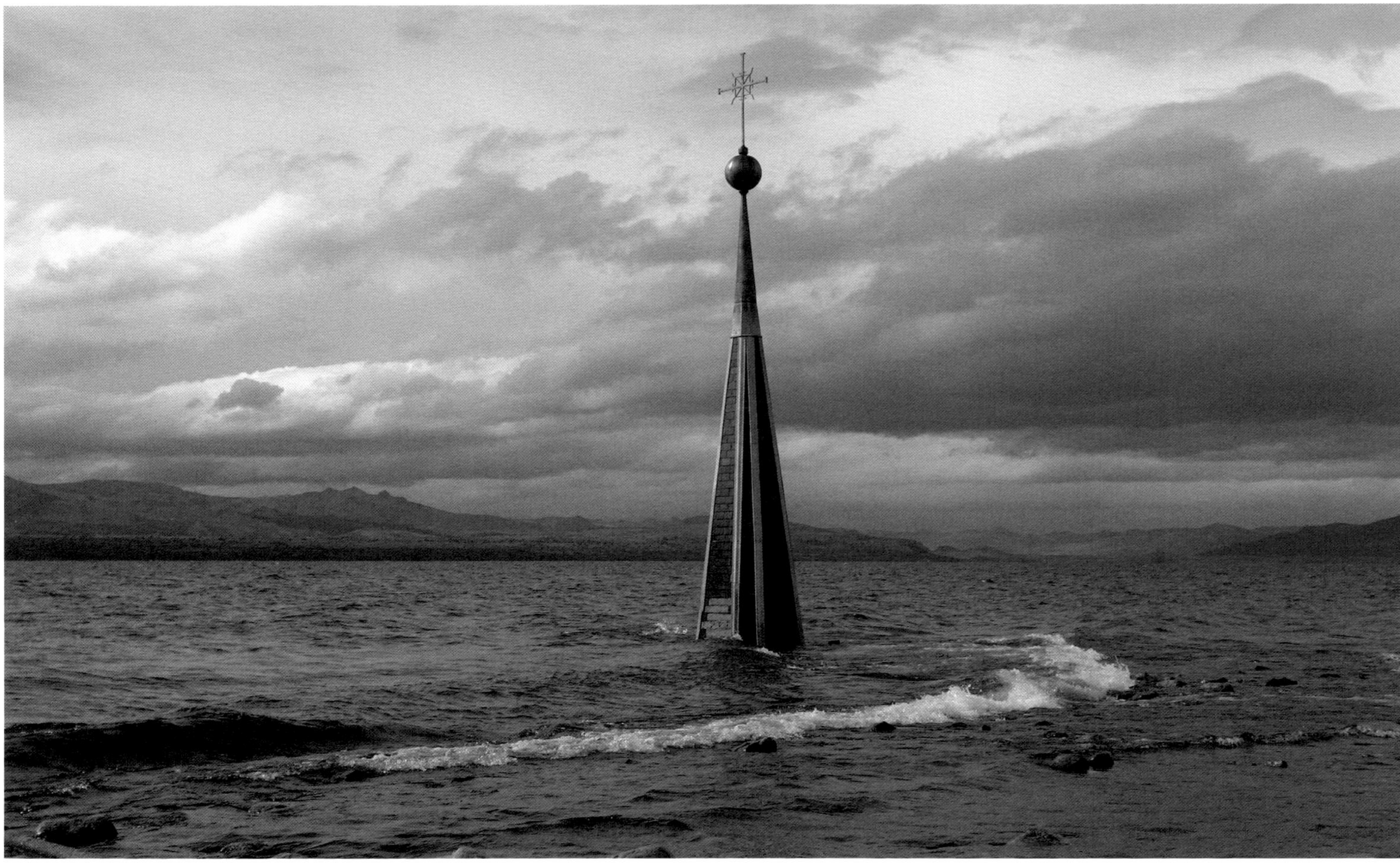

Prelude, 2014
Metallo, resina / Metal, resin
1200 × 180 × 180 cm
Installazione *site-specific*
/ Site-specific installation,
Bariloche, Argentina 2014
Courtesy l'artista / the artist
Foto / Photo Jorge Macchi

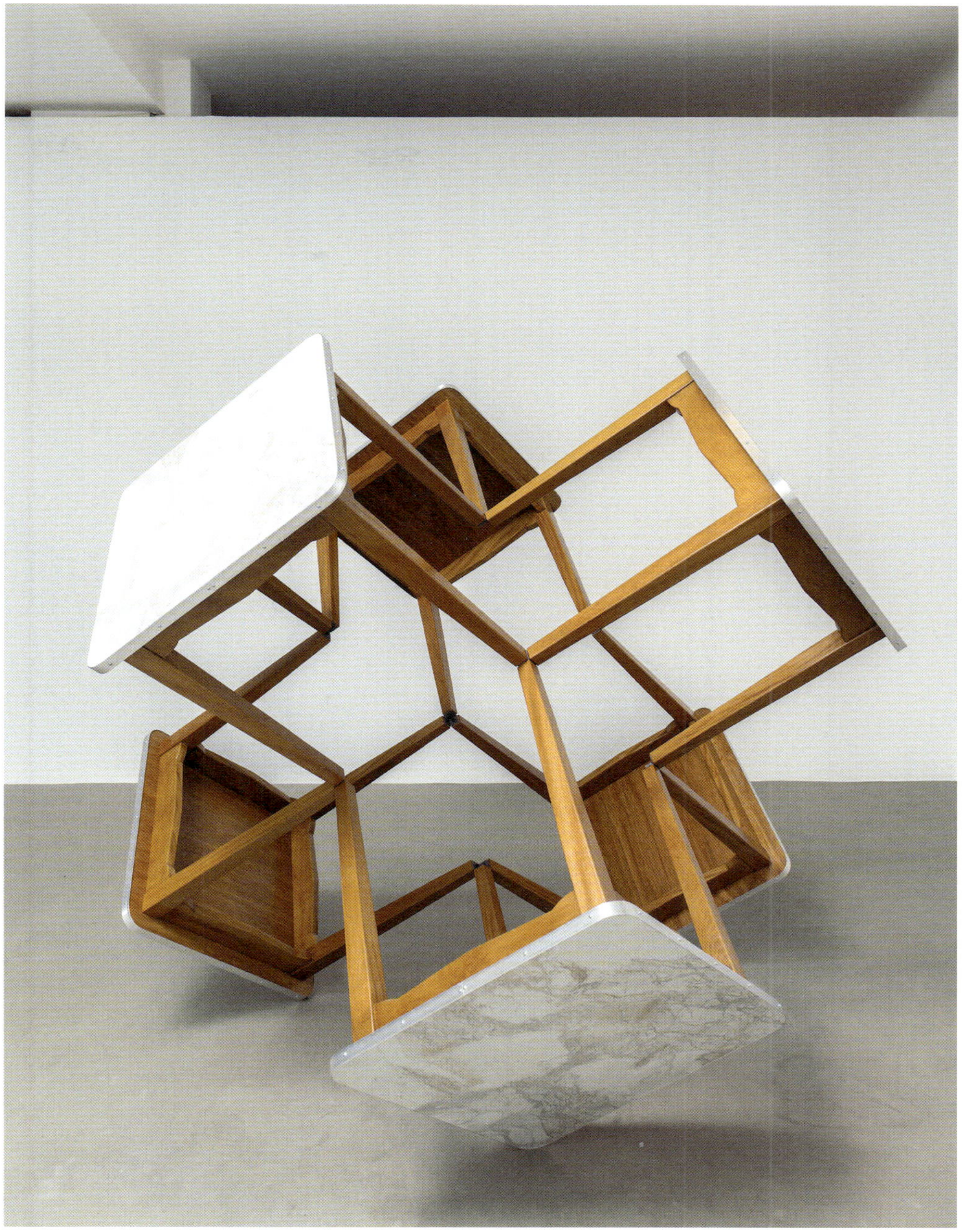

Under the table, 2022
Legno, metallo / Wood, metal
200 × 200 × 200 cm
Courtesy Galeria Luisa Strina, São Paulo
Foto / Photo Edouard Fraipont

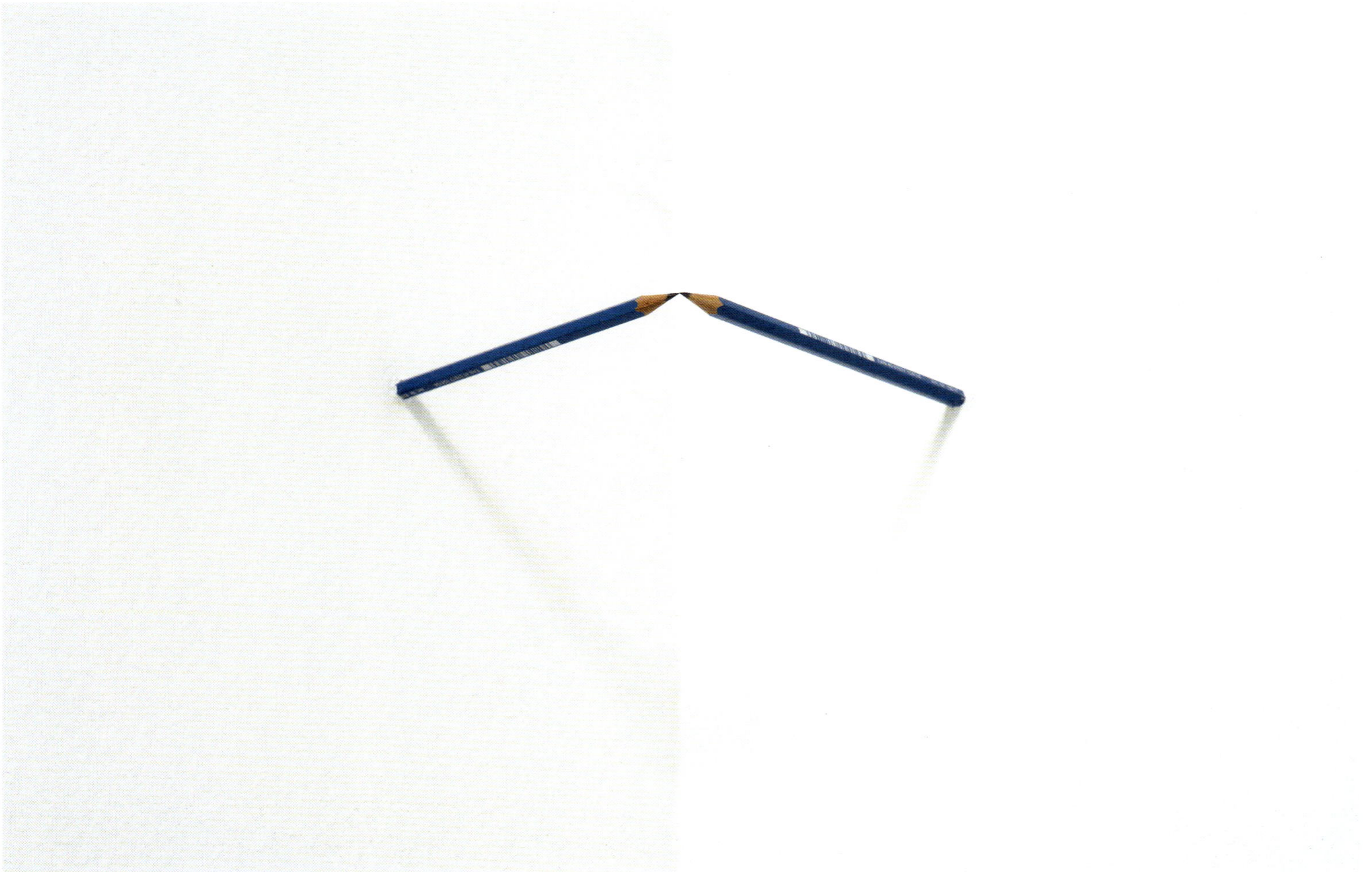

Drawing, 2022
2 matite / 2 pencils
15 × 15 cm
Courtesy Galeria Luisa Strina, São Paulo
Foto / Photo Edouard Fraipont

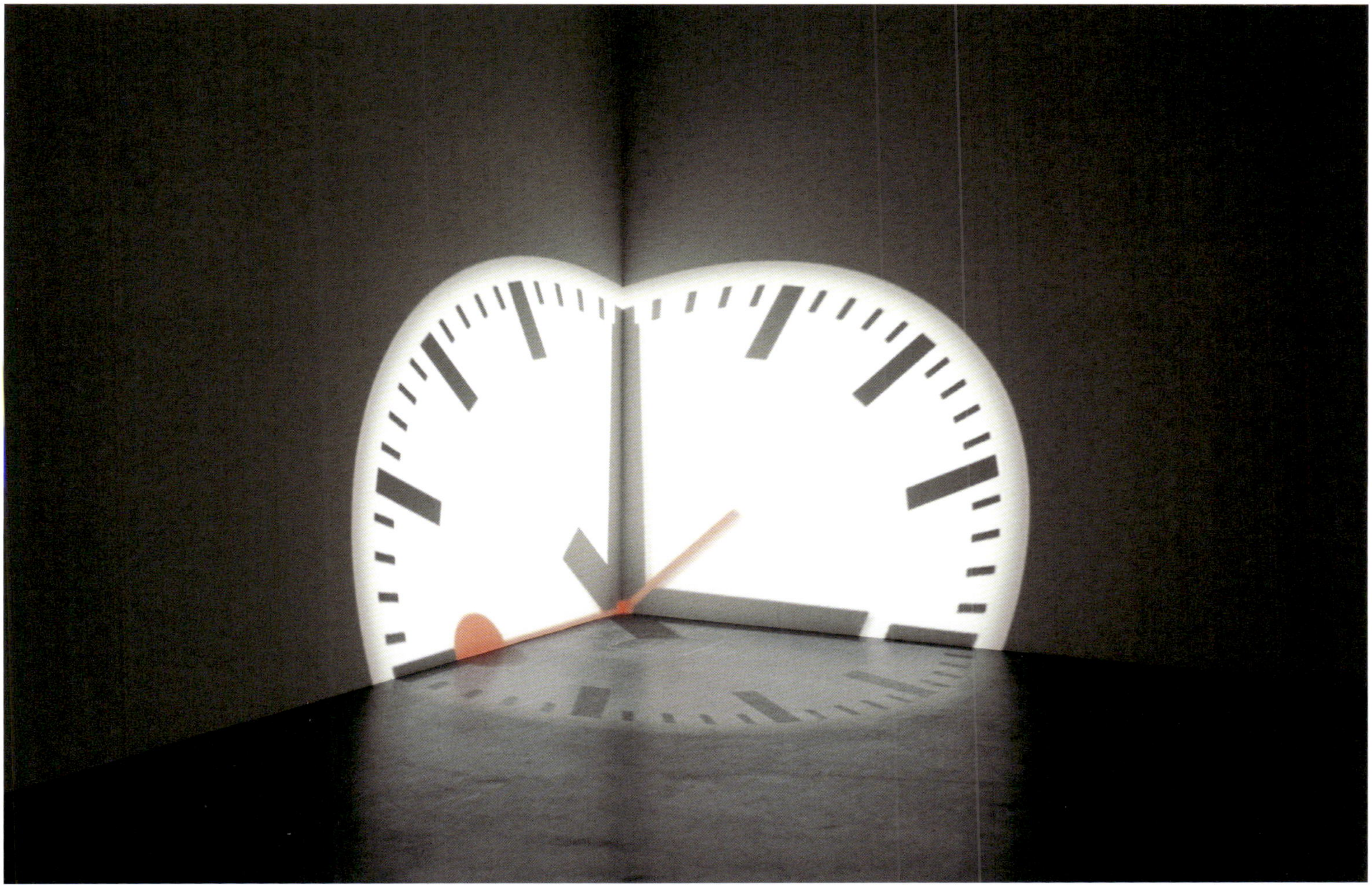

XYZ, 2012
Proiezione video, loop
/ Video projection, loop
Dimensioni variabili
/ Variable dimensions
Installazione / Installation al
/ at Kunstmuseum Luzern 2013
Courtesy Galerie Peter Kilchmann, Zurich
Foto / Photo Thomas Strub

Liliana Maresca

Liliana Maresca sperimenta varie tecniche – scultura, assemblaggio, installazioni, montaggi grafici, disegno, pittura –, ma è nelle performance fotografiche che diventa protagonista assoluta dell'azione.

Maresca se entrega todo destino (Maresca si abbandona al destino), uscita sul numero 8 del mensile "El libertino" l'8 ottobre 1993, è una sequenza di 14 scatti in bianco e nero che ritraggono l'artista in pose provocatorie, con indosso poco o niente, talvolta in compagnia di un orsacchiotto di peluche. Sviluppata su una doppia pagina, oltre al numero di telefono della donna, riportava un testo relativo alla sua condizione di artista ed elencava i complici dell'azione: "La scultrice Liliana Maresca ha fatto dono del suo *corpo* ad Alex Kuropatwa (fotografia), Sergio De Loof (costumi) e Sergio Avello (trucco) per questo maxi annuncio in cui è disposta a tutto". Sul margine in alto a destra della pagina compariva anche il nome dei responsabili della produzione: Fabulous Nobodies (agenzia fittizia di Roberto Jacoby e Kiwi Sainz).

Per realizzare e diffondere la sua performance fotografica Maresca scelse una rivista mensile di racconti erotici, nel tentativo di sfondare le frontiere dell'opera singola, superare i limiti temporali della mostra e ampliare la portata della circolazione e della comunicazione con il pubblico. La decisione di usare come supporto un mensile di racconti erotici permise all'artista di sviluppare un'opera concettuale ed erotica e di esporre un'idea attraverso il proprio corpo. Quello di "abbandonarsi al destino", a qualunque destino, è un atto artistico che esiste solo sulla carta stampata e che le consentì di prendere coscienza dell'impatto dell'opera: "È la prima volta che ho questo genere di riscontro con una mostra e l'opera prosegue con le telefonate che mi fanno riflettere su ciò che sto facendo. Il pubblico è composto da persone estranee al circuito dell'arte; non chiamano per dirmi 'Bello il tuo lavoro!': il livello generale di comprensione è elementare, e in tutta evidenza quanto più è elementare, tanto più arrivi a un maggior numero di persone [...]" [1].

Liliana Maresca experiments with various techniques – sculpture, assemblage, installations, graphic montages, drawing, painting –, but it is in photographic performances that she becomes the absolute protagonist of the action.

Maresca se entrega todo destino (Maresca Abandoning Herself to Fate) was published in the 8th issue of the *El Libertino* on October 8, 1993. A sequence of 14 black-and-white photos portraying the artist in provocative poses – whether scantily clothed or naked, sometimes accompanied by a teddy bear – features in a double-page spread containing Maresca's personal phone number and a text describing her condition as an artist and listing her 'partners in crime'. "The sculptor Liliana Maresca gave her body over to Alex Kuropatwa (photographer), Sergio De Loof (trendsetter) and Sergio Avello (makeup artist) for this maxi ad where she's willing to do anything". The top right-hand margin of the page also showed the names of the producers: Fabulous Nobodies (a sham company belonging to Roberto Jacoby and Kiwi Sainz).

Maresca chose a monthly magazine of erotic stories to create and publicise her photo performance, in an attempt to break through the frontiers on individual works, overcome limited exhibition times and increase the scope of circulation and communication with the public. Using this monthly magazine featuring erotic stories as a format allowed the artist to develop a conceptual and erotic piece, suggesting ideas via her own body. The "abandonment to fate" is an artistic act existing only on the printed page, with increased her awareness of the work's impact: "This is the first time I've had actual feedback from an exhibition, the work continued with phone calls that make it seem like I'm doing something. The public is outside the plastic circle; people don't call me to say 'What a lovely piece!'; in general, it's a primitive perception. And the more fundamental the work, evidently, the more people it reaches [...]." [1]

Maresca se entrega todo destino, 1993–2013
Gelatina d'argento su fibra di carta / Gelatin silver print on fiber paper
Courtesy Colección Julio César Crivelli
Foto / Photo Alejandro Kuropatwa

1 Julio Sánchez. "Una artista se ofreció 'para todo destino' en una revista erótica", in *La Maga*, 99, Buenos Aires, 8 dicembre 1993, p. 15.

1 Julio Sánchez. "Una artista se ofreció 'para todo destino' en una revista erótica", in *La Maga*, no. 99, Buenos Aires, December 8, 1993, p. 15.

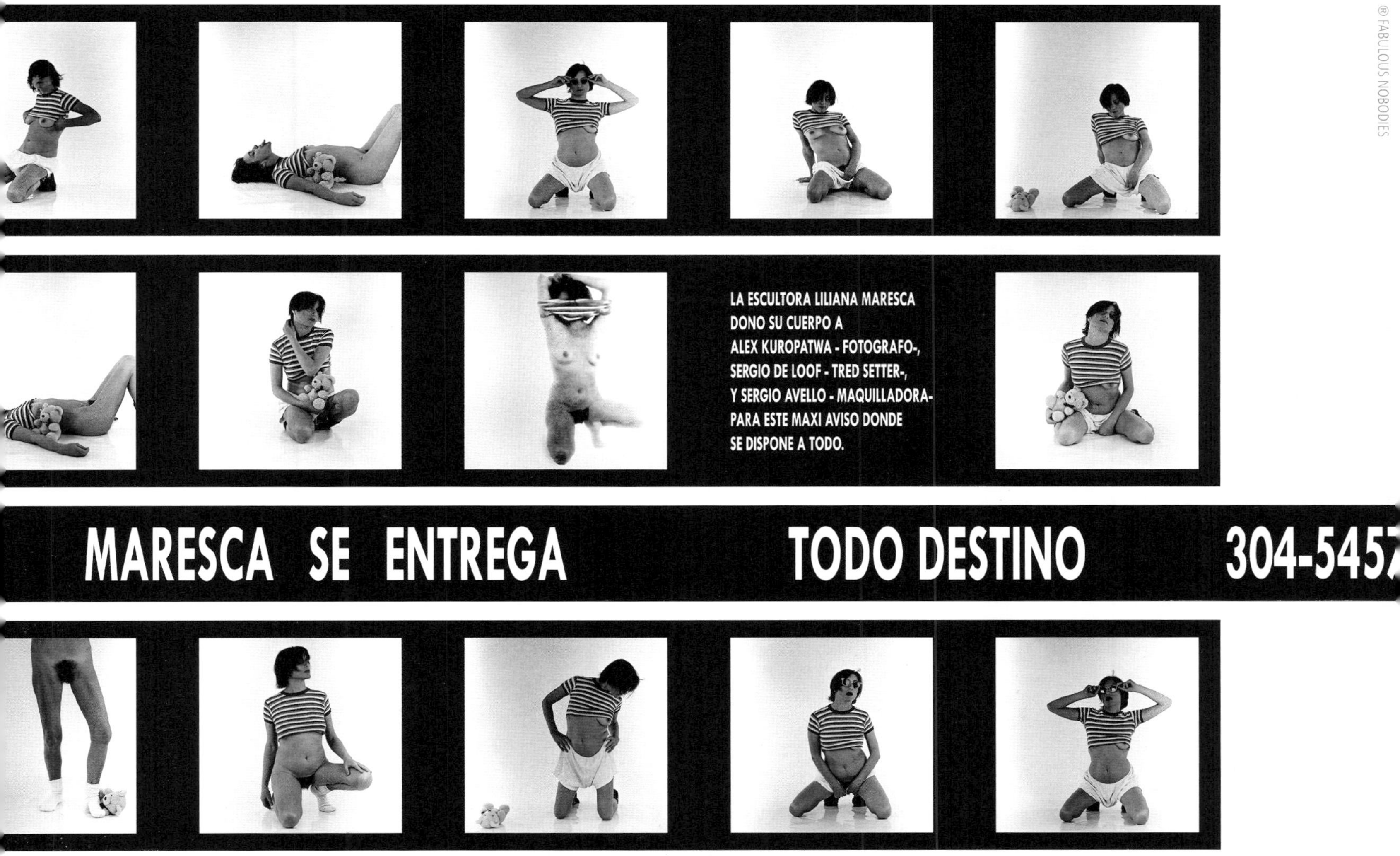
LA ESCULTORA LILIANA MARESCA
DONO SU CUERPO A
ALEX KUROPATWA - FOTOGRAFO-,
SERGIO DE LOOF - TRED SETTER-,
Y SERGIO AVELLO - MAQUILLADORA-
PARA ESTE MAXI AVISO DONDE
SE DISPONE A TODO.
MARESCA SE ENTREGA
TODO DESTINO
304-5457

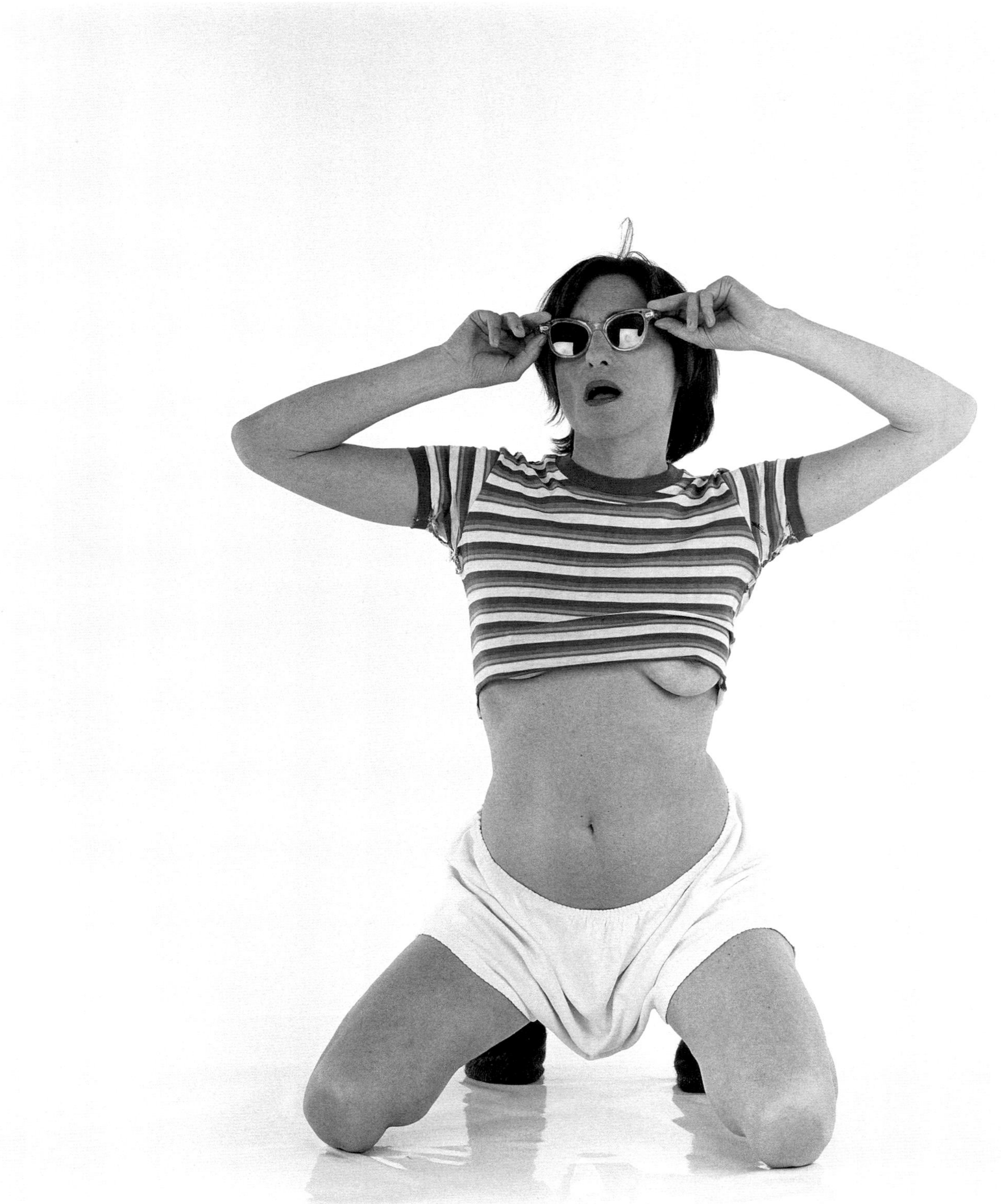

Maresca se entrega todo destino,
1993–2013
Gelatina d'argento su fibra di carta
/ Gelatin silver print on fiber paper
Courtesy Colección Julio César Crivelli
Foto / Photo Alejandro Kuropatwa

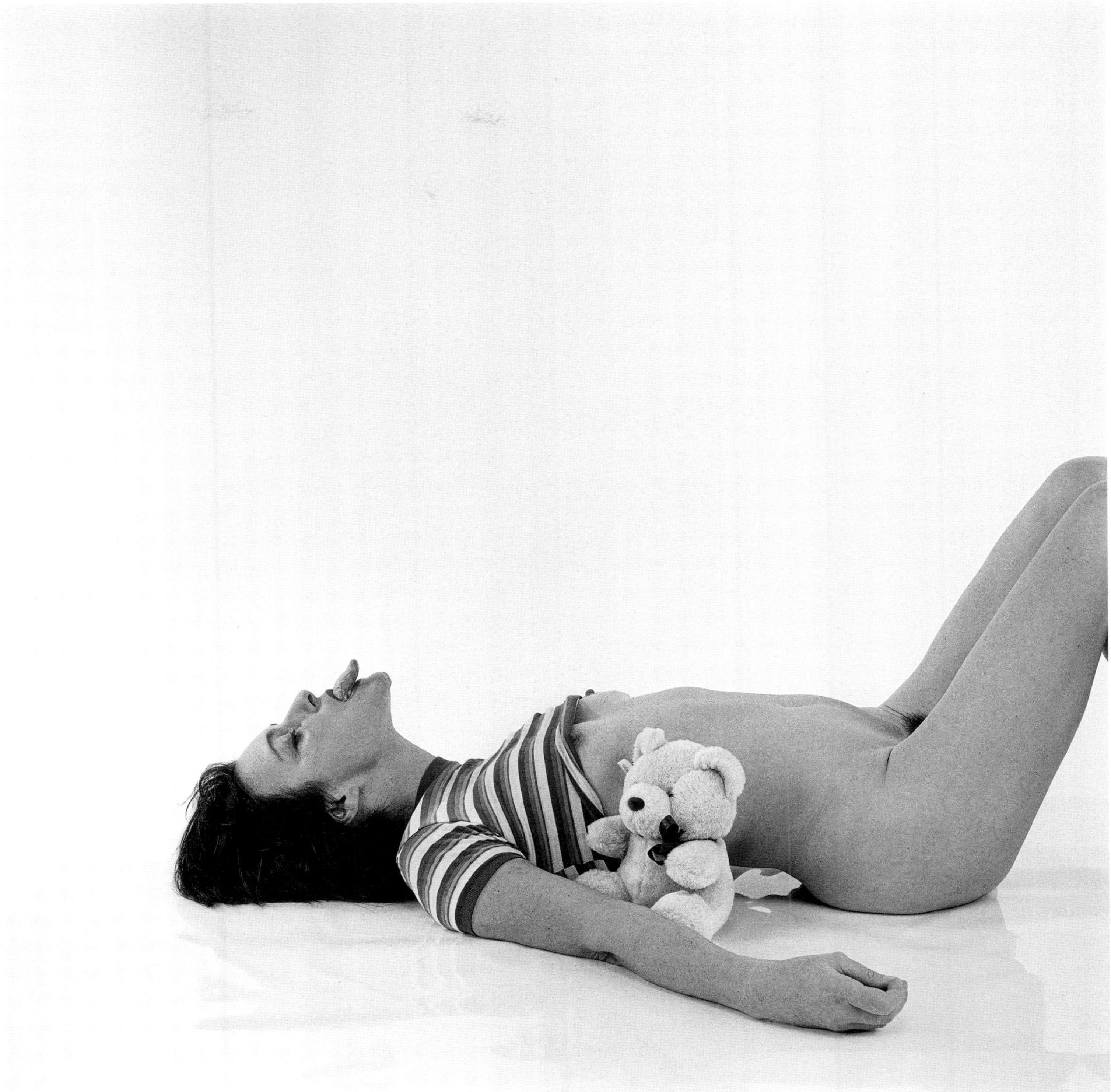

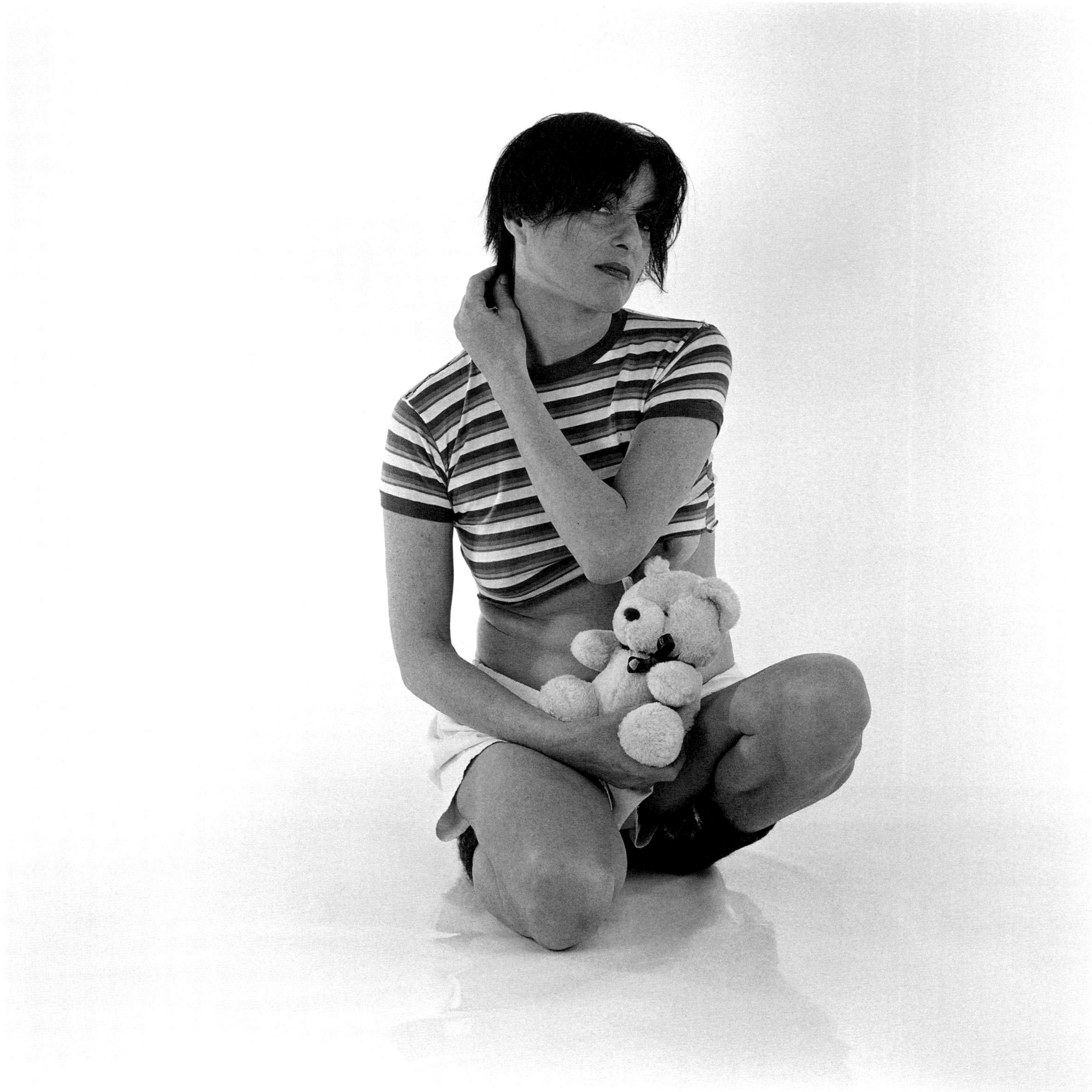

Maresca se entrega todo destino,
1993–2013
Gelatina d'argento su fibra di carta
/ Gelatin silver print on fiber paper
Courtesy Colección Julio César Crivelli
Foto / Photo Alejandro Kuropatwa

Nelle pagine seguenti / Following pages
Maresca se entrega todo destino,
1993–2013
Veduta della mostra al PAC, Milano
/ Exhibition view at PAC, Milan
Courtesy l'artista / the artist e / and
PAC Padiglione d'Arte Contemporanea,
Milan
Foto / Photo Lorenzo Palmieri

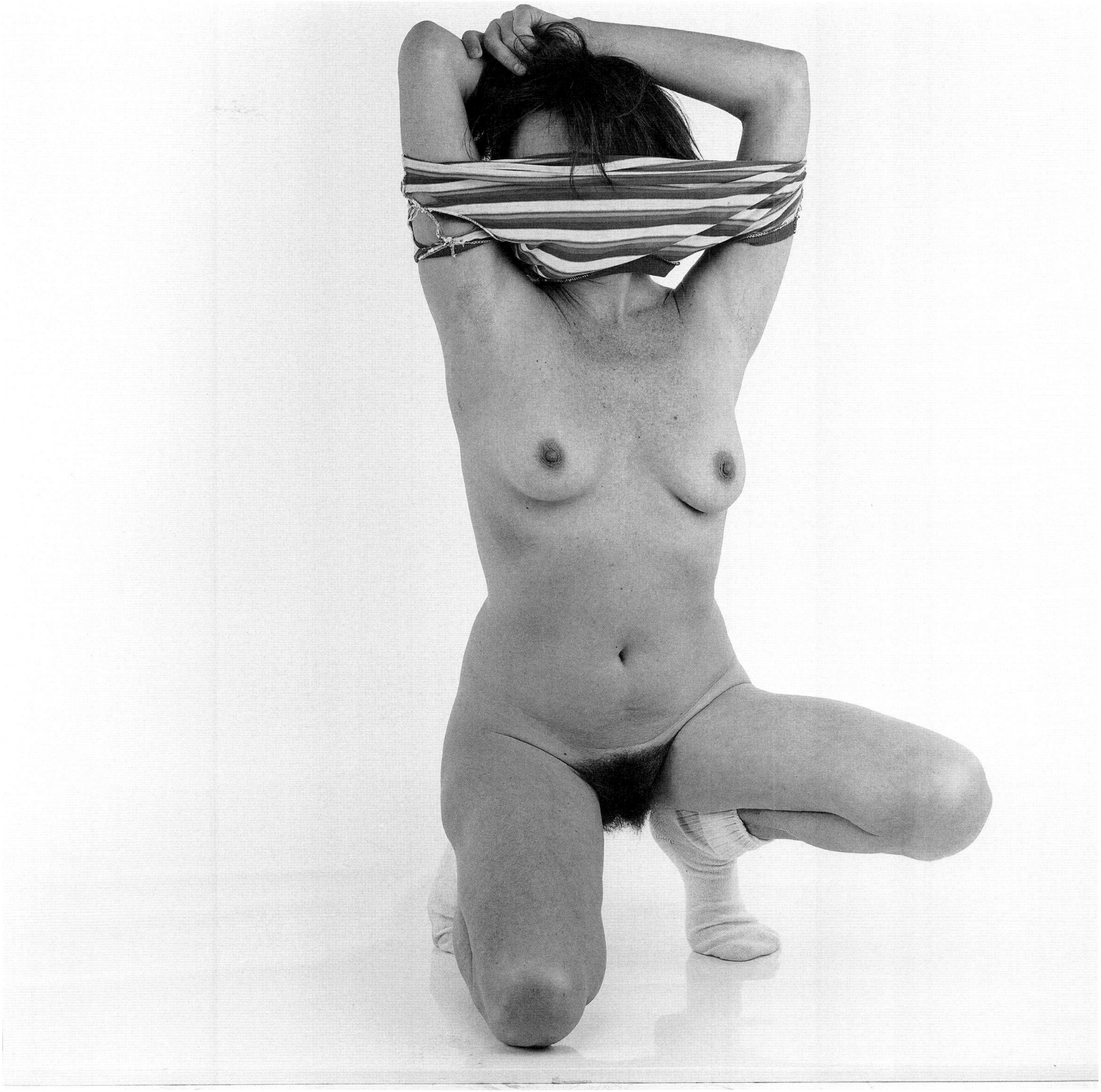

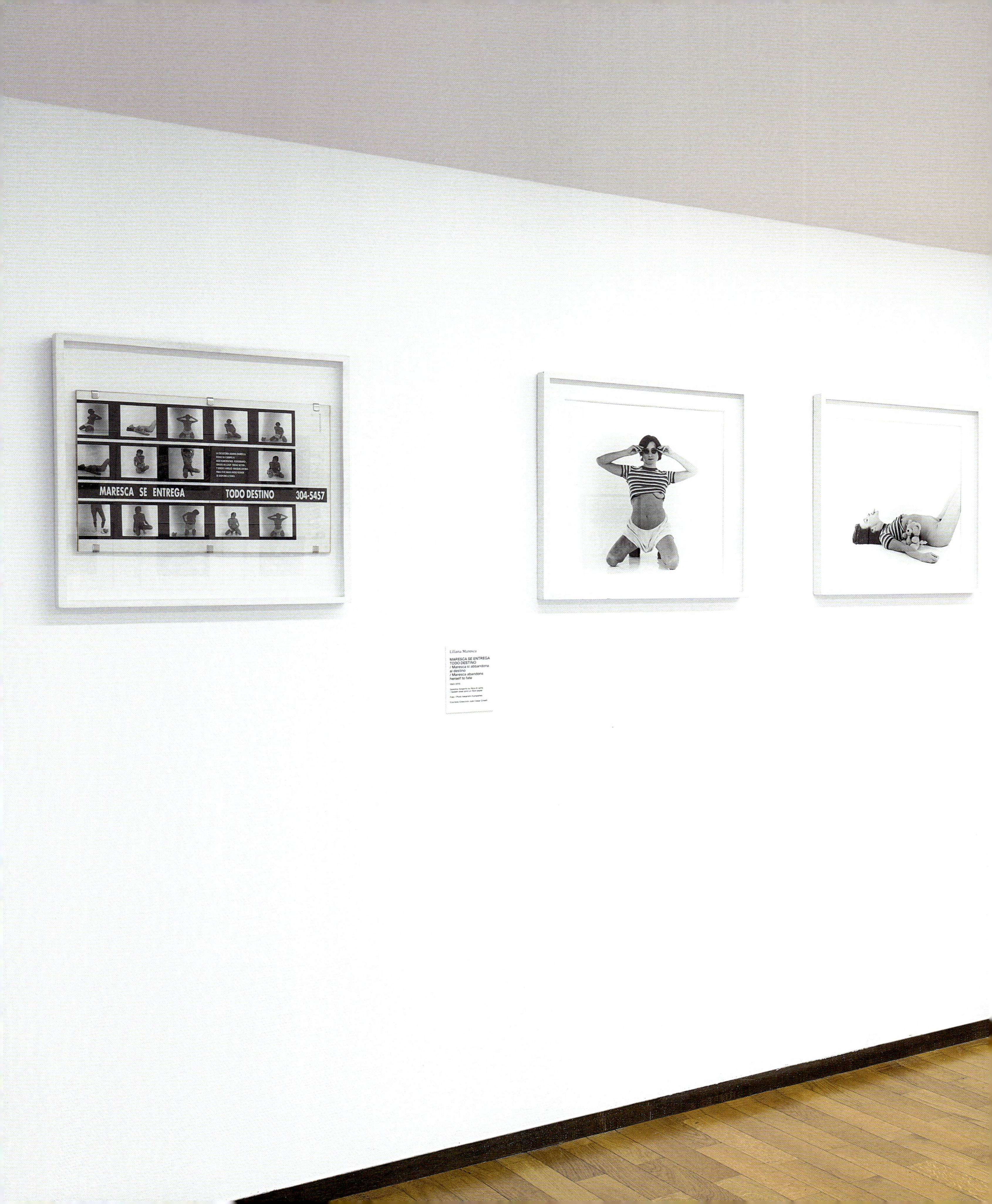

MARESCA SE ENTREGA
TODO DESTINO
304-5457
Liliana Maresca
MARESCA SE ENTREGA
TODO DESTINO
/ Maresca si abbandona
al destino
/ Maresca abandons
herself to fate

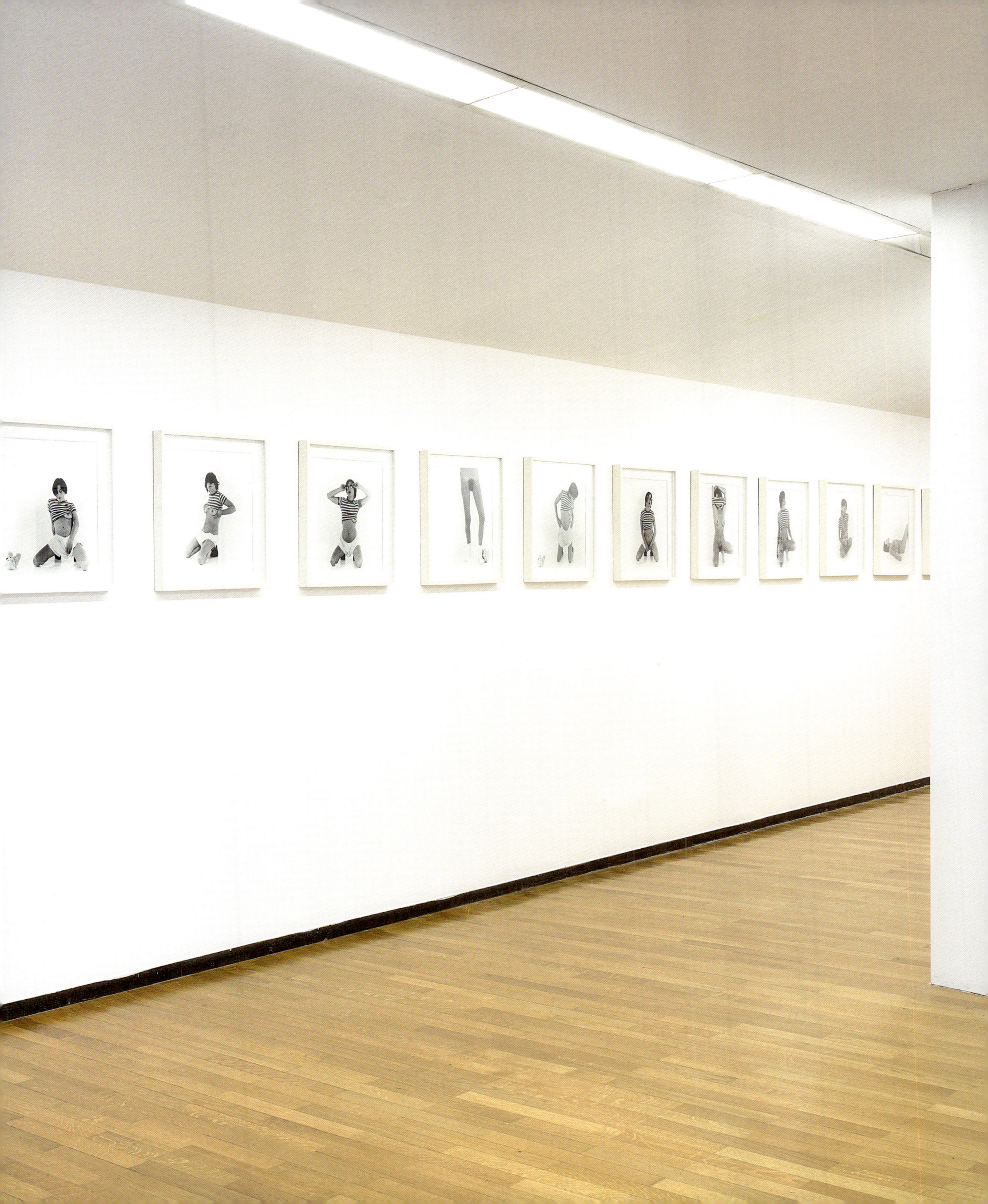

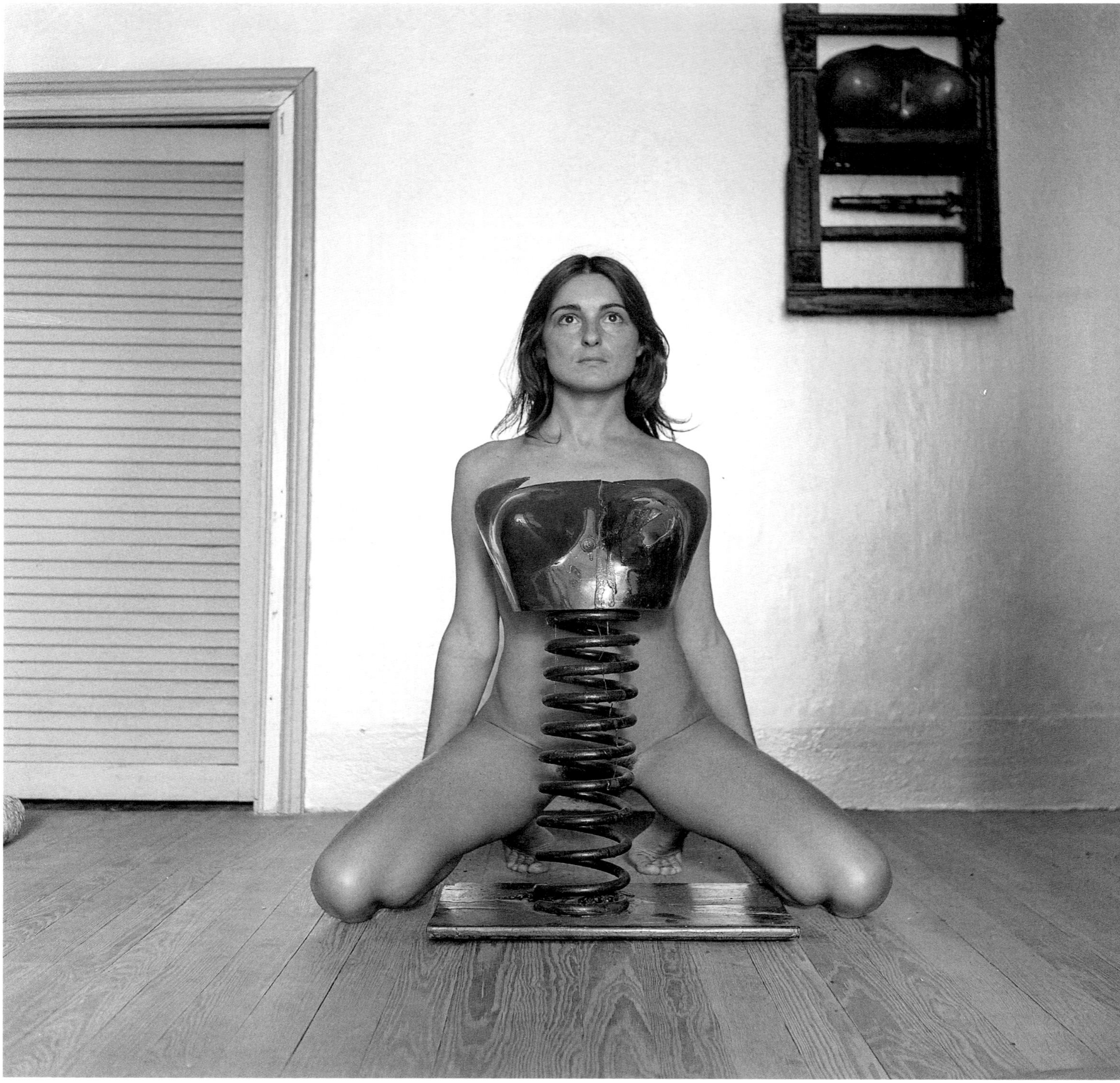

Maresca con su obra, 1983
Courtesy l'artista / the artist
Foto / Photo Marcos López

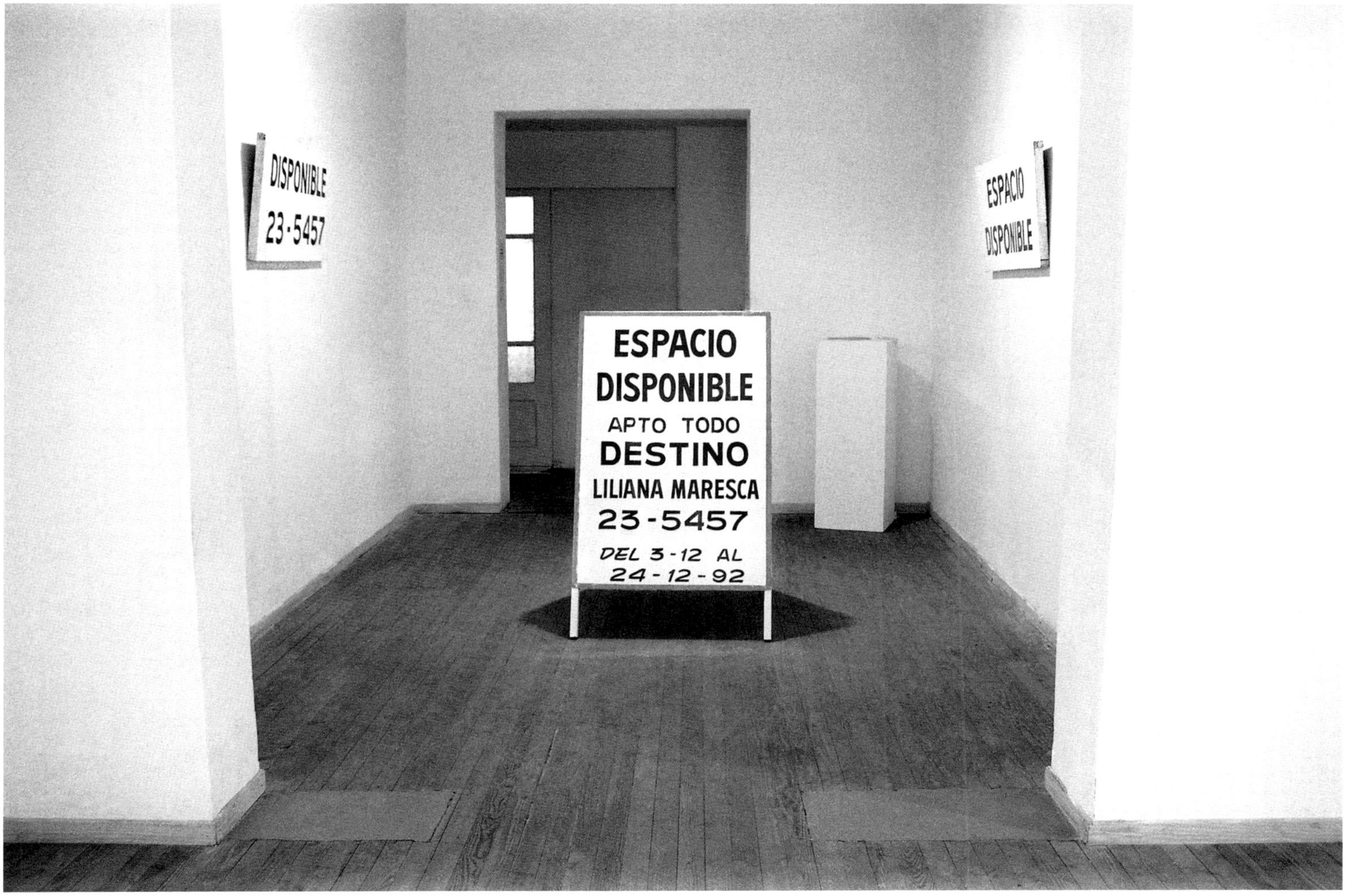

Espacio Disponible, 1992
Installazione / Installation
Courtesy l'artista / the artist
Foto / Photo Adriana Miranda

Marta Minujín

Marta Minujín, artista poliedrica, per celebrare il ritorno alla democrazia nel paese dopo gli anni della dittatura militare, nel dicembre 1983 ha installato per cinque giorni nelle strade di Buenos Aires *El Partenón de libros prohibidos* (Il Partenone dei libri proibiti). L'opera consisteva in una replica in ferro del tempio greco ricoperto con i libri vietati durante la dittatura e donati direttamente dagli editori che li avevano pubblicati e conservati, o addirittura nascosti durante gli anni del governo di fatto. Con l'intenzione di rimettere successivamente in circolazione i volumi, al momento dello smontaggio dell'opera due gru hanno piegato la struttura metallica permettendo così al pubblico di prendere i libri.

Nel 2017 a Kassel per *documenta 14*, curata da Adam Szymczyk, l'artista ha riproposto l'opera: un capannone in acciaio, con le stesse dimensioni del tempio originale, è stato nuovamente coperto di libri, protetti da una pellicola in plastica. La raccolta dei libri è stata il frutto di una convocazione pubblica alla donazione: "Per realizzare quest'opera, l'artista argentina Marta Minujín e lo staff di *documenta 14* stanno raccogliendo libri in fase di riedizione, dopo essere stati proibiti per anni, nonché altri volumi legalmente distribuiti in alcuni paesi, ma non in altri. Vi invitiamo calorosamente a donare libri e, in tal modo, formare una parte dell'opera d'arte" [1].

Grazie alla convocazione sono stati raccolti circa centomila libri censurati, in tutto il mondo. La sola Argentina, tra editori e cittadini privati, ha messo insieme seimila pubblicazioni vietate durante l'ultima dittatura. Sui libri è stato poi condotto uno studio cronologico che contemplava il momento del divieto e di riedizione e a ognuno di essi è stato associato un timbro con il nome dell'opera.

Come nel 1983, alla conclusione di *documenta* i libri sono stati consegnati ai visitanti, con modalità organizzate in precedenza. In tal modo, in date e orari definiti, le persone hanno partecipato alla ridistribuzione dei volumi. Rilevante è il luogo di allestimento dell'opera, uno spazio con forte carica simbolica: Friedrichplatz, luogo in cui, nel 1933, fu condotta dal governo nazionalsocialista una campagna che culminò nel rogo di migliaia di libri di autori considerati oppositori del regime.

Marta Minujín is a multifaceted artist. In December 1983, to celebrate the country's return to democracy, the artist installed *El Partenón de libros prohibidos* (The Parthenon of Forbidden Books) in the streets of Buenos Aires. She built a wrought-iron replica of the Greek temple completely covered with the books that had been banned during the civil-military dictatorship. The publishing companies themselves donated the material that had been preserved or hidden during the years of the de facto government. With the aim of putting these books back into circulation, when the time came to dismantle the work and with the aid of two cranes that bent the metal structure, the public could take any books they wanted.

In 2017, at *documenta 14* in Kassel, curated by Adam Szymczyk, Minujín recreated *El Partenón de libros prohibidos*. This time, a life-sized steel frame, with the same dimensions as the original temple, was covered by books wrapped in plastic for protection. The books were collected via an open call for donations: "To create this work, Argentinian artist Marta Minujín and the *documenta 14* team are collecting books that are being republished after having been banned for years, as well as books that can be distributed legally only in certain countries. You are cordially invited to donate some books, thus helping to shape the artwork". [1]

This call enabled her to collect almost 100,000 books banned all over the world. 6,000 publications (banned during the recent dictatorship) were donated in Argentina alone by publishers and private citizens. A chronological study was carried out with the books received, highlighting the moments of banning and reissuing; a seal bearing the title of the work was placed on each one.

At the end of *documenta*, like in 1983, the books were given to visitors; this time, however, through a previously organised invitation which indicated specific dates and times to participate in the book redistribution. A key piece of information is the location of the artwork, a space charged with great symbolism. Friedrichplatz was the square where the National Socialist government carried out the "Campaign against non-German spirit" in May 1933. The campaign culminated in the burning of thousands of books by authors considered to be opponents of the regime.

El Partenón de libros prohibidos, 1983
Stampa laser su carta fotografica / Laser print on photographic paper
Courtesy Marta Minujín Archive

Nelle pagine seguenti / Following pages
El Partenón de libros prohibidos, 1983
Impalcatura metallica, libri e filo metallico, altezza 12 m / Metal scaffolding, books, and wire, height 12 m
Installation view at Buenos Aires
Courtesy Marta Minujín Archive

1 *Convocazione*, consultato il 30 settembre 2023: https://www.documenta14.de/en/news/1601/call-for-book-donations.

1 *Call*. Consulted on September 30, 2023: https://www.documenta14.de/en/news/1601/call-for-book-donations.

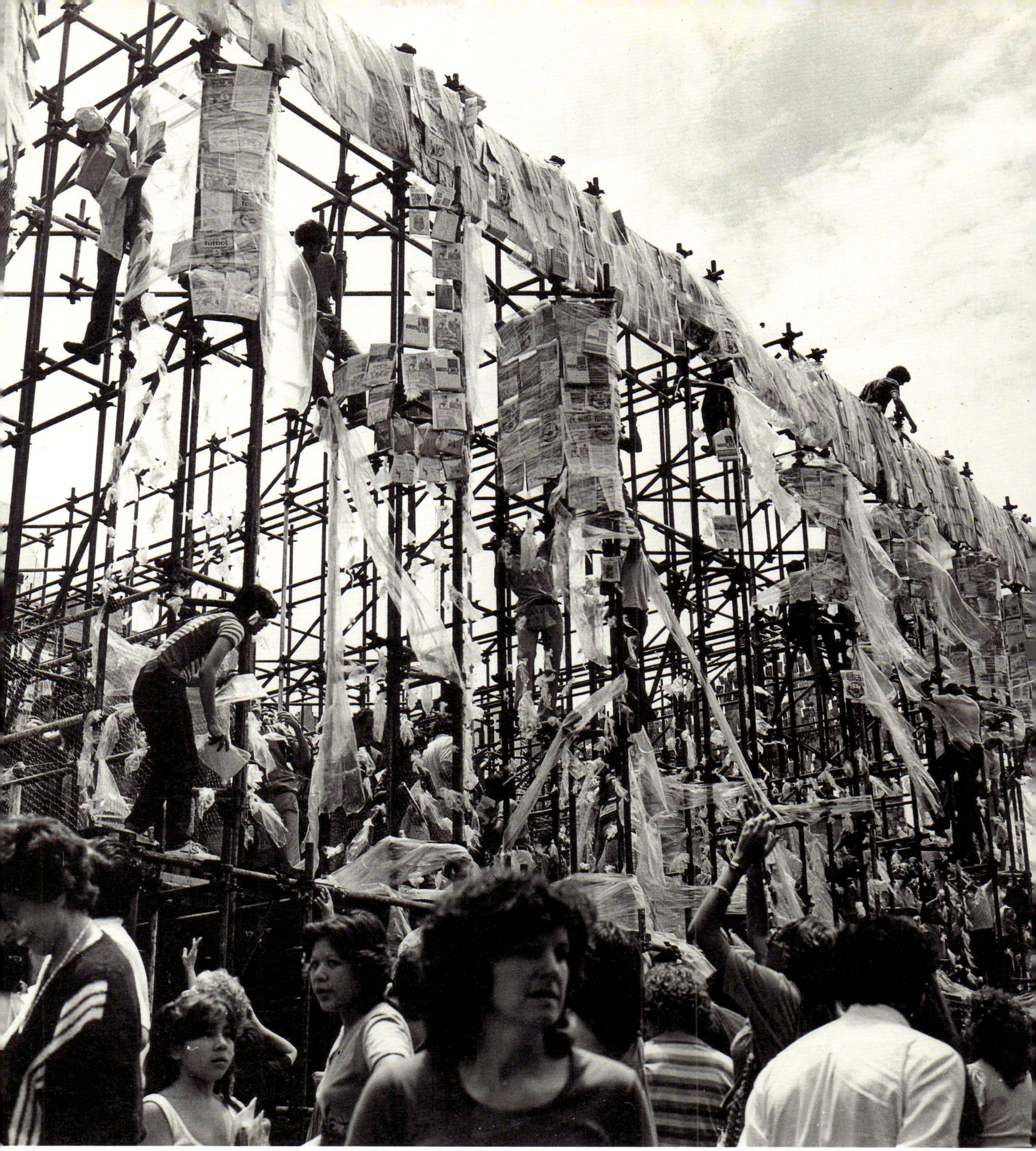

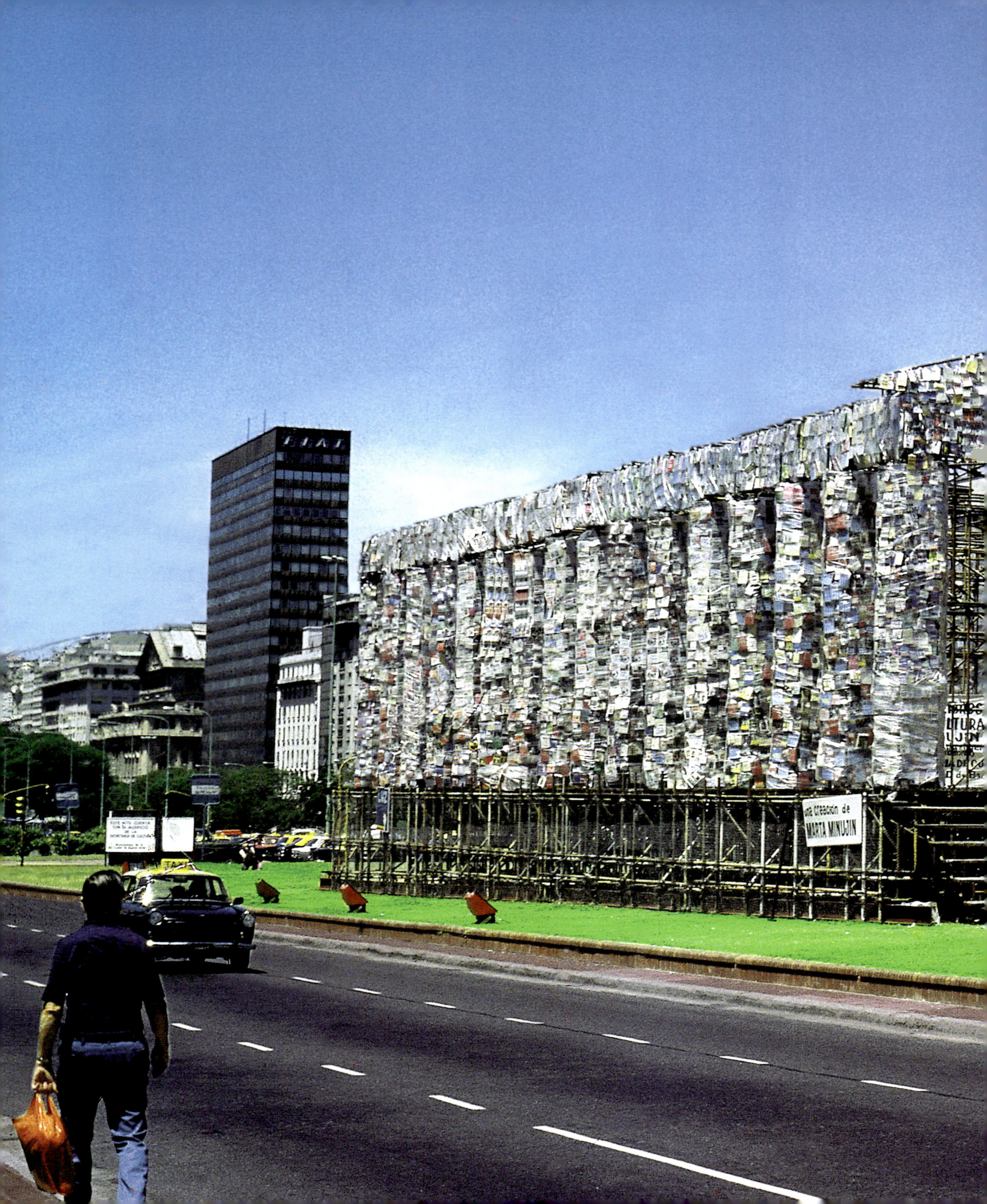
una creación de
MARTA MINUJIN

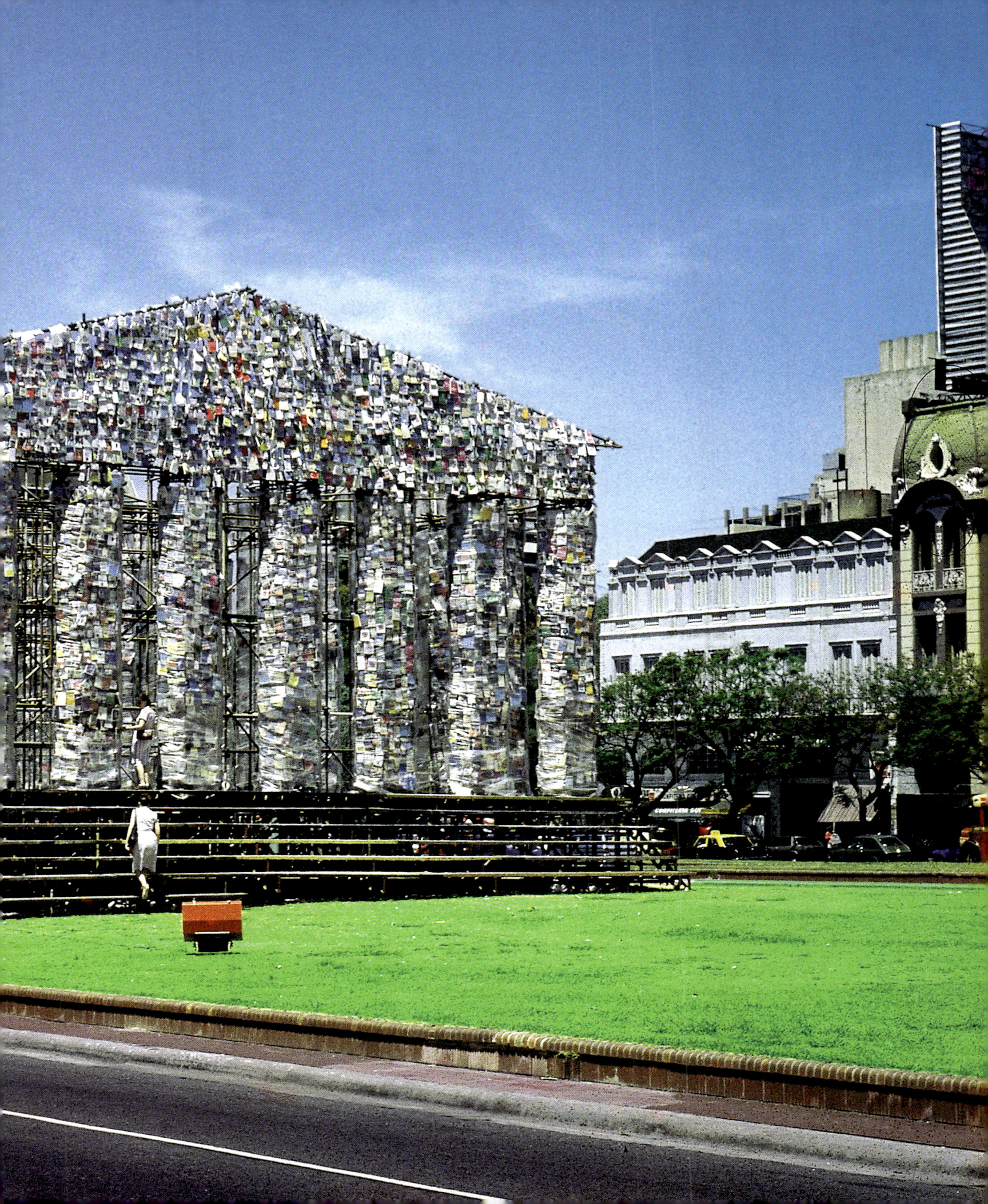

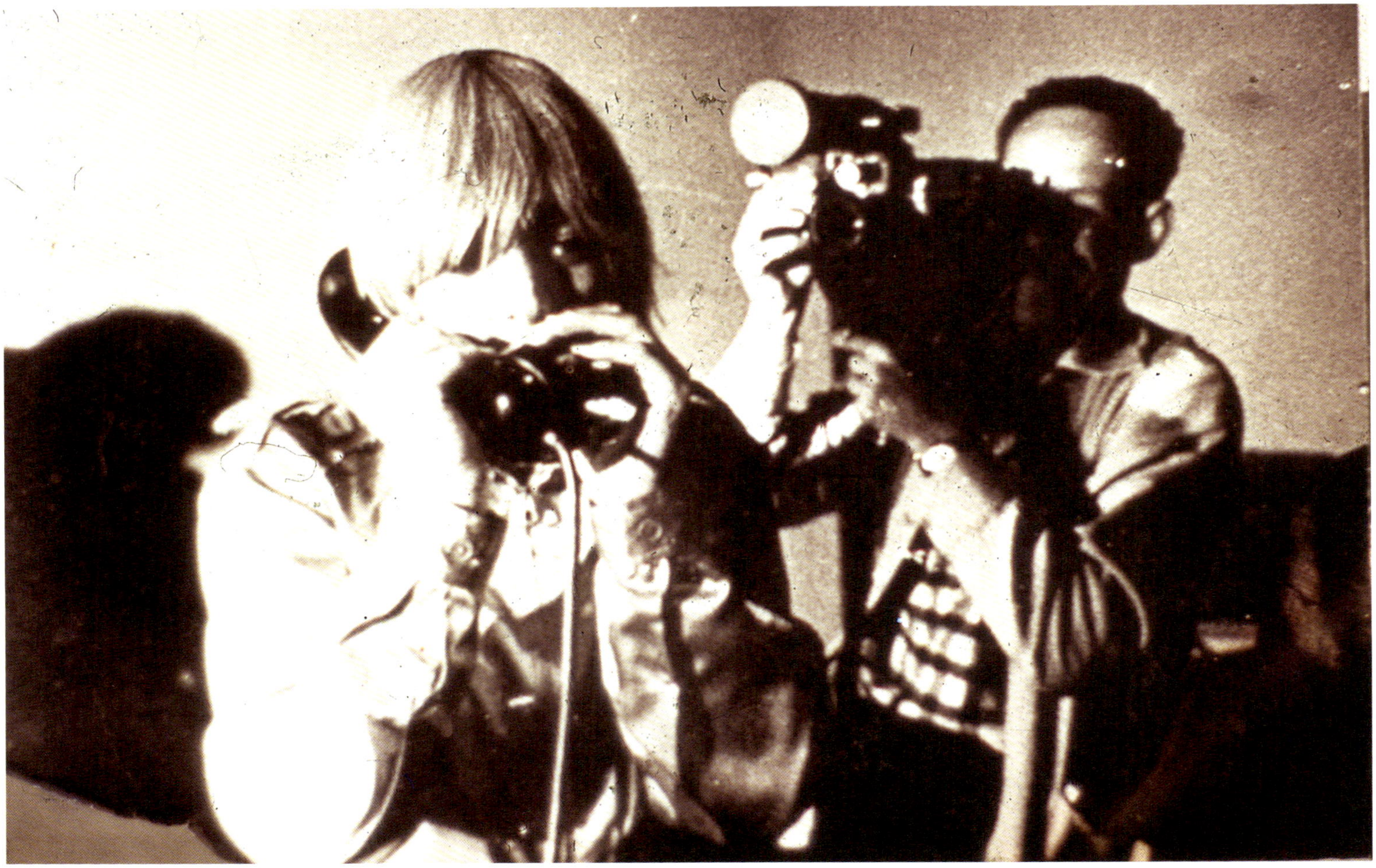

Simultaniedad en Simultaneidad, 1966
Instituto Torcuato di Tella, Buenos Aires
Courtesy Marta Minujín Archive

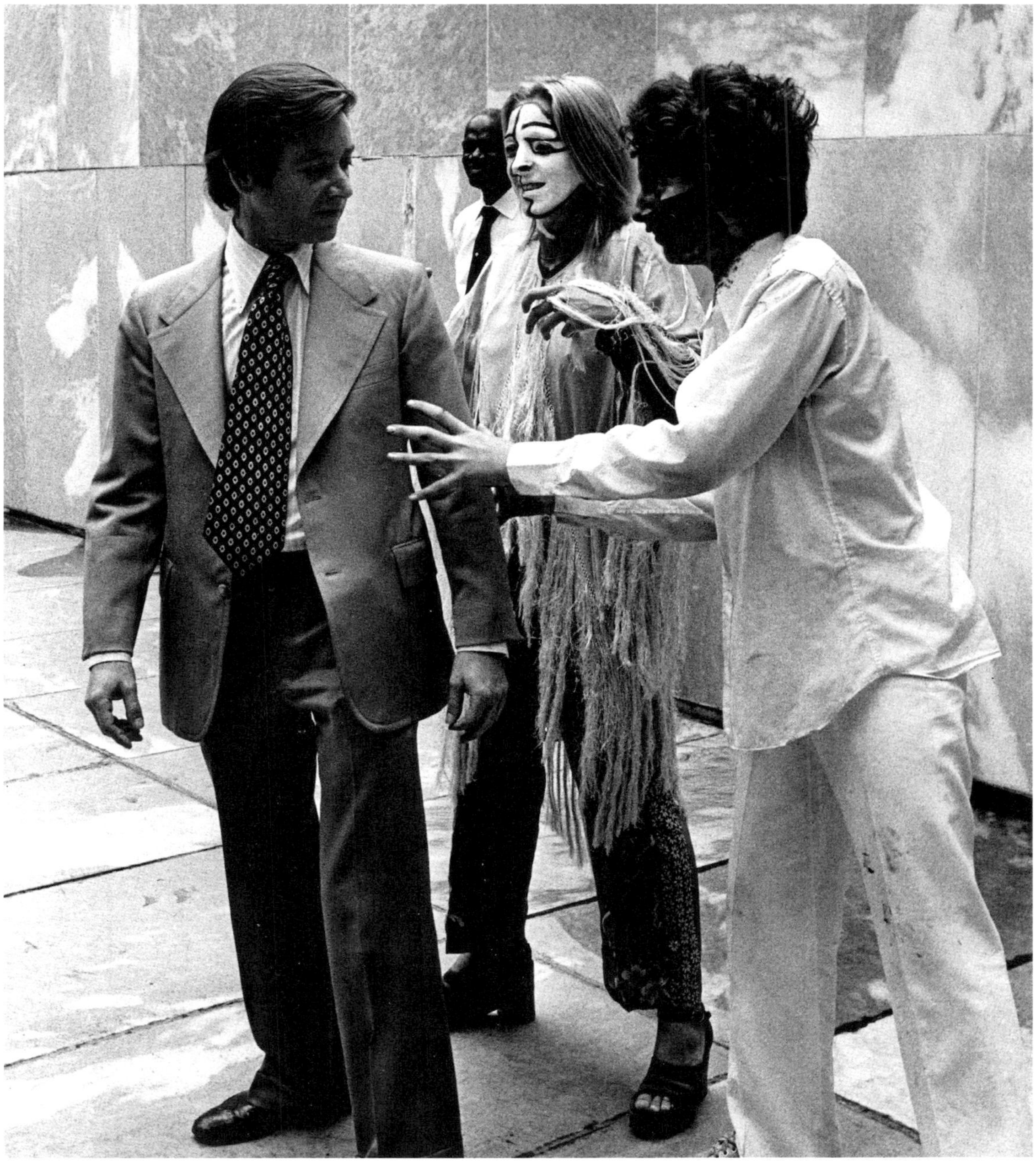

Kidnappening, 1973
MoMA, New York
Courtesy Marta Minujín Archive
Foto / Photo Lisbeth Marano

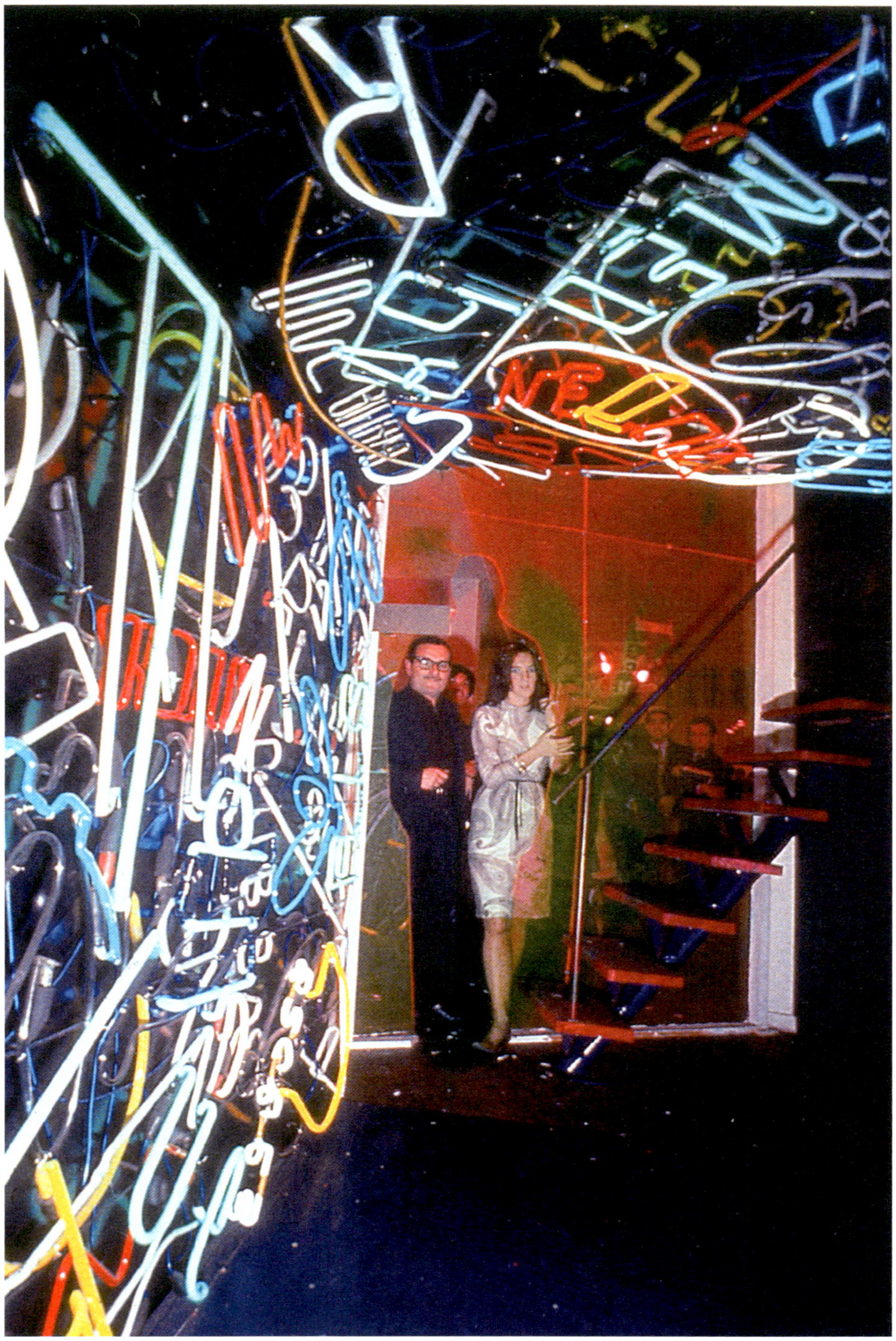

La Menesunda, 1965
Installazione / Installation
Torcuato di Tella Institute, Buenos Aires
Courtesy Marta Minujín Archive

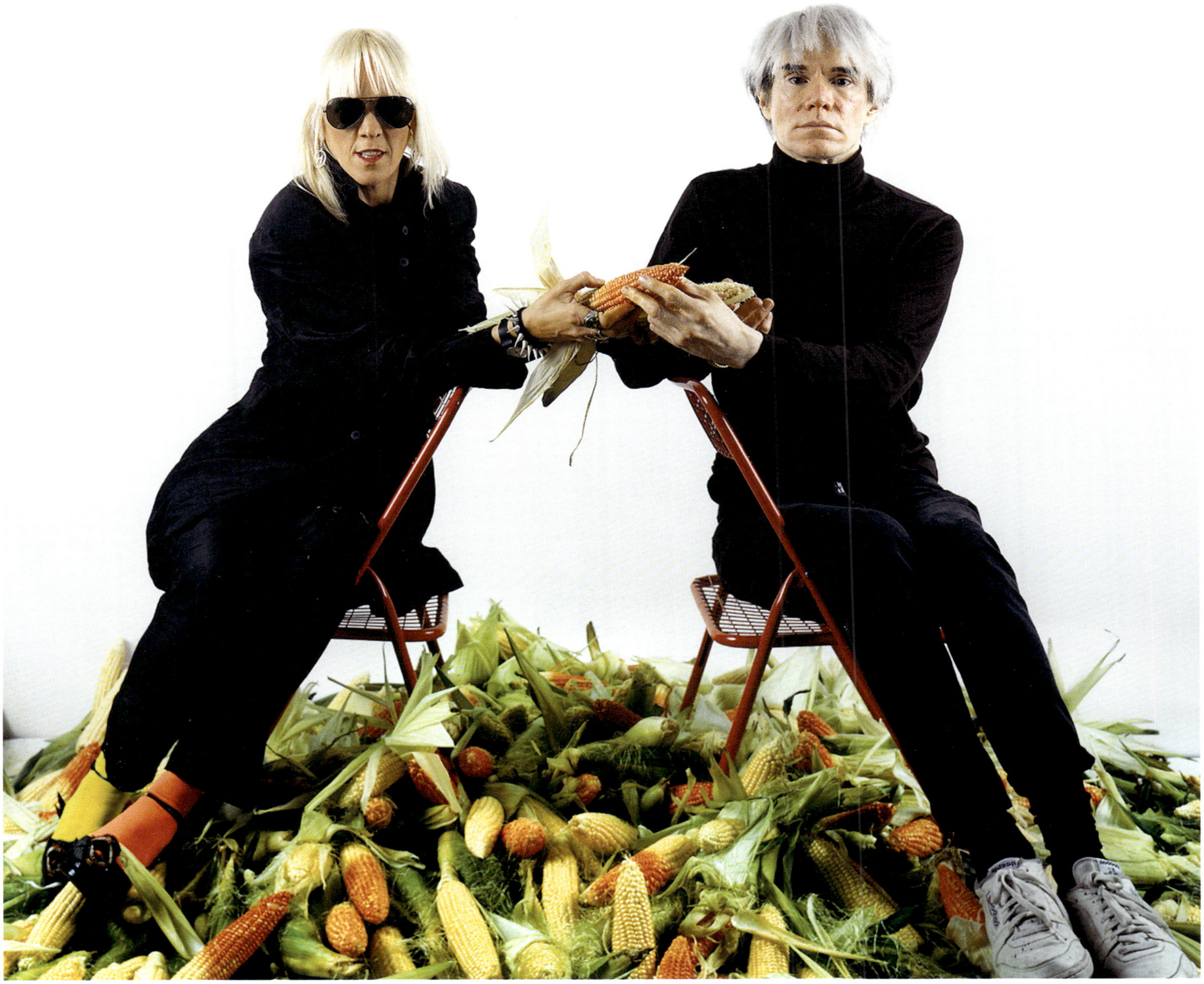

Payment of the Argentine Foreign Debt to Andy Warhol with corn, The Latin American Gold, 1985
Courtesy Marta Minujín Archive

Cristina Piffer

Cristina Piffer con la sua pratica artistica recupera la storia economica e sociale dell'Argentina del XIX secolo, all'epoca del consolidamento dello stato nazionale, per metterla in discussione. Una storia marcata dalla violenza che, come afferma Fernando Davis, è una "violenza che si fa carne, modellando i corpi e penetrandone lo spessore" [1]. L'artista utilizza la materia organica (carne, viscere, grasso di manzo e sangue disidratato) per alludere ai corpi soppressi dalle narrazioni ufficiali.
La materia le permette di affrontare il momento in cui l'Argentina si trasforma in paese produttore di beni provenienti da agricoltura e allevamento destinati al commercio internazionale, un fatto, questo, che, a causa della necessità di conquistare nuovi territori, conduce alla cruenta campagna militare iniziata nel 1879 e alla conseguente decimazione delle popolazioni autoctone.

Piffer racchiude il materiale organico in contenitori trasparenti, a volte esposti su elementi d'arredo in acciaio inossidabile, altre volte fissati su piastre sostenute da ganci in acciaio, supporti che acquisiscono un aspetto immacolato e che ci ricordano uno spazio chirurgico sterilizzato, che contrasta con la materialità che contengono, scelta, questa, che rende più intensa la crudeltà dei racconti soggiacenti.

Nell'opera *Doscientos pesos fuertes* (Duecento pesos fuertes) Piffer utilizza polvere di sangue bovino essiccato per imprimere su una lastra di vetro un frammento significativo dell'immagine stampata sulla banconota del *peso fuerte*, moneta della Repubblica Argentina dal 1826 fino alla riforma monetaria del 1881. La scelta della banconota da duecento pesos non è casuale: l'artista l'ha scelta per l'immagine raffigurata, una mandria di ovini e bovini al pascolo in campagna. L'opera è allestita appesa alla parete e sotto di essa c'è una grande pozza di sangue secco che allude alla macellazione al mattatoio e, allo stesso tempo, alle conseguenze sanguinose del modello economico agro-esportatore in via di sviluppo.

Cristina Piffer combines artistic work and research, a practice that allows her to immerse herself in the economic and social history of 19th-century Argentina, at the time of the nation-state's consolidation, and to challenge it. A history marked by violence which, as Fernando Davis states, is a "violence that becomes flesh, shaping bodies and penetrating their depth". [1] The artist makes use of organic materials (meat, innards, beef fat and dehydrated blood) to allude to the bodies suppressed in the official accounts. Working with these materials from cattle lets her capture the moment in which Argentina turned into a large-scale producer of goods linked to agriculture and cattle farming and destined for the rest of the world, an event that intensified the need to subdue the territory and thus led to the vicious military campaign beginning in 1879 that would decimate the autochthonous populations.

Piffer encloses these organic materials in transparent containers, sometimes displayed on stainless-steel furnishings, other times fastened to slabs hung from steel hooks, supports that acquire an immaculateness and recall a sterilized surgical space, in contrast with the materiality they contain, a choice that renders the cruelty of the underlying stories even more intense.

In *Doscientos pesos fuertes* (Two Hundred Pesos Fuertes, 2010), Piffer uses powdered, dehydrated cow blood to stamp on a glass surface a significant fragment of the image stamped in its own right on a bill of the *peso fuerte*, an Argentinian currency that circulated till the monetary reform of 1881. The choice of the 200-"strong"-pesos bill is no coincidence, either, since its image represented a herd of sheep and cows out to pasture. The work sits directly on the floor, and below it we can see a sort of puddle of coagulated blood that alludes to the work of the slaughterhouse and, simultaneously, to the bloody consequences of developing the economic model of agri-food exportation.

Doscientos pesos fuertes, dalla serie / from the series *Las marcas del dinero*, 2010–2023
Serigrafia, pigmento e sangue bovino essiccato su vetro, ganci in acciaio / Silk screen printing, pigment and dehydrated bovine blood on glass, steel hooks
Courtesy l'artista / the artist
Foto / Photo Lorenzo Palmieri

Nelle pagine seguenti / Following pages
Doscientos pesos fuertes, dalla serie / from the series *Las marcas del dinero*, 2010–2023
Serigrafia, pigmento e sangue bovino essiccato su vetro, ganci in acciaio / Silk screen printing, pigment and dehydrated bovine blood on glass, steel hooks
Dettaglio / Detail
Courtesy l'artista / the artist
Foto / Photo Nico Covre, Vulcano agency

1 F. Davis, *Encarnaduras y entripados – Cristina Piffer*, consultato il 25 settembre 2023, https://rolfart.com.ar/wp-content/uploads/2019/12/Rolf-Art-Fairs-SP-Arte20-Cristina-Piffer-Catálogo.pdf.

1 Fernando Davis, "*Encarnaduras y entripados | Cristina Piffer*". Consulted on September 25, 2023 at https://rolfart.com.ar/wp-content/uploads/2019/12/Rolf-Art-Fairs-SP-Arte20-Cristina-Piffer-Catálogo.pdf.

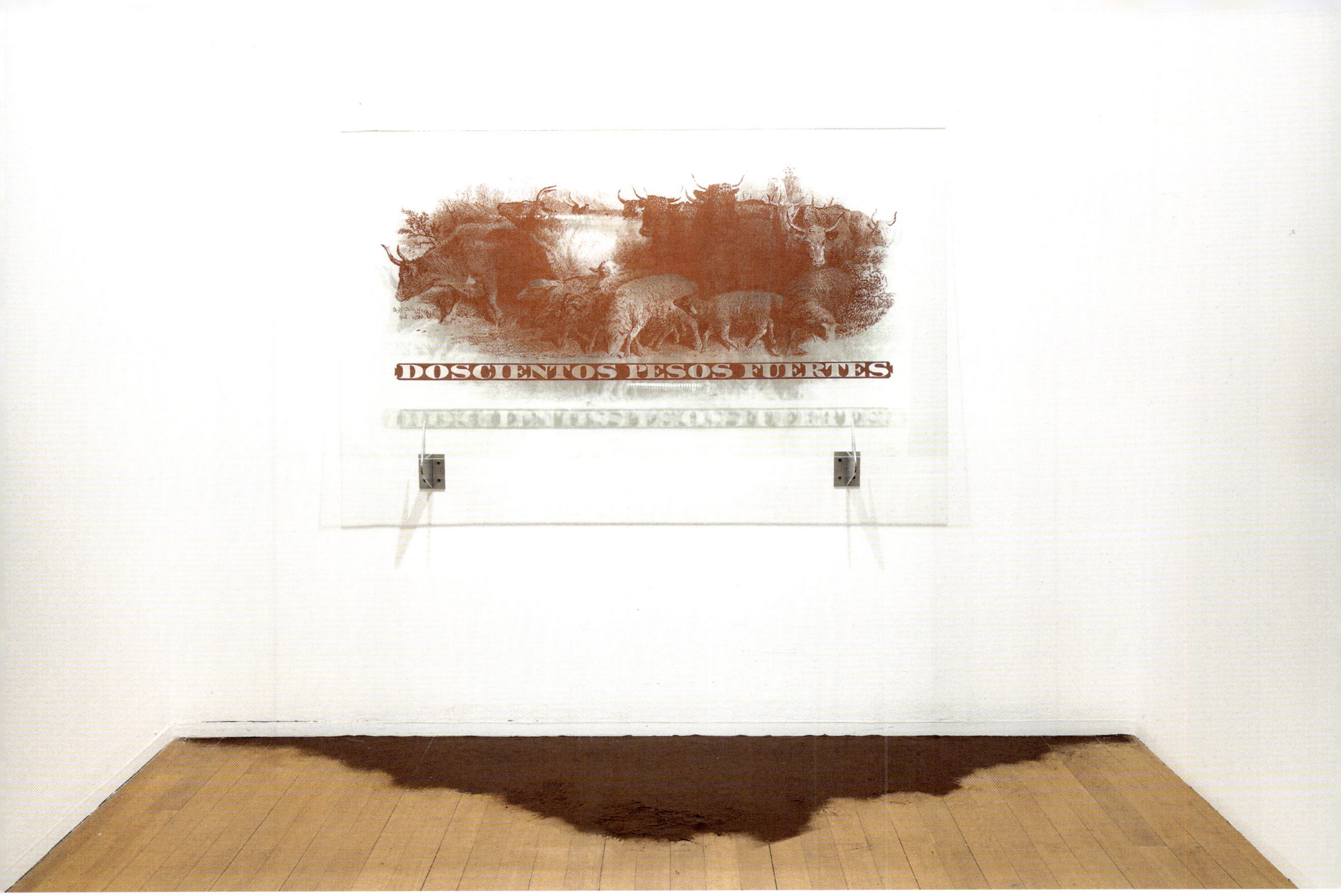
DOSCIENTOS PESOS FUERTES

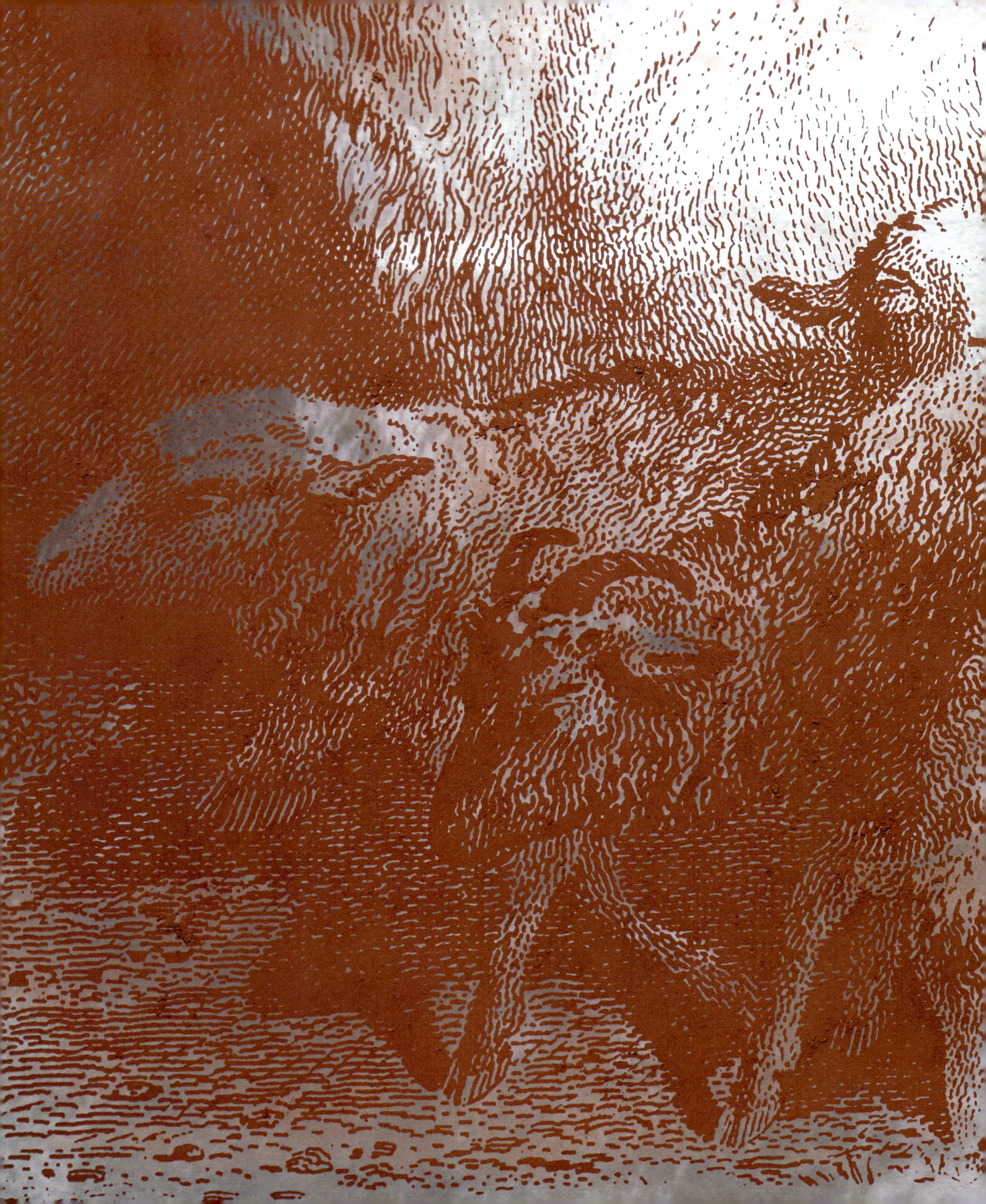

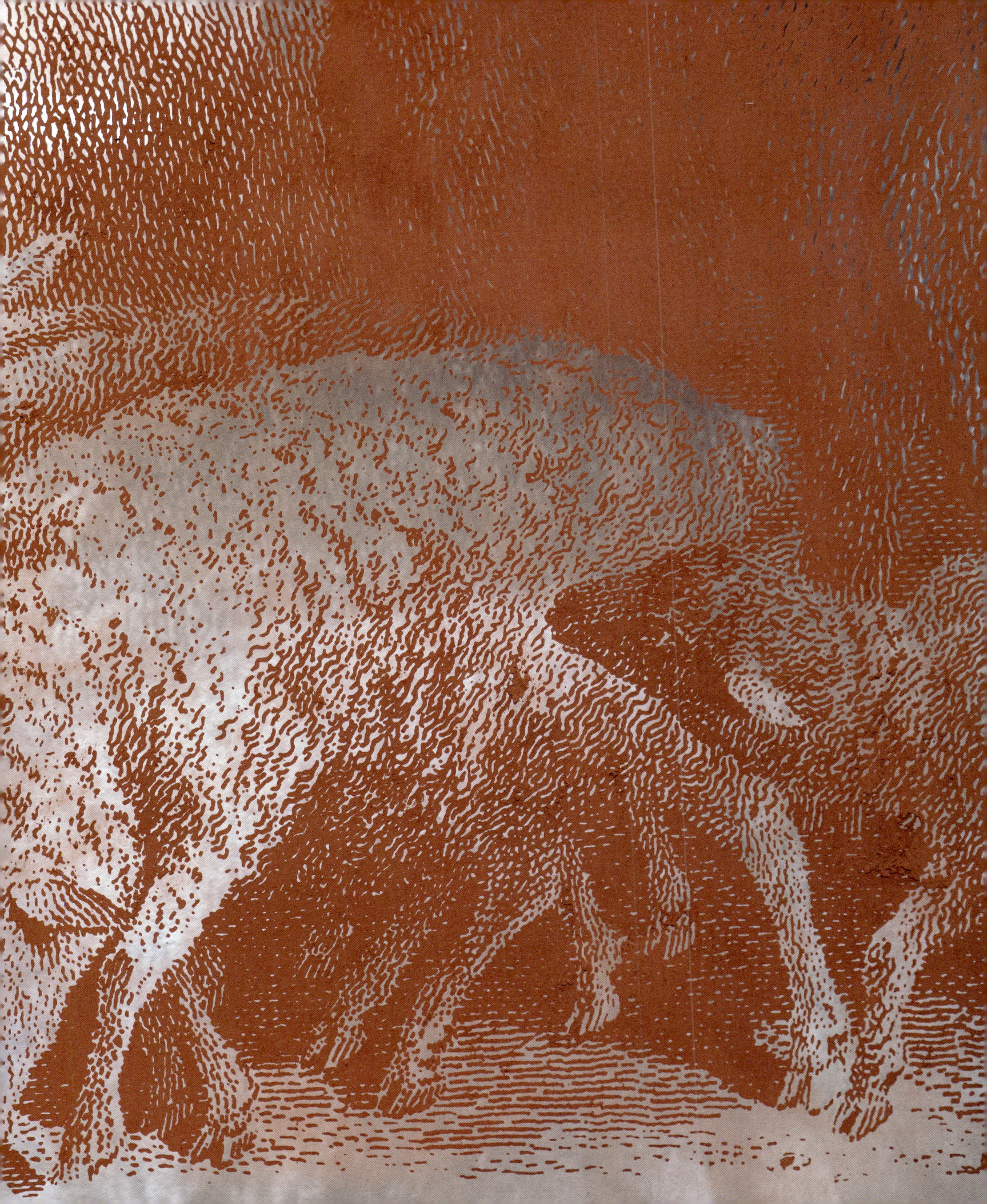

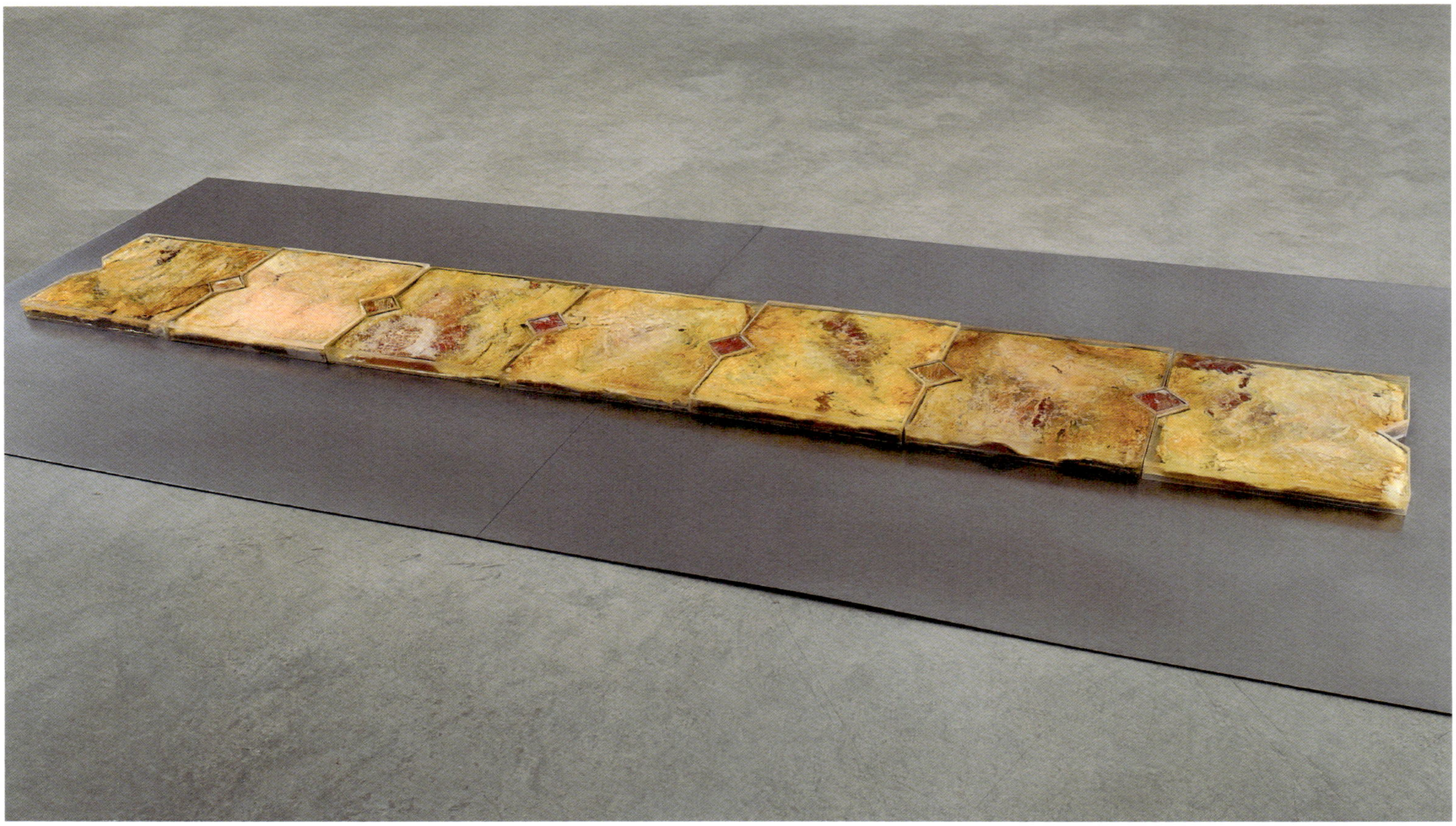

Senda patria, 1999
Manzo, acrilico e resina poliestere trasparente su lastra di ferro / Beef, acrylic and transparent polyester resin on iron plate
122 × 300 cm
Colección MNBA Museo Nacional de Bellas Artes
Courtesy l'artista / the artist

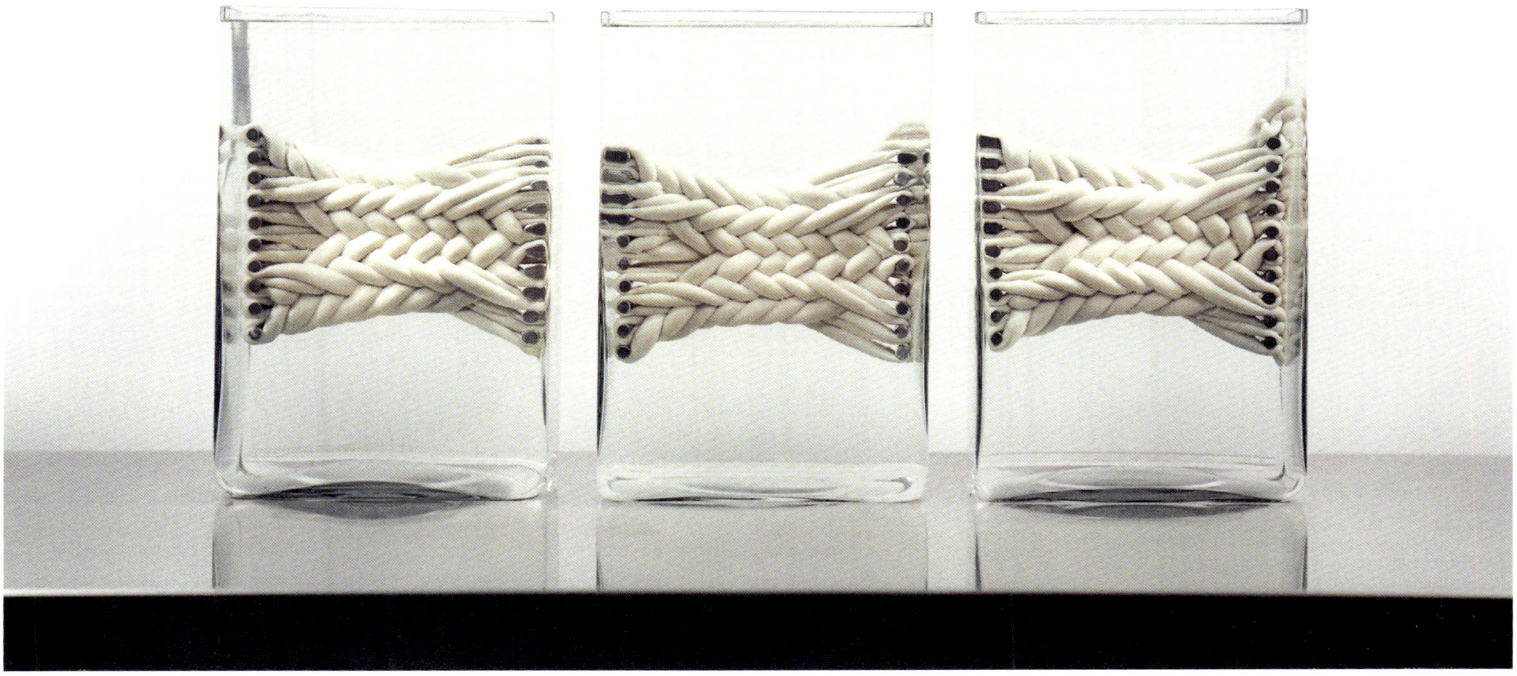

Sin título, dalla serie / from the series *Trenzados*, 2002
Budelli di vaccino in acqua e formalina, contenitori di vetro e tavolo in acciaio inox / Cow casings in water and formalin, glass containers and stainless steel table
105 × 115 × 65 cm
Colección Jorge y Marion Helft
Courtesy l'artista / the artist

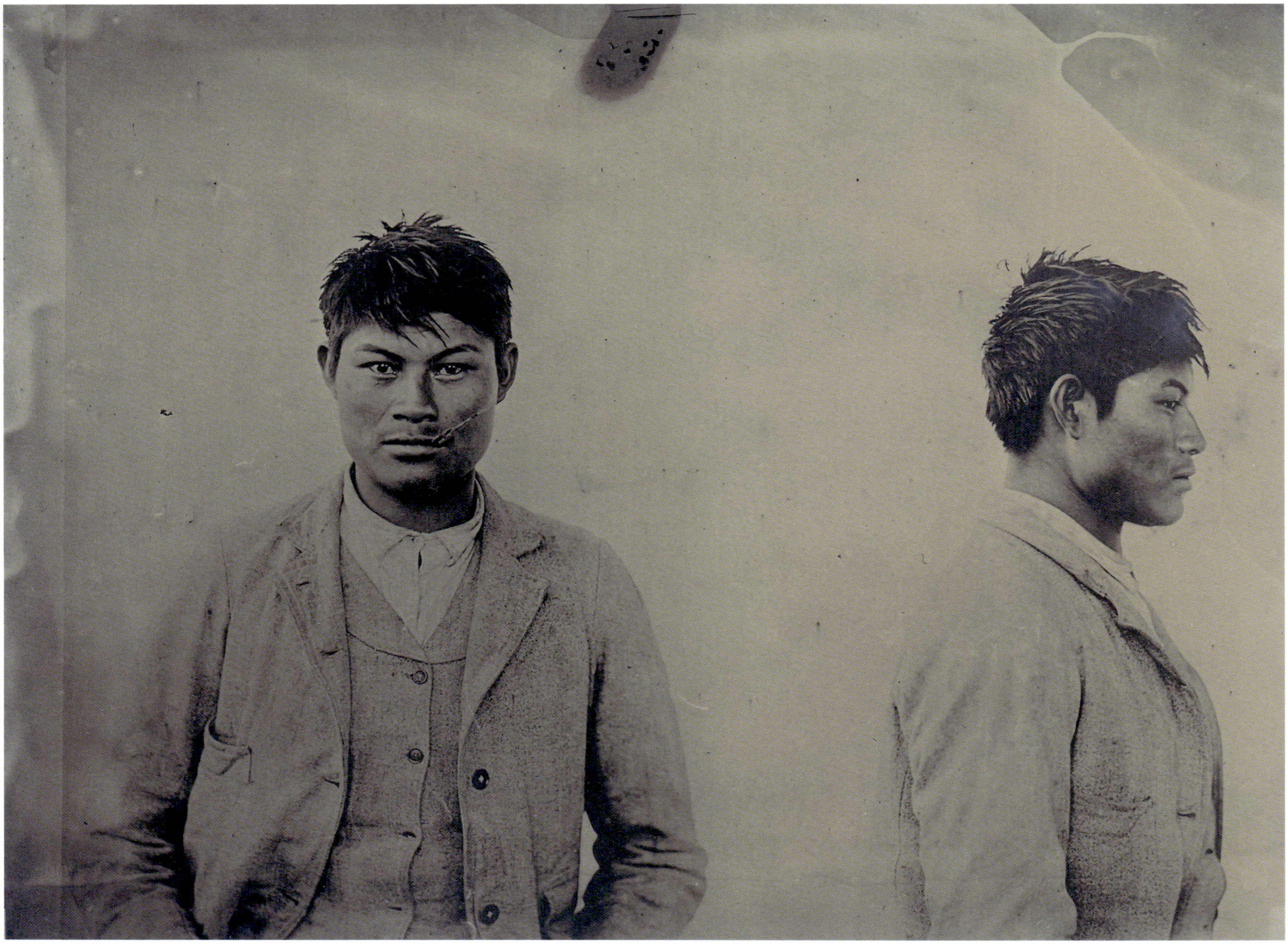

Braceros, dalla serie / from the series
Argento, 2018
Ambrotipo, collodio umido su lastra di vetro, lastra di ferro nera e supporti acrilici, tavolo di ferro / Ambrotype, wet collodion on glass plate, black iron plate and acrylic supports, iron table
140 × 250 × 40 cm
20 × 25 × 8 cm cad. / each
Courtesy l'artista / the artist

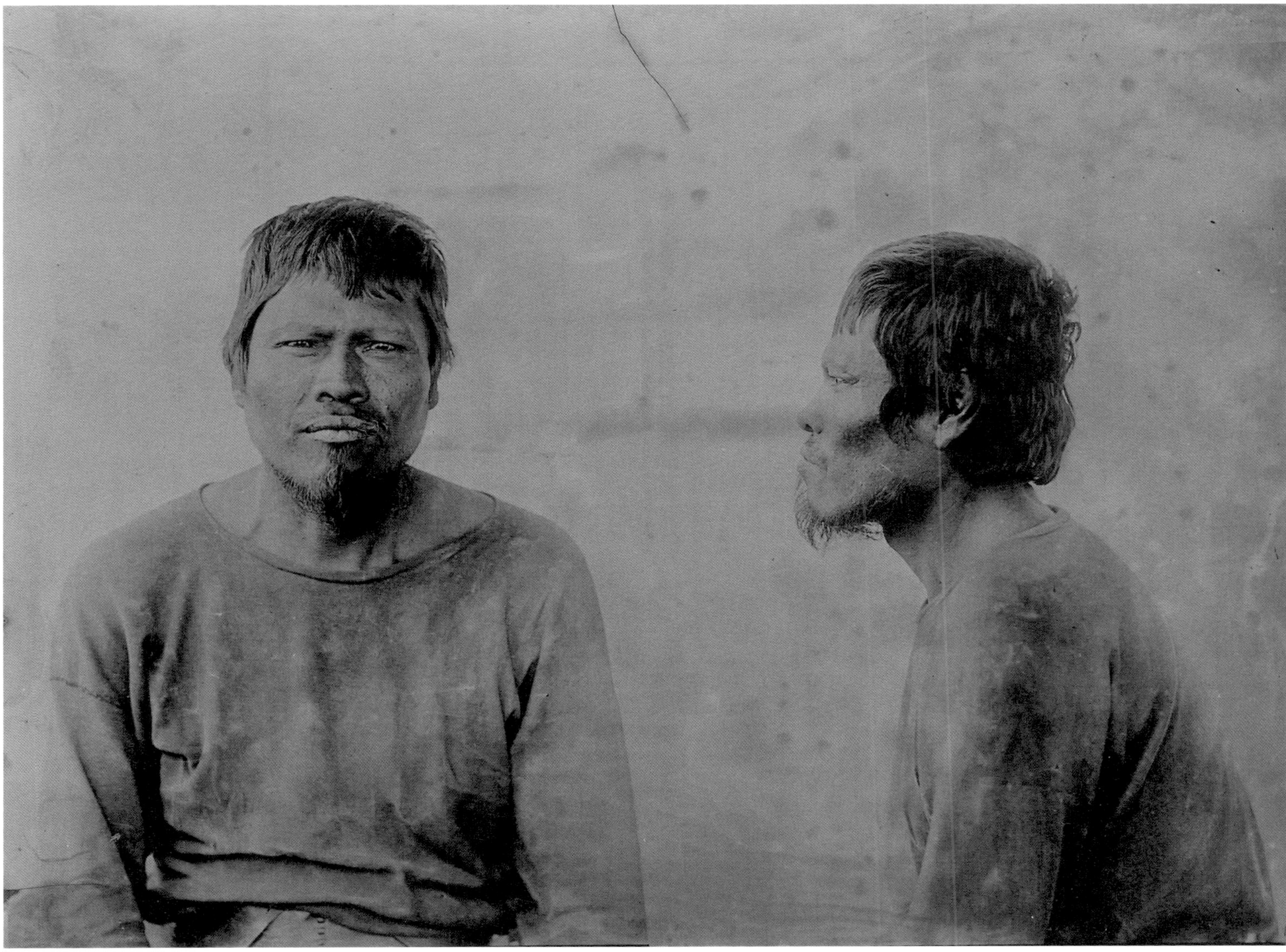

Liliana Porter

Liliana Porter si serve per la sua ricerca dei mezzi più diversi, come l'incisione, la fotografia, il disegno, il video e il teatro. Dal 1964, insieme agli artisti Luis Camnitzer e José Guillermo Castillo, fonda e porta avanti il New York Graphic Workshop, uno spazio sperimentale dove riformulare la pratica dell'incisione sin dal suo stesso concetto.

Untitled (Porter and Camnitzer with drawings) [Senza titolo (Porter e Camnitzer con disegni)] e *Untitled (Self-portrait with square)* [Senza titolo (Autoritratto con quadrato)] sono due autoritratti di Liliana Porter che indagano il modo in cui rappresentiamo noi stessi. Porter interviene sull'immagine e traccia una linea che individua una porzione di corpo. Inizia tracciandola sulla sua mano ed estendendola su un pezzo di carta, poi registra fotograficamente il risultato e realizza una fotoincisione sulla quale, una volta stampata, traccia la linea con una matita. In una sola immagine, l'artista sintetizza il processo di produzione realizzato in varie fasi.

Al PAC l'artista espone *La barrendera* (La spazzina): la grande installazione in mostra è una parte dell'opera monumentale *To Sweep* (Spazzare) del 2023, realizzata in occasione della sua retrospettiva a Les Abattoirs, Toulouse. All'interno di un paesaggio composto da paralumi rotti e oggetti danneggiati, Porter attira la nostra attenzione su una piccola figura di una donna che sta spazzando. La scena ha quasi un'aria di fantasia, concentrandosi su persone il cui lavoro è spesso invisibile, simboleggiato qui da questa minuscola spazzatrice che prova assorbita dal mettere ordine al caos: metafora del tempo e della memoria che ci trascina e ci affoga. Elementi antagonisti dialogano nello stesso spazio e interagiscono nella sua opera in senso estetico, narrativo, storico, critico, temporale e umoristico; oggetti rotti come reminiscenze che evocano il carattere non lineare del tempo e l'essenza anarchica.

Liliana Porter conducts her artistic research in a wide variety of media, including engraving, photography, drawing, video and theatre. Beginning in 1964, with artists Luis Camnitzer and José Guillermo Castillo she founded and developed the New York Graphic Workshop, an experimental space in which to reformulate the practice of engraving, beginning with the concept itself.

In *Untitled (Porter and Camnitzer with drawings)* and *Untitled (Self-portrait with square)* both from 1973, Porter uses self-portraiture to investigate how we see and represent ourselves. She draws on the image, using a line to break up a section of the body. She starts by drawing a line in her own hand and then prolongs it with a piece of paper, before producing a photographic record of the proposal generated. From the photo, she moves to photo-engraving and, after printing this out, she recreates the line with a pencil. In a single image, then, the artists summarizes a production process divided into diverse phases.

Presented at PAC will be *La barrendera* (The Street Sweeper): the large installation on display is part of the monumental 2023 work *To Sweep*, created for her retrospective at Les Abattoirs, Toulouse. Within a landscape composed of broken lampshades and damaged objects, Porter draws our attention to a small figure of a woman who is sweeping. The scene almost has an air of fantasy, focusing on people whose work is often invisible, symbolized here by this tiny street sweeper who is absorbed in bringing order to the chaos: a metaphor for time and memory that drags us down and drowns us. Antagonistic elements dialogue in the same space and interact in her work in an aesthetic, narrative, historical, critical, temporal and humorous sense; broken objects as reminiscences that evoke the non-linear character of time and the anarchic essence.

La Barrendera, 2023
Oggetti vari su pedana lignea
/ Mixed objects on wooden platform
Dettaglio / Detail
Courtesy l'artista / the artist
Foto / Photo Lorenzo Palmieri

Nelle pagine seguenti / Following pages
La Barrendera, 2023
Oggetti vari su pedana lignea
/ Mixed objects on wooden platform
Dettaglio / Detail
Courtesy l'artista / the artist
Foto / Photo Lorenzo Palmieri

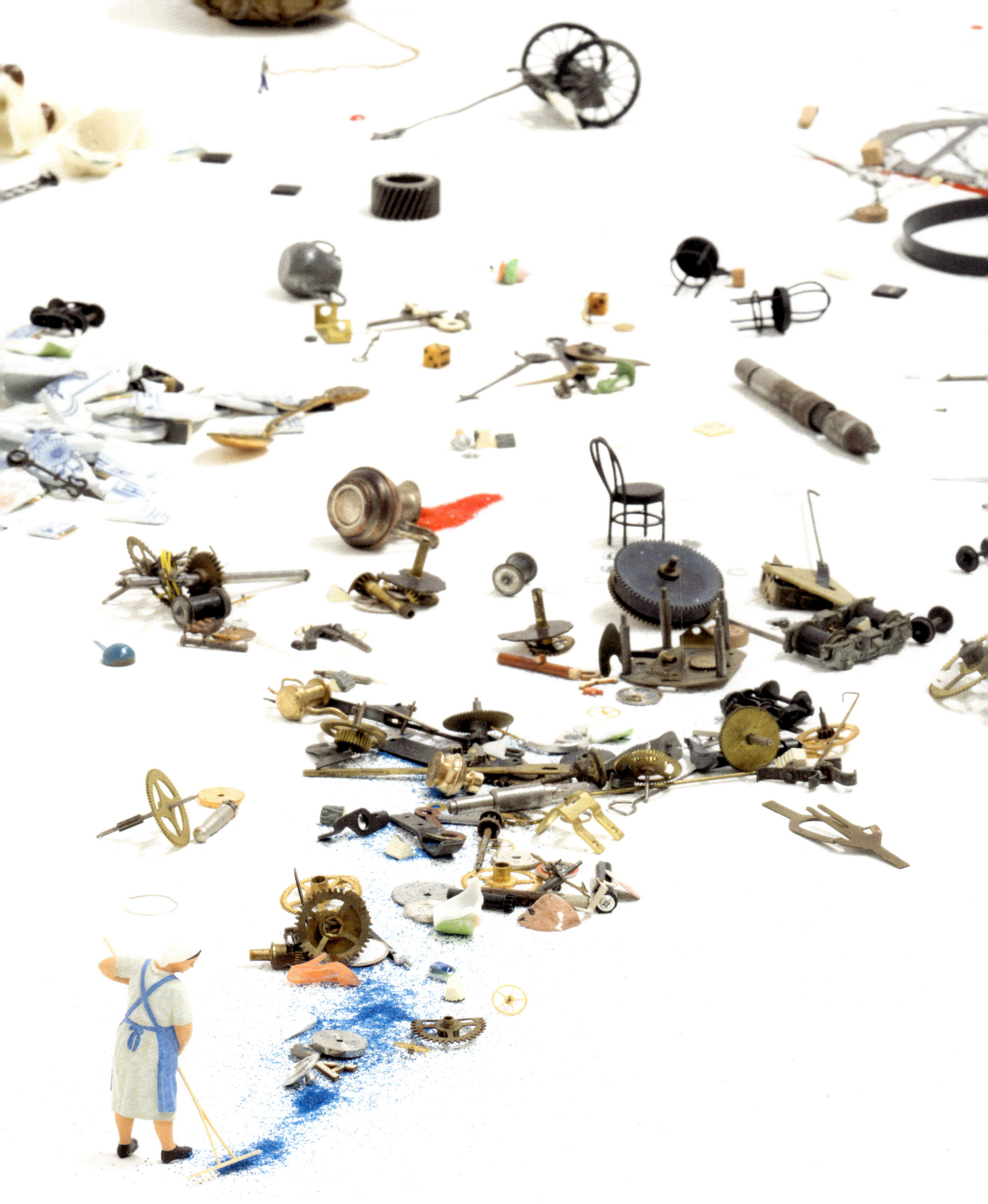

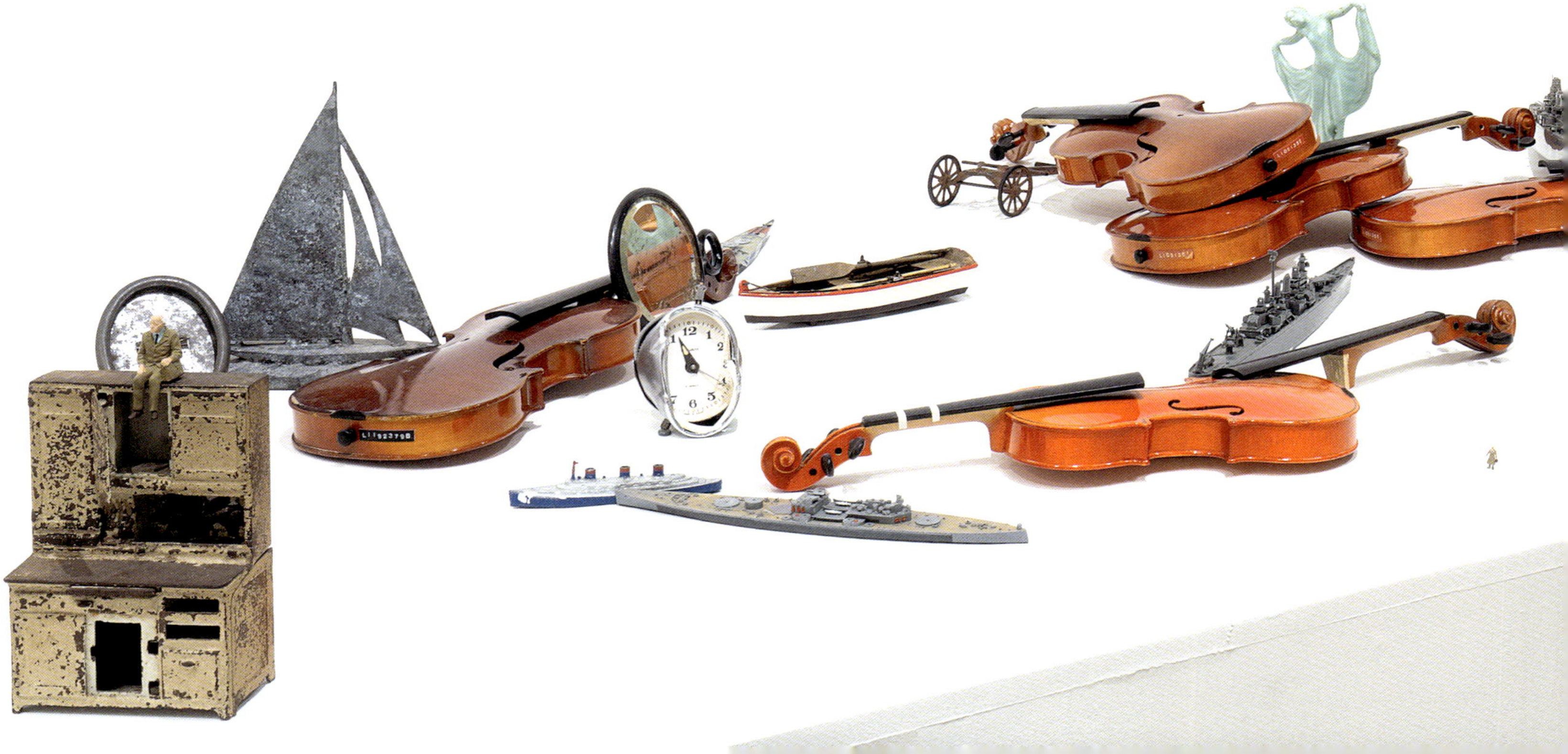

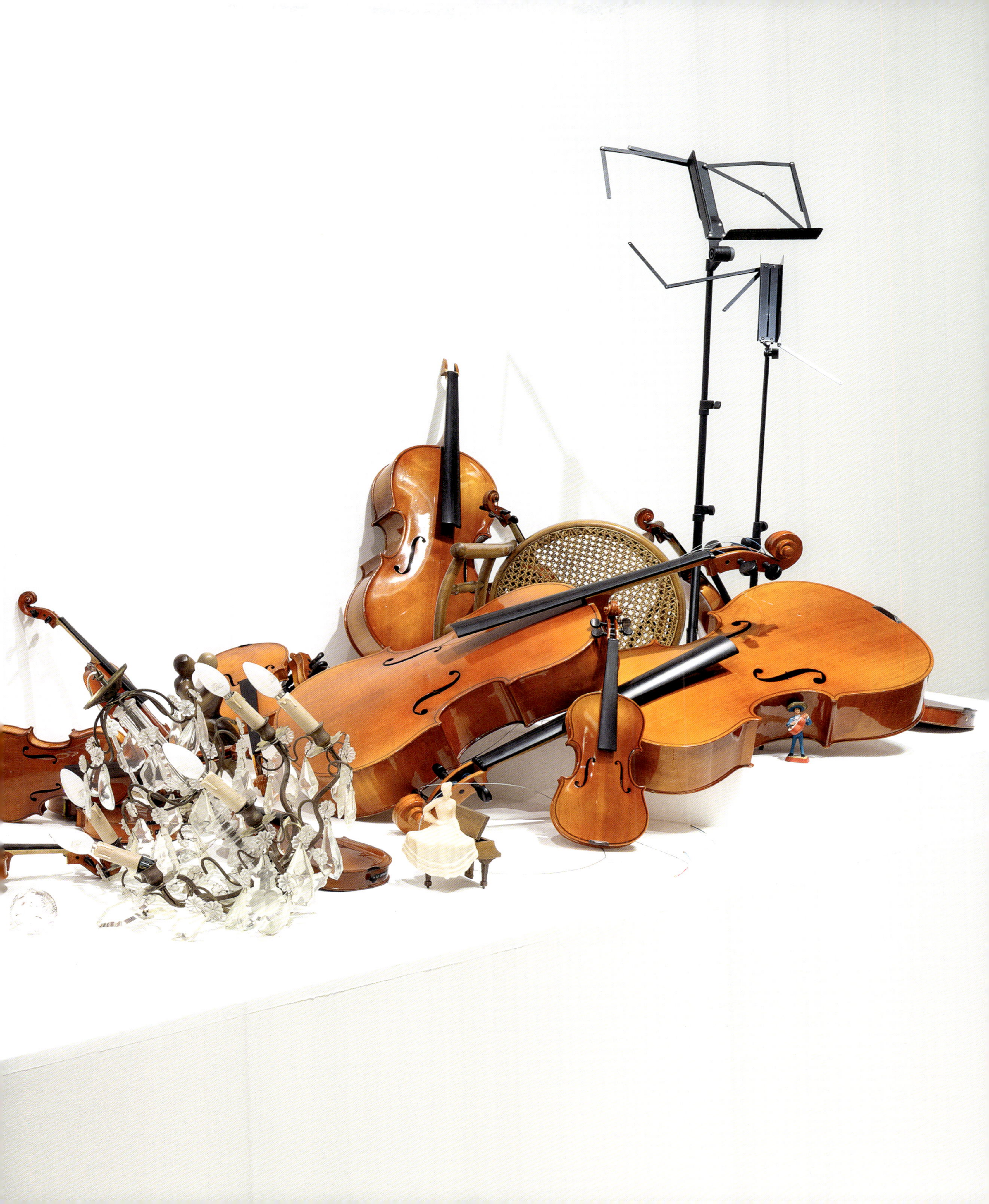

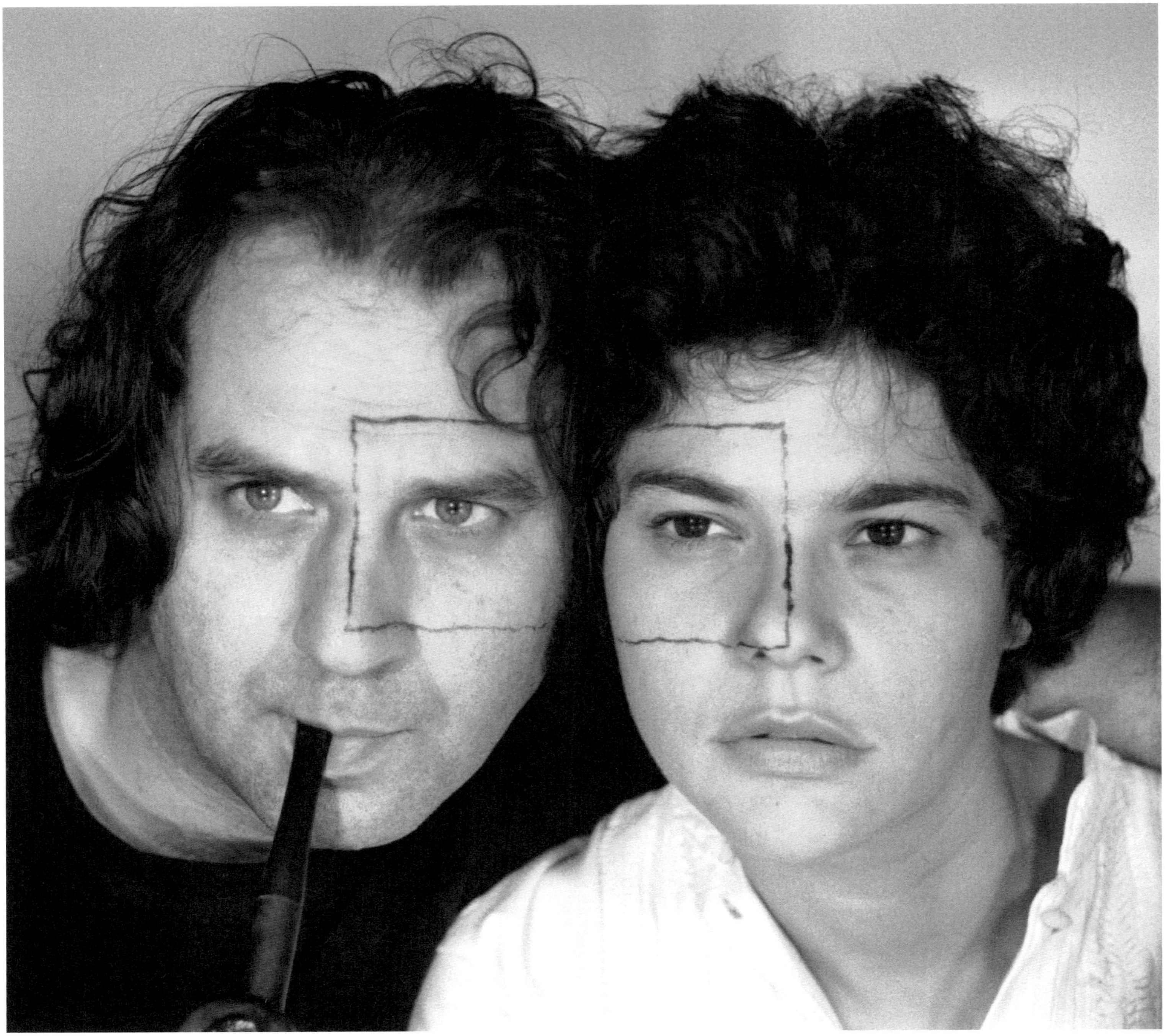

Untitlted (*Porter and Camnitzer with drawing*), 1973
Stampa alla gelatina d'argento / Silver gelatine print
Courtesy l'artista / the artist

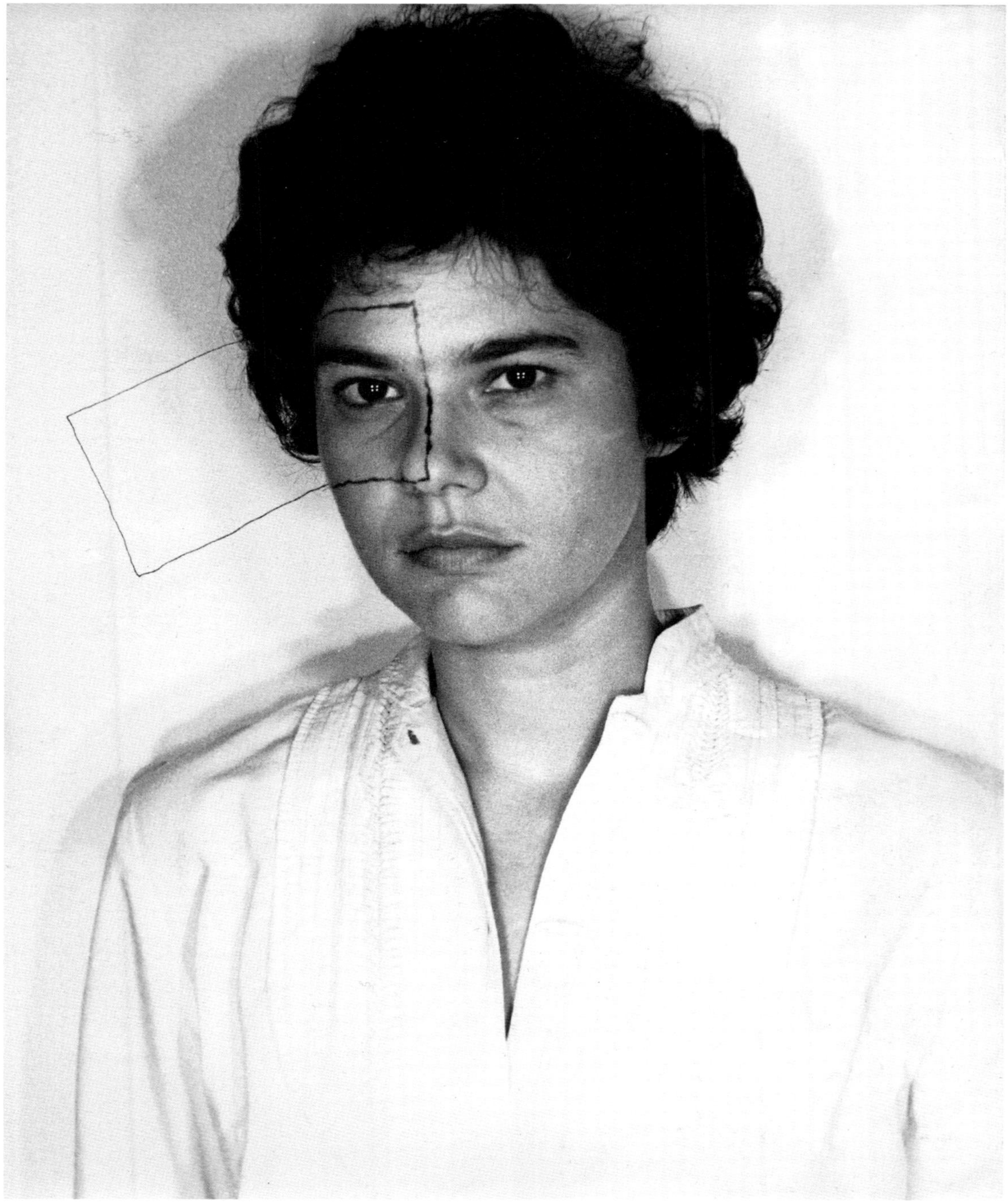

Untitlted (*Self-portrait with square*), 1973
Stampa alla gelatina d'argento
/ Silver gelatine print
Courtesy l'artista / the artist

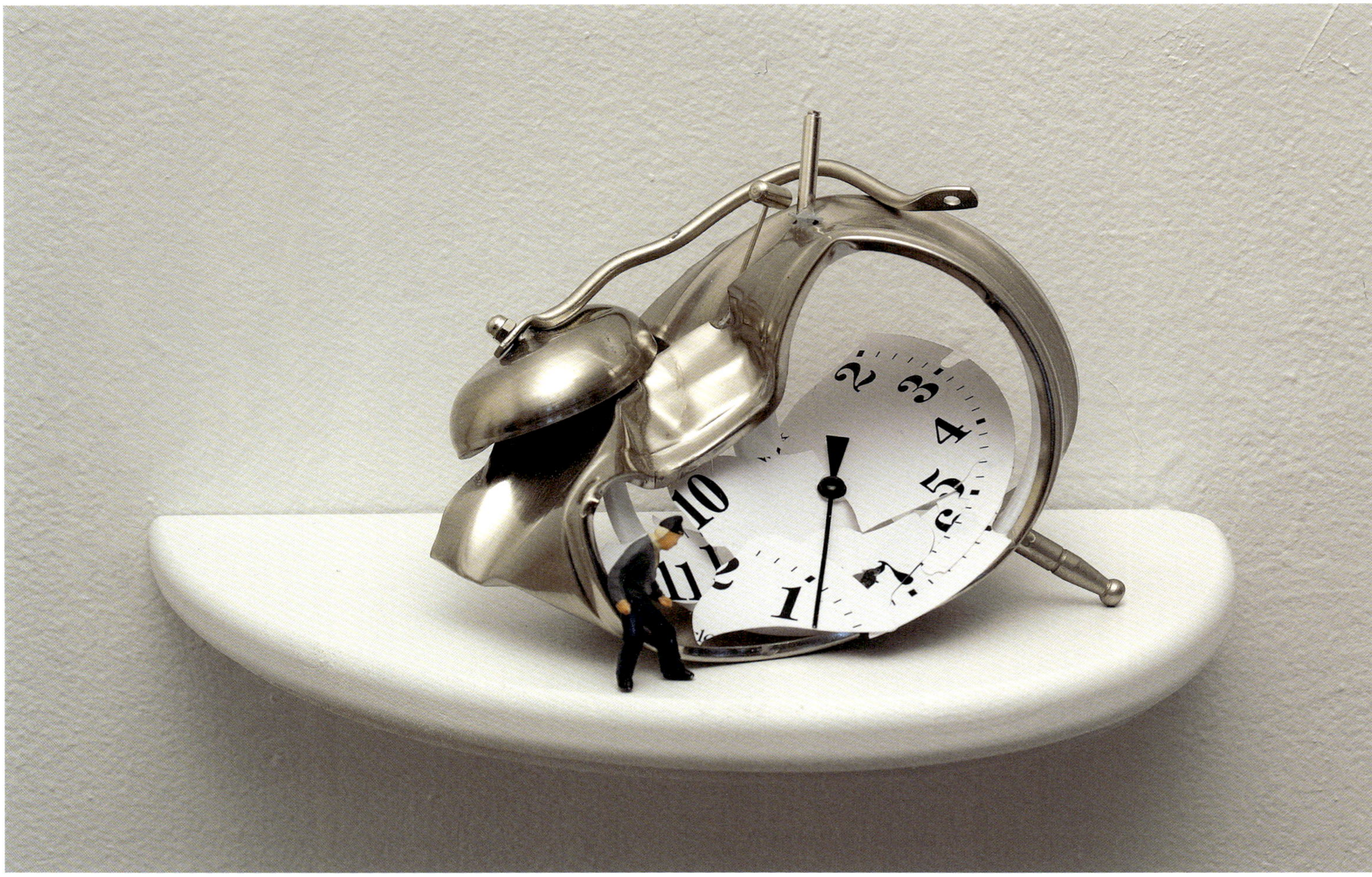

The Mission, 2021
Orologio, statuina / Clock, figurine
Courtesy l'artista / the artist
Foto / Photo Porter-Tiscornia Studio

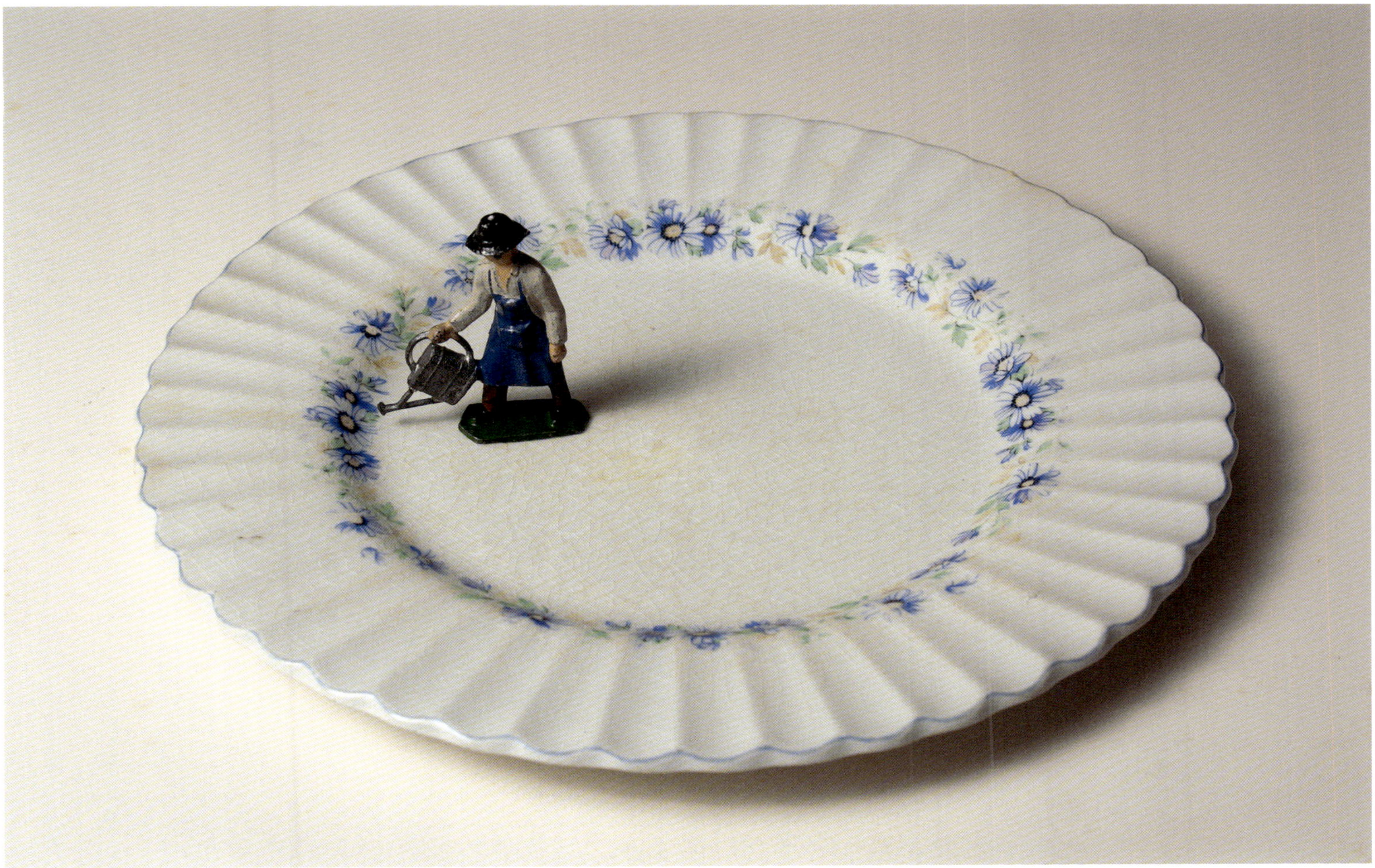

The Gardener white plate, 2022
Piatto, statuina / Plate, figurine
Courtesy l'artista / the artist
Foto / Photo Porter-Tiscornia Studio

Nicolás Robbio

Nicolás Robbio sperimenta con i materiali più variegati nella creazione della sua opera, dove il disegno riveste un ruolo fondamentale, dato che per l'artista non è più una pratica estetica, ma la costruzione di un pensero. Come dice lui stesso: "Lo studio del disegno porta alla consapevolezza del fatto che, per la natura, non esistono il punto, la linea, il piano, il cubo, i numeri, i mesi, né altro che suggerisca l'esistenza della precisione. Siamo noi esseri umani ad aver creato tutte queste forme in modo da poter calcolare, misurare, progettare, controllare e, soprattutto, poter sopravvivere al caos della natura [...] la gravità fa parte di tale consapevolezza" [1].

Al PAC l'artista realizza un'installazione della serie *Estudios de tensión* (Studi della tensione), iniziata nel 2010. Utilizzando un sistema di cavi, punti e piombini, Robbio tende sovvertire la percezione dello spettatore e dimostra l'impossibilità di separare il concreto dall'astratto e l'oggettivo dal soggettivo. Una freccia indica verso l'alto, una forza ascensionale ideale alla quale l'artista contrappone due pesi che spingono verso il basso a causa della forza di gravità, un qualcosa di reale. Tutto è condizionato da quella forza immateriale che ci tiene ancorati alla terra, al tempo stesso mantenendoci in equilibrio.

Bozal (Museruola) è un'installazione composta da una sega e un'ascia poggiate in verticale sul pavimento. Nuovamente l'artista mette in crisi le percezioni: i due strumenti vengono qui limitati nella loro funzione, come dice lo stesso titolo; vengono ricoperti da un involucro in cartone grezzo che ne impedisce l'utilizzo, sulla scia del *ready-made* rettificato di stampo duchampiano.

In mostra viene esposto anche il video *Los de arriba los de abajo los buenos los malos* (L'alto il basso il buono il cattivo), realizzato nel 2011. Ora l'artista si concentra sulle grate di ferro – caratteristica costante degli edifici e delle case in Brasile nonché elemento di sicurezza – come espressione di confine ed elemento divisorio che intensifica gli antagonismi.

Nicolás Robbio experiments with a wide range of materials to create his body of work, where drawing plays a key role, as the artist viewed it as a format for constructing thought rather than as an aesthetic practice. In his own words: "The study of drawing brings the understanding that, for nature, points, lines, planes, cubes, numbers, months... nothing that makes us think of precision actually exists. We human beings have created all of these forms so as to be able to calculate, measure, design, control and, above all, to be able to survive the chaos of nature" and "gravity is part of this understanding". [1]

For PAC exhibition, the artist creates an installation from the *Estudio de tensión* (Stress Study) series, begun in 2010. Using a system of cables, points and plummets, Robbio tends to subvert the viewer's perception and demonstrates the impossibility of separating the concrete from the abstract and the objective from the subjective. An arrow points upwards, an ideal ascending force to which the artist contrasts two weights that push downwards due to the force of gravity, something real. Everything is conditioned by that immaterial force that keeps us anchored to the earth, at the same time keeping us in balance.

Bozal (Muzzle), is an installation composed of a saw and an ax placed vertically on the floor. Once again the artist puts perceptions into crisis: the two instruments are here limited in their function, as the title itself says. They are covered with a raw cardboard casing which prevents their use, in the wake of the Duchampian rectified ready-made.

The exhibition at PAC also includes the video *Los de arriba los de abajo los buenos los malos* (The Ones Above and the Ones Below. The Good and the Bad) created in 2011. The artist dwells on external iron grilles, a safety element that can be found in most buildings and houses in Brazil – a limit that does not allow us to stop nor to cross it without permission, and that intensifies antagonism by creating a dividing barrier.

Bozal, 2011
Sega, ascia, cartone, nastro adesivo / Saw, axe, cardboard, tape
Courtesy l'artista / the artist e / and Galeria Vermelho, São Paulo
Foto / Photo Lorenzo Palmieri

1 Hebe Schmidt, "Nicolás Robbio resignifica el legado de Borges en Argentina Plataforma ARCO", in *Telam*, 28 febbraio 2017, consultato il 28 settembre 2023: https://www.telam.com.ar/notas/201702/180931-nicolas-bobbioborges-en-argentina-plataforma-arco.html.

1 Hebe Schmidt, "Nicolás Robbio resignifica el legado de Borges en Argentina Plataforma ARCO", in *Telam*, February 28, 2017. Consulted on September 28, 2023 at https://www.telam.com.ar/notas/201702/180931-nicolas-bobbioborges-en-argentina-plataforma-arco.html.

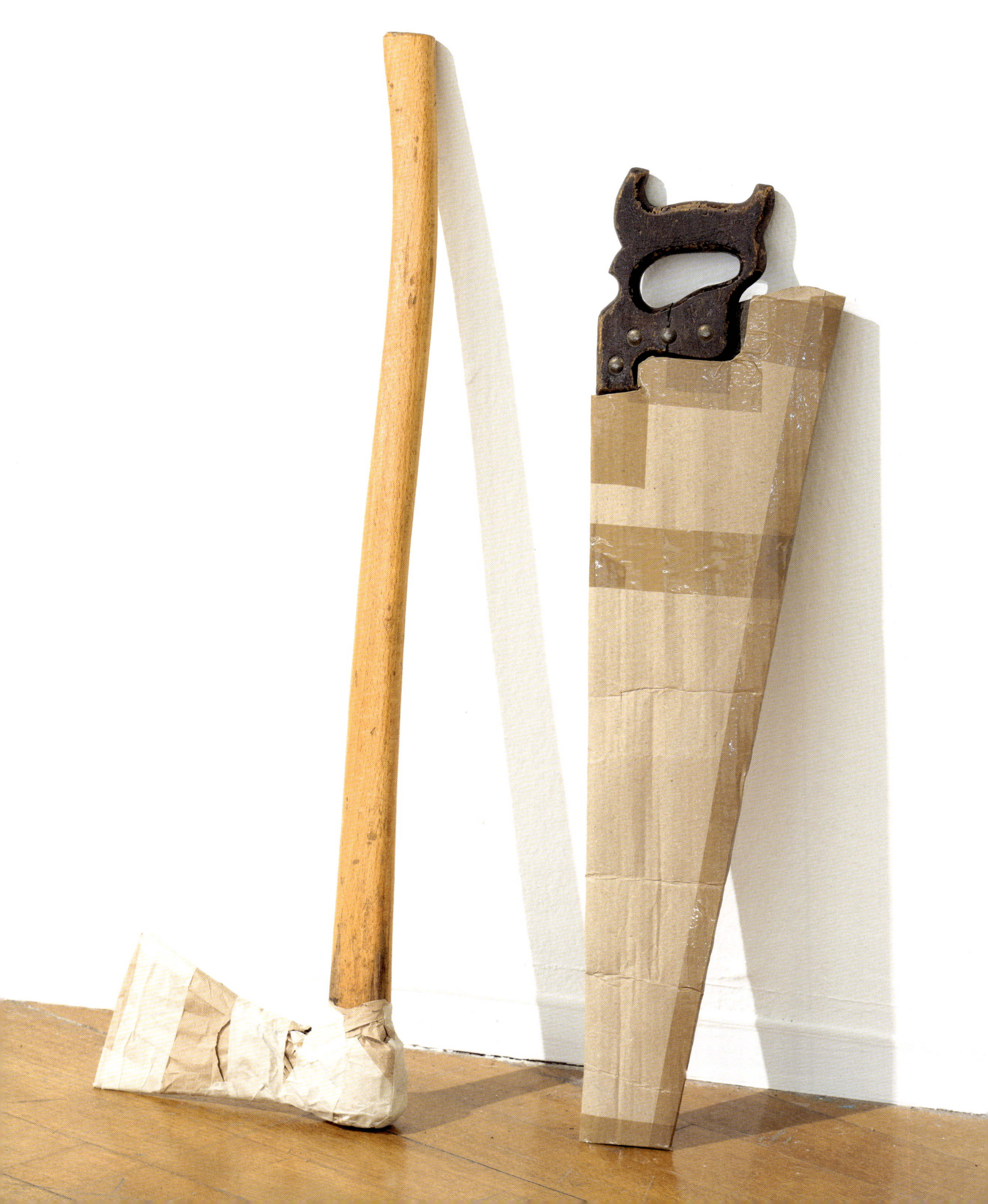

Estudio de tension, 2010
Corda, piombo, chiodi
/ Rope, lead, nails
Courtesy l'artista / the artist e
/ and Galeria Vermelho, São Paulo
Foto / Photo Lorenzo Palmieri

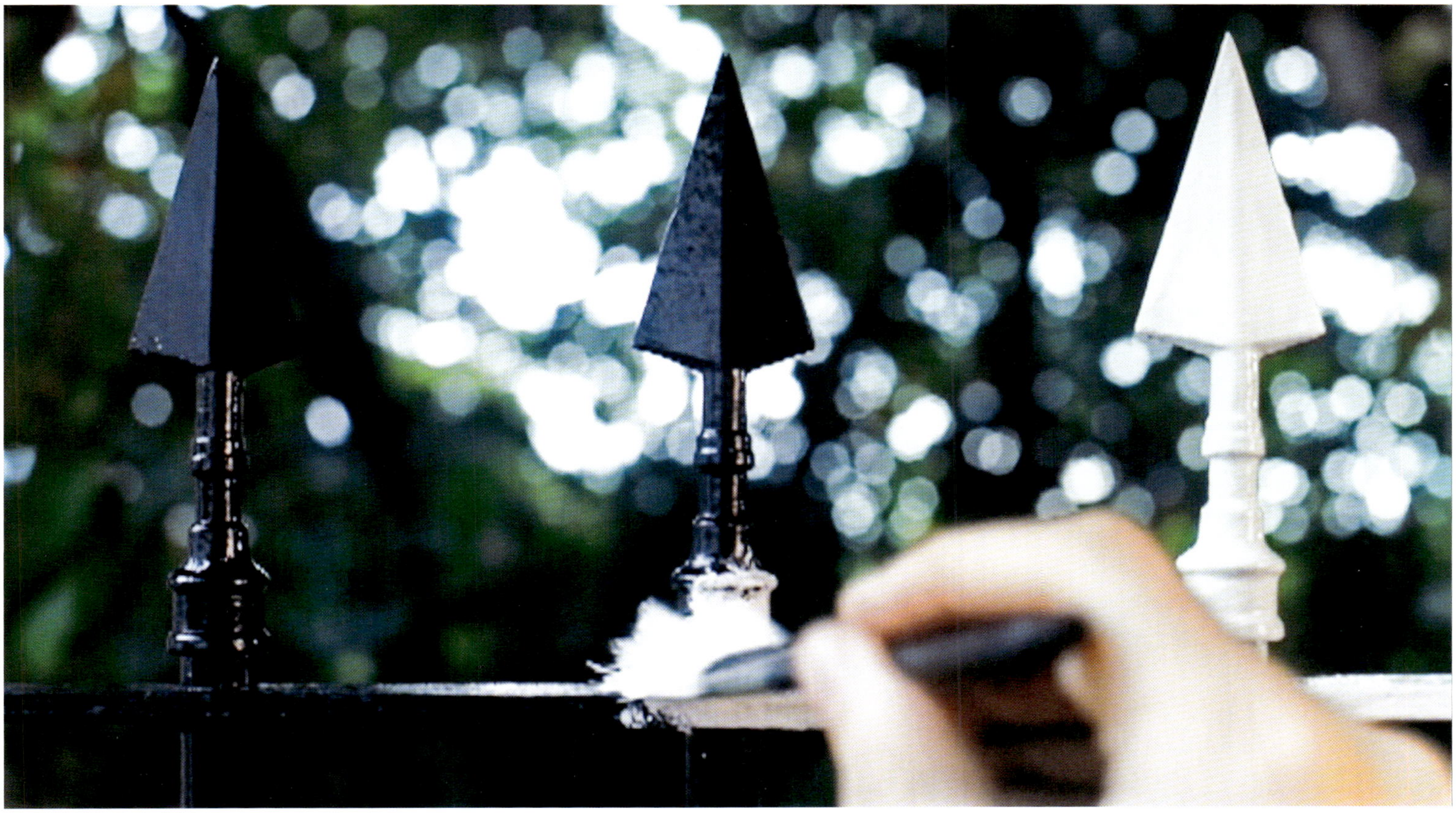

Los de arriba los de abajo los buenos los malo, 2011
Video, colore, senza suono
/ Video, color, no sound
6’11”, loop
Courtesy l’artista / the artist
e / and Galeria Vermelho, São Paulo
Foto / Photo Lorenzo Palmieri

Plano expandido (*cuestiones al trazar una línea*), 2016
Fili a parete / Wires on wall
Dimensioni variabili
/ Variable dimensions
Courtesy l'artista / the artist
Foto / Photo Edouard Fraipont

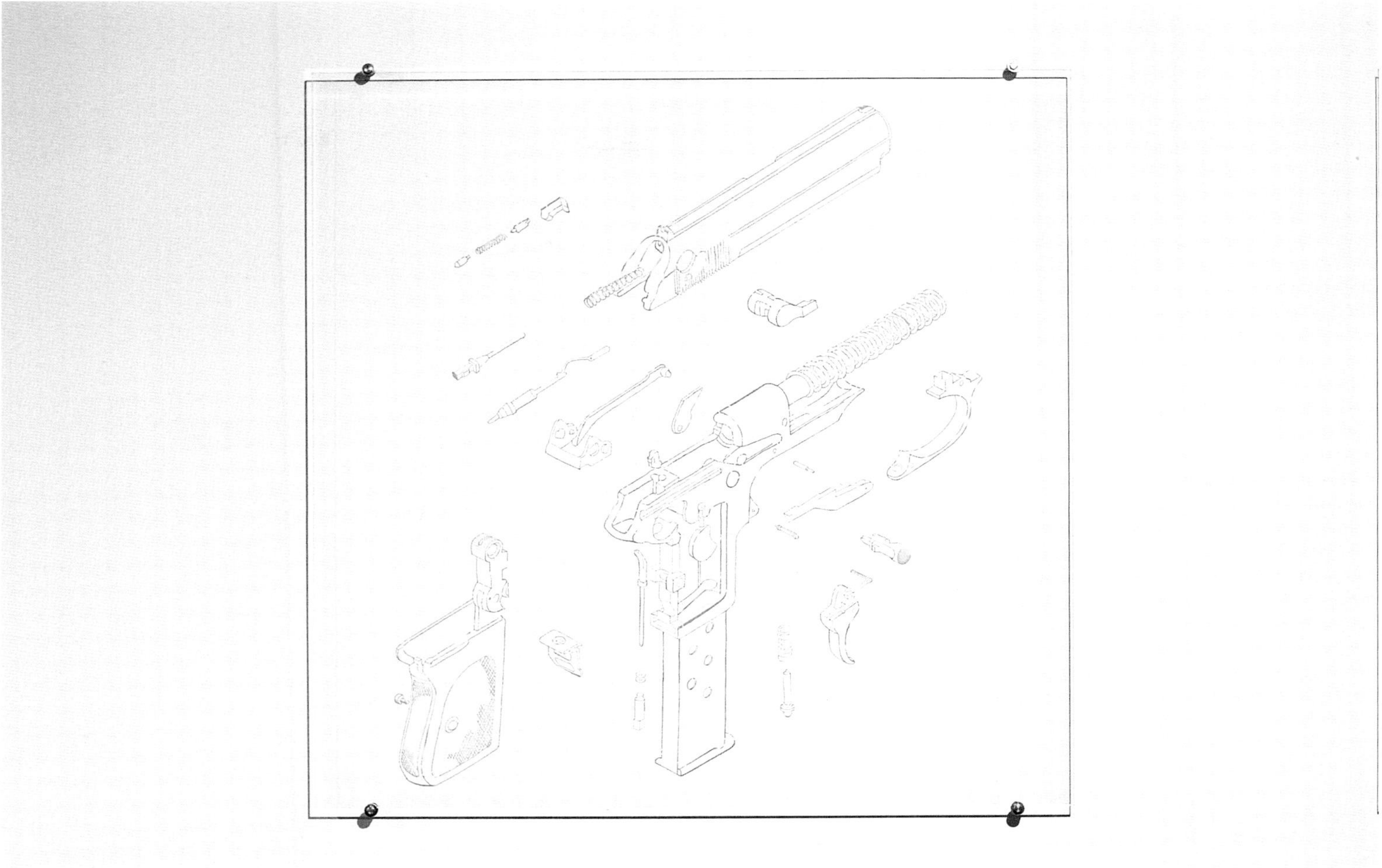

Star-cal.45 dalla serie / from the series
Disassembled, 2003
Incisione su vetro / Engraving on glass
100 × 100 cm
Courtesy l'artista / the artist

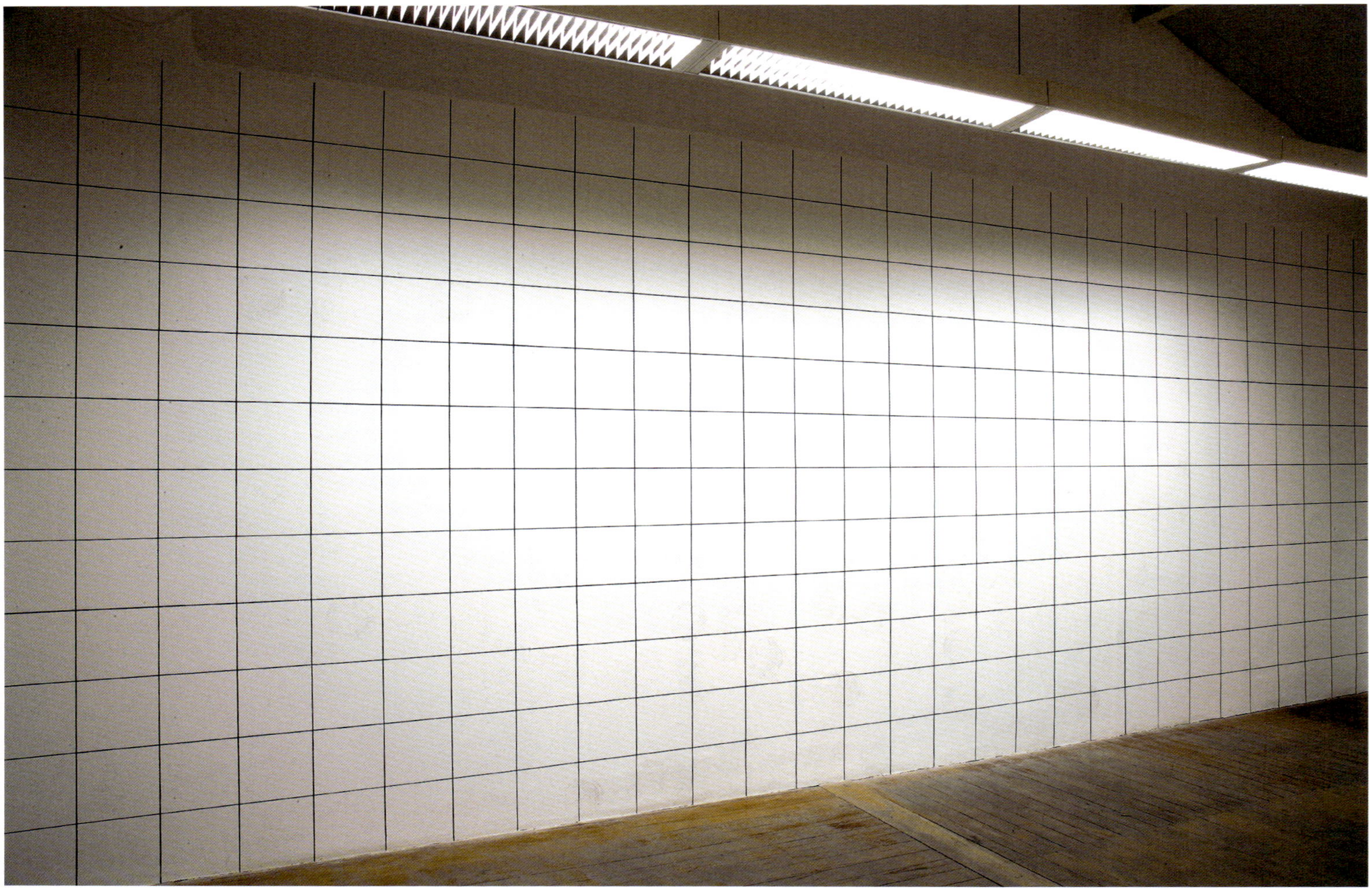

Superposição Geométrica, 2007
Inchiostro e segni del pallone da calcio
/ Ink and football ball markings
Dimensioni variabili, quadrati 15 × 15 cm
/ Variable dimensions, squares 15 × 15 cm
Courtesy l'artista / the artist

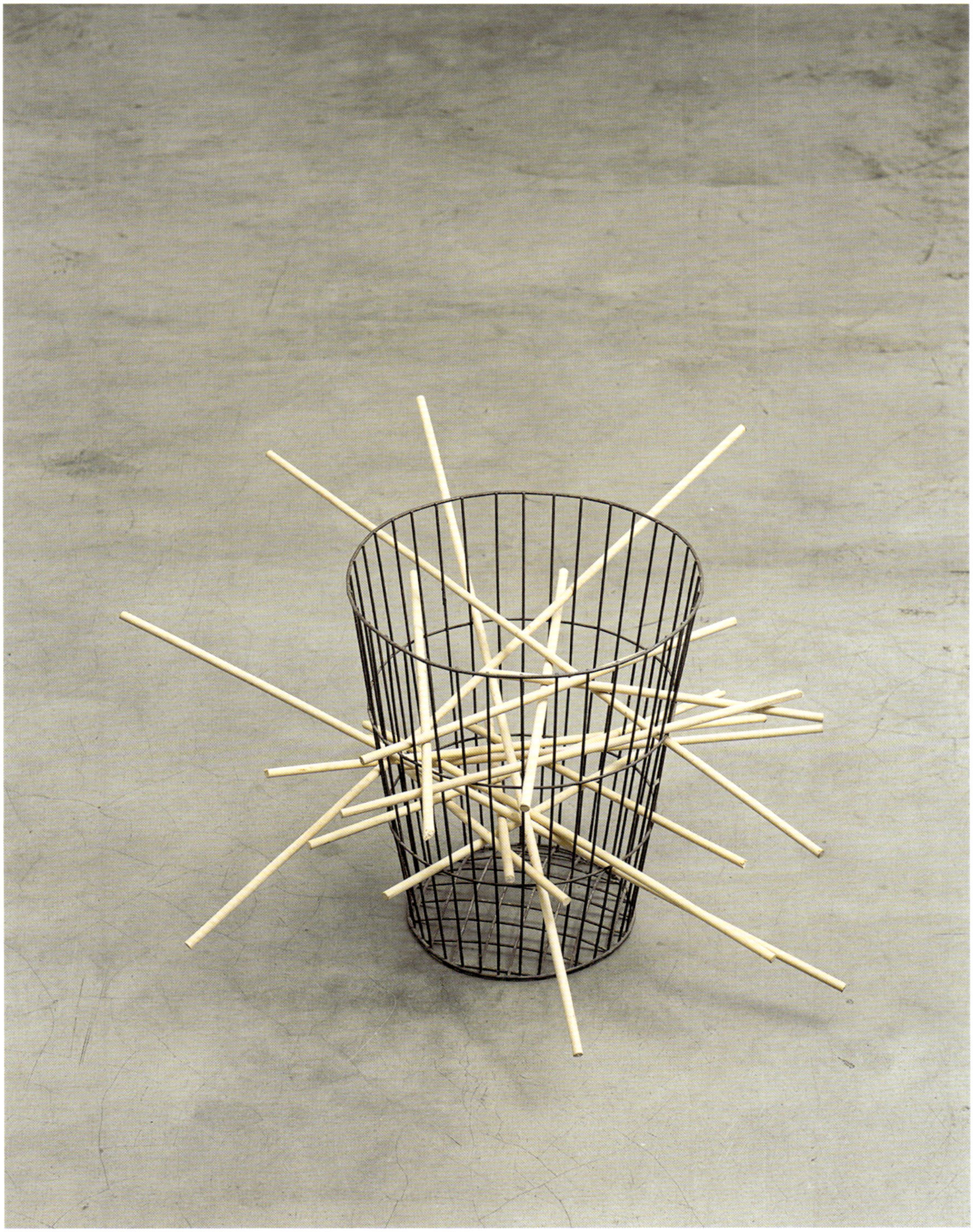

Faquir (*Fakir*), 2015
Cestino, legno / Basket, wood
Dimensioni variabili / Variable dimensions
Private Collection, São Paulo
Foto / Photo Edouard Fraipont

Miguel Rothschild

La fotografia è alla base del lavoro di Miguel Rothschild, la quale viene alterata – aggiungendo materiali extra-artistici o sottraendone una parte – per aprire nuove possibili letture.
La serie *Atrapasueños* (Acchiappasogni) è composta da una serie di fotografie scattate nella baraccopoli 20 situata nel quartiere di Lugano a Buenos Aires. Gli scatti sono incorniciati e il vetro che li protegge presenta fragili incisioni o crepe che ripercorrono le linee intricate dei cavi elettrici che attraversano lo spazio. Sebbene il nome della serie alluda all'oggetto, l'artista mette in relazione le linee o le reti al compito delle Parche della mitologia greca. Le Parche erano incaricate di tessere il destino dei mortali: erano loro che avevano il potere di intrecciare, ma anche di mettere fine alle loro vite tagliando il filo, immagini che l'artista usa in modo ludico per indicare il destino tragico che incombe su quello spazio urbano.

Nella serie *Burned* (Bruciate), Rothschild rivisita il sublime del Romanticismo tedesco attraverso cieli nebulosi che evocano il potere naturale e spirituale della natura. L'artista trasforma i suoi paesaggi infliggendo piccoli fori bruciati alle fotografie stampate su carta di cotone e gioca con la luce creando una sensazione di ambiguità e conferendo all'opera un'atmosfera di mistero: è difficile individuare da dove provenga la fonte luminosa, se sia all'interno dell'opera o se sia l'effetto della luce esterna sulla superficie.

Photography is the medium at the heart of his work, but it appears altered due to the addition of non-artistic materials or to the removal of part of it. The artist plays with images so as to open up to potential new interpretations.

His series *Atrapasueños* (Dream Catcher) consists in a series of photographs taken in slum n. 20, which is located in the Lugano *barrio* in the city of Buenos Aires. The pictures are framed and protected by glass that appears broken, with fragile cuts or cracks coinciding with and emphasising the intricate lines of the electric wires spanning the air. Though the name of the series refers to the talisman made up of a net imitating the patterns of a spiderweb and whose function is protecting us as we sleep, the artist connects the strands or nets with the Parcae of Greek mythology. Tasked with spinning the fates of mortals, they had the power to weave but also to cut their lives short. Images used "playfully" by the artist to mark the tragic fate looming over this urban space.

In his series *Burned*, Rothschild revisits the sublime in 19th-century German Romanticism by means of landscapes where the sky plays a key role. Cloudy skies recalling the natural and spiritual power of nature. The artist transforms his landscapes by using fire to burn small holes on the pictures printed on cotton paper. The artist plays with light creating a sensation of ambiguity and giving the work an atmosphere of mystery: it is difficult to identify where the light source comes from, whether it is inside the work or whether it is the effect of external light on the surface.

Apocalypse XII, 2019-2021
Stampa fine art su carta Hahnemühle con bruciature / Fine-art print on Hahnemühle paper with burns
85 × 120 cm
Courtesy Kuckei+Kuckei, Berlin /Palma

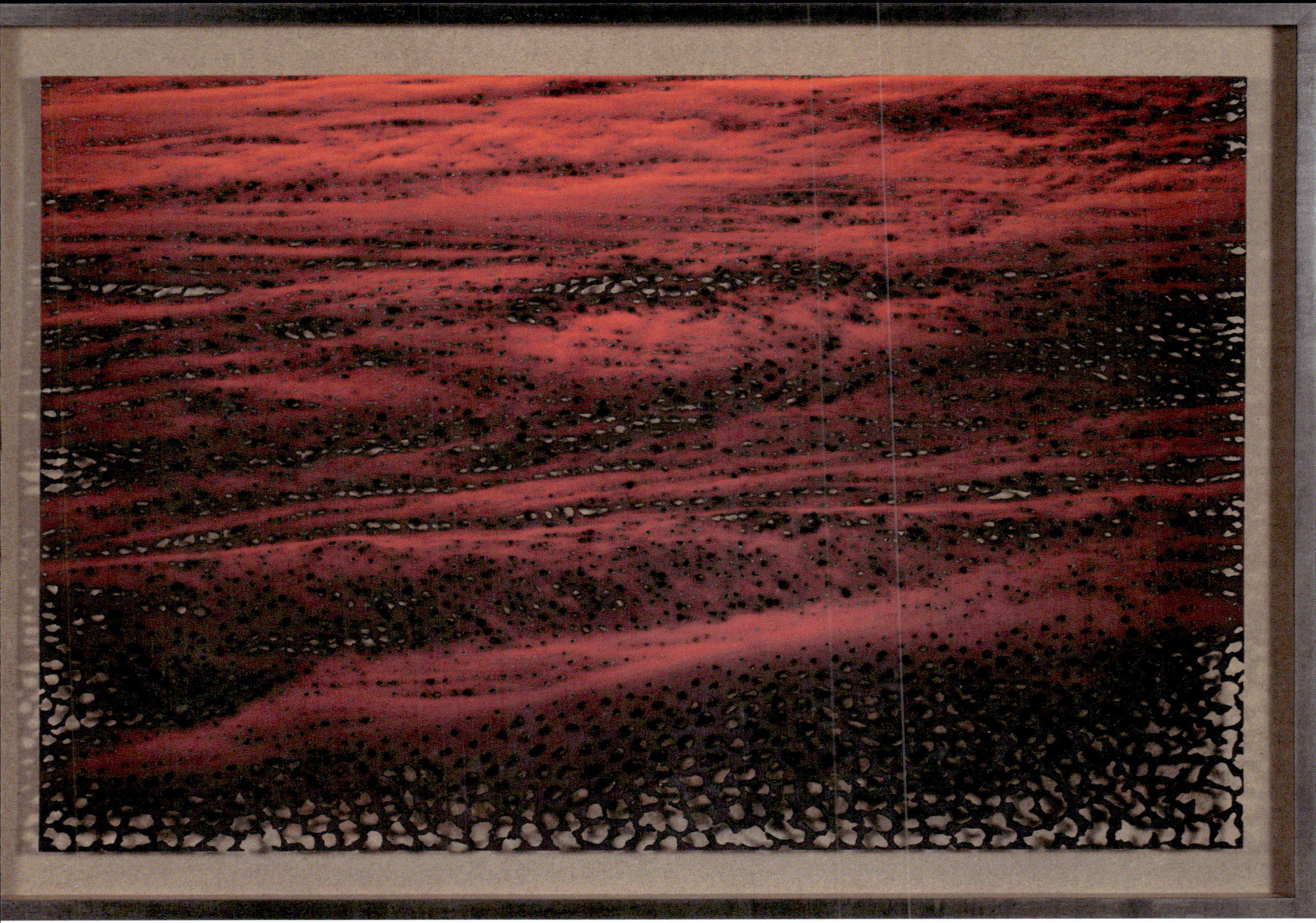

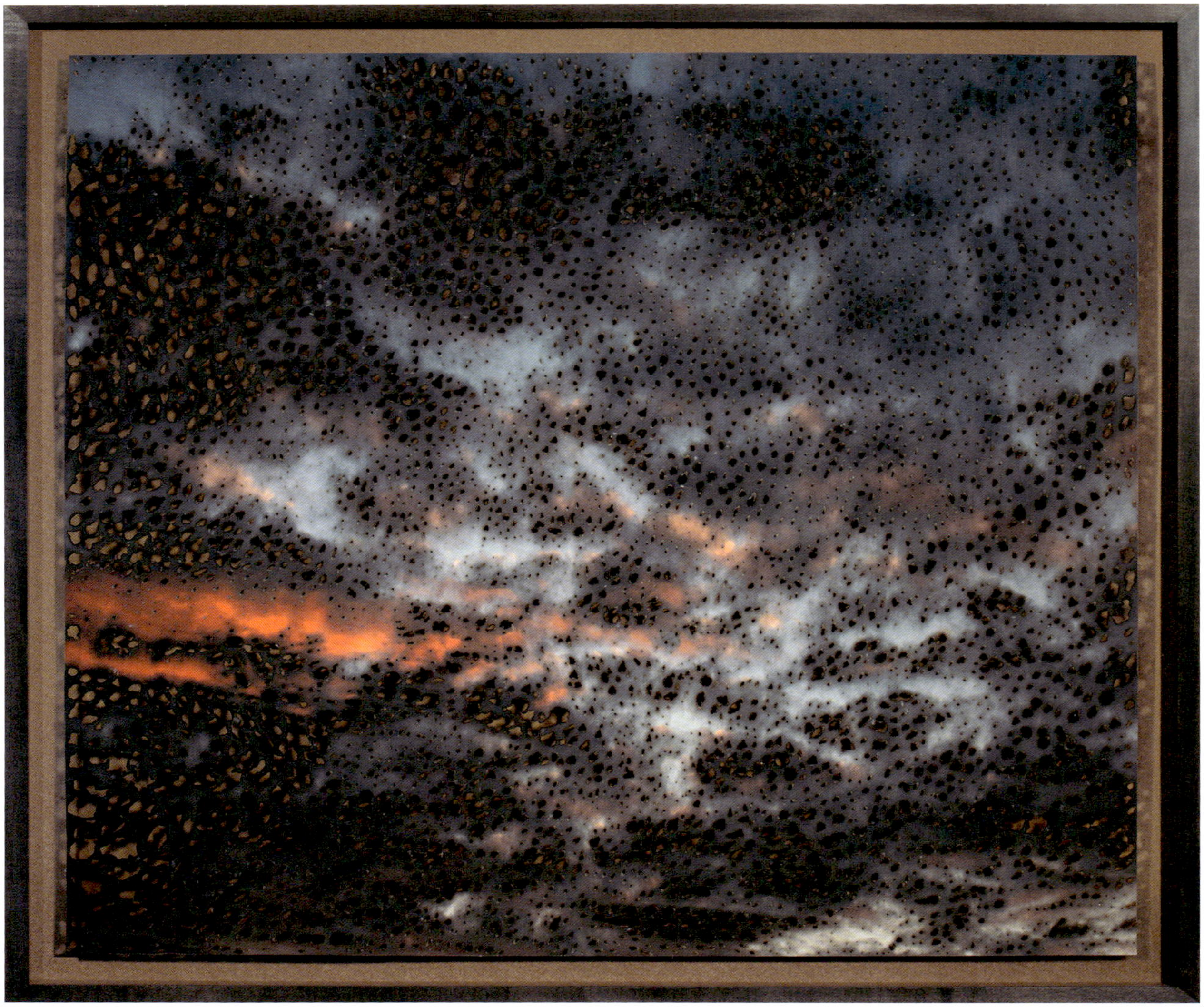

Apocalypse XV, 2021
Stampa fine art su carta Hahnemühle
con bruciature / Fine art print
on Hahnemühle paper with burns
90 × 102 cm
Courtesy Kuckei+Kuckei, Berlin /Palma

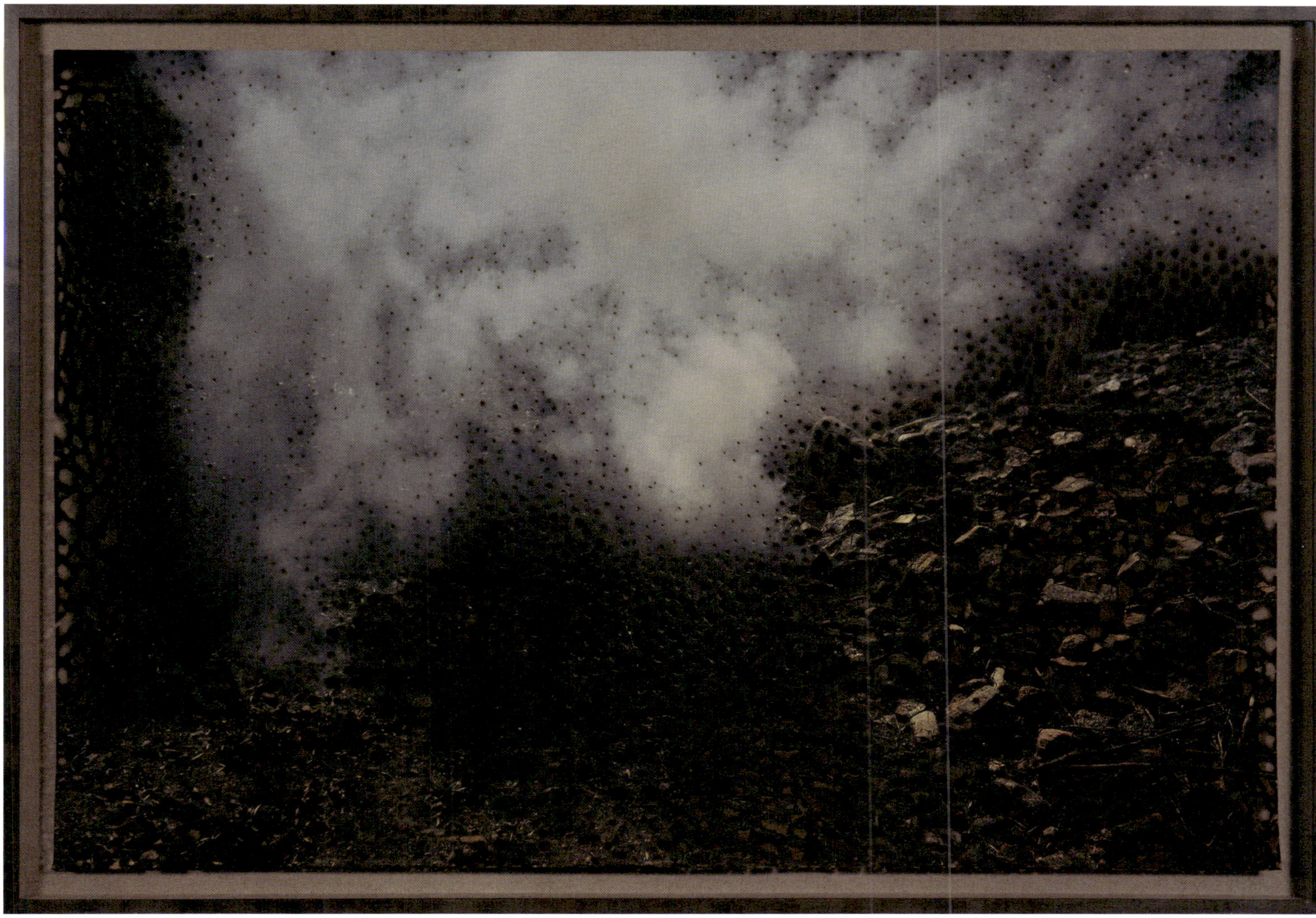

El Misterio de Saleres, 2019-2020
Stampa fine art su carta Hahnemühle
con bruciature / Fine art print
on Hahnemühle paper with burns
60 × 83 cm
Courtesy Kuckei+Kuckei, Berlin /Palma

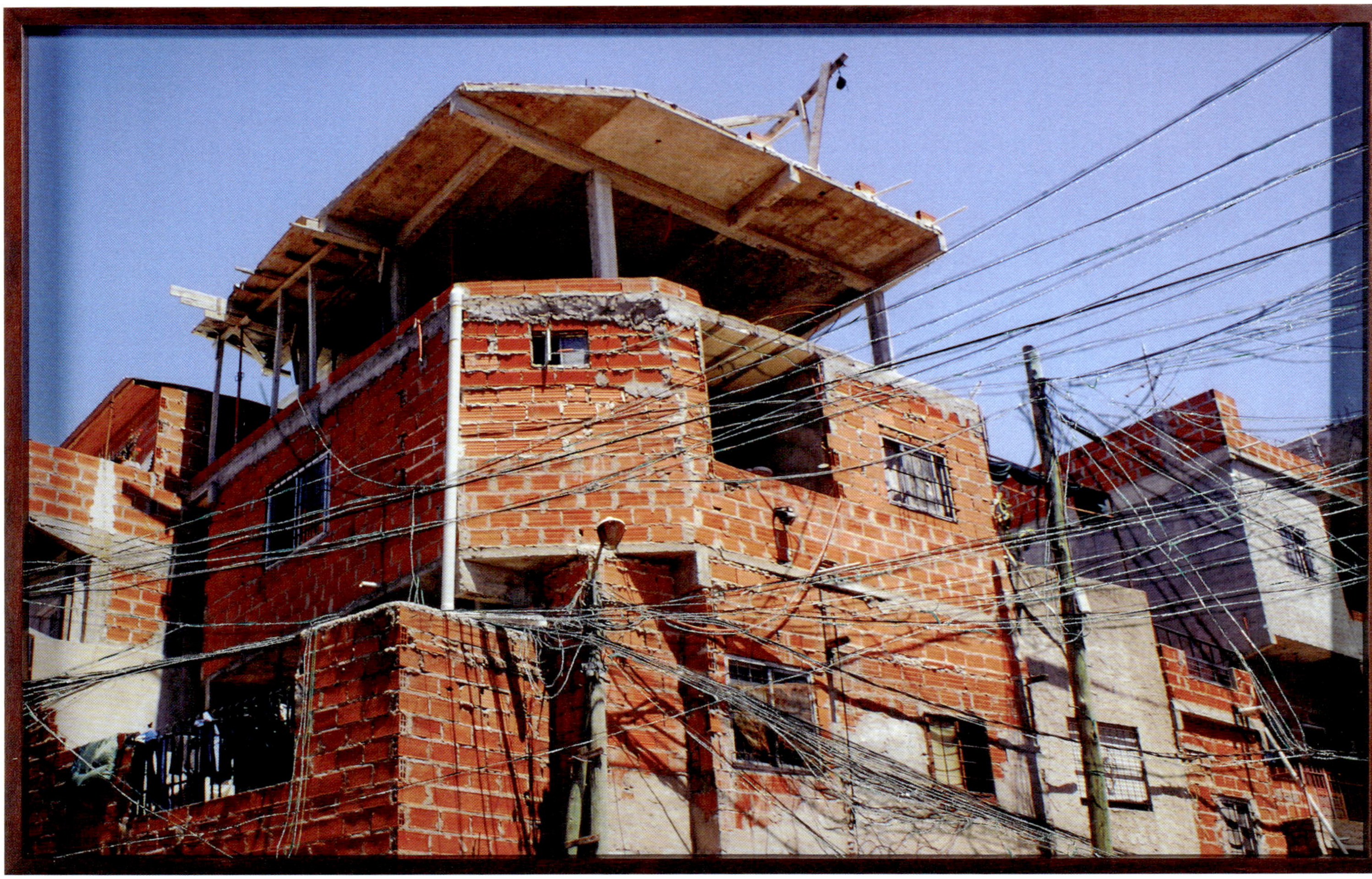

Atrapasueños V, 2014
C-print, vetro di sicurezza / C-print, safety glass
51 × 62 cm
Courtesy Kuckei+Kuckei, Berlin, Palma

Nelle pagine seguenti / Following pages
Veduta della mostra al PAC, Milano / Exhibition view at PAC, Milan
Courtesy l'artista / the artist e / and PAC Padiglione d'Arte Contemporanea, Milan

Foto / Photo Lorenzo Palmieri

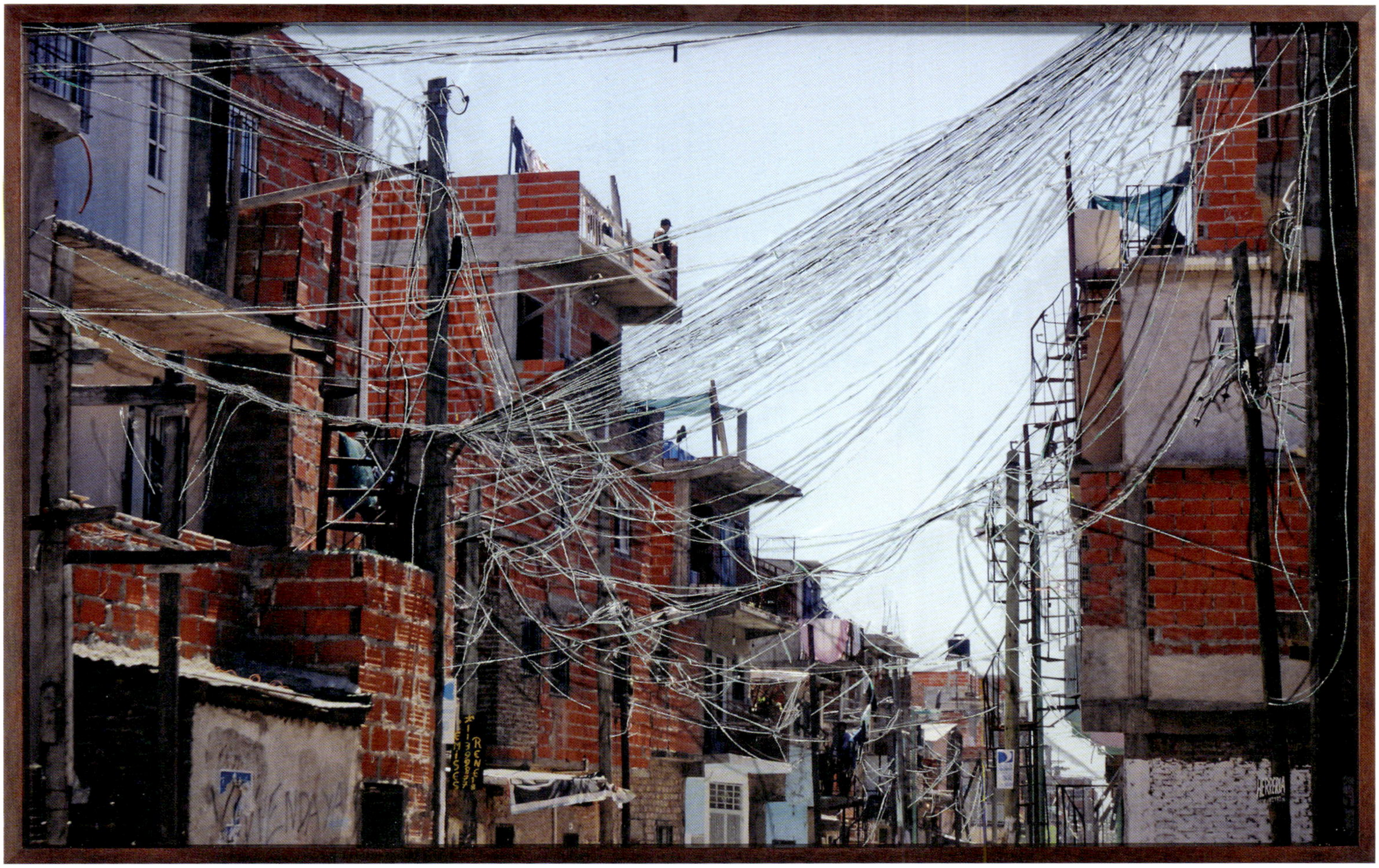

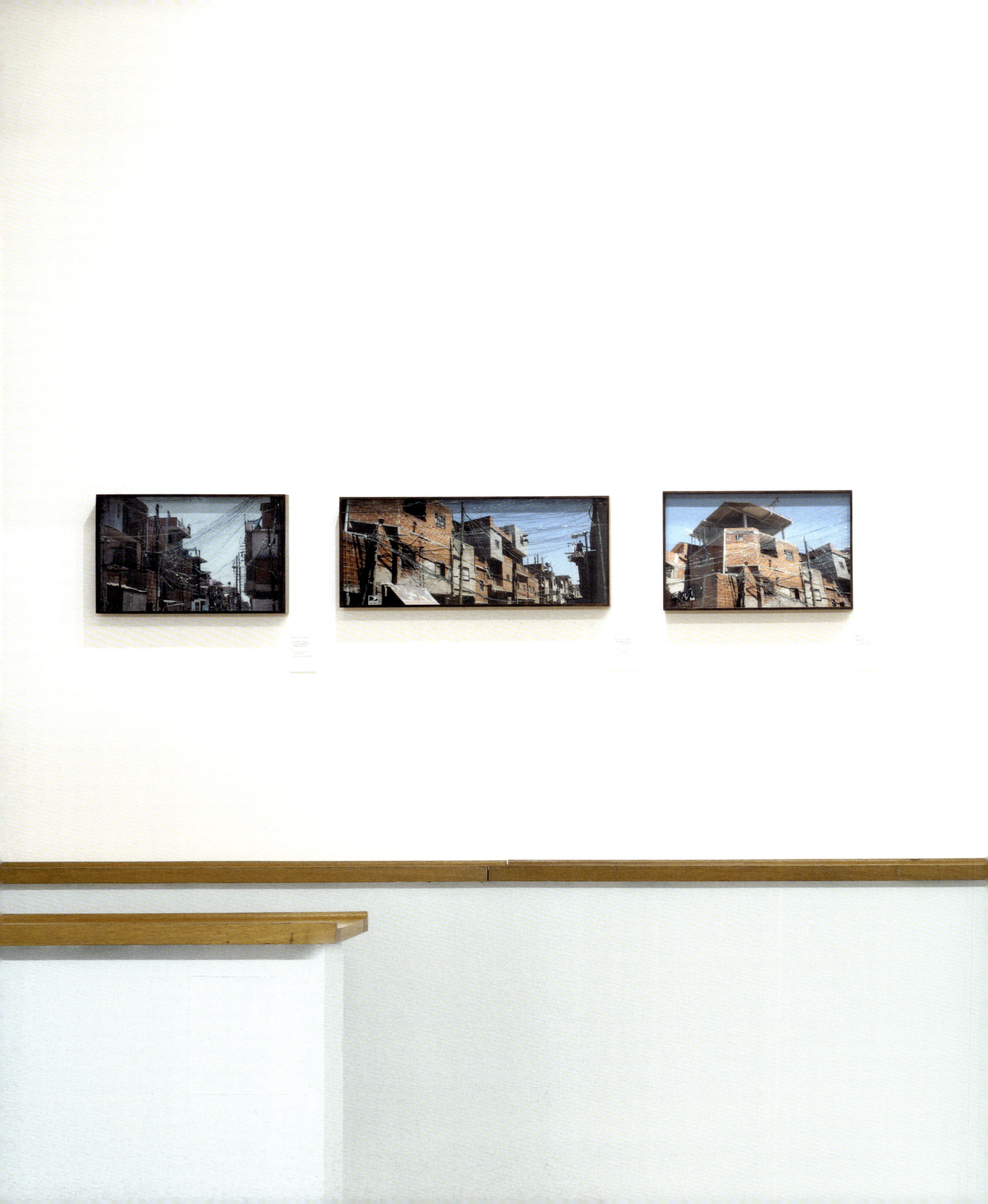

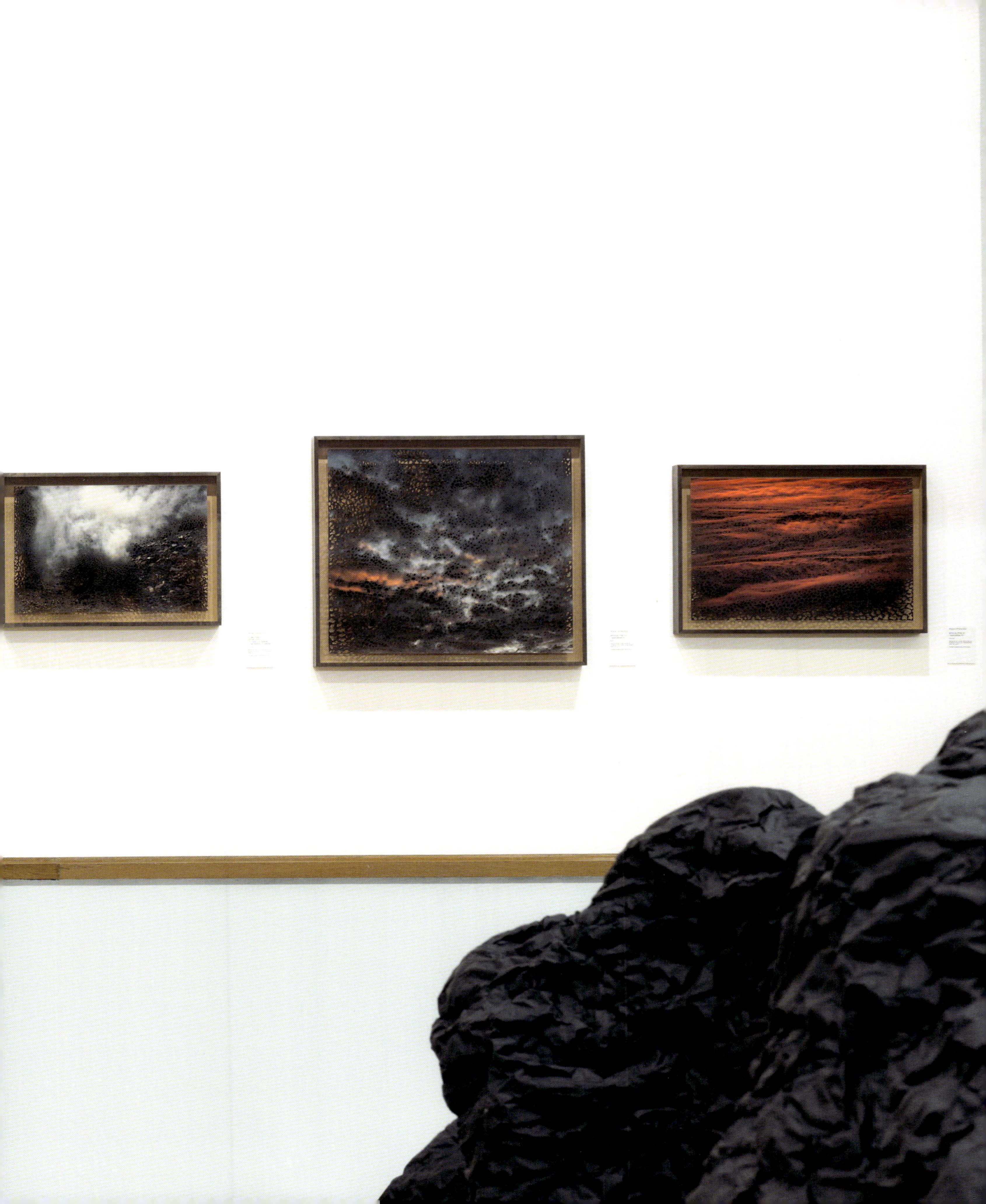

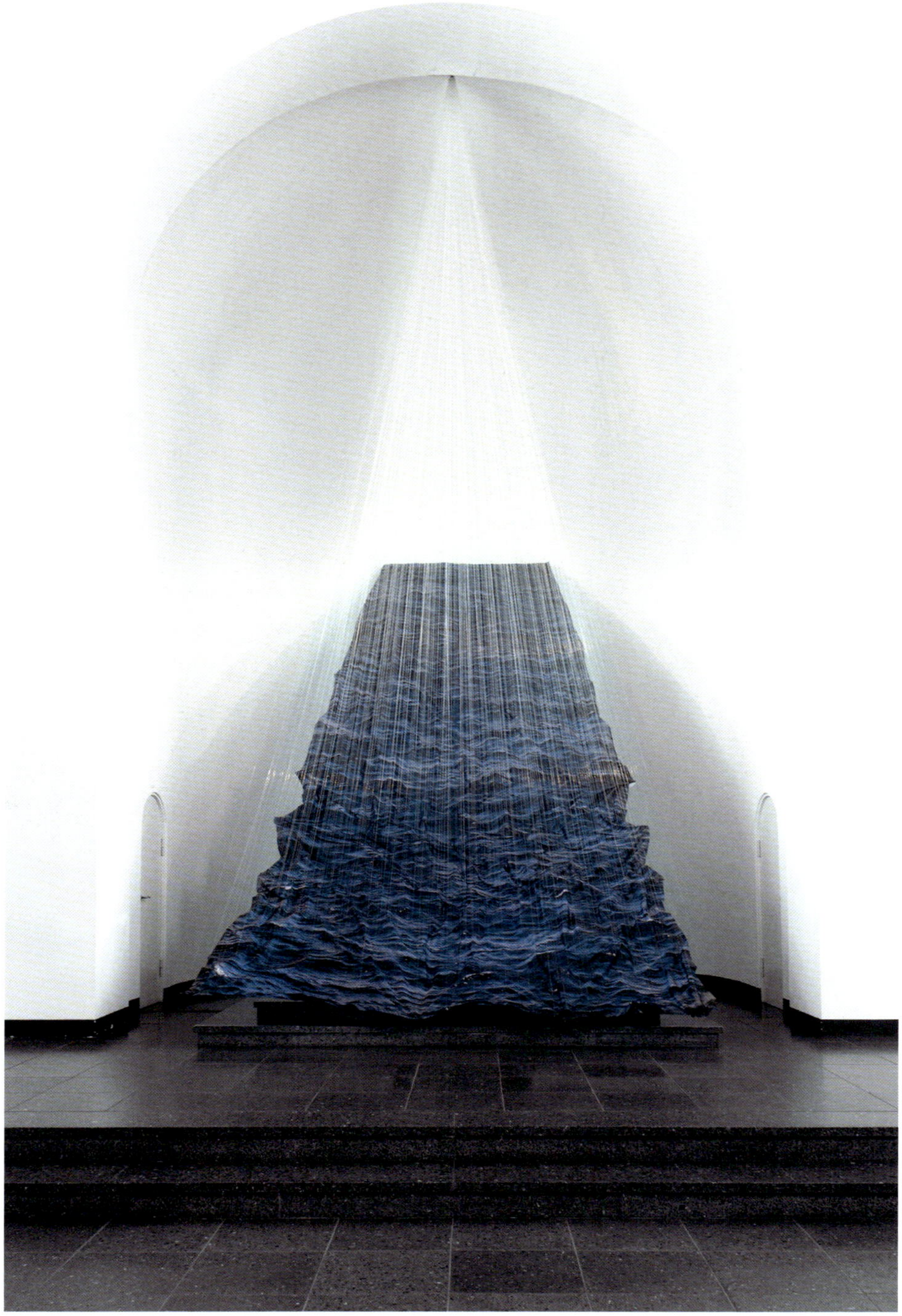

De Profundis, 2017
Installazione presso / Installation at St. Matthäus Church, Berlin
Stampa su tessuto, filo da pesca, palline di piombo / Print on fabric, fishing line, lead balls
900 × 800 × 400 cm
Courtesy l'artista / the artist

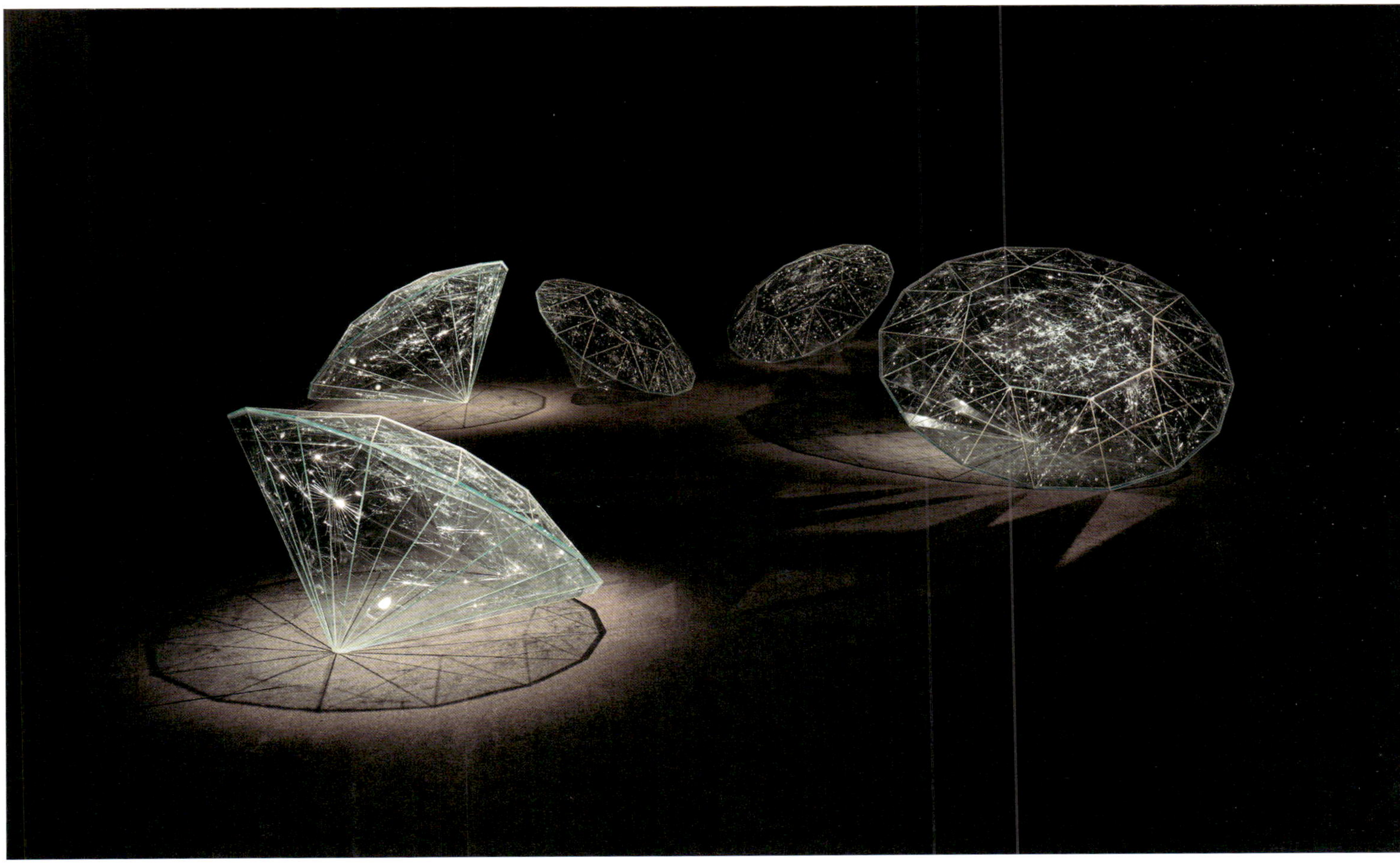

La Reina del Plata, 2017
Vetro di sicurezza in frantumi, sette diamanti di vetro in tre dimensioni diverse / Shattered safety glass, seven glass diamonds in three different dimensions
100 – 140 cm diametro / diameter
Courtesy Ruth Benzacar, Galeria de Arte, Buenos Aires

Graciela Sacco

Graciela Sacco, servendosi di *media* differenti quali eliografie, video, poster, oggetti e interventi, realizza immagini di volti, bocche, occhi e corpi per affrontare tematiche sociali complesse come la fame, i migranti, gli emarginati ecc. Alla domanda se l'arte avesse una missione, l'artista dichiarava di non saperlo, aggiungendo che, in caso affermativo, doveva essere quella di "offrire a qualcuno la possibilità di farsi nuove domande sul qui e ora della sua esistenza" [1].

Nel 1993 Sacco iniziò *Bocanada*, una serie di primi piani fotografici di bocche aperte. Per realizzarla combinò eliografie, francobolli, installazioni, interventi e interferenze urbane: il panorama di diverse città diventava lo sfondo degli interventi realizzati con le sue "bocche", che generavano una segnaletica dalla forte carica politica.

La prima città a ospitare la serie fu Rosario: qui *Bocanada* apparve nello spazio urbano in occasione dello sciopero dei lavoratori di una cucina che preparava pasti per le scuole pubbliche. Le immagini, che sembrano assalire all'improvviso i muri delle città in contesti politici e sociali differenti, rappresentano la fame, ma anche il bisogno e l'incapacità di comunicare ed esprimere idee.

Le sue interferenze e installazioni, realizzate nell'arco di molti anni in diverse città del mondo – tra cui Århus (Danimarca), Tolosa (Francia), San Paolo (Brasile) e Buenos Aires (Argentina) – acquisivano nuovi significati a seconda dei diversi contesti. Nel 1996 Sacco rappresentò l'Argentina in occasione della XXIII Biennale internazionale d'arte di San Paolo, dove espose casse di fiammiferi con bocche stampate su un lato e sul retro la frase: "Basta una sola scintilla per incendiare la prateria".

Through the use of different media (heliographs, videos, posters, objects and installations), Graciela Sacco creates images recalling faces, mouths, eyes and bodies so as to tackle complex social themes such as hunger, migrants, social outcasts, etc. When asked if art had a mission, Sacco would claim not to know, adding that, if indeed it did, she hoped "it would be offering someone the chance to ask new questions on the here and now of their existence". [1]

In 1993, Sacco began working on *Bocanada*, a series centring on close-ups of open mouths, by putting together heliographs, stamps, installations, interventions and urban references: the landscape of several cities, with its proselytising or advertising billboards, was invaded by her "mouths", generating signs with marked political undertones.

The series was presented for the first time in Rosario, where *Bocanada* appeared in the urban space against the backdrop of a strike called by the employees of a catering service that prepared meals for public schools. The image appears to suddenly attack city walls in a variety of political and social contexts, referencing hunger but also the impossibility of communicating and expressing ideas.

Over the years, Sacco's interferences and installations have been carried out all over the world, including Aarhus (Denmark), Toulouse (France), São Paulo (Brazil) and Buenos Aires (Argentina). Taking on new meanings within each context. In 1996, as part of the Argentinian delegation to the 23rd São Paulo Biennial, Sacco displayed matchboxes with mouths printed on the front and, on the back, the sentence: "A single spark can set the prairie on fire".

Bocanada, 1993-2023
Carta off-set / Off-set paper
Dimensioni variabili / Variable dimensions
Courtesy Clara & Marcos Garavelli, Graciela Sacco Estate
Foto / Photo Lorenzo Palmieri

Nelle pagine seguenti / Following pages
Bocanada, 1993-2023
Carta off-set / Off-set paper
Veduta della mostra al PAC, Milano / Exhibition view at PAC, Milan
Courtesy Clara & Marcos Garavelli, Graciela Sacco Estate
Foto / Photo Lorenzo Palmieri

1 Parole di Graciela Sacco in Andrea Giunta, *Poscrisis. Arte Argentino después del 2001*, Siglo XXI, Buenos Aires 2009, p. 214.

1 As quoted by Graciela Sacco in Andrea Giunta, *Poscrisis. Arte Argentino después del 2000*, Siglo XXI, Buenos Aires 2009, p. 214.

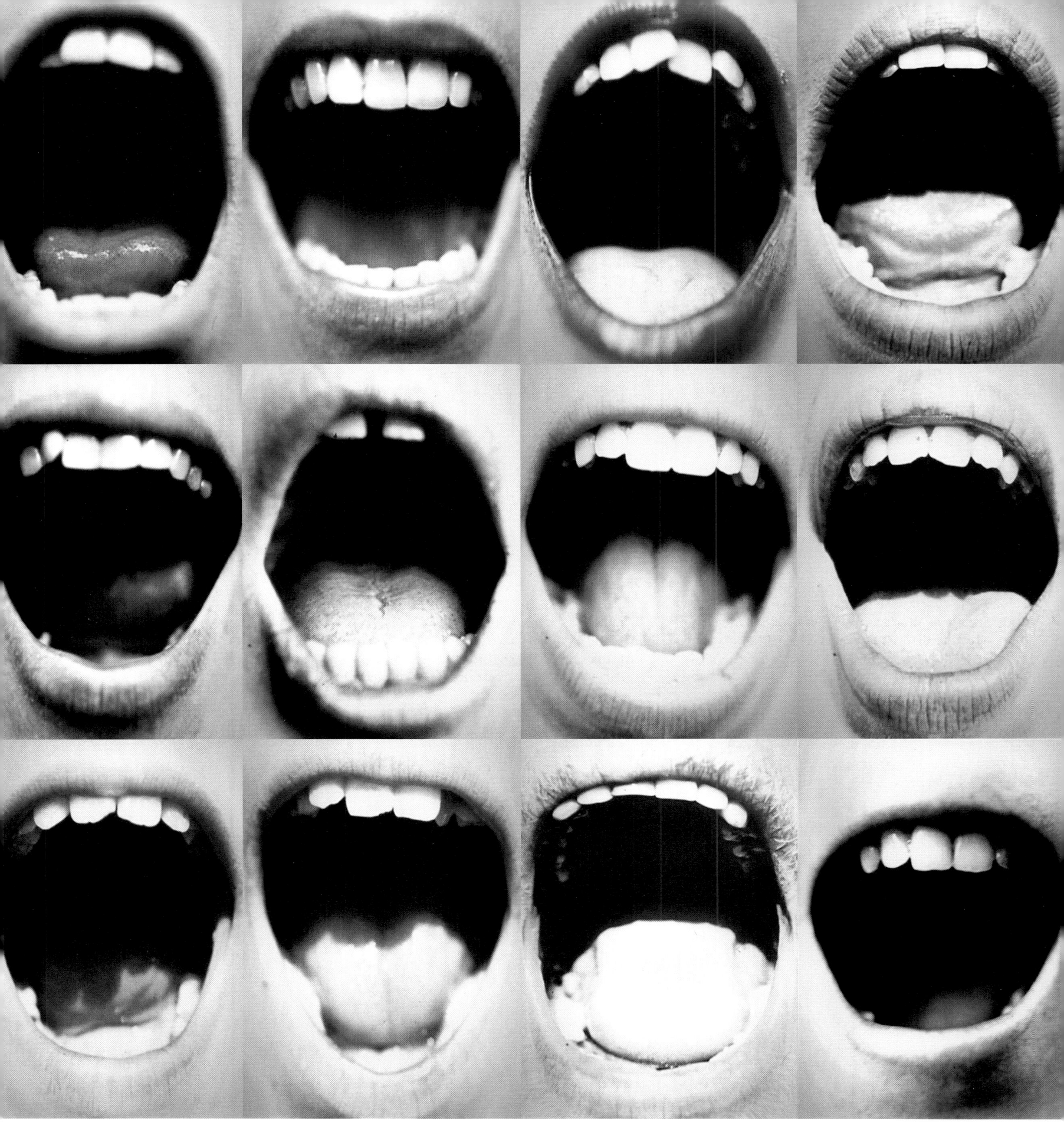

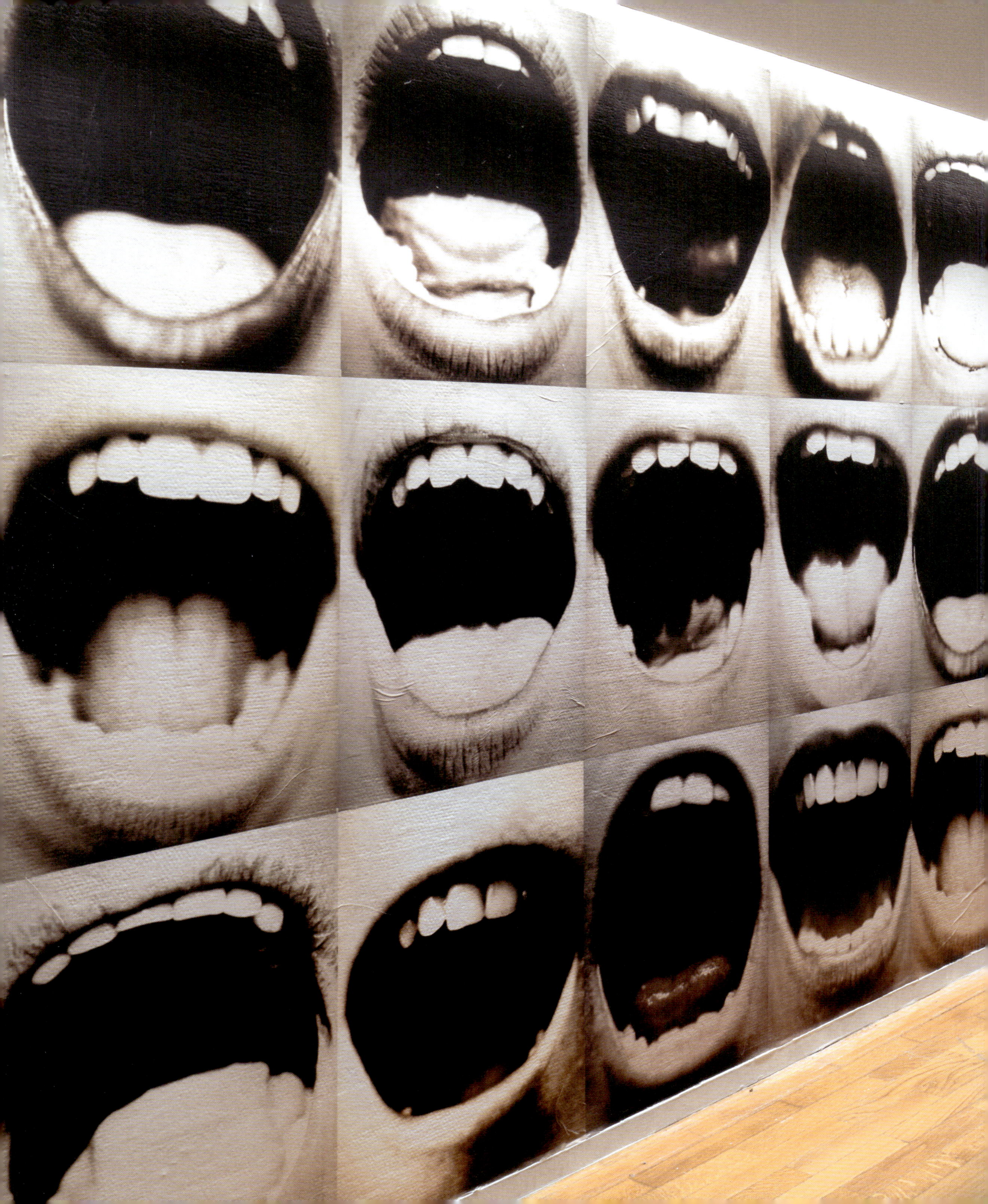

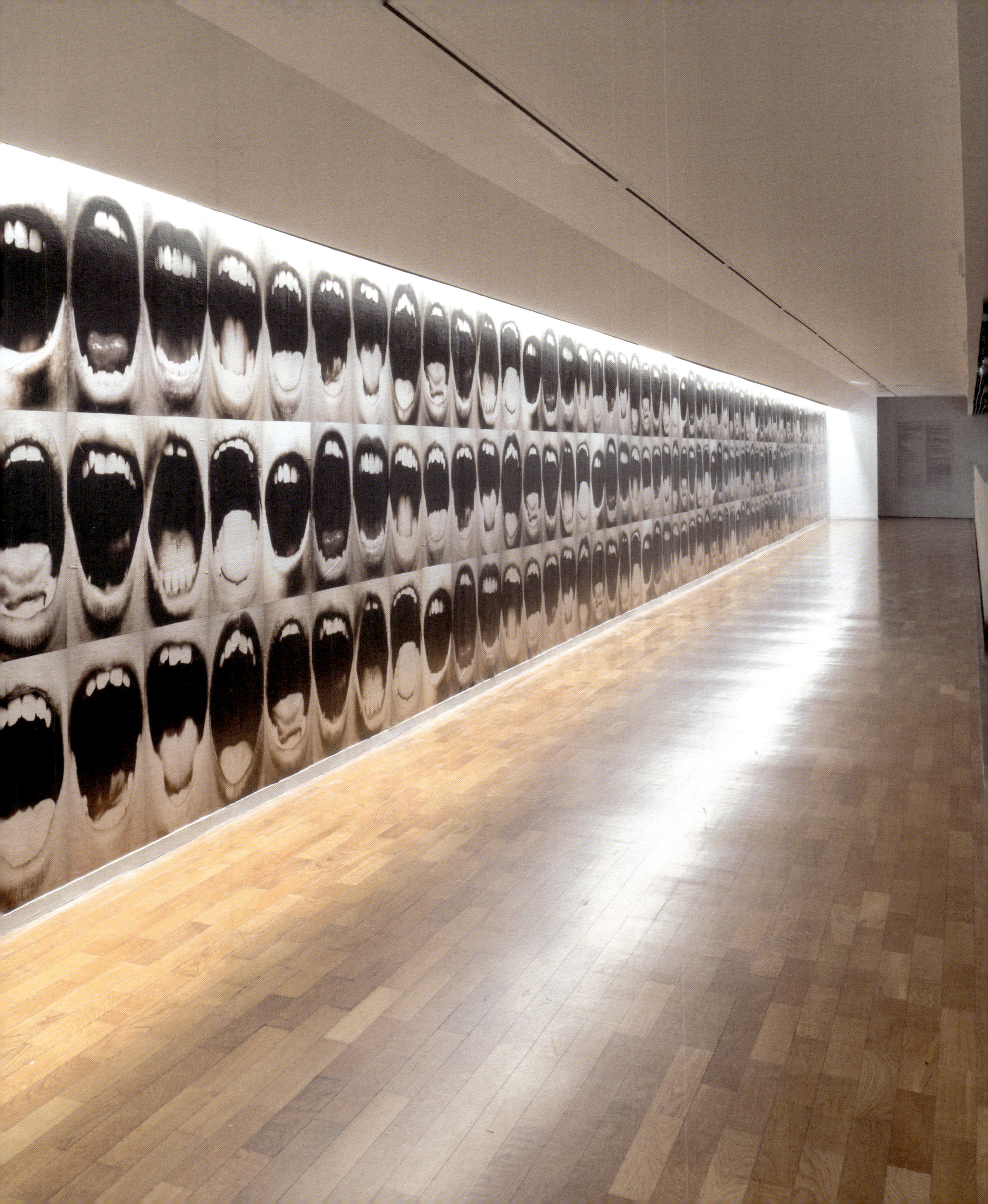

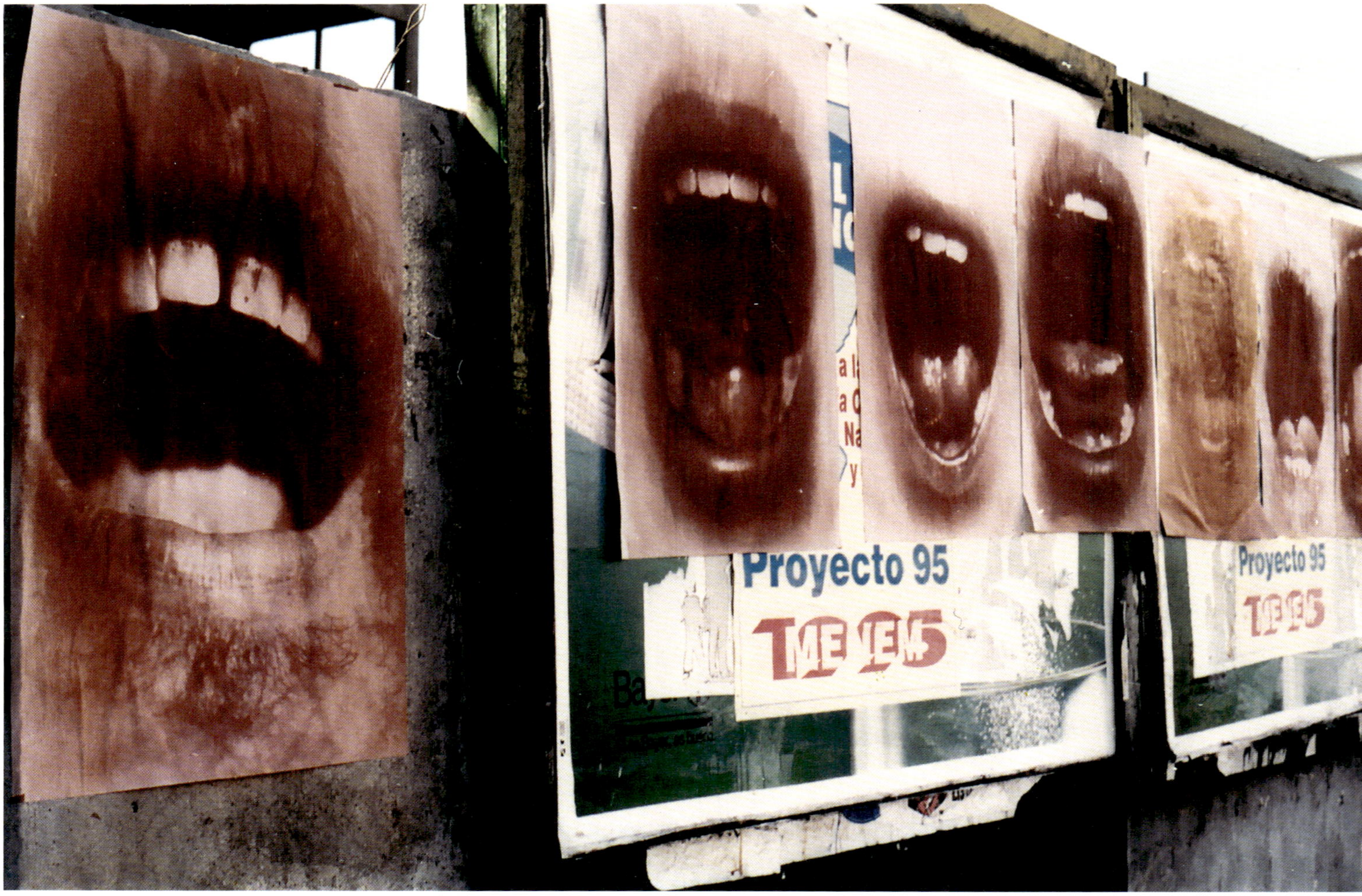

Bocanada, 1993
Intervento in strada / Street intervention, Rosario, Santa Fe (AG)
Courtesy Clara & Marcos Garavelli, Graciela Sacco Estate

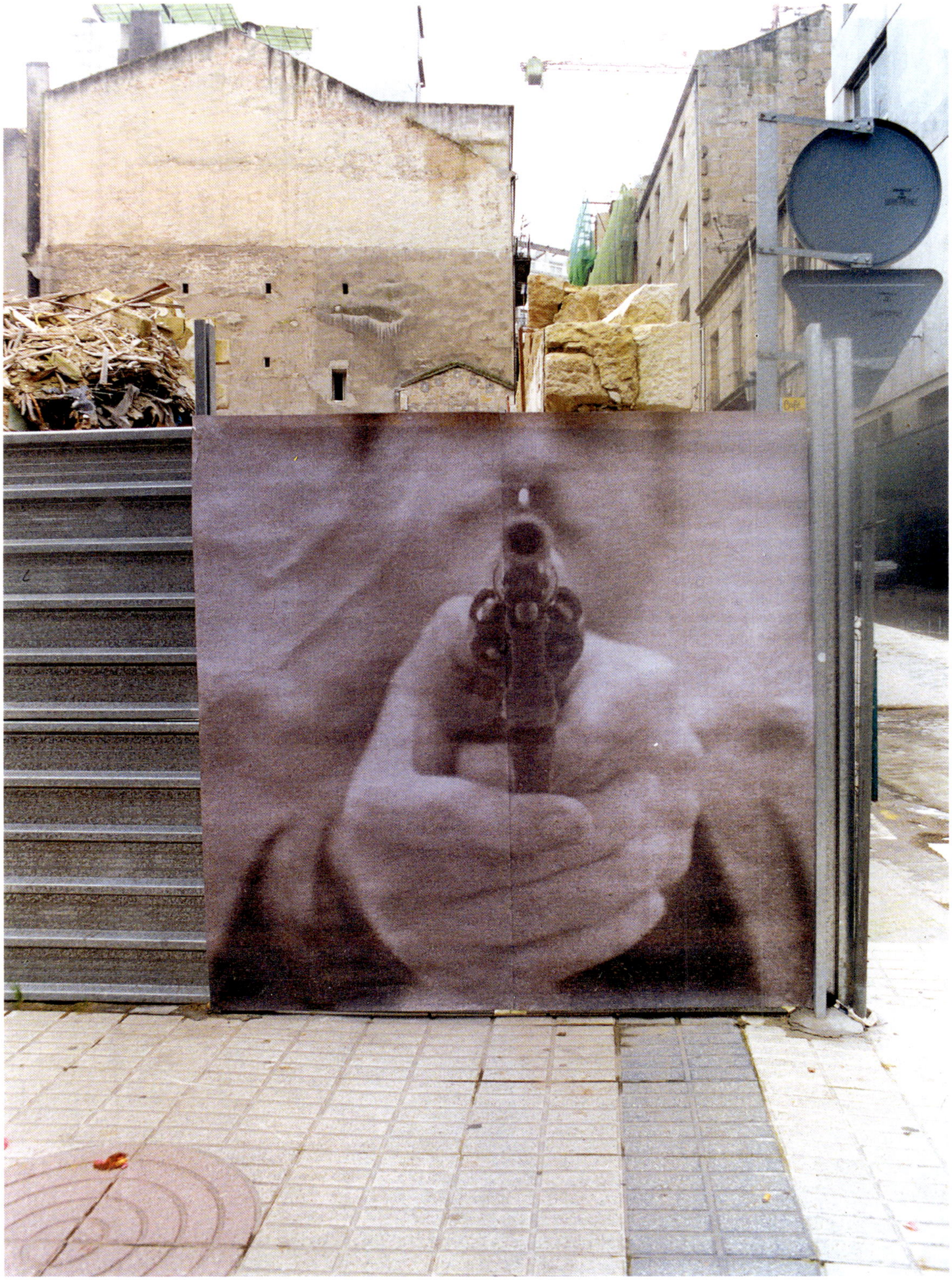

Ciudades del miedo, 1999
Installazione / Installation
Courtesy Clara & Marcos Garavelli,
Graciela Sacco Estate

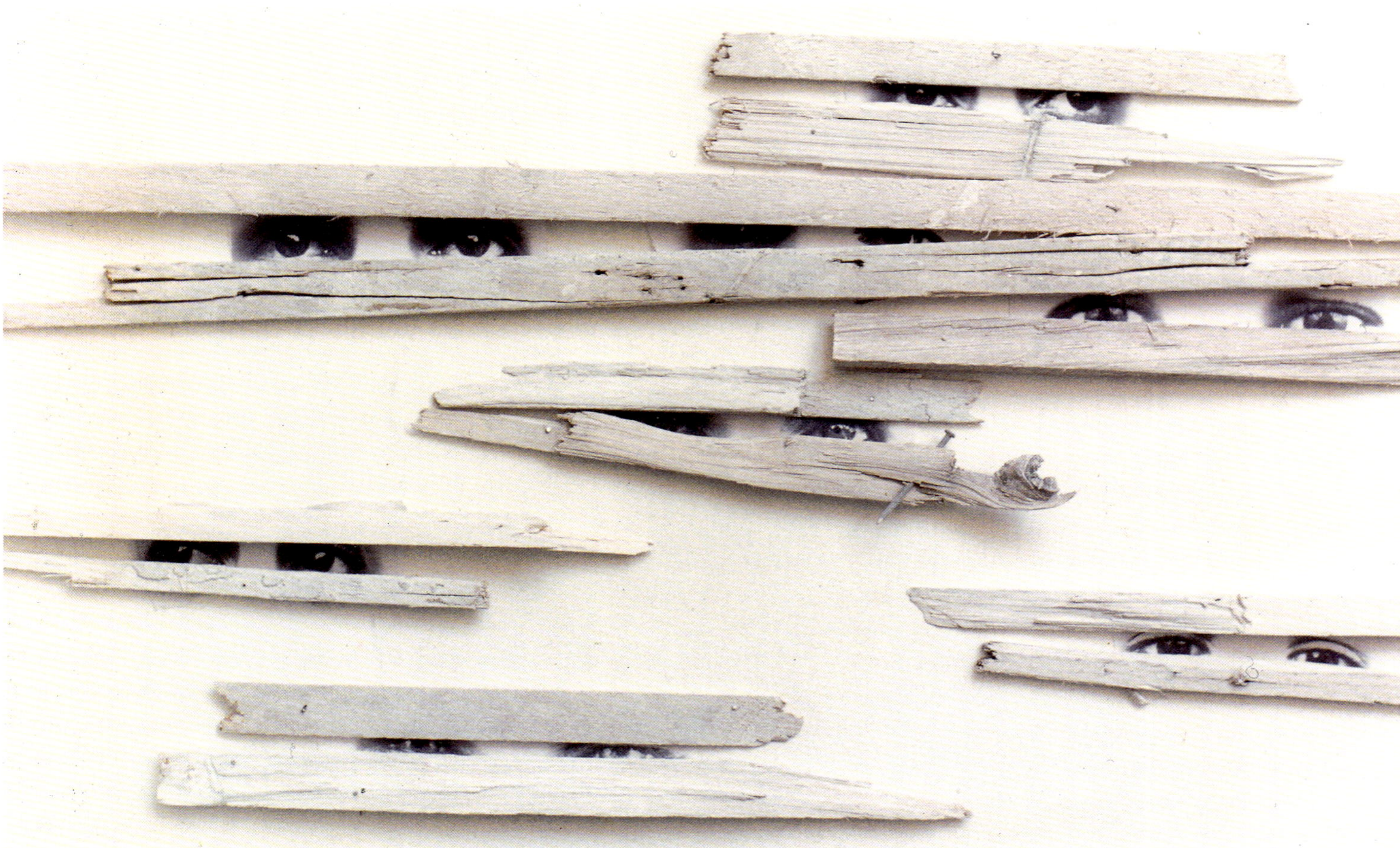

Esperando a los bárbaros / Entre Nosotros, 2011
Tecnica mista / Mixed media
Installazione / Installation
Courtesy Clara & Marcos Garavelli, Graciela Sacco Estate

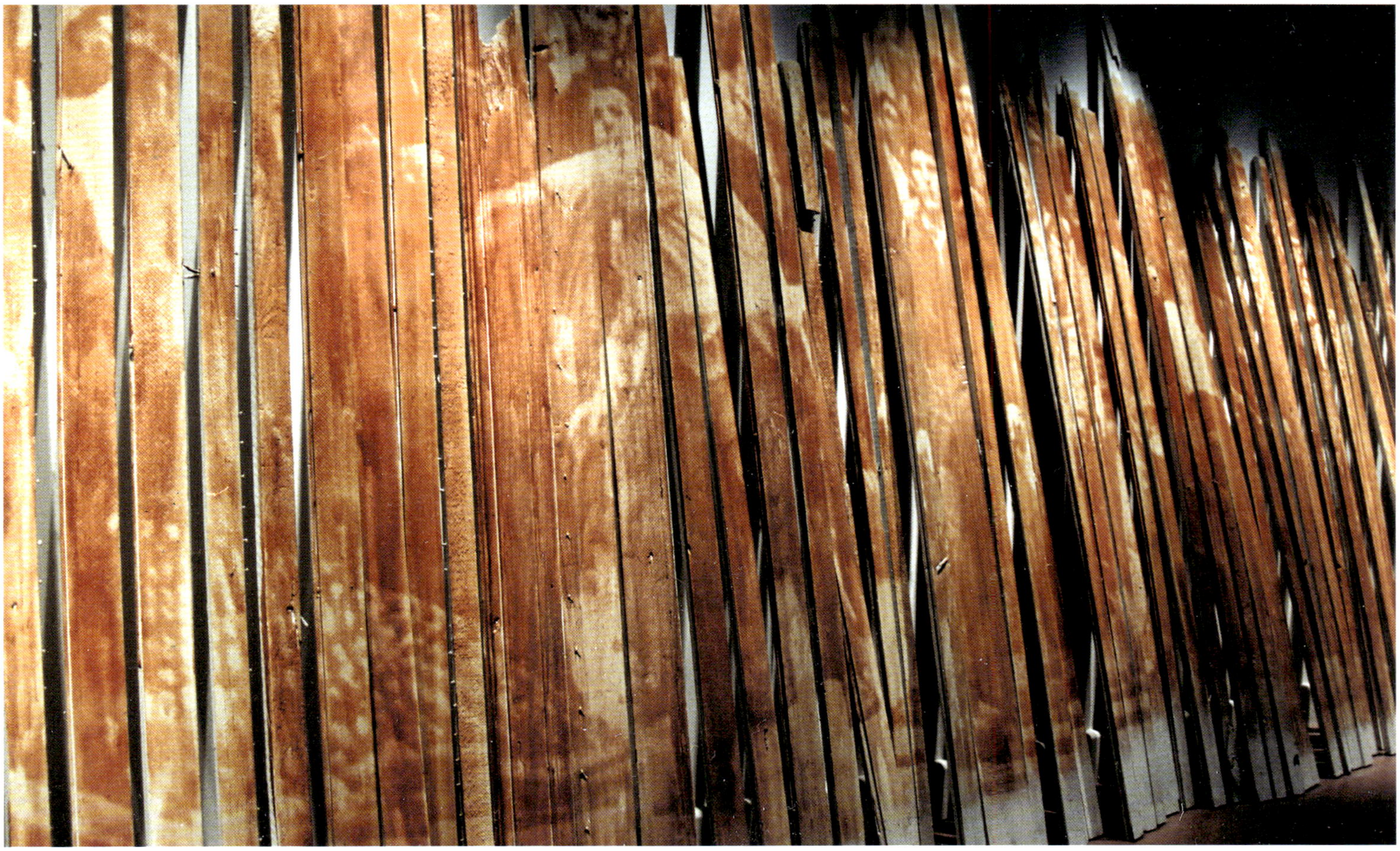

El incendio y las visperas, dalla serie / from the series *Cuerpo a cuerpo*, 1996-2014
Installazione / Installation
Courtesy Clara & Marcos Garavelli, Graciela Sacco Estate

Alessandra Sanguinetti

La serie della fotografa Alessandra Sanguinetti *En el sexto dia* (Il sesto giorno) ha per protagonisti la campagna argentina e i suoi animali, che vi compaiono morti o prossimi alla morte. L'artista ritrae il rapporto tra uomini e animali, un legame forte e al contempo violento, al fine di comunicare un messaggio: "Togliere la vita a un altro essere vivente non è un fatto naturale né quotidiano". In ogni scatto, la scena viene isolata dal contesto per intensificare la situazione catturata; le immagini, al di là dell'aspetto cruento, mantengono una loro poesia, che consente di riflettere su una situazione che viene presentata come normale. Sanguinetti esprime in questo suo lavoro il fascino che prova verso la natura contraddittoria di "questa combinazione di amore che proviamo nei loro confronti e di violenza con cui li trattiamo" [1].

L'atto di ritrarre gli animali consente all'artista di dar loro "una nuova vita". Sanguinetti indugia sulla bellezza dell'ambiente, in contrasto con le crudeltà che vengono commesse al suo interno: "Ho sempre visto la natura come qualcosa pieno di vita, e di morte. Se guardiamo tra la terra e i fili d'erba in un pascolo, vediamo decine di minuscoli animaletti che lottano per sopravvivere. Nella quotidianità vita e morte convivono. Tutti gli animali in natura hanno due possibili destini davanti a sé: prevaricare su quelli che stanno per morire, o ingrassare fino a trasformarsi in cibo" [2].

Photographer Alessandra Sanguinetti's series *En el sexto dia* (On the Sixth Day) centres on the Argentinian countryside and its animals which, however, are shown as dead or ready for this fate. Sanguinetti portrays the relationship – at once intense and violent – between human beings and animals so as to convey a message: "Taking the life of a fellow living creature is neither a natural nor an everyday action". The scene is isolated from its background in every photograph, so as to intensify the situation captured. Aside from the harshness depicted, the images maintain a certain romance that allows us to reflect on a situation depicted as normal. The artist works on this topic out of an interest "in the contradictory nature of this combination of the love we feel for animals and of the violence we show them". [1]

The act of portraying animals allows the artist to give them a "new life". Sanguinetti lingers on the beauty of the environment in contrast with the cruelty which, however, is also shown: "I've always seen nature as a contrast – full of life *and* death, but full. If we look between the earth and the blades of grass in a pasture, we see dozens of tiny animals struggling to survive. Life and death are present every day. All the animals present are faced with two options: to strike those who are dying, or to grow fat and thus become food". [2]

En el sexto día, 1996-2004
C-print
76 × 76 cm
Courtesy l'artista / the artist

1 Alessandra Sanguinetti, consultato il 12 ottobre 2023: https://www.taringa.net/+imagenes/alessandra-sanguinetti-fotografia-notas_hrakp.

2 Alessandra Sanguinetti, *On the Sixth Day*, consultato il 12 ottobre 2023: https://www.nataliarubio.es/alessandra-sanguinetti-el-sexto-dia/.

1 Alessandra Sanguinetti. Consulted on October 12, 2023: https://www.taringa.net/+imagenes/alessandra-sanguinetti-fotografia-notas_hrakp.

2 Alessandra Sanguinetti: *On the Sixth Day*. Consulted on October 12, 2023: https://www.nataliarubio.es/alessandra-sanguinetti-el-sexto-dia/.

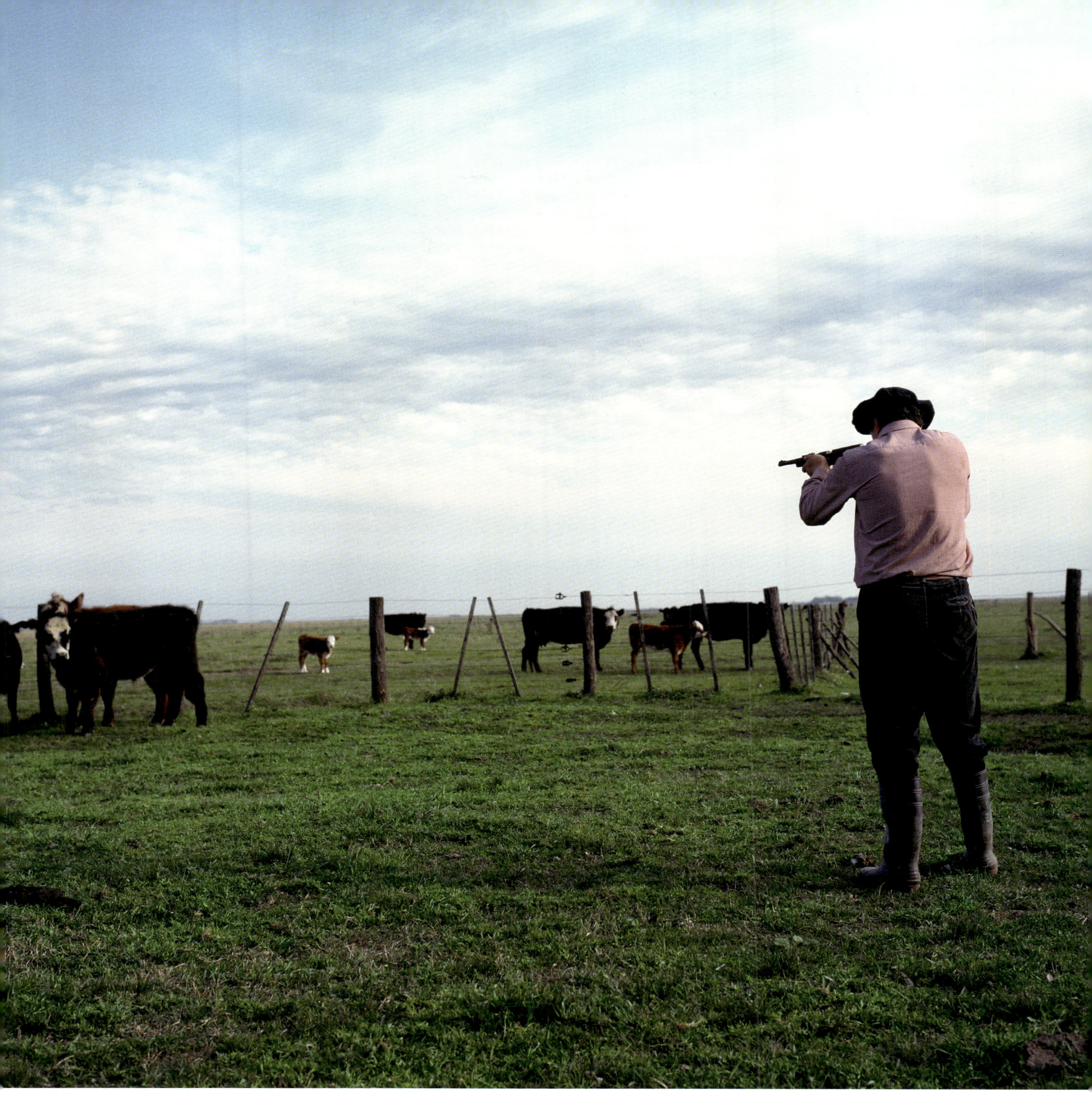

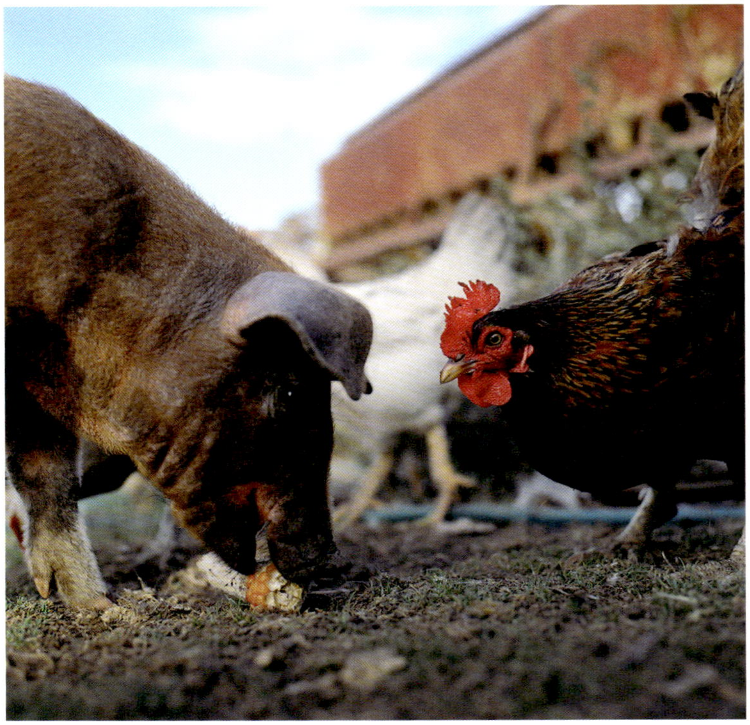

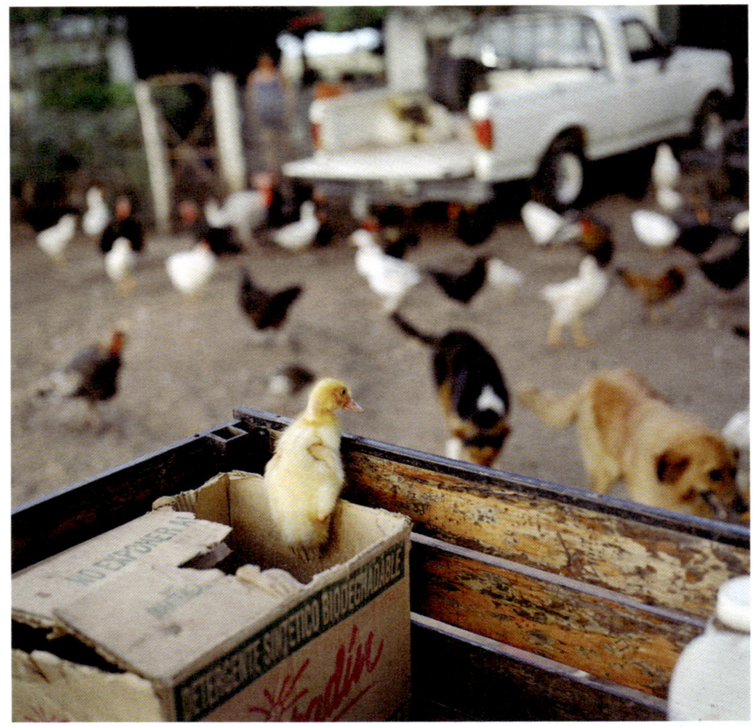

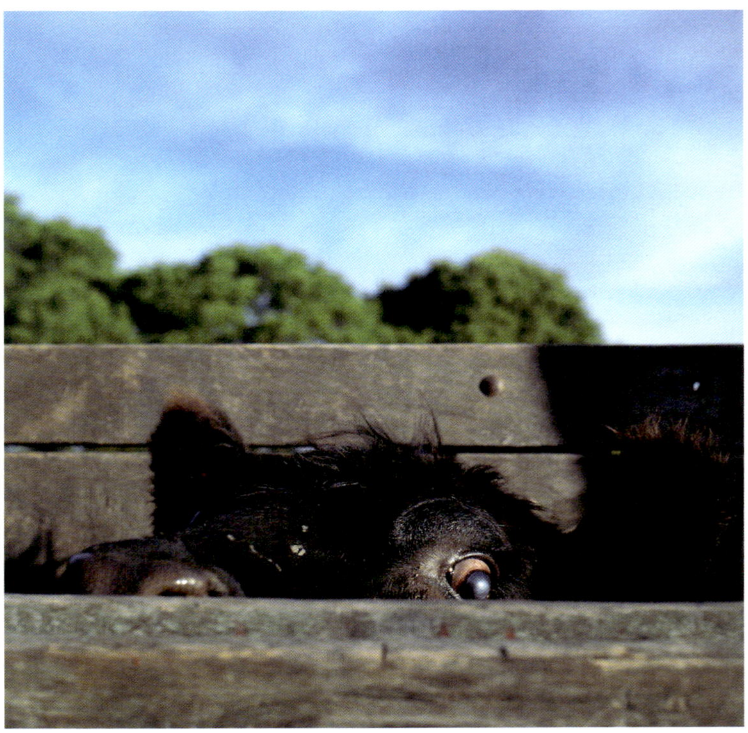

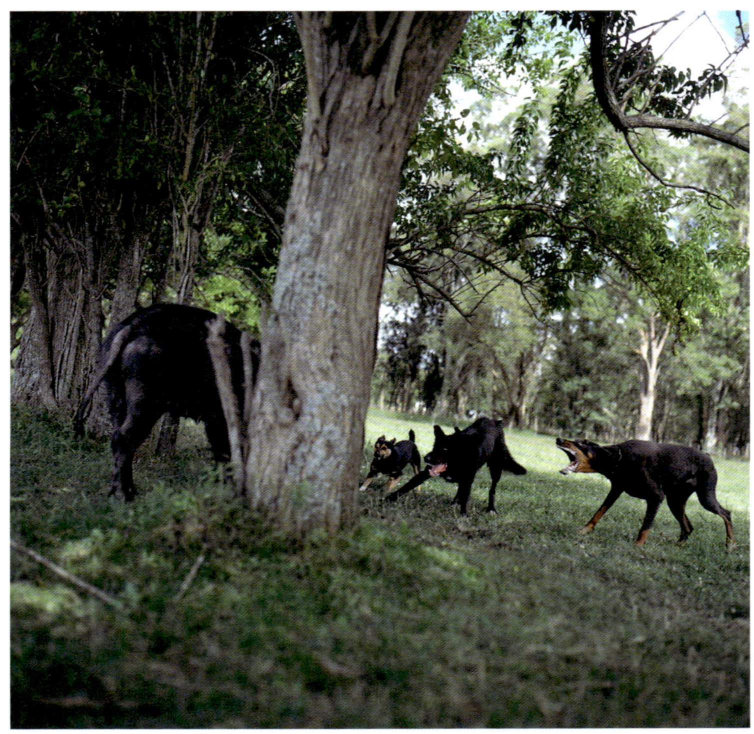

En el sexto día, 1996-2004
C-print
76 × 76 cm
Courtesy l'artista / the artist

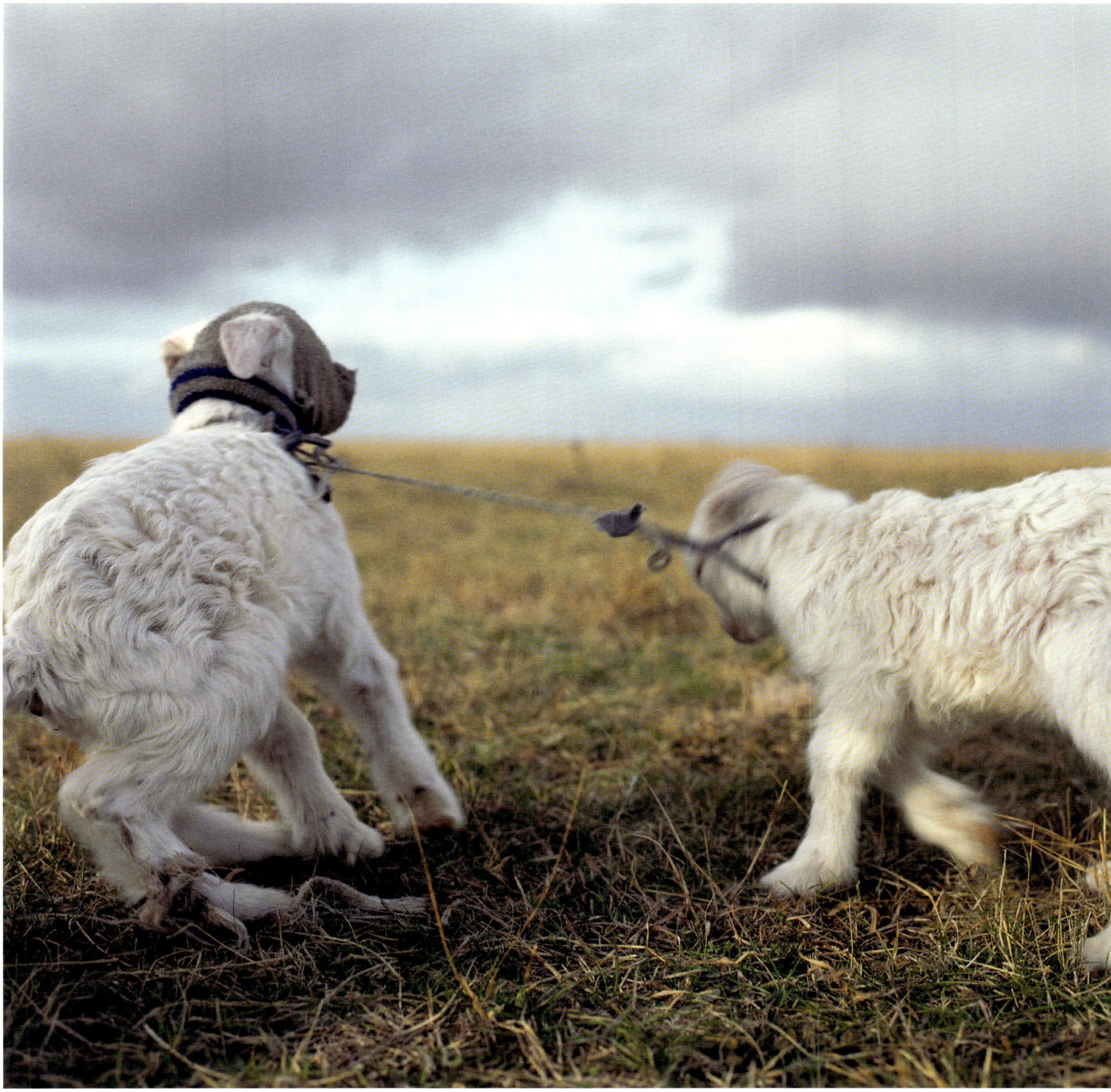

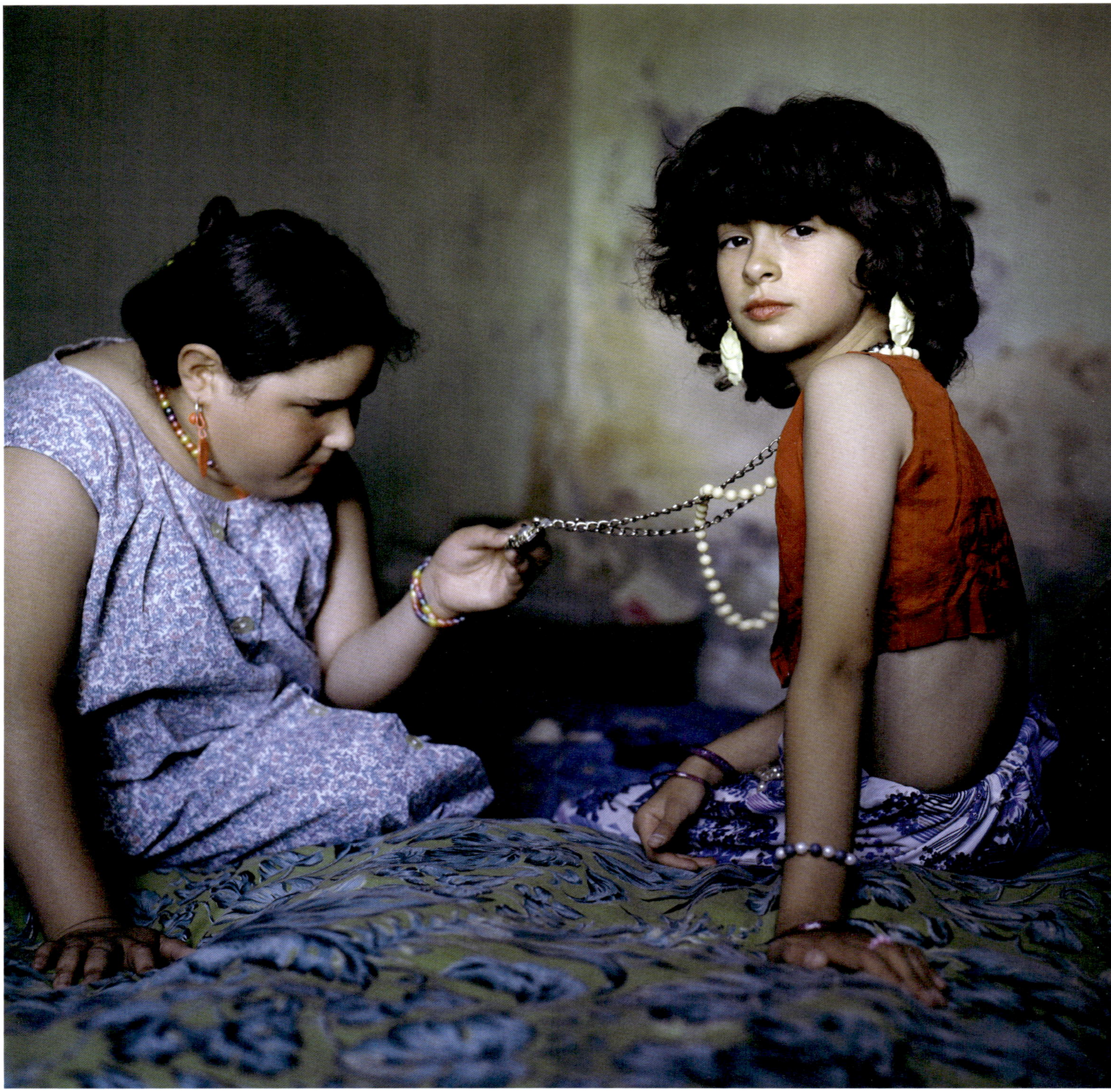

El collar, 1999
Dalla serie / from the series
The Adventures of Guille and Belinda and
The Enigmatic Meaning of Their Dreams
C-print
76 × 76 cm
Courtesy l'artista / the artist

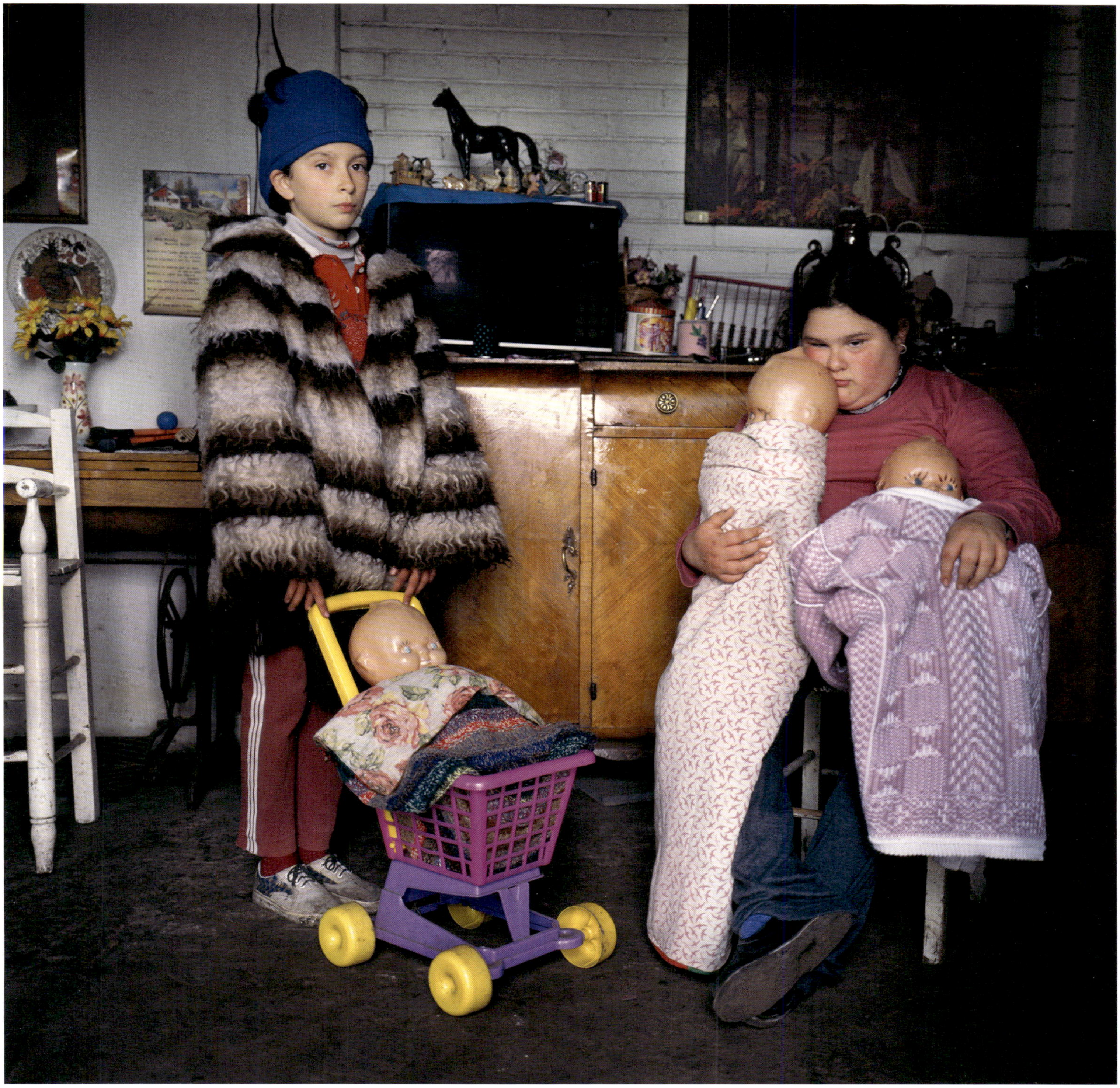

Madres, 1999
Dalla serie / from the series
The Adventures of Guille and Belinda and The Enigmatic Meaning of Their Dreams
C-print
76 × 76 cm
Courtesy l'artista / the artist

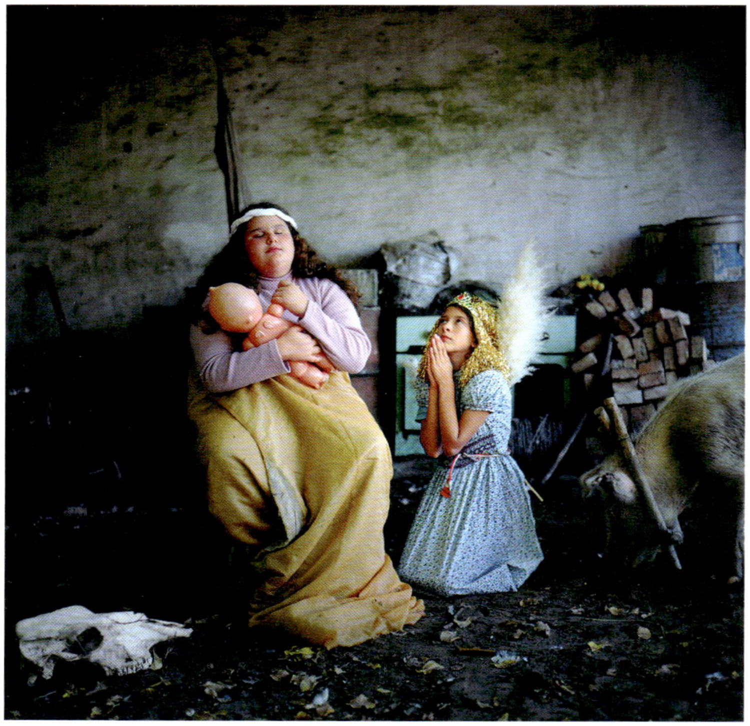

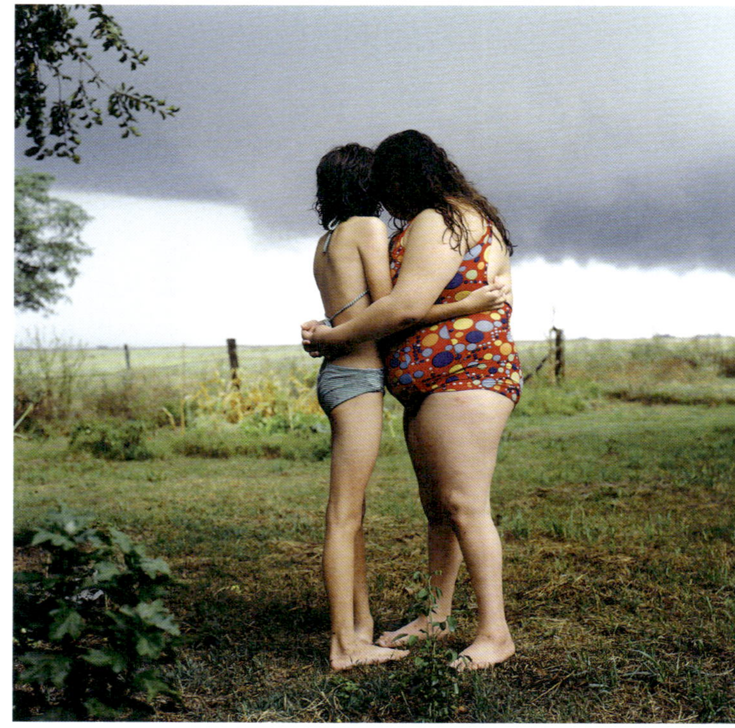

Madonna, 2001
Dalla serie / from the series
The Adventures of Guille and Belinda and The Enigmatic Meaning of Their Dreams
C-print
76 × 76 cm
Courtesy l'artista / the artist

La nube negra, 2001
Dalla serie / from the series
The Adventures of Guille and Belinda and The Enigmatic Meaning of Their Dreams
C-print
76 × 76 cm
Courtesy l'artista / the artist

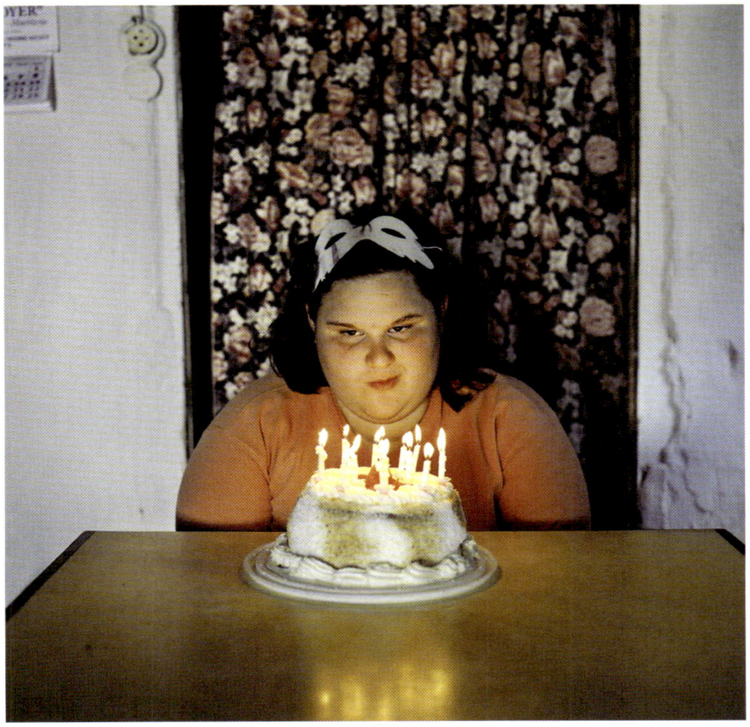

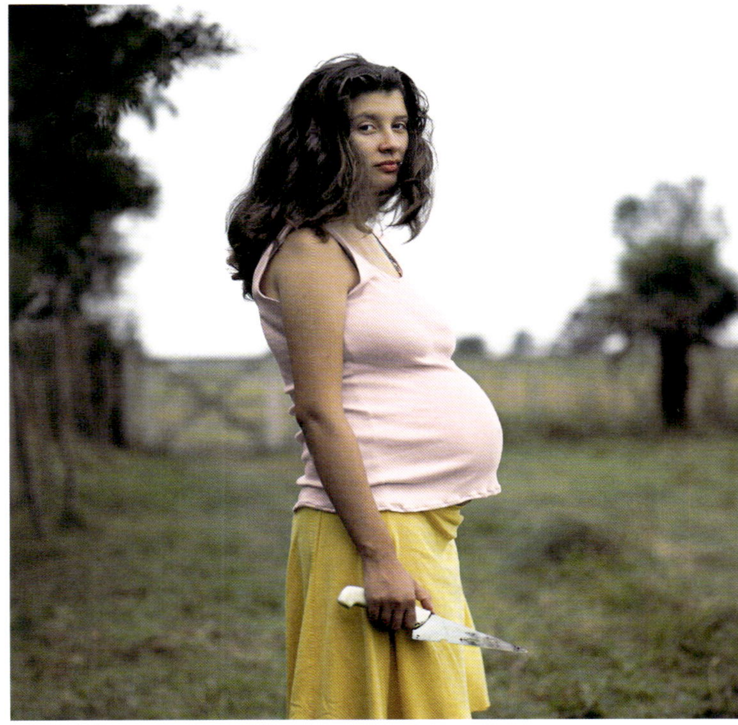

Los quince, 2001
Dalla serie / from the series
The Adventures of Guille and Belinda and The Enigmatic Meaning of Their Dreams
C-print
76 × 76 cm
Courtesy l'artista / the artist

Nueve meses, 2001
Dalla serie / from the series
The Adventures of Guille and Belinda and The Enigmatic Meaning of Their Dreams
C-print
76 × 76 cm
Courtesy l'artista / the artist

Tomás Saraceno

In Tomás Saraceno si intrecciano arte, scienza, ingegneria e impegno per l'ambiente. Il 28 gennaio 2020, alle Salinas Grandes, nella provincia di Jujuy in Argentina, si alza in volo l'*Aerocene Pacha*, il primo aeromobile alimentato unicamente dall'aria e dal sole, senza fare uso di batterie, elio, combustibili fossili o litio. La scelta del luogo era voluta: "Siamo alle Salinas Grandes perché, quando il pallone sorvola una superficie bianca come questa delle saline, il sole che si riflette a terra incrementa la capacità di sollevamento". Il progetto ritrae il rapporto tra l'artista, la comunità Aerocene da lui fondata e le comunità indigene di Salinas Grandes e Laguna de Guayatayoc. *Pacha* esprime la posizione ambientalista dell'artista con un particolare riferimento al conflitto locale causato dall'attività di estrazione del litio che contamina le acque di un territorio popolato principalmente da comunità indigene (quattro delle quali presenti al momento del volo inaugurale). L'artista sostiene che l'estrazione del litio in questa zona rifletta "la violenza generata dall'uomo, che causa il cambiamento climatico e l'estinzione di massa, che incita alla corsa per la colonizzazione dello spazio ed è responsabile dello squilibrio di ecosistemi interconnessi". Per l'artista, *Aerocene Pacha* "è la dimostrazione che gli umani, in un'alleanza etica tra tutti coloro che condividono il pianeta e le energie elementari, possono rompere il legame tossico con i combustibili fossili e le ideologie estrattive che sostentano il Capitalocene" [1].

Pilotata dall'argentina Leticia Noemi Márquez, la scultura volante ha sorvolato ambienti naturali contribuendo alla salvaguardia del pianeta, un'idea ben chiara già nel messaggio scritto dalle popolazioni locali in superficie: "L'acqua e la vita valgono più del litio".

In *Spider/Web* (Ragno/Ragnatela) Saraceno riprende il ragno con la sua ragnatela – simbolo divino e relazionale presente in molti suoi lavori – e lo rielabora attraverso l'antica tecnica di tessitura della randa. Tra memoria e tradizione, l'artista pone al centro della sua ricerca il rispetto delle diversità locali, coinvolgendo 288 artigiani tessili della Quebrada e della Puna di Jujuy per la realizzazione della tessitura-ragnatela che connota l'opera.

Art, science, engineering and environmental engagement come together in Tomás Saraceno's artistic production.

On January 28, 2020, the *Aerocene Pacha* – the first flight entirely sun and air-fuelled, and thus free from batteries, helium, fossil fuels or lithium – was launched in Salinas Grandes (a province of Jujuy, Argentina). The choice of location was deliberate: "We are in the Salinas Grandes because, when the balloon flies over a white surface like this one in the salt pans, the sun reflecting on the ground increases the lifting capacity." The project portrays the relationship between the artist, the Aerocene community he founded and the indigenous communities of Salinas Grandes and Laguna de Guayatayoc. *Pacha* expresses the artist's environmentalist position with a particular reference to the local conflict caused by lithium extraction activity which contaminates the waters of a territory populated mainly by indigenous communities (four of which were present at the time of the inaugural flight). The artist argues that lithium mining in this area reflects "human-generated violence, which causes climate change and mass extinction, which incites the race to colonize space and is responsible for the imbalance of ecosystems interconnected." For the artist, *Aerocene Pacha* "is the demonstration that humans, in an ethical alliance between all those who share the planet and elemental energies, can break the toxic bond with fossil fuels and extractive ideologies that sustain the Capitalocene". [1]

Piloted by the Argentinian Leticia Noemi Márquez, the flying sculpture flew over natural environments, contributing to the protection of the planet, an idea that was already clear in the message written by the local populations on the surface: "Water and life are worth more than lithium".

In *Spider/Web* Saraceno takes the spider with its web – a divine and relational symbol present in many of his works – and reworks it through the ancient technique of weaving the mainsail. Between memory and tradition, the artist places respect for local diversity at the center of his research, involving 288 textile artisans from Quebrada and Puna of Jujuy for the creation of the spider-web that characterizes the work.

Arachne's handwoven Spider/Web Map of semi-social Athebyne, with one Cyrtophora citricola – Eight weeks, 2022
Tessuto a mano in filo nero su tela di cotone / Hand woven black thread on cotton canvas
159 × 159 × 5,5 cm
Courtesy collezione privata / private collection e / and Pinksummer Contemporary Art, Genova

Nelle pagine seguenti / Following pages
Fly with Pacha, Into the Aerocene, 2017–ongoing
Video, colore, suono / Video, color, sound
34'
Diretto da / Directed by Tomás Saraceno e / and Maxiiliano Laina
Courtesy l'artista / the artist

1 Aerocene Pacha: la escultura voladora de Tomás Saraceno que rompió récords mundiales", in *Artishock*, 5 febbraio 2020, consultato il 28 settembre 2023: https://artishockrevista.com/2020/02/05/aerocene-pacha-escultura-tomas-saraceno-record.

1 "Aerocene Pacha: la escultura voladora de Tomás Saraceno que rompió récords mundiales", in *Artishock*, February 5, 2020, consulted on September 28, 2023: https://artishockrevista.com/2020/02/05/aerocene-pacha-escultura-tomas-saraceno-record.

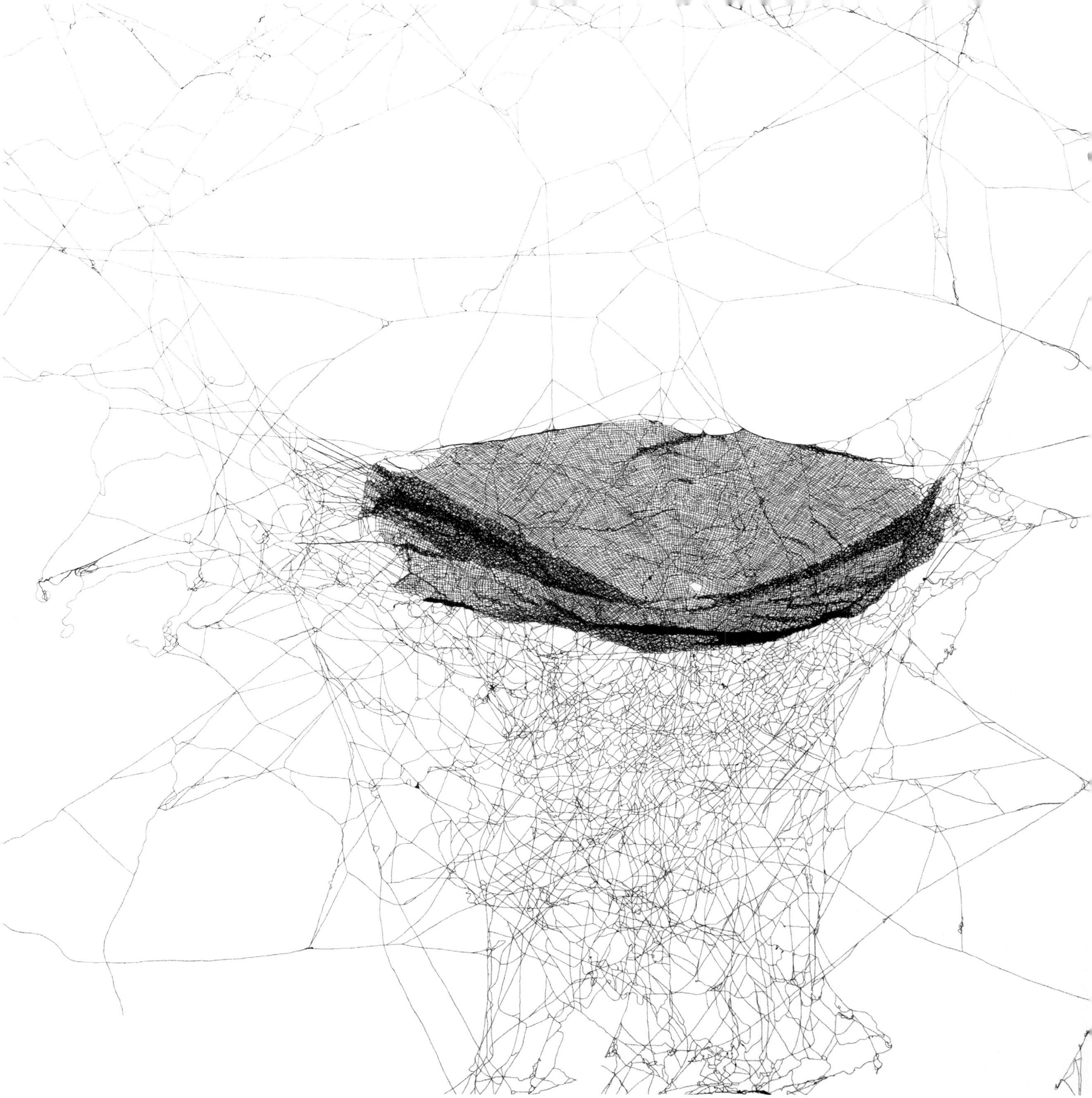

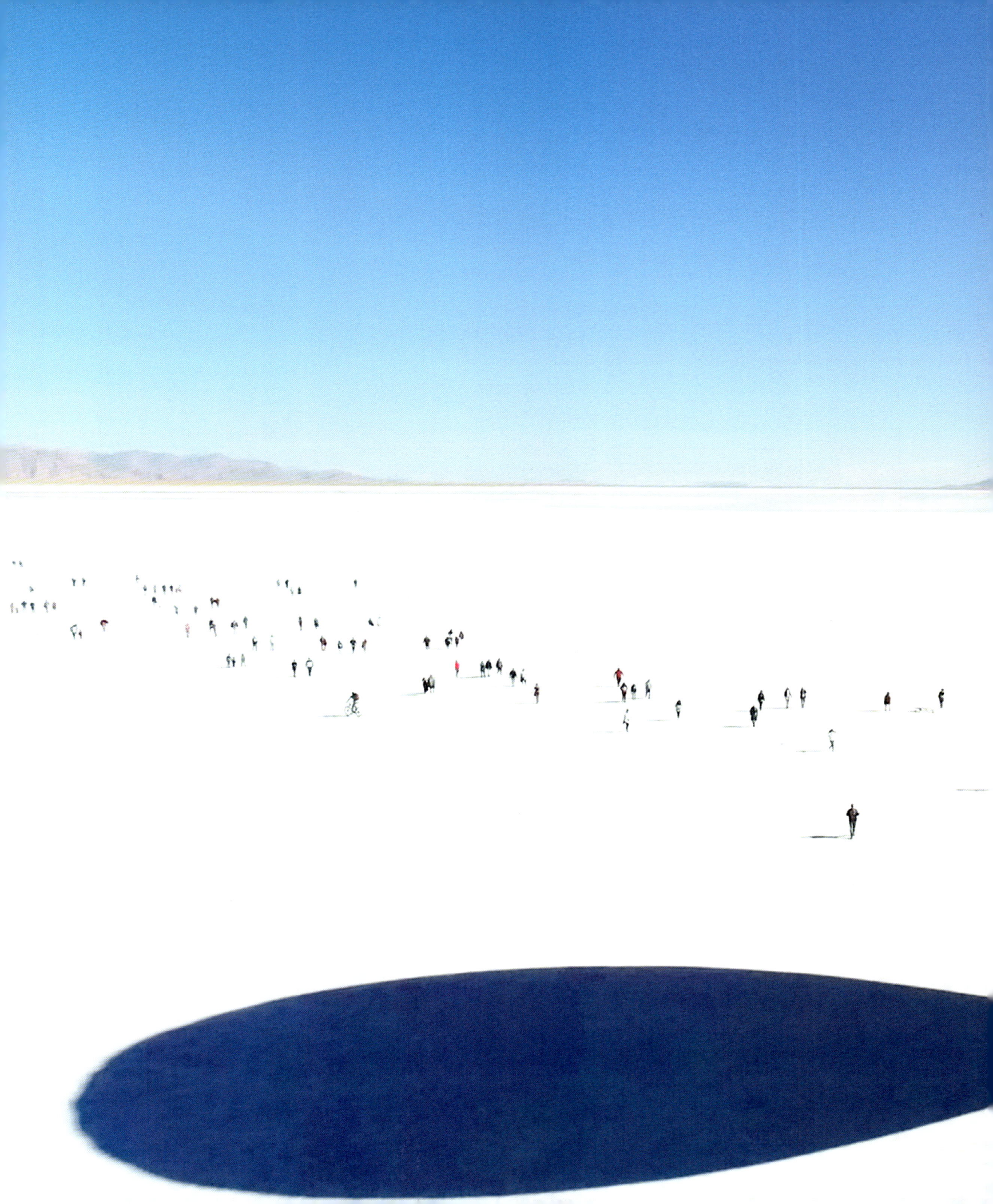

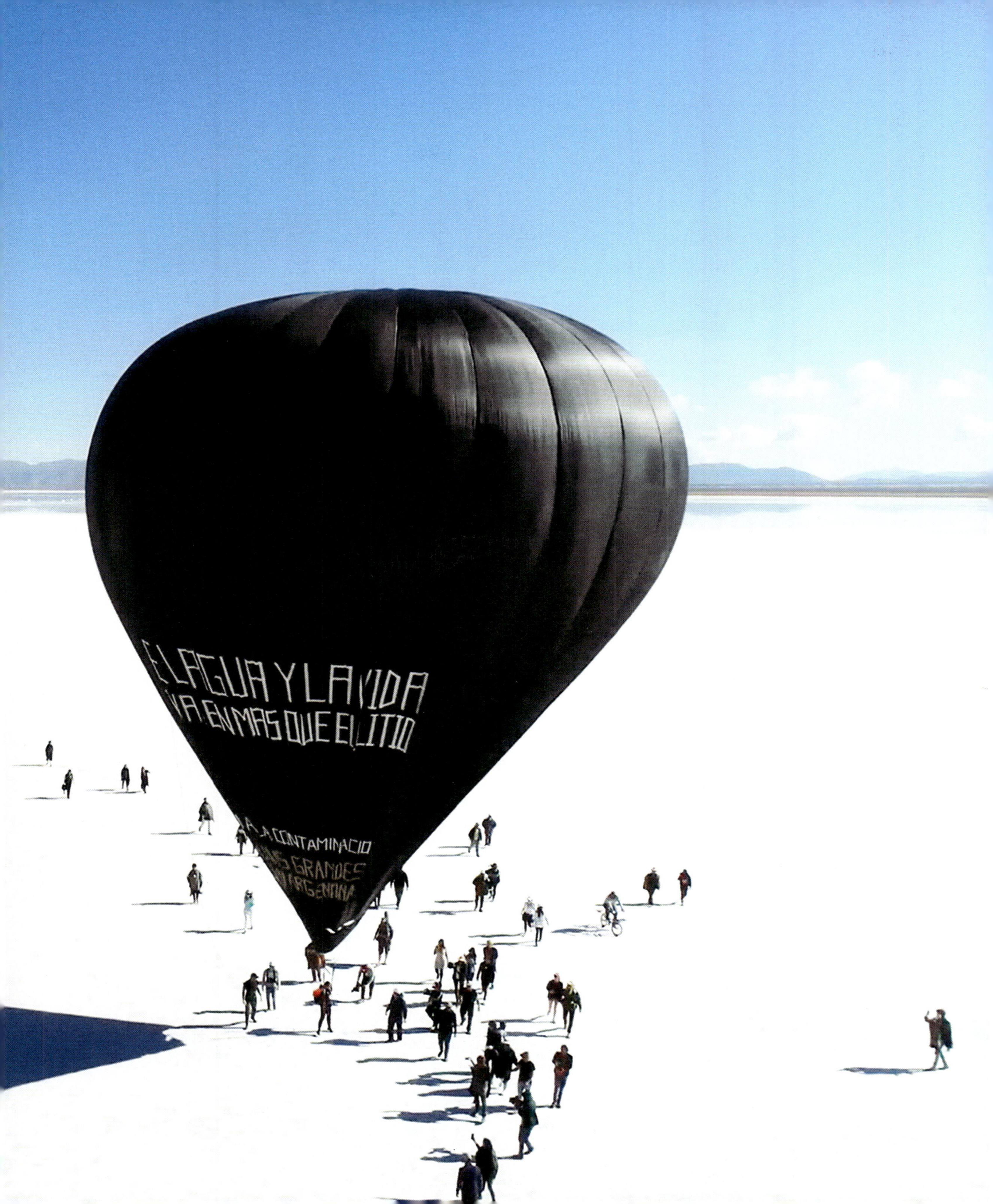
EL AGUA Y LA VIDA
VALEN MAS QUE EL LITIO
CONTAMINACIO
GRANDES

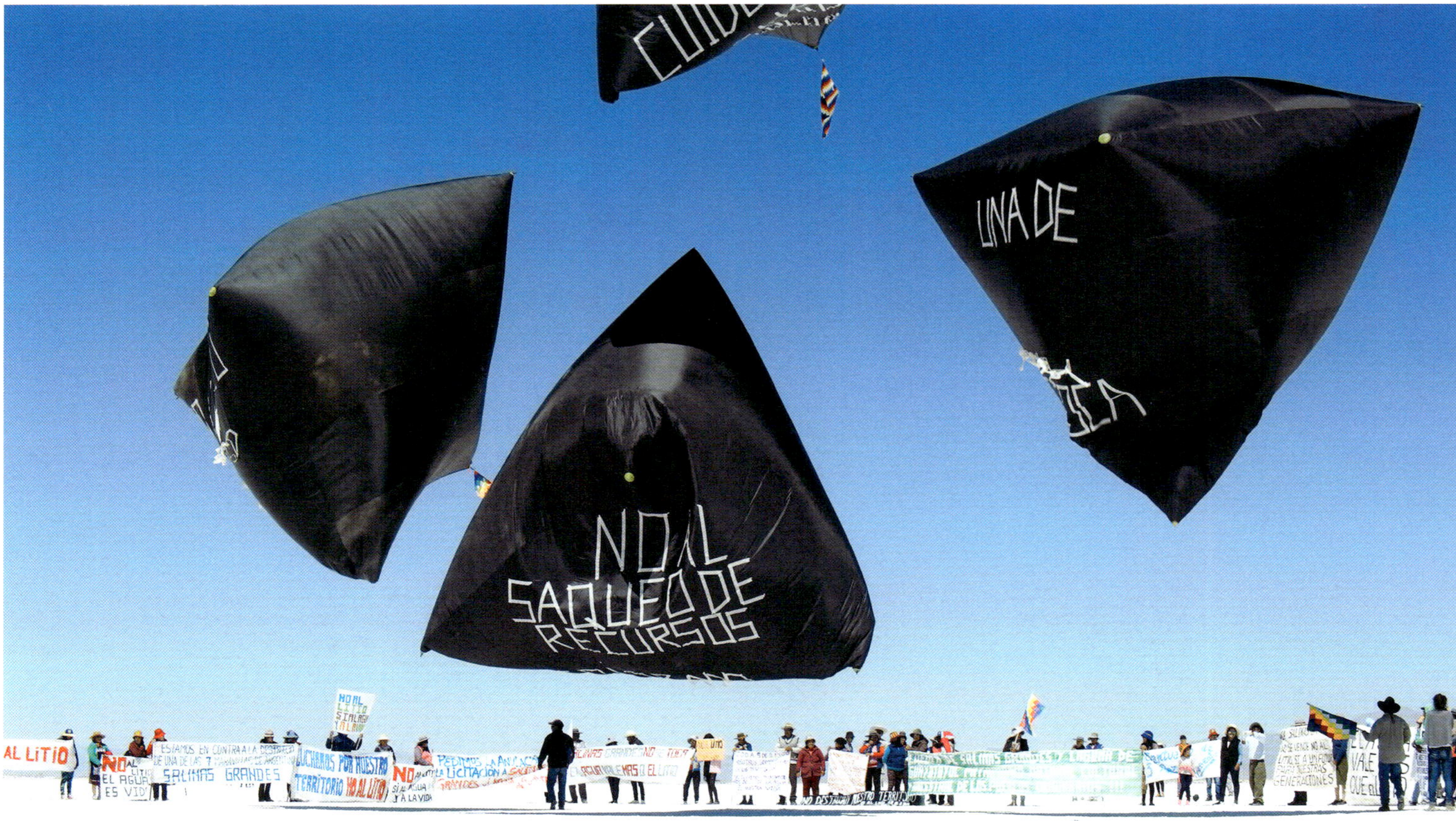

Fly with Pacha, Into the Aerocene,
2017–ongoing
Video, colore, suono / Video, color, sound
34’
Diretto da / Directed by Tomás Saraceno e / and Maxiiliano Laina
Courtesy l’artista / the artist

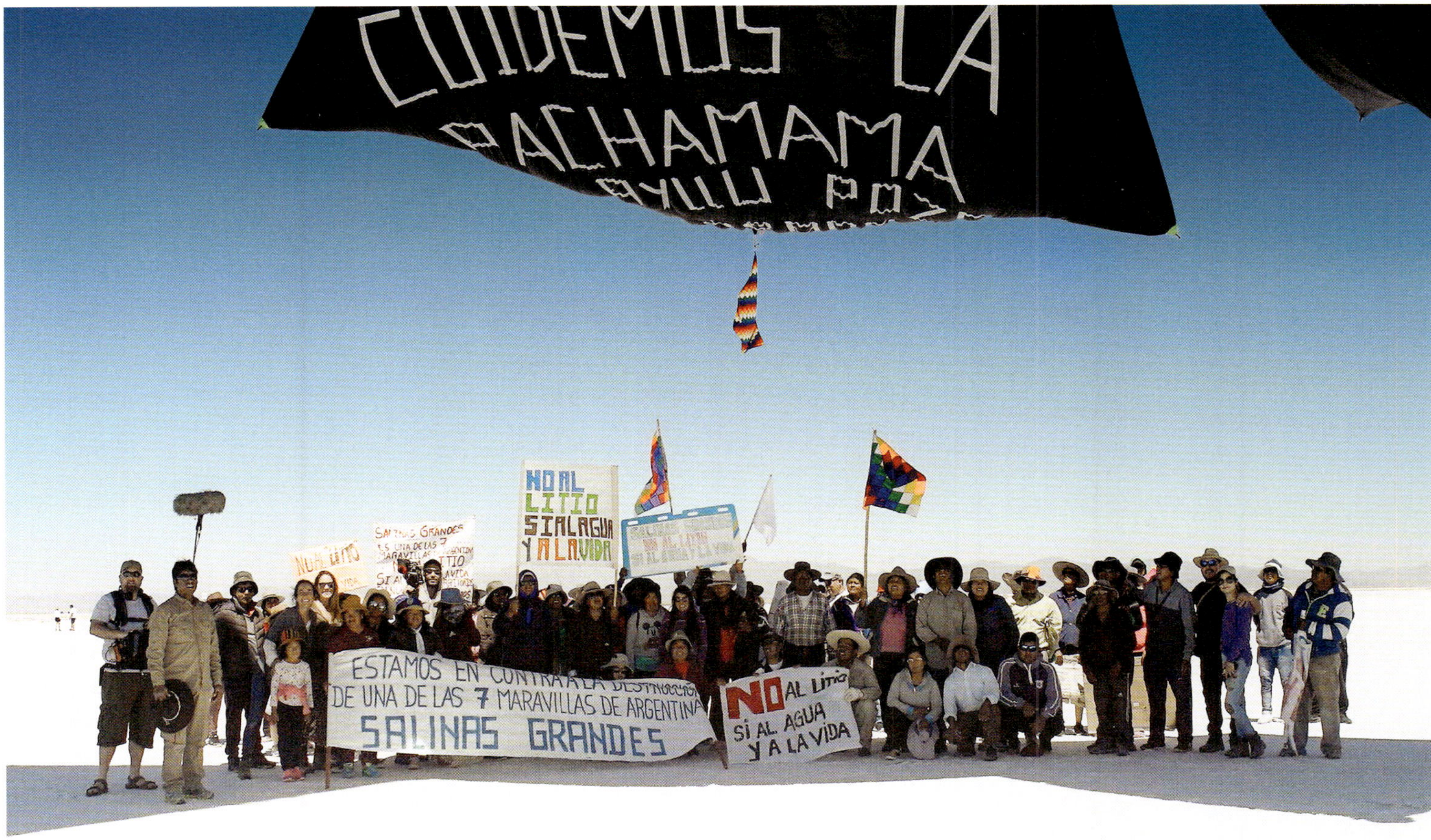
CUIDEMOS LA
PACHAMAMA
NO AL
LITIO
SI AL AGUA
Y A LA VIDA
DE UNA DE LAS 7 MARAVILLAS DE ARGENTINA
SALINAS GRANDES
NO AL LITIO
SÍ AL AGUA
Y A LA VIDA

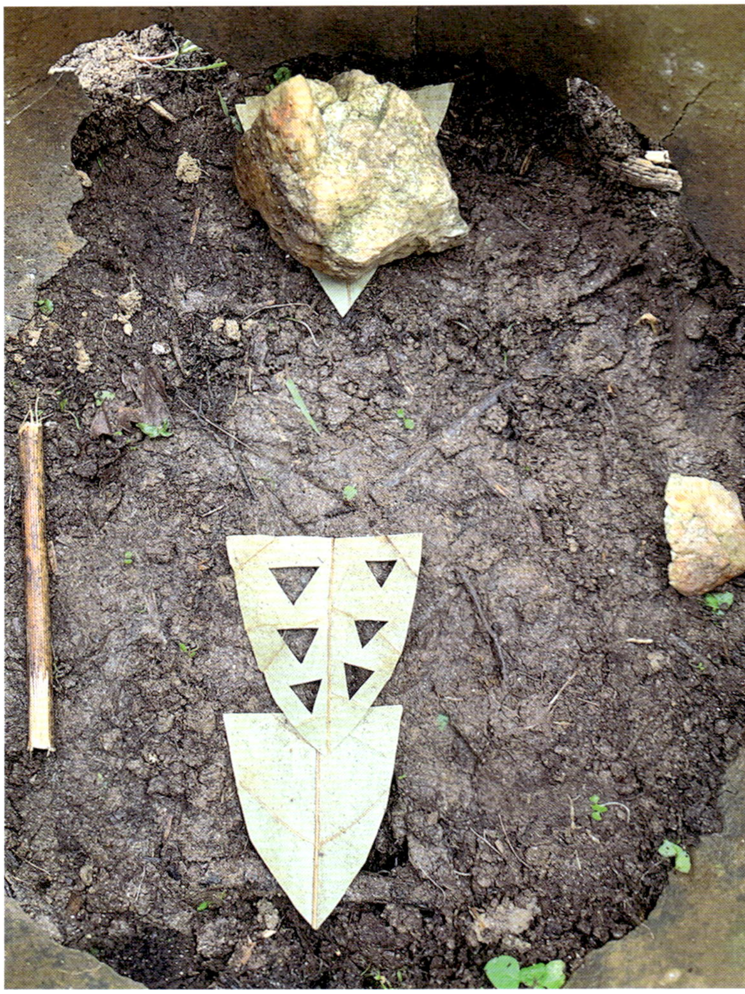

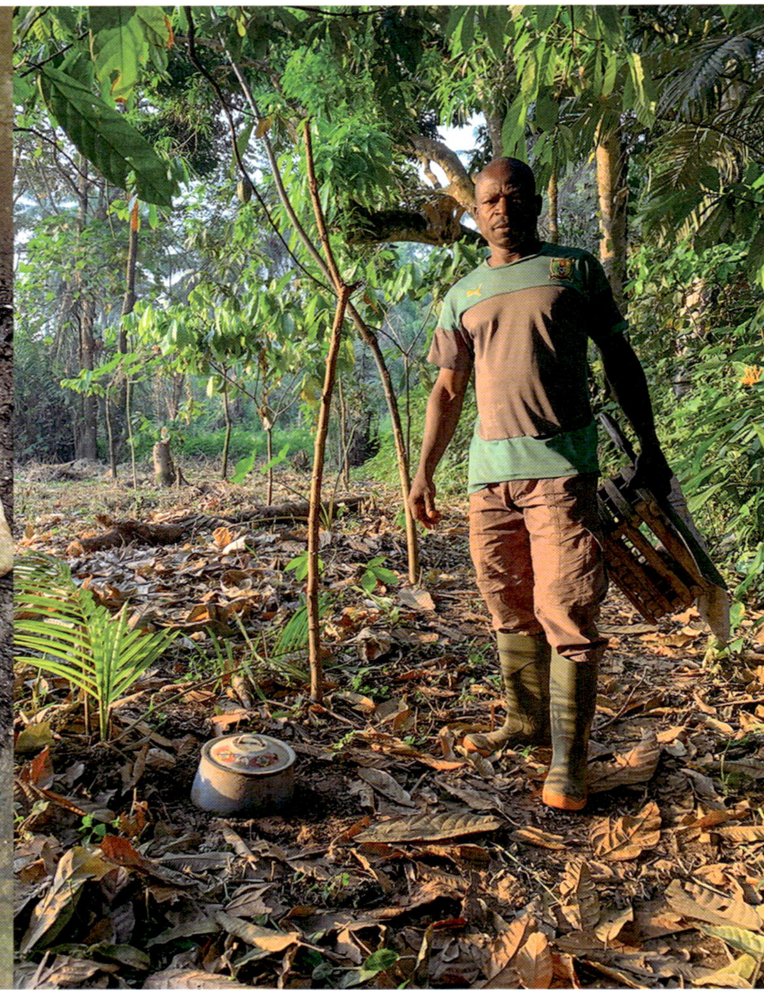

Nggamdu.org, 2021
In collaborazione / In collaboration:
Web(s) of Life, Serpentine, London, 2023
Courtesy l'artista / the artist
Foto / Photo Studio Tomás Saraceno

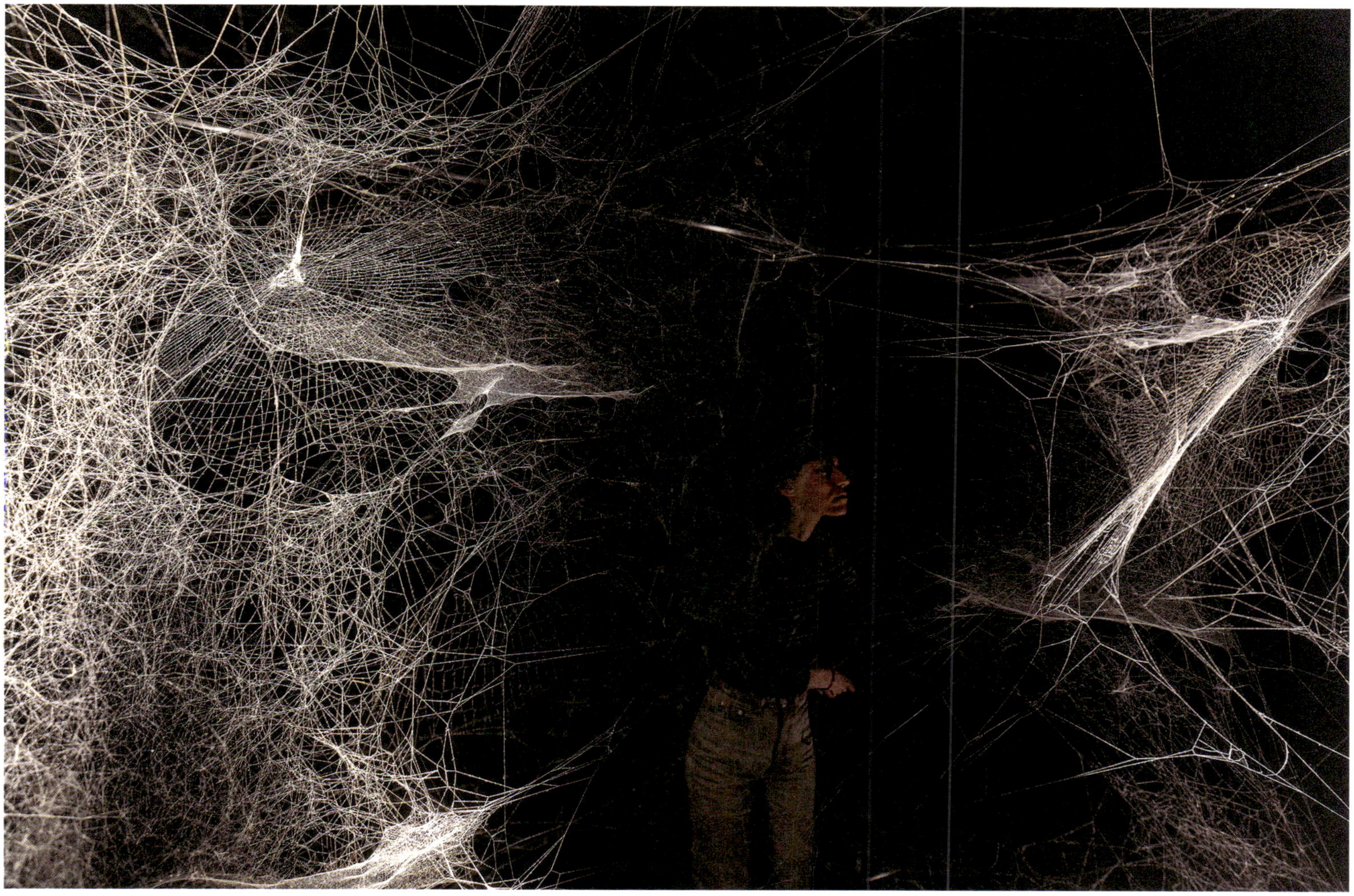

World(ing)WideWeb(s).Life, 2023
In collaborazione / In collaboration:
Web(s) of Life, Serpentine, London, 2023
Courtesy l'artista / the artist
Foto / Photo Studio Tomás Saraceno

Mariela Scafati

Mariela Scafati, pittrice e serigrafa queer, unisce nella sua produzione artistica creatività, attivismo collettivo e affettività. Insieme a Marina de Caro, Daiana Rose, Guillermina Mongan e Victoria Musotto fonda il gruppo Cromoactivismo, una piattaforma di pensiero trasversale da cui riflettere attivamente sulle implicazioni normative dei colori e sul vincolo biunivoco tra questi e la connotazione politica. Propongono di dare un nuovo senso poetico alla *palette* di colori – "Rosa forte e furioso", "Blu senza polizia", "Grigio piombo mai più" – e proclamano, con il loro testo programmatico, che si tratta di "un saggio micropolitico che compie un gesto sensibile e una militanza poetica".

Riferendosi al suo lavoro come a un dipinto piuttosto che a un'installazione, Scafati realizza *site-specific* per il PAC un quadro composto da più dipinti monocromi legati con delle corde e sospesi nello spazio. Una pittura espansa che si dispiega nell'ambiente, composta da tele dipinte con l'acrilico con leggere variazioni di colore tra una e l'altra. L'artista utilizza il rosa come espressione della violenza contro le donne e la comunità LGBT, in riferimento al triangolo rosa che contraddistingueva gli omosessuali nei campi di sterminio. Scafati gioca con i limiti della pittura, mettendoli in discussione per stabilire nuove relazioni, nella sua pittura pulsa qualcosa di "vitale", come dei "corpi legati immobili" [1].

Gli elementi che compongono l'opera – telai, tensori, ganci, corde – sono tutti visibili, frutto della decisione dell'artista per ripensare e mettere in discussione lo spazio espositivo, rompendo la frontalità come unico punto di vista possibile. Anche se la sua pittura si iscrive nell'astrazione, vi è in essa qualcosa di 'vitale', che conduce ad associare le sue monocromie a corpi, come la stessa artista avverte, "corpi legati immobili di piacere" [2].

Mariela Scafati identifies as a queer painter and silk-screen printer. Her artistic production intertwines creativity, group activism and the emotional sphere. Along with Marina de Caro, Daiana Rose, Guillermina Mongan and Victoria Musotto, she is the co-founder of the group Cromoactivismo, a transversal thought platform where members actively reflect on the normative implications of colours and on the biunivocal link between the former and political connotations. The group sets out to give new poetic meaning to the colour palette – "Strong and furious pink", "Blue with no cops", "Lead grey nevermore". And its manifesto announces that "it is a micro-political attempt achieving a sensitive act and a poetic activism".

Scafati has created a site-specific work for PAC: a painting made up of 13 monochromatic paintings tied with ropes and hanging in space. The artist refers to her work as a painting rather than an installation. An extended painting that unfolds in space and is made up of canvases stretched onto wooden frames and painted with acrylics. And within the chosen monochrome, there are slight colour variations between frames. The artist uses pink as an expression of violence against women and the LGBT community, in reference to the pink triangle that distinguished homosexuals in the extermination camps. Scafati plays with the limits of painting, challenging them so as to establish new relationships. Something "vital" pulsates in her painting, like "immobile tied bodies". [1]

The elements making up the work – frames, tensors, staples, ropes – are exposed. A conscious decision by the artist, with the aim of rethinking or challenging the exhibition area and offer viewers other ways of seeing and approaching the work by breaking frontality as the only possible perspective. Though her work falls within abstraction, it also conceals something "vital" that leads the artist to connect her monochromes to bodies. In her own words: "Motionless bodies, tied up in pleasure". [2]

Cuántos cuerpos somos cuando te toco?, 2023
Acrilico su tela / Acrilic on canvas
Dimensioni variabili / Variable dimensions
Courtesy l'artista / the artist e / and Galería Isla Flotante, Buenos Aires; Travesía Cuatro, Madrid
Foto / Photo Lorenzo Palmieri

Nelle pagine seguenti / Following pages
Cuántos cuerpos somos cuando te toco?, 2023
Acrilico su tela / Acrilic on canvas
Dimensioni variabili / Variable dimensions
Courtesy l'artista / the artist e / and Galería Isla Flotante, Buenos Aires; Travesía Cuatro, Madrid
Foto / Photo Lorenzo Palmieri

1 "Mariela Scafati: comienza", in *Artishock*, 6 gennaio 2023, consultato il 10 ottobre 2023: https://artishockrevista.com/2023/01/06/mariela-scafati-comienza.

2 Ibidem.

1 "Mariela Scafati: comienza", in *Artishock*, January 6, 2023. Consulted on October 10, 2023 in https://artishockrevista.com/2023/01/06/mariela-scafati-comienza.

2 Ibidem.

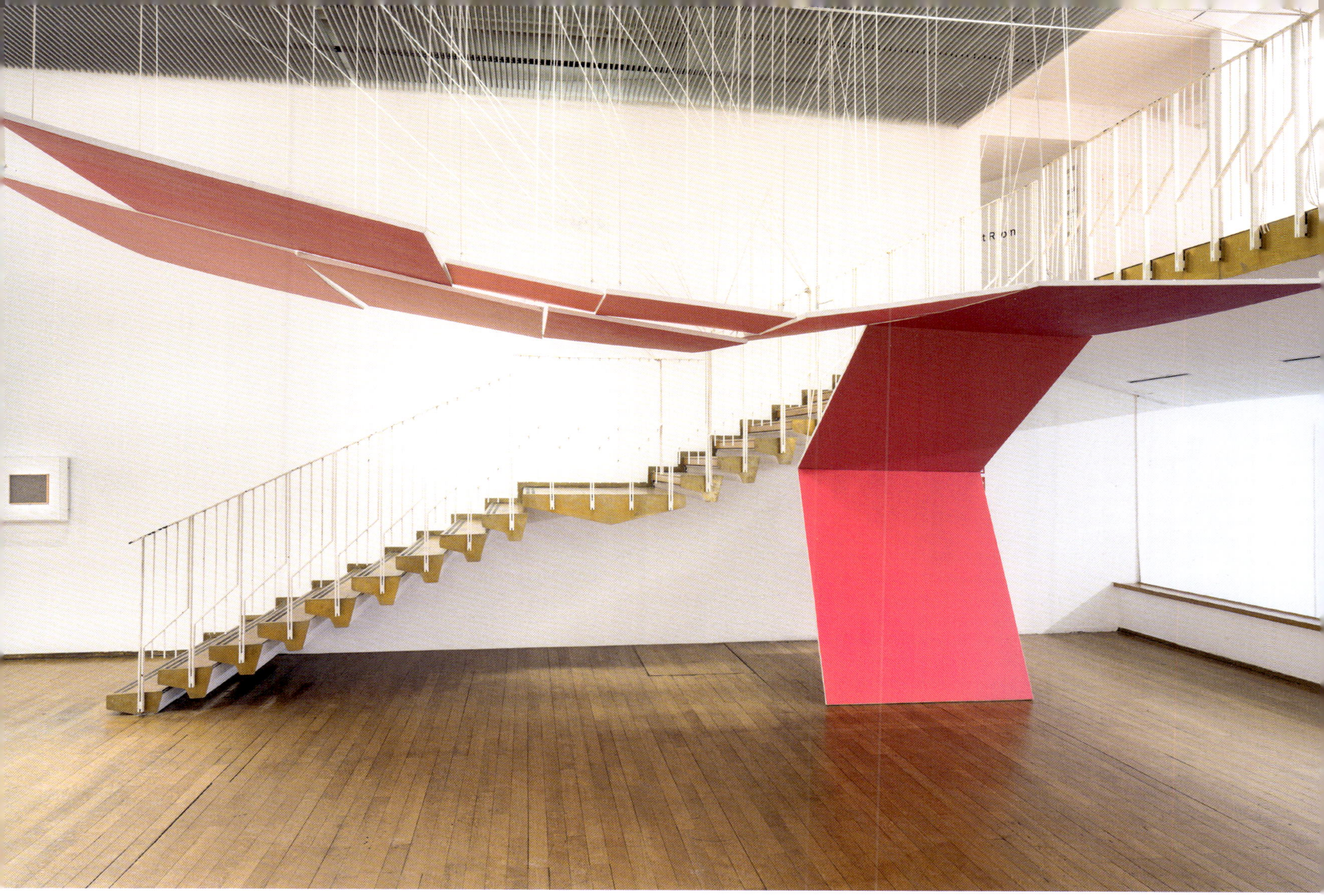

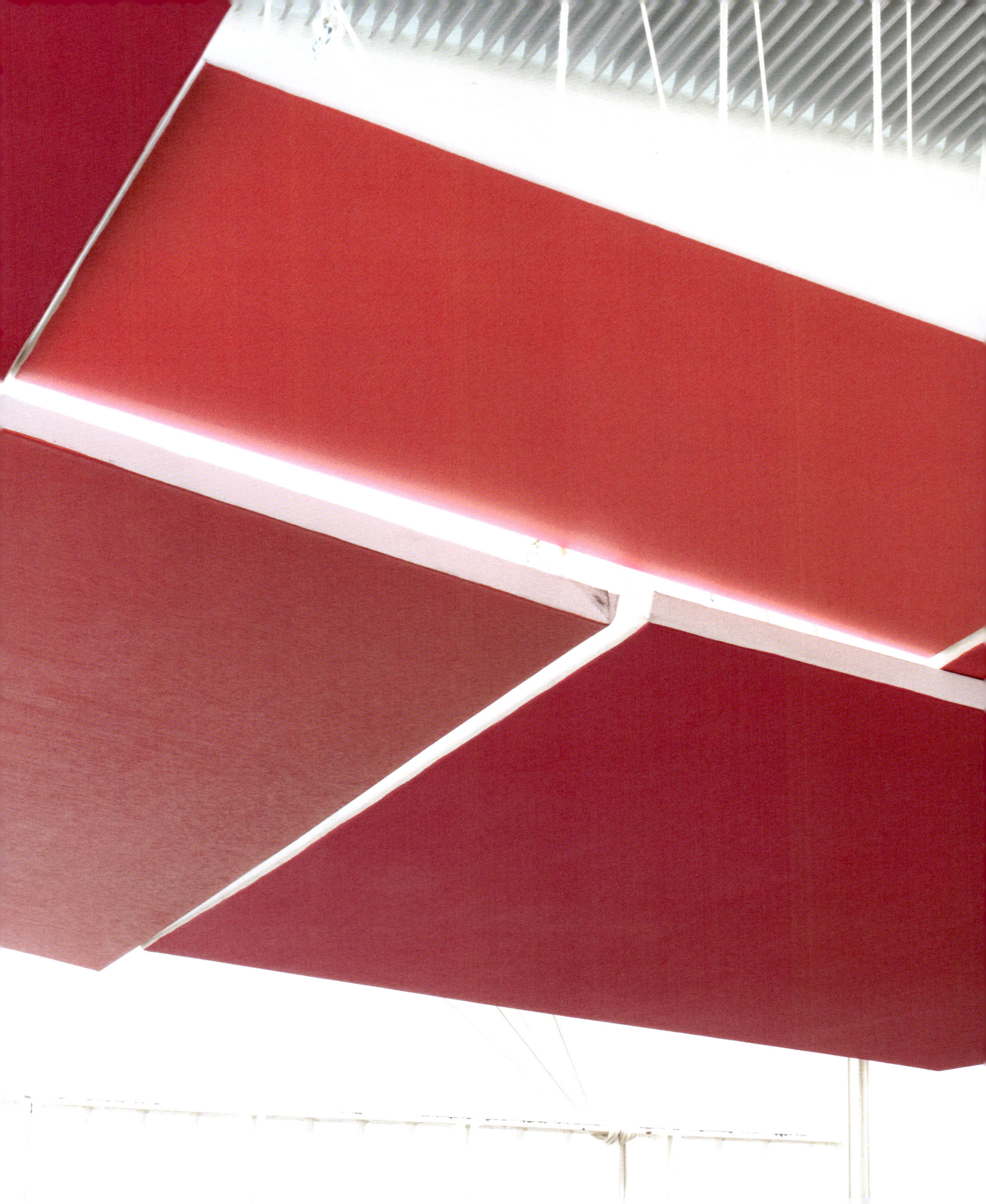

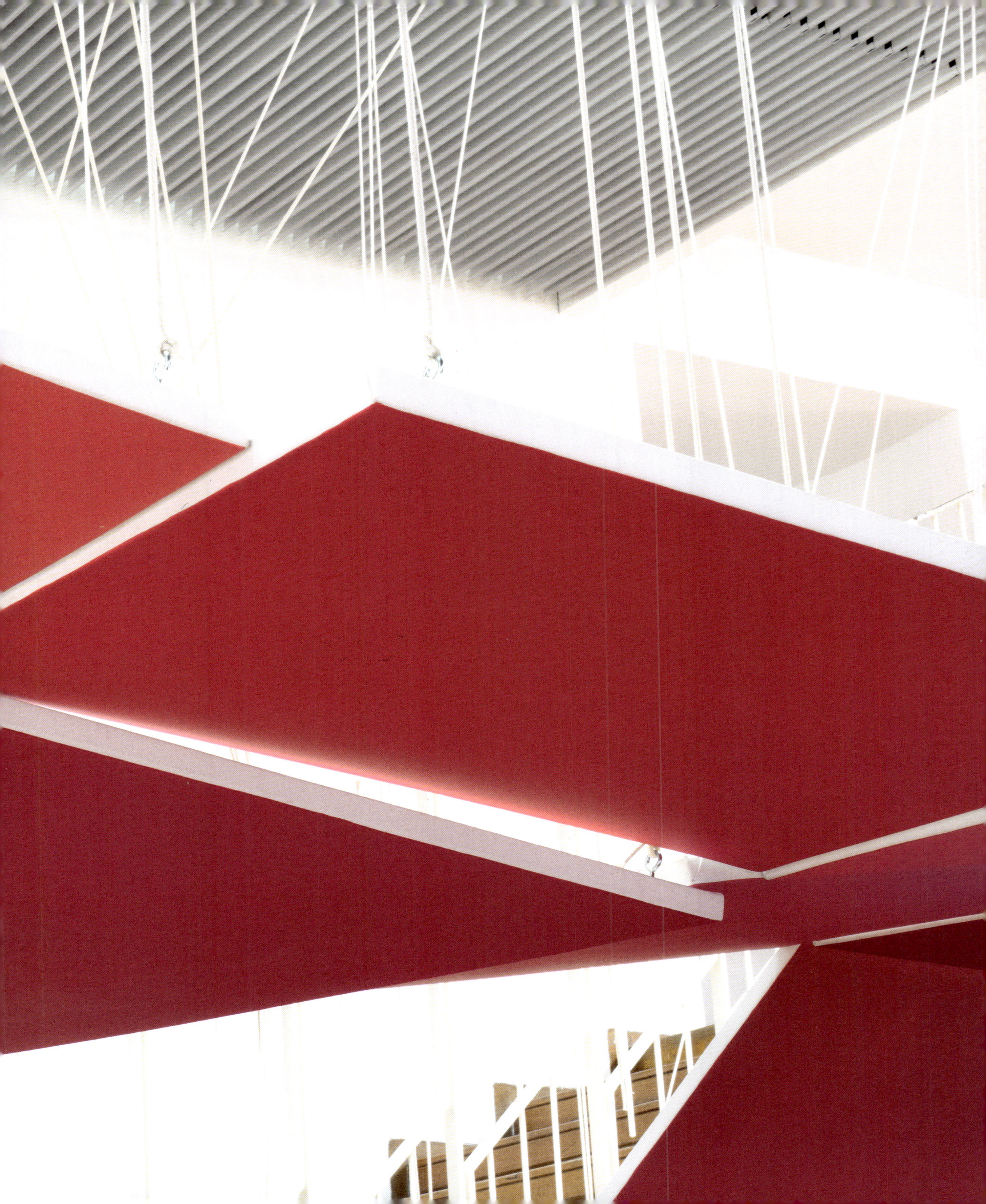

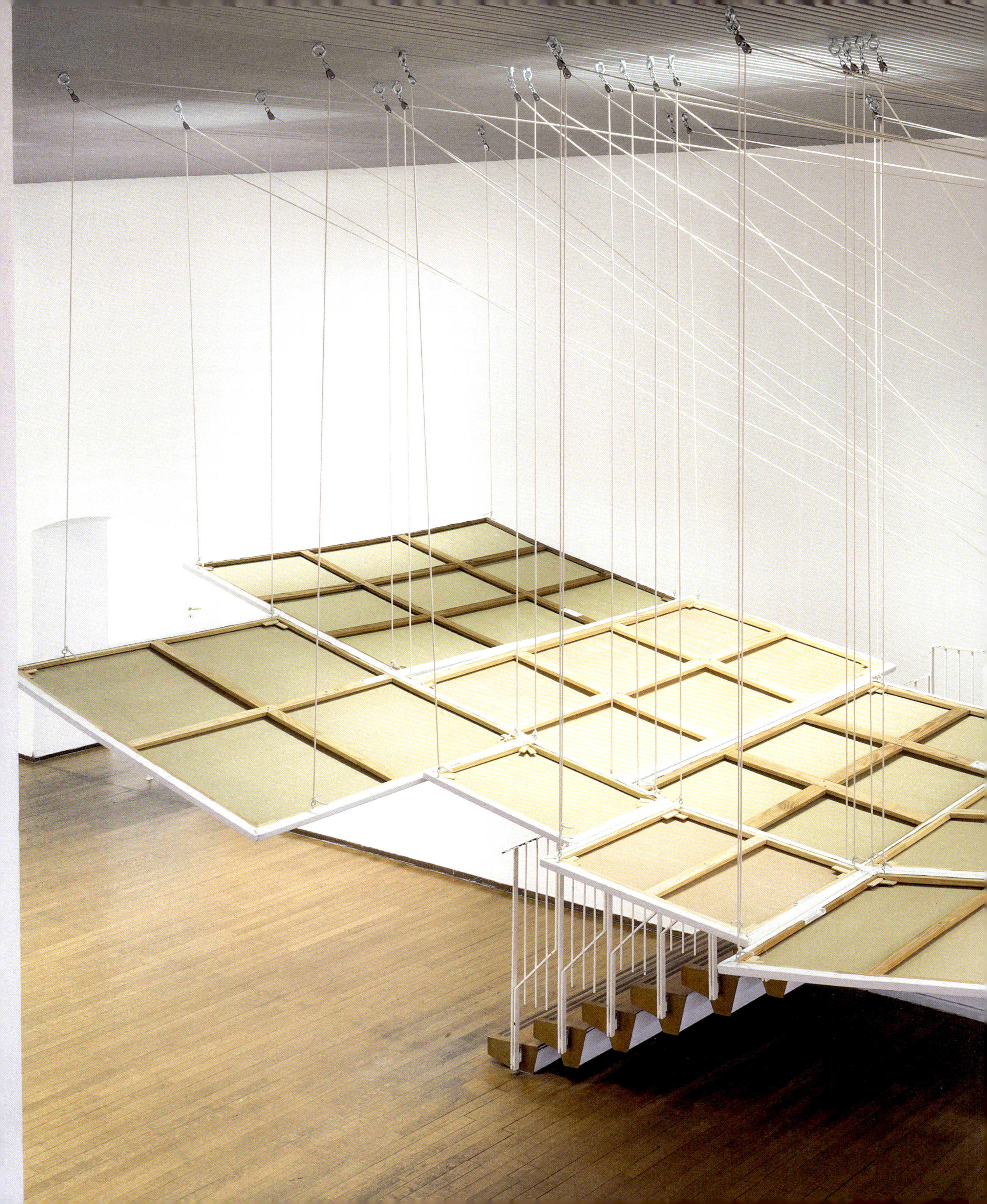

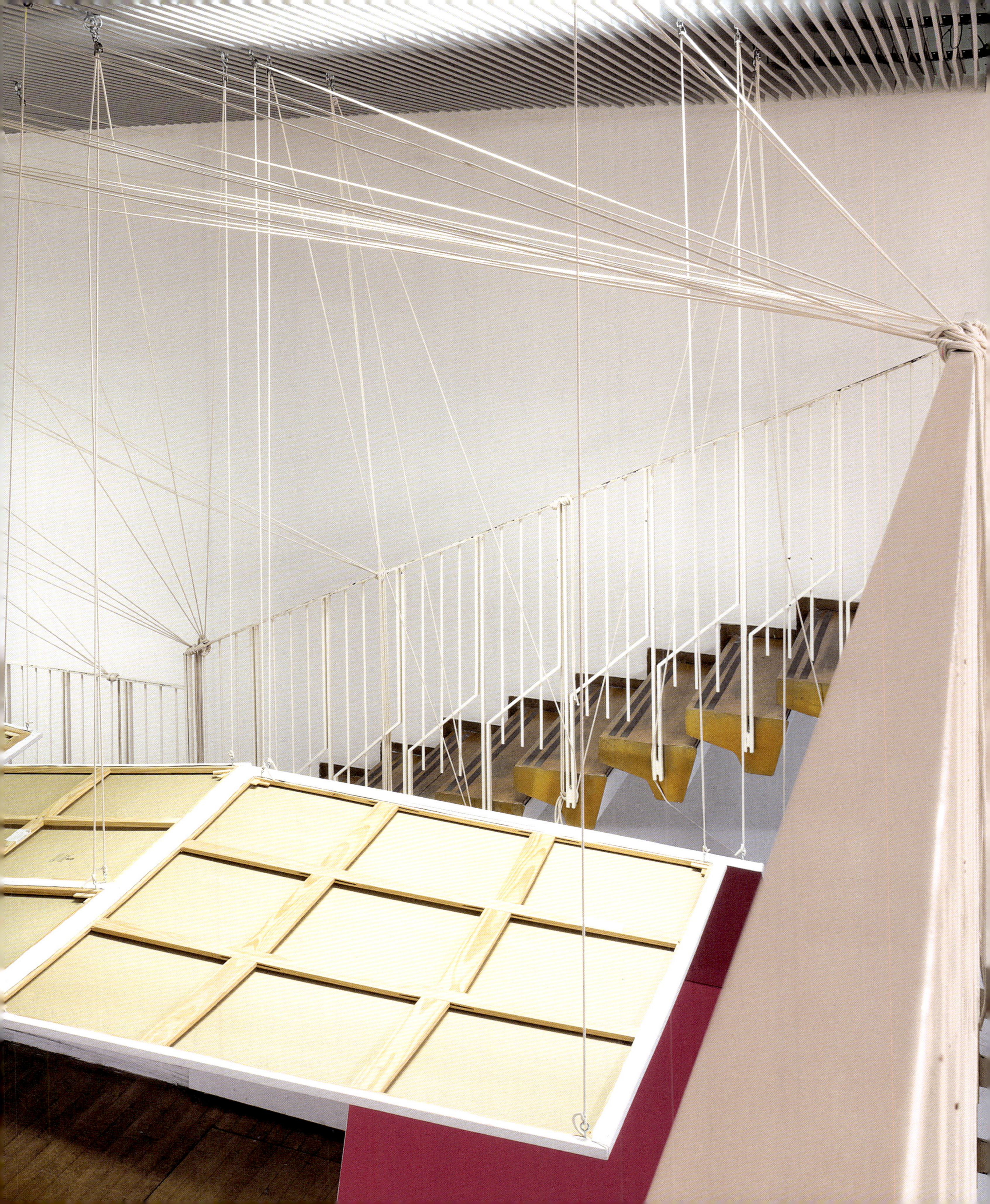

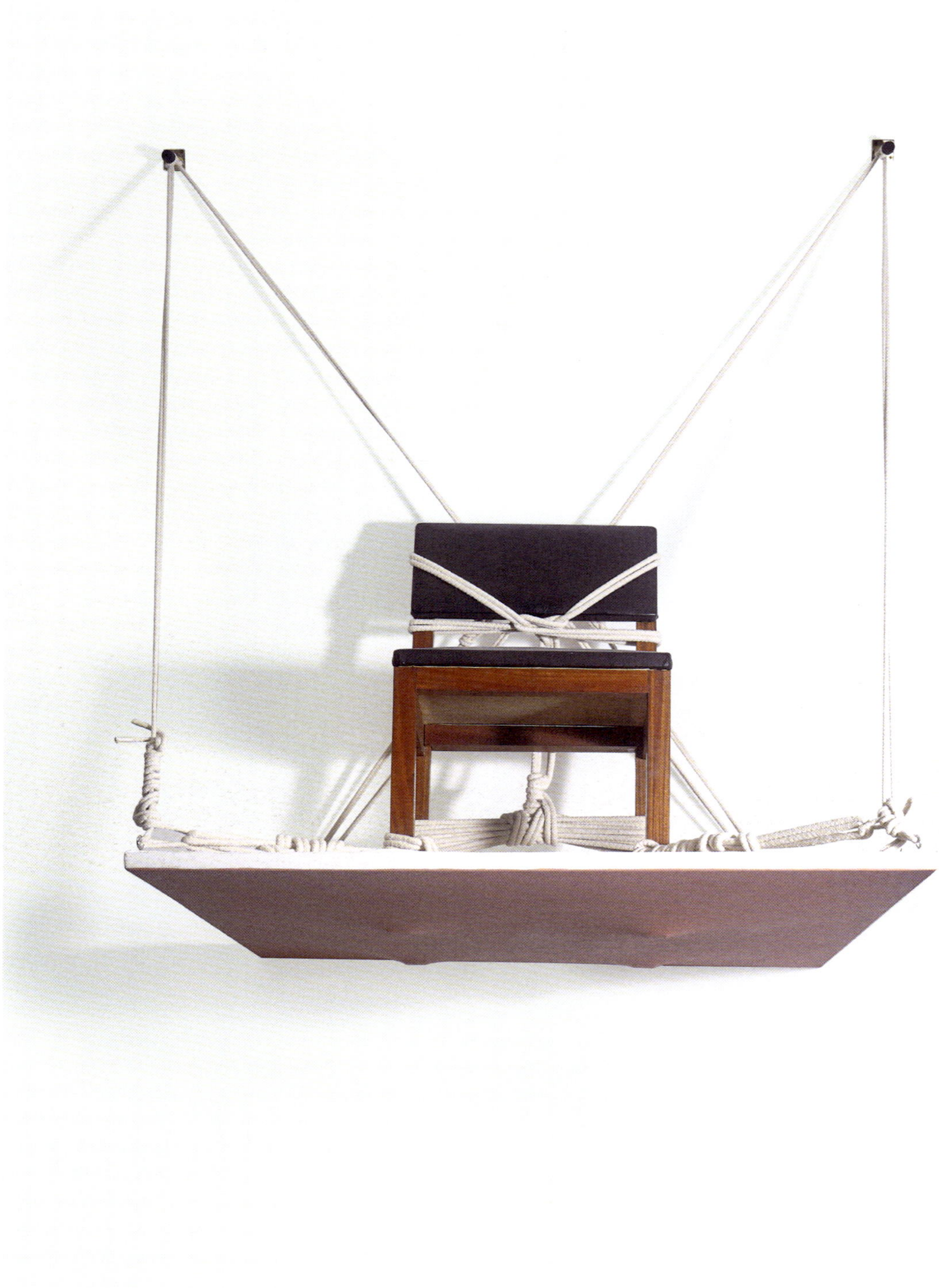

Nuestro olor quien es?, 2015
Acrilico su tela, sedia, corde
/ Acrylic on canvas, chair, ropes
Courtesy l'artista / the artist

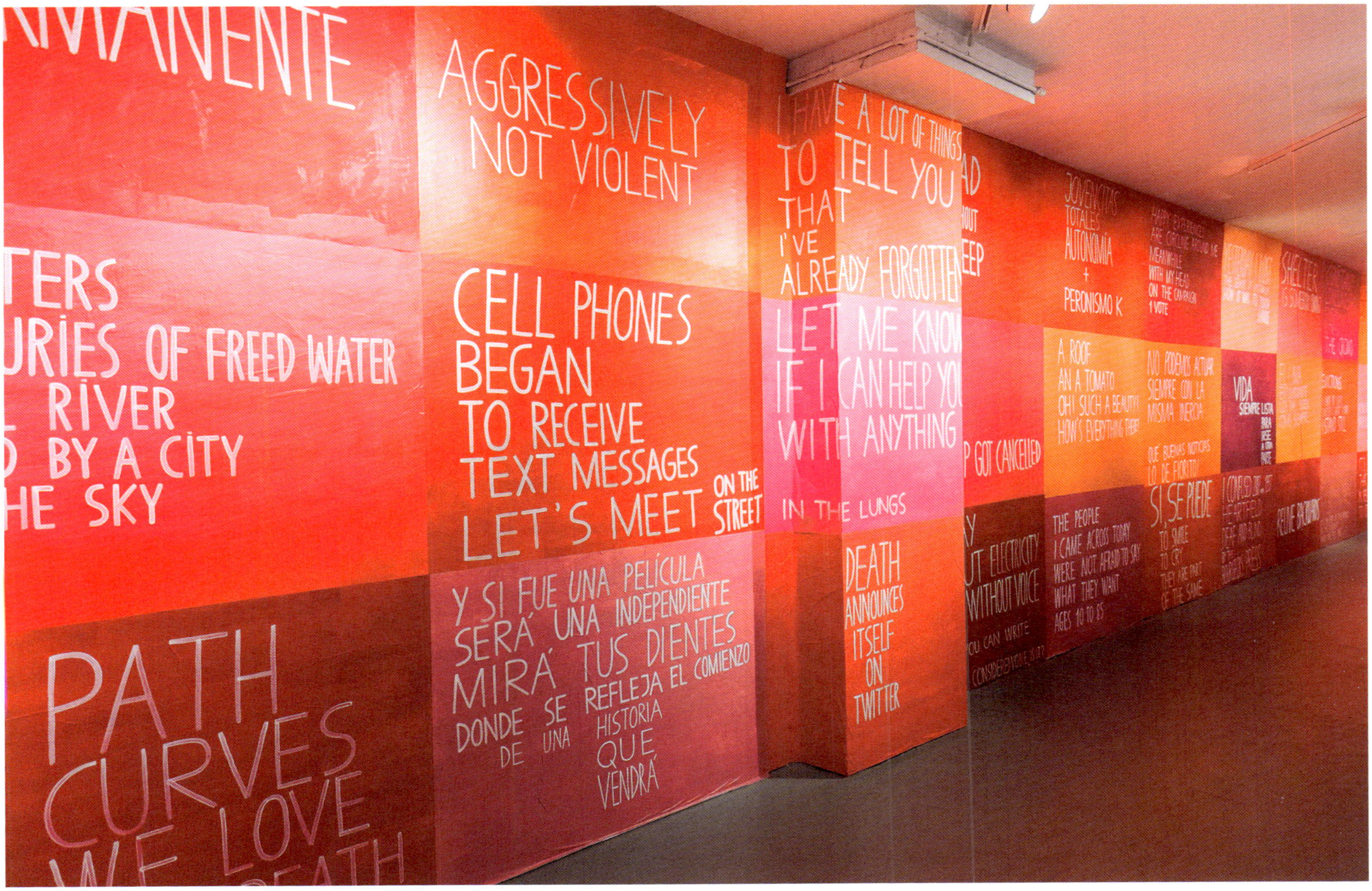

Algo se rompió, 2002
Installazione / Installation
Dimensioni variabili / Variable dimensions
Storefront of Art and Architecture,
New York 2021
Courtesy l'artista / the artist
Foto / Photo Jenica Heintzelman

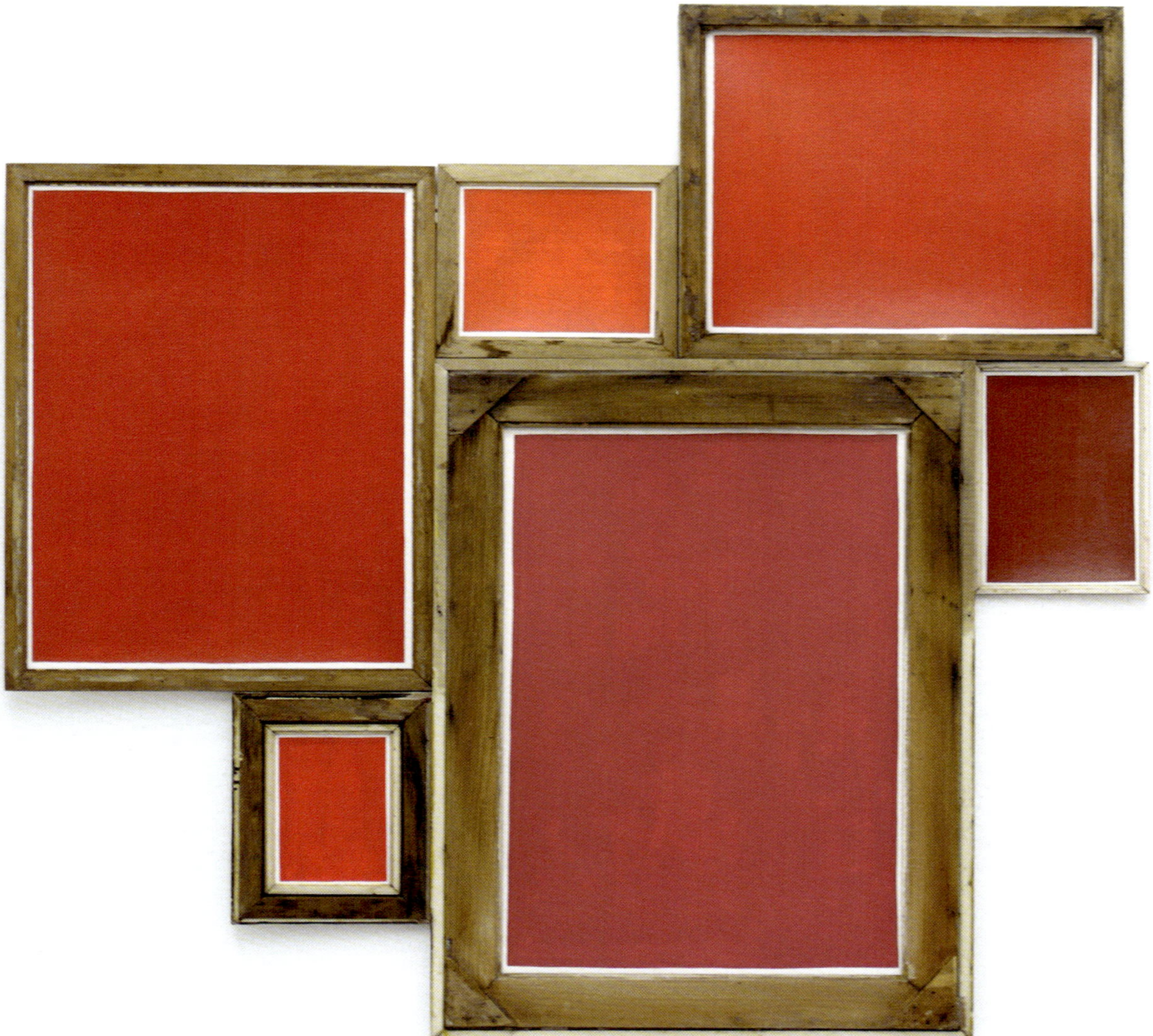

Soy rojo y rosa, 2012
Acrilico su pannello rigido
/ Acrylic on hardboard
90 × 130 × 5 cm
Courtesy l'artista / the artist

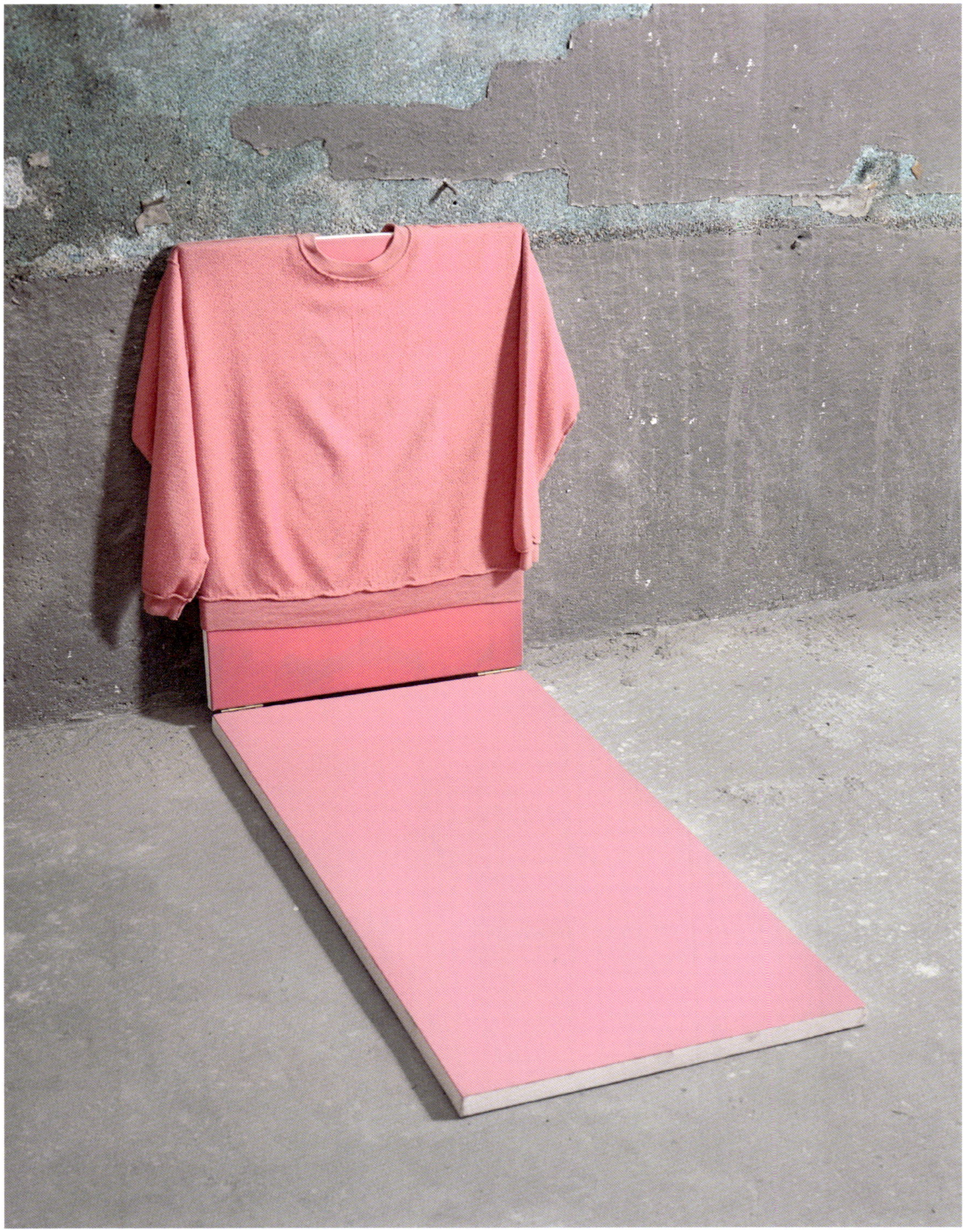

Pink, 2015
Acrilico su tela, maglia
/ Acrylic on canvas, sweater
75 × 45 × 90 cm
Courtesy l'artista / the artist

Juan Sorrentino

Il sound artist Juan Sorrentino indaga, attraverso la scultura, l'installazione, il video e la performance, le relazioni che si stabiliscono tra il suono e vari materiali – piastrelle, mattoni, polvere, tra gli altri – e oggetti diversi con cui lavora per materializzare progetti poetici. Come afferma l'artista, il suo lavoro "si basa su interazioni inquisitive con oggetti e materiali, attraverso il suono" [1]: motori e altoparlanti sono presenze ricorrenti con cui crea esperienze sensoriali e da cui il suono è permanentemente rivisitato e interpellato.

Sorrentino affronta il tema degli incendi boschivi che hanno devastato l'Italia occupando lo spazio del PAC con un'installazione *site-specific*. L'artista disegna sfruttando il movimento della materia organica: il carbone rilasciato dai resti dei tronchi bruciati, spostati da motori meccanici, traccia linee e macchie sulle pareti bianche della sala, mentre la polvere prodotta si deposita sul pavimento come traccia dell'azione. L'azione ripetitiva delle macchine produce suoni costanti che possono variare leggermente in base allo sforzo che i motori compiono. A questi si aggiungono i rumori provocati dai piccoli colpi dei tronchi nel loro movimento verso l'alto e verso il basso.

Nella parete opposta, Sorrentino colloca due grandi contenitori per gli altoparlanti, figure geometriche tridimensionali in antitesi tra loro: trasparenti e opache, piene e vuote. Tutta l'installazione ruota attorno alla relazione tra suono, cinetica, disegno e tempo.

Sound artist Juan Sorrentino experiments with sculpture, installations, videos and performance art. He explores the relationships established between sound and the materials (including tiles, bricks and dust) and various objects he works with to give material shape to poetic projects. In the artist's own words, his work "is based on inquiring interactions with objects and materials through sound". [1] Motors and speakers are recurring elements with which Sorrentino creates sensory experiences and where sound is permanently revisited and challenged.

Sorrentino has occupied PAC with a site-specific installation to address the forest fires that ravaged Italy. The artist draws by exploiting the movement of organic matter: the charcoal released from the remains of burnt trunks, moved by mechanical motors, traces lines and stains on the white walls of the room, while dust generates stains on the floor as traces of the action. These motors, in their repetitive task, produce constant sounds that only vary slightly if they need to exert more effort due to the weight of the object carried. Additionally, noises caused by the small bumps of the logs as they move upwards and downwards.

On the opposite wall, two large-scale cubes made of different materials act as receptacles for the speakers. These three-dimensional geometric shapes give the impression of opposites: transparency and opacity, fullness and emptiness. All the installation focuses on the relation among sound, kinetic force, drawing and time.

Ashes to Ashes, 2023
Tecnica mista / Mixed media
Opera realizzata in collaborazione con / Work produced in collaboration with GAMeC, Galleria d'Arte Moderna e Contemporanea, Bergamo
Courtesy l'artista / the artist e / and PAC Padiglione d'Arte Contemporanea, Milan
Foto / Photo Lorenzo Palmieri

Nelle pagine seguenti / Following pages
Ashes to Ashes, 2023
Tecnica mista / Mixed media
Opera realizzata in collaborazione con / Work produced in collaboration with GAMeC, Galleria d'Arte Moderna e Contemporanea, Bergamo
Courtesy l'artista / the artist e / and PAC Padiglione d'Arte Contemporanea, Milan
Foto / Photo Lorenzo Palmieri

1 Pilar Altilio, "Los artefactos con espíritu sonoro de Juan Sorrentino", in *Revista Ñ*, 12 dicembre 2022, consultato il 15 ottobre 2023: "www.clarin.com/revista-n/arte/artefactos-espiritu-sonoro-juan-sorrentino_0_vyPoSVYntT.html.

1 Pilar Altilio, "Los artefactos con espíritu sonoro de Juan Sorrentino", in *Revista Ñ*, December 12, 2022. Consulted on October 15, 2023 in "www.clarin.com/revista-n/arte/artefactos-espiritu-sonoro-juan-sorrentino_0_vyPoSVYntT.html.

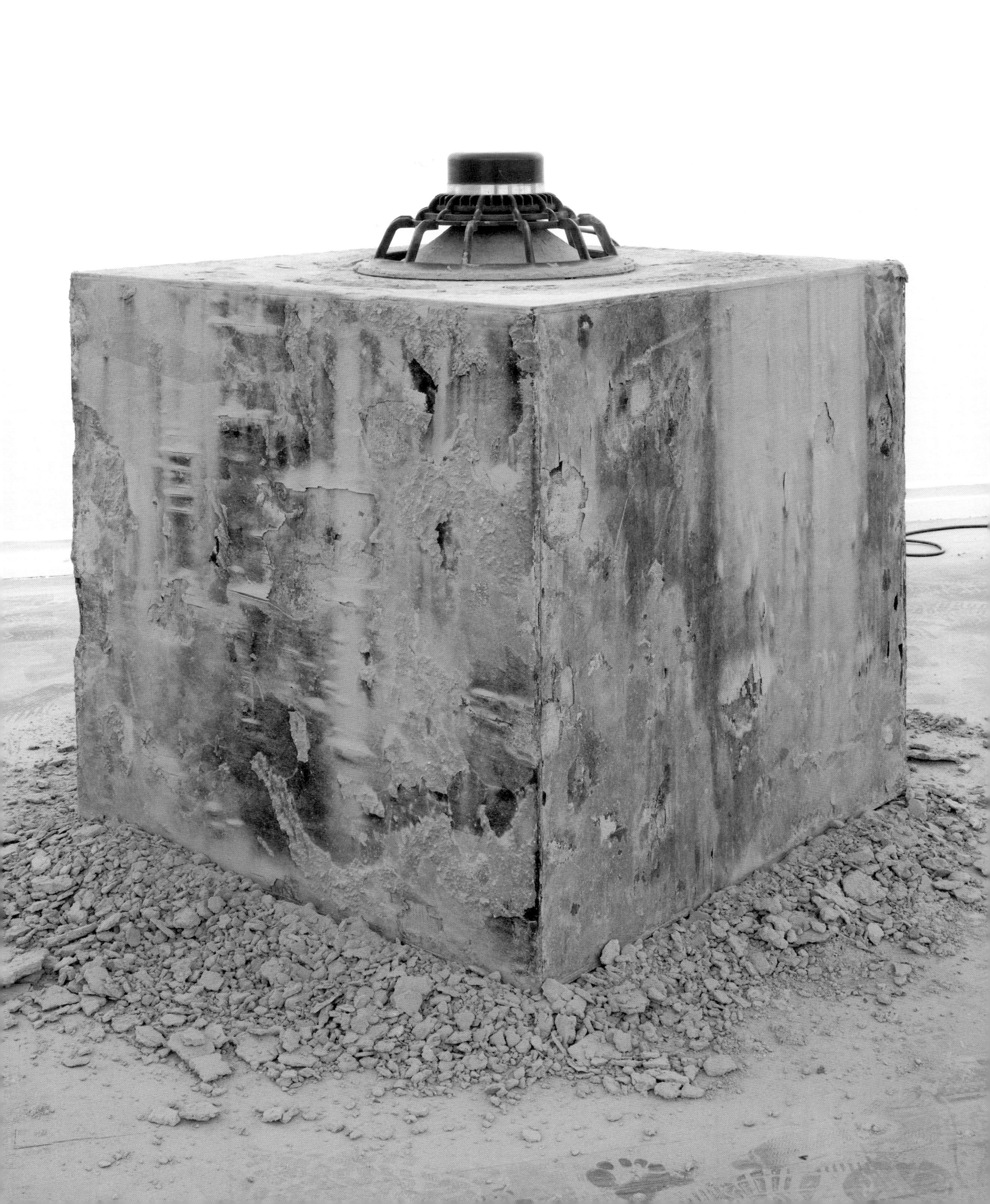

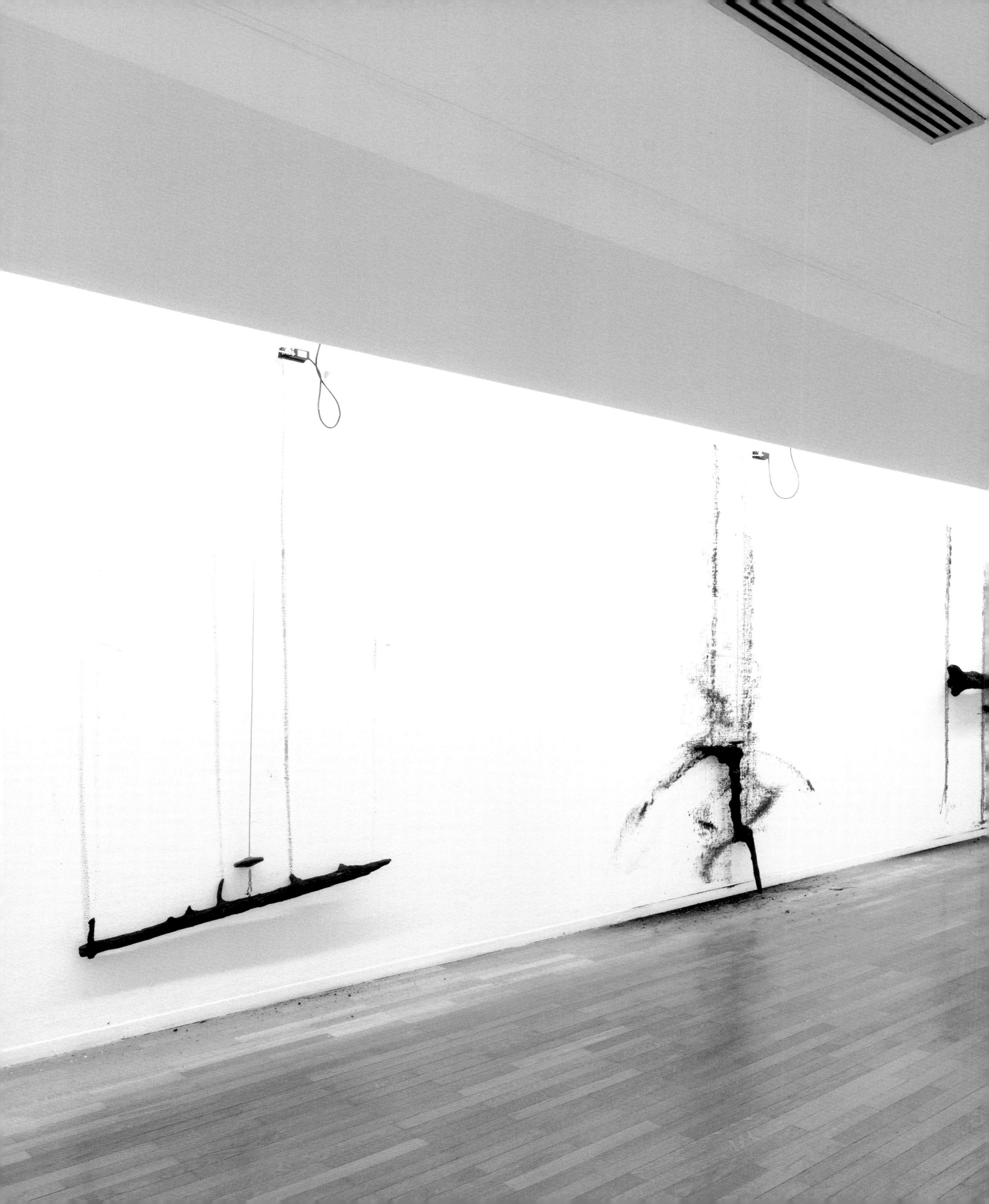

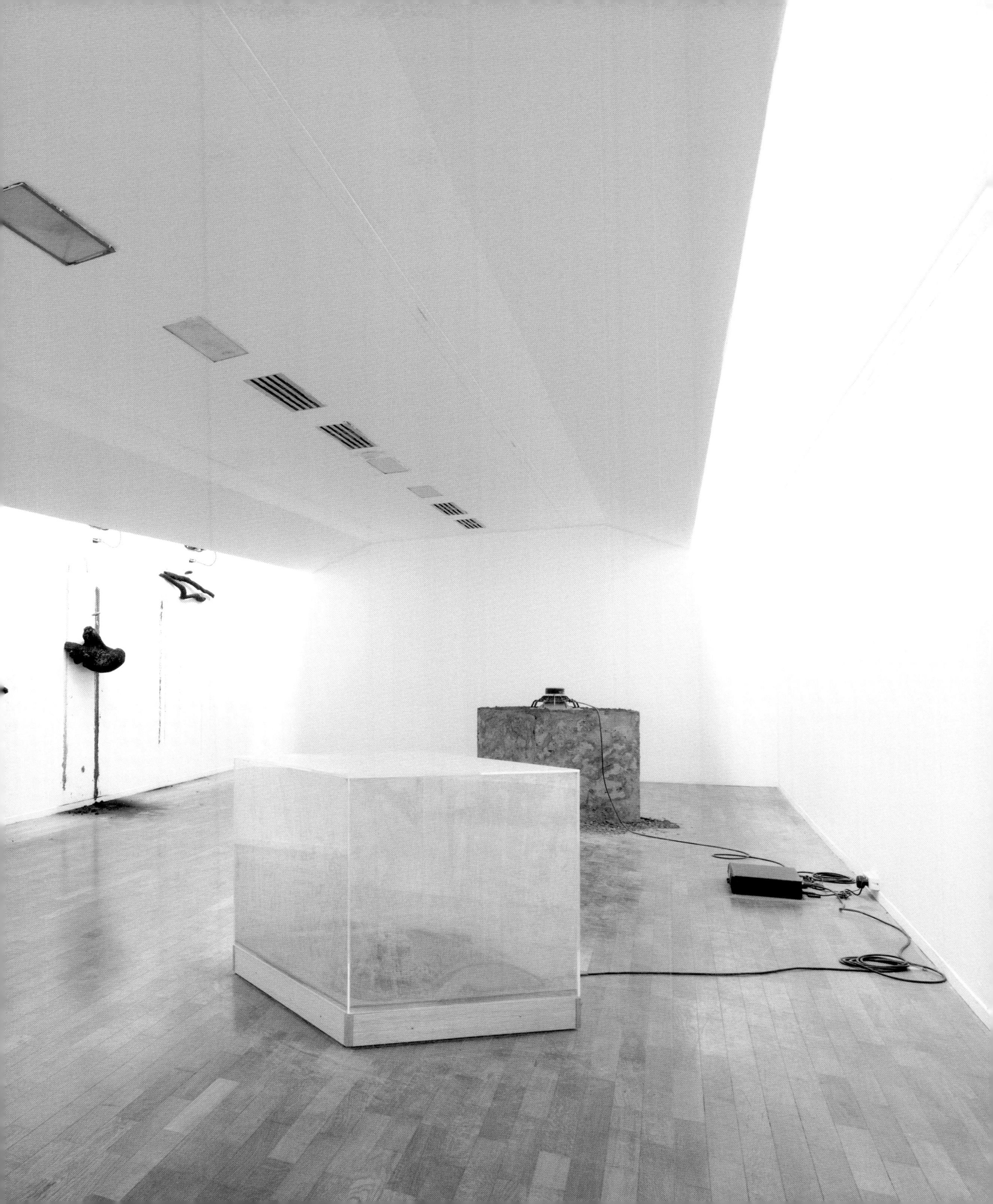

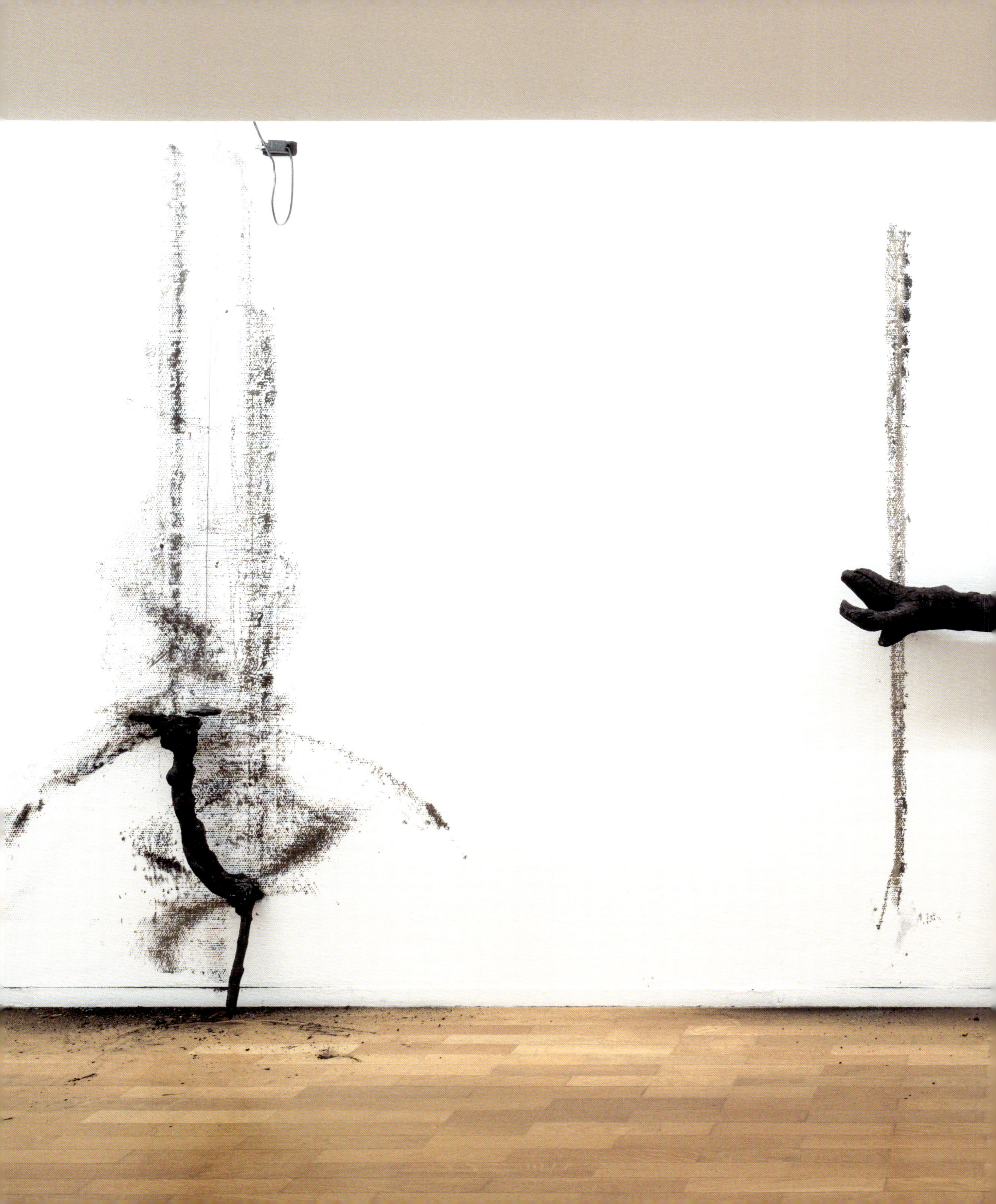

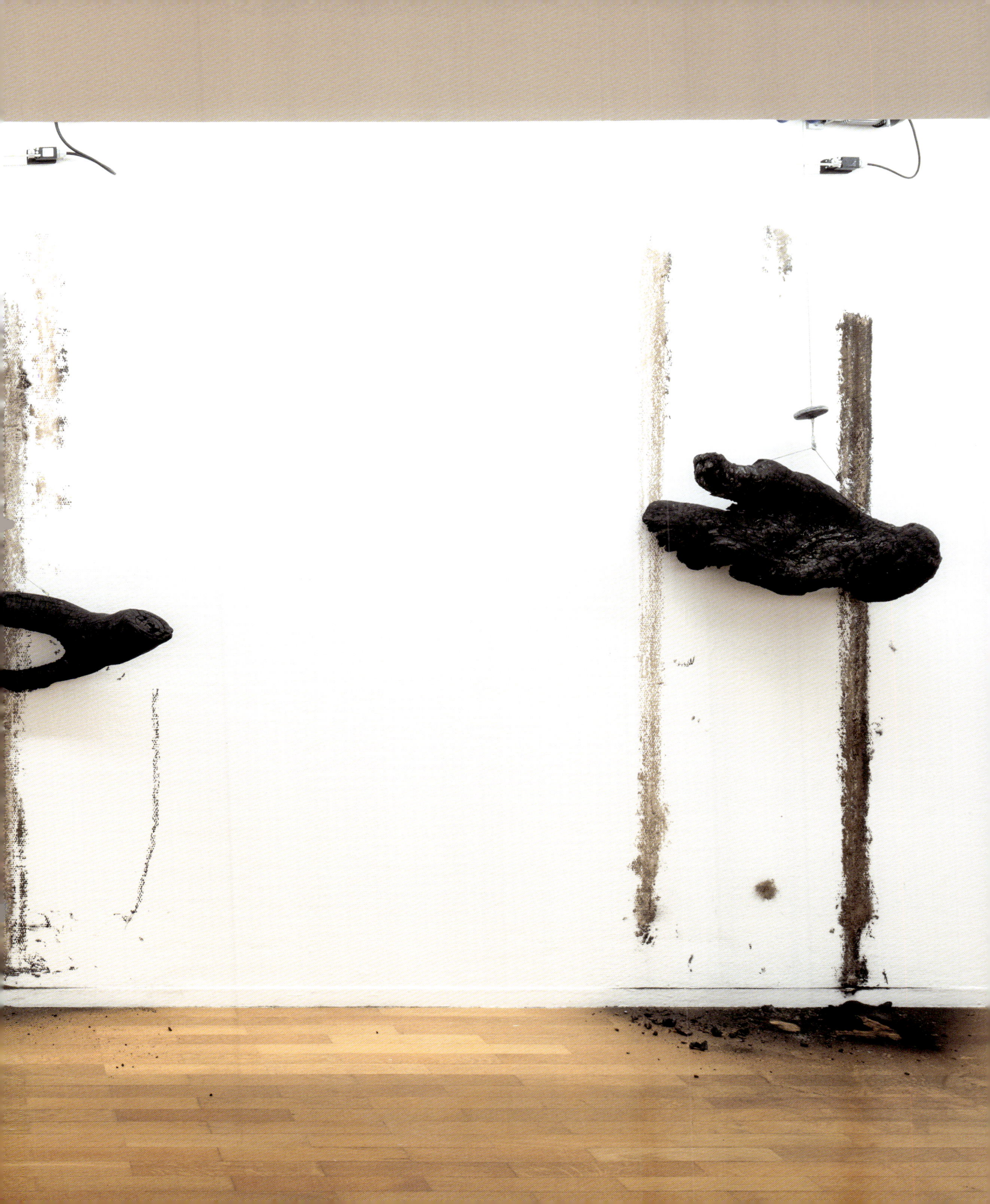

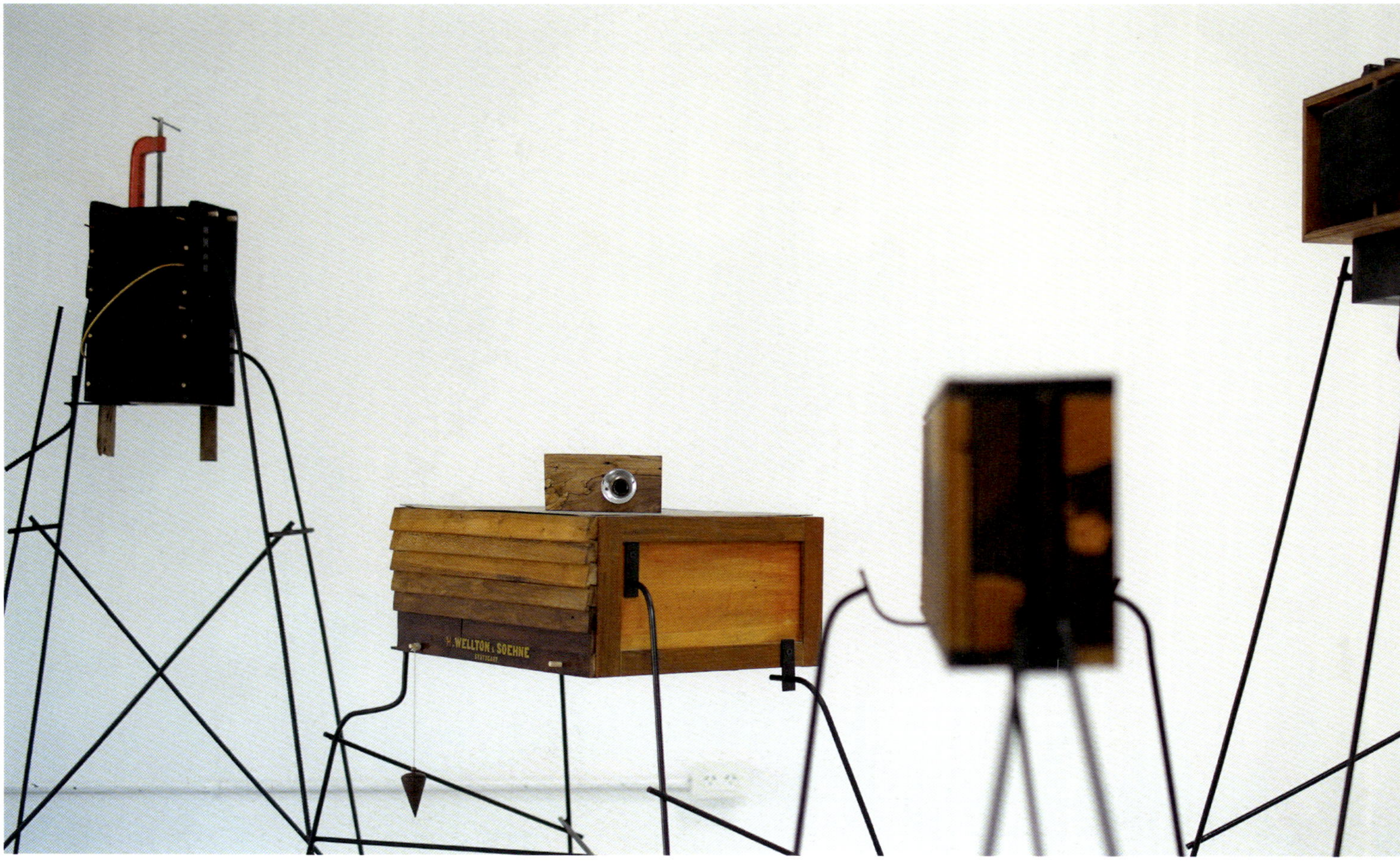

Mancuspias, 2022
Scultura sonora, album musicale
/ Sound sculpture, music album
Legno, ferro, accessori, impianto audio
/ Wood, iron, accesories, sound system
Courtesy l'artista / the artist
Foto / Photo Industria

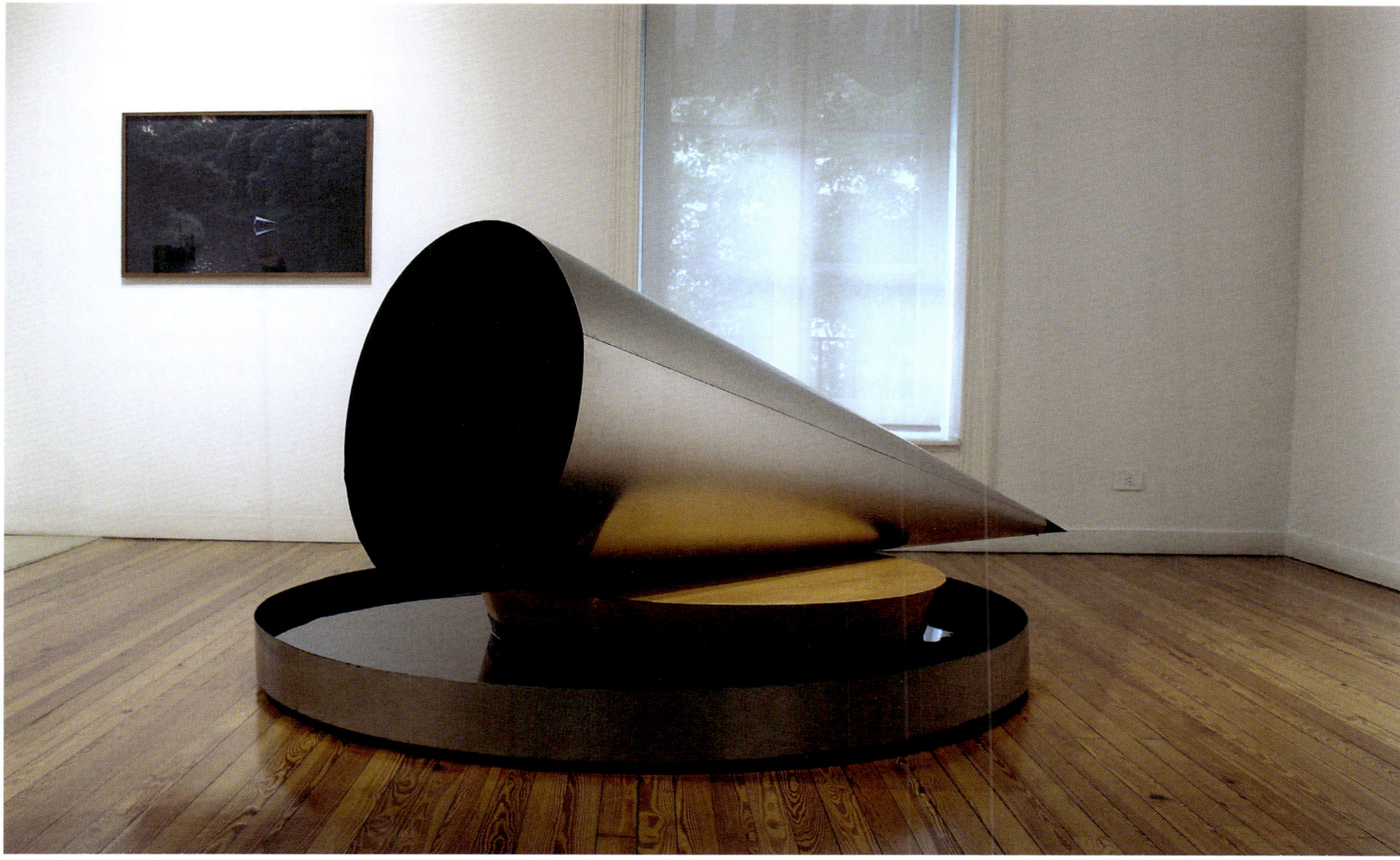

Space scanner, 2017
Cono d'argento, ventola di raffreddamento, camera d'aria, legno, altoparlante, sistema audio, suono del rumore bianco / Silver cone, cooling fan, inner tube, wood, speaker, audio system, white noise sound
Dimensioni variabili / Variable dimensions
Courtesy l'artista / the artist

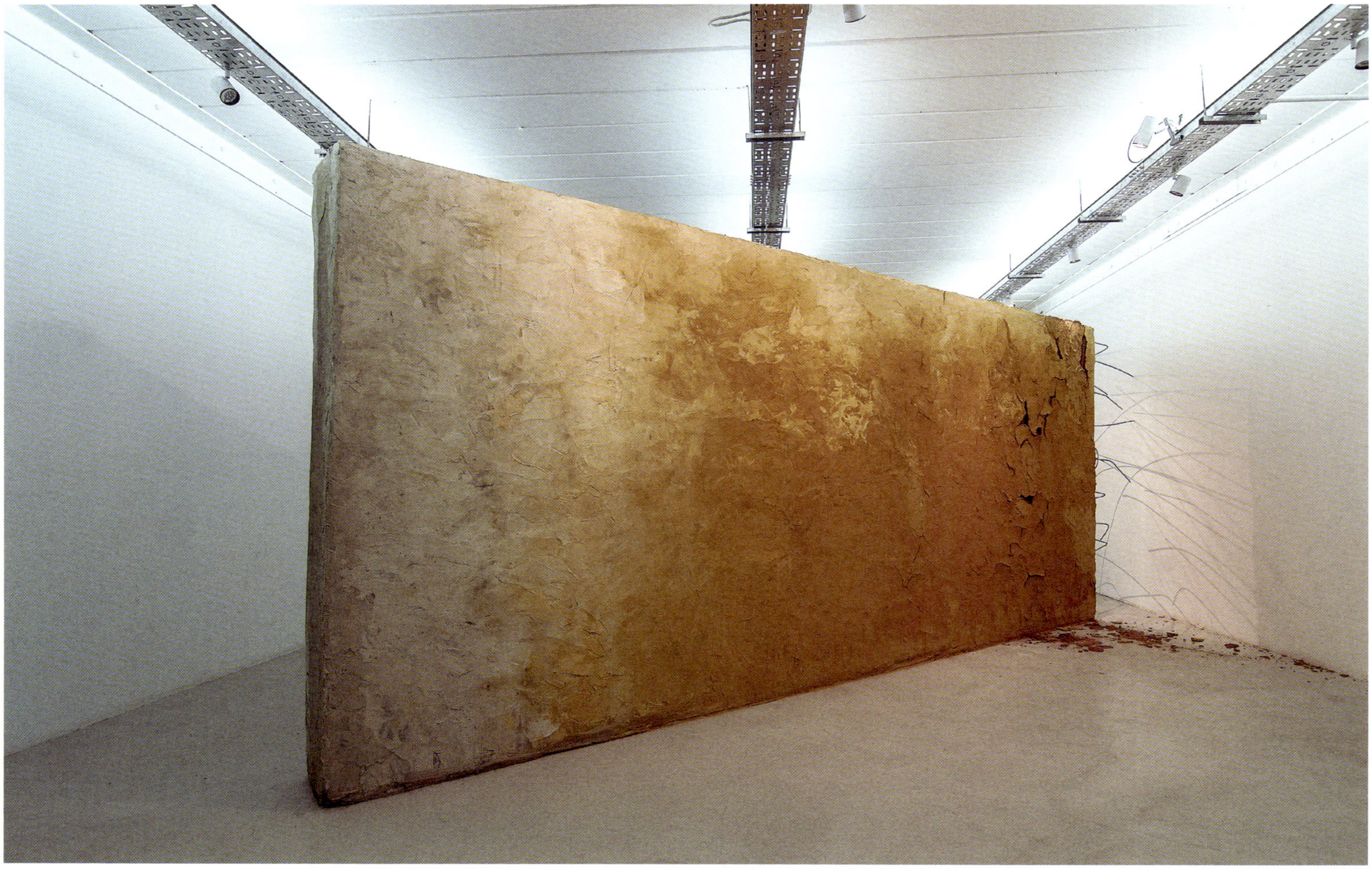

Derrumbe, 2016
Installazione / Installation
Mattoni, cemento, sabbia, gesso, ferri, ferrite, altoparlanti, amplificatore 6000 wts, frequenza 47 Hz / Bricks, cement, sand, plaster, irons, ferrite, speakers, amplifier 6000 wts, frequency 47 Hz
Dimensioni variabili / Variable dimensions
Courtesy l'artista / the artist
Foto / Photo Pat Madia

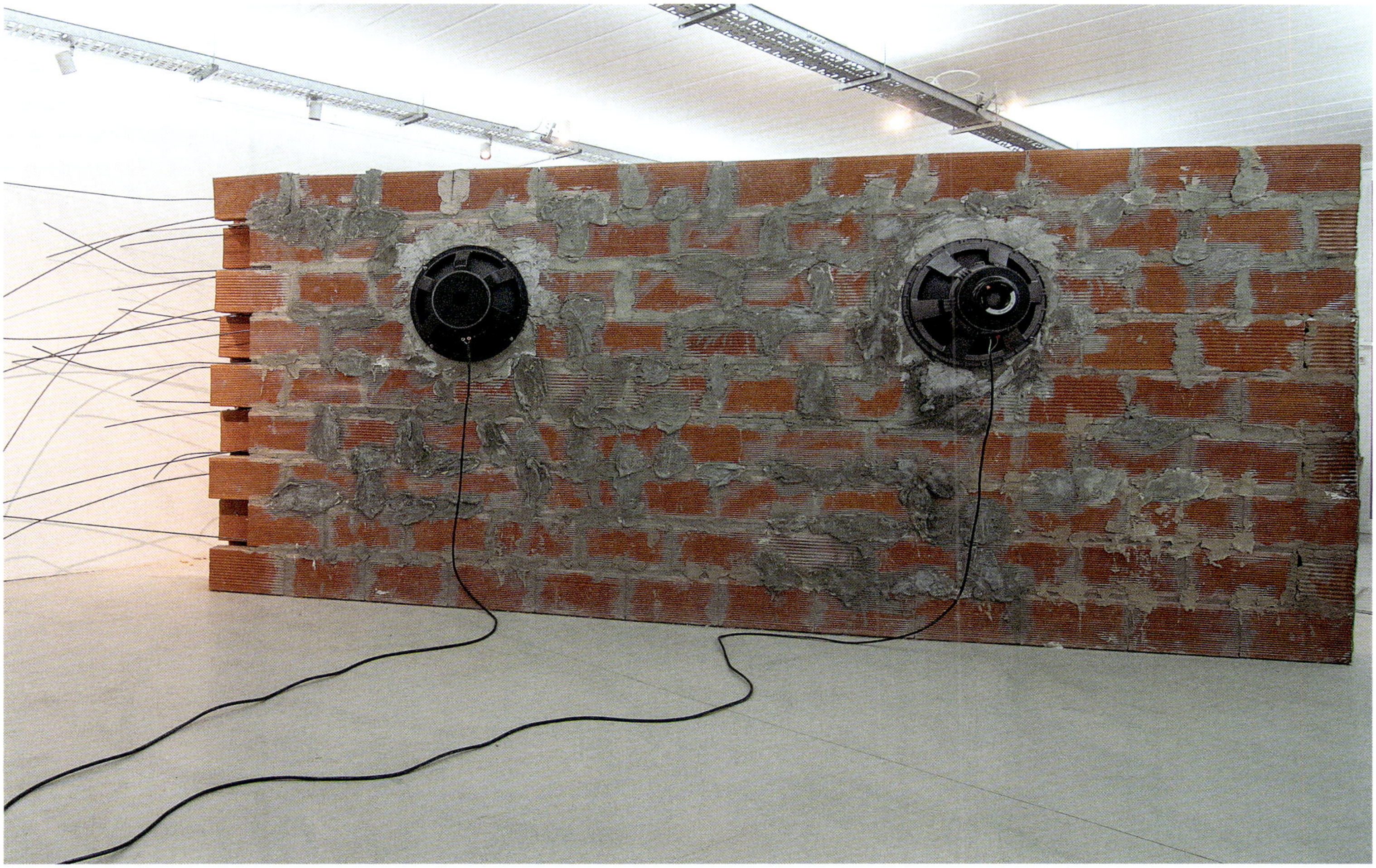

Adrián Villar Rojas

Villar Rojas, avvalendosi di tutti i media e discipline, con i suoi interventi *site-specific* affronta il tema dell'estinzione della specie umana, dell'incertezza dell'ambiente, della natura fugace. L'artista si vede come un direttore teatrale, mentre i suoi collaboratori sono una sorta di "compagnia teatrale itinerante ed errante, che va per il mondo costruendo e smantellando atelier nomadi, spazi scenografici dedicati a un'esplorazione autorale basata sull'improvvisazione, con ruoli o copioni che gli attori adottano e trasformano a ogni *mise en scène*" [1].

Untitled XI (Senza titolo XI) appartiene alla serie *Rinascimento*, iniziata nel 2015. In un frigorifero domestico esposto con la porta aperta, Villar Rojas compone una natura morta collocando alcuni alimenti nel freezer dietro un supporto trasparente. Questo ci permette di osservare le mutazioni che il materiale subisce nel tempo: l'atto del congelamento permette di conservare più a lungo il cibo, ma allo stesso tempo provoca alterazioni alla sua struttura. La composizione proposta, giorno dopo giorno, inizia a presentare gli inevitabili cristalli di ghiaccio, modificando le forme degli elementi presentati. Oltre all'azione del freddo, ci sono fattori esterni che concorrono a causare ulteriori cambiamenti, come l'alterazione della fornitura elettrica o l'obsolescenza dell'elettrodomestico stesso. Il riferimento è alla precarietà della vita e al percorso irreversibile verso il degrado, nonché alla dipendenza dai dispositivi elettronici.

La composizione al di là del vetro ricorda le nature morte del Rinascimento, a cui fa riferimento anche il titolo, un genere pittorico che l'artista rielabora lavorando con alimenti veri – carne, verdura, frutta, pesce ecc. – che distribuisce, in modo meticoloso ed equilibrato, nel piccolo congelatore, dove la luce è protagonista fondamentale della composizione.

In his site-specific works, Villar Rojas speaks of the extinction of the human race, of environmental uncertainty and of the fleetingness of nature, among other concerns and topics. The artist has availed himself of all possible media and disciplines in this investigation, viewing himself as a theatre director and his collaborators as a "travelling theatre company that wanders the world, building and dismantling nomadic workshops and scenic spaces for an acting exploration based on improvisation, with roles or characters taken on by the actors and transformed with each new staging". [1]

Untitled XI belongs to the series *Rinascimento* (Renaissance), begun in 2015. In a regular refrigerator displayed with its freezer door open, Villar Rojas composes a still life by placing natural foods behind a transparent medium. This transparency enables us to observe the mutations undergone by the materials over time. Though freezing food allows us to preserve it for an extended time period, this very act produces alterations in its structure. As the days go by, the composition on display inevitably begins to show ice crystals, which change the shape of the elements. In addition to the cold, there are external factors (such as the alteration of the power supply or even the obsolete nature of the appliance itself) that contribute to further changes. In this way, the artist references the precariousness of life and our irreversible path towards degradation, as well as our dependence on electronic devices.

The composition beyond the glass recalls the still lifes of the Renaissance, to which the title also refers, a pictorial genre that the artist reworks through real foods – meat, vegetables, fruit, fish, etc. – which is distributed, in a meticulous and balanced way, in the small freezer, where light is the fundamental protagonist of the composition.

Untitled XI (dalla serie / from the series *Rinascimento*), 2023
Materia organica, inorganica, prodotta dall'uomo e dalle macchine, tra cui: frigorifero domestico, teca in plexiglass, luci LED, filetto di salmone, radice di sedano, fungo buna shimeji, fungo enoki, uva bianca e nera, caco, papaia, fichi secchi, ananas, ravanello, prugna gialla, zucca delica, bok choy, broccoli, insalata riccia, dragon fruit, fragola, lampone, pompelmo, uovo di gallina, birra in bottiglia di vetro, raccolti a Milano / Organic, inorganic, human and machine-made matter including: household refrigerator, plexiglass vitrine, LED lights, salmon fillet, celery root, buna shimeji mushroom, enoki mushroom, white and black grapes, persimmon, papaya, dried figs, pineapple, radish, yellow plum, delica squash, bok choy, broccoli, frisée, dragon fruit, strawberry, raspberry, grapefruit, chicken egg, glass bottled beer, collected in Milan
Courtesy l'artista / the artist
Foto / Photo Lorenzo Palmieri

Nelle pagine seguenti / Following pages
Untitled XI (dalla serie / from the series *Rinascimento*), 2023
Dettaglio / Detail
Courtesy l'artista / the artist
Foto / Photo Nico Covre, Vulcano agency

1 Dichiarazione di Villar Rojas in C. Chatruc, "Adrián Villar Rojas: el artista argentino que conquista el mundo", in *La Nación*, 3 novembre 2019, consultato il 23 settembre 2023: https://www.lanacion.com.ar/cultura/adrian-villar-rojas-artista-argentino-conquista-mundo-nid2301810.

1 As quoted by Villar Rojas in Celina Chatruc, "Adrián Villar Rojas: el artista argentino que conquista el mundo", in *La Nación*, November 3, 2019. Consulted on September 23, 2023: https://www.lanacion.com.ar/cultura/adrian-villar-rojas-artista-argentino-conquista-mundo-nid2301810.

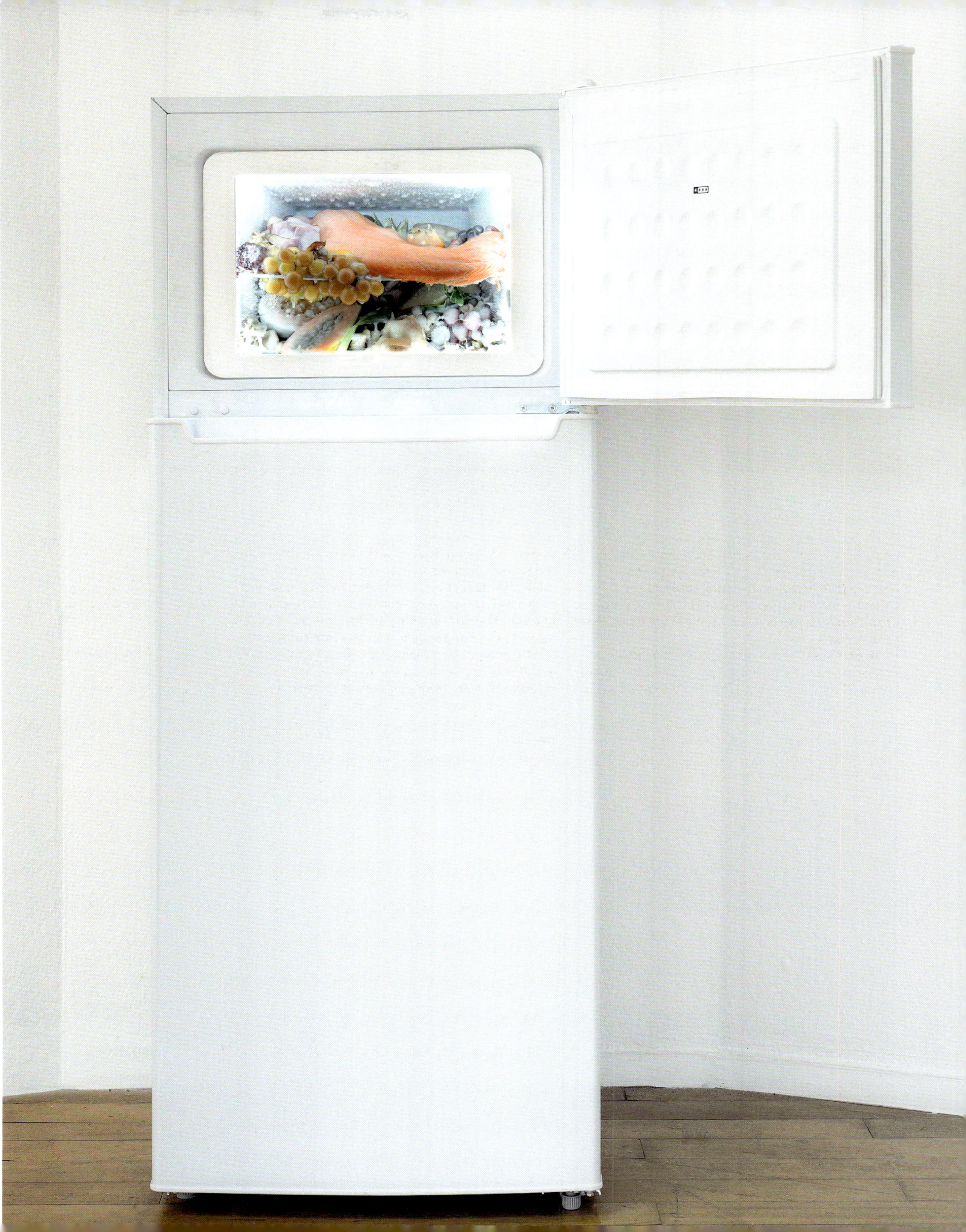

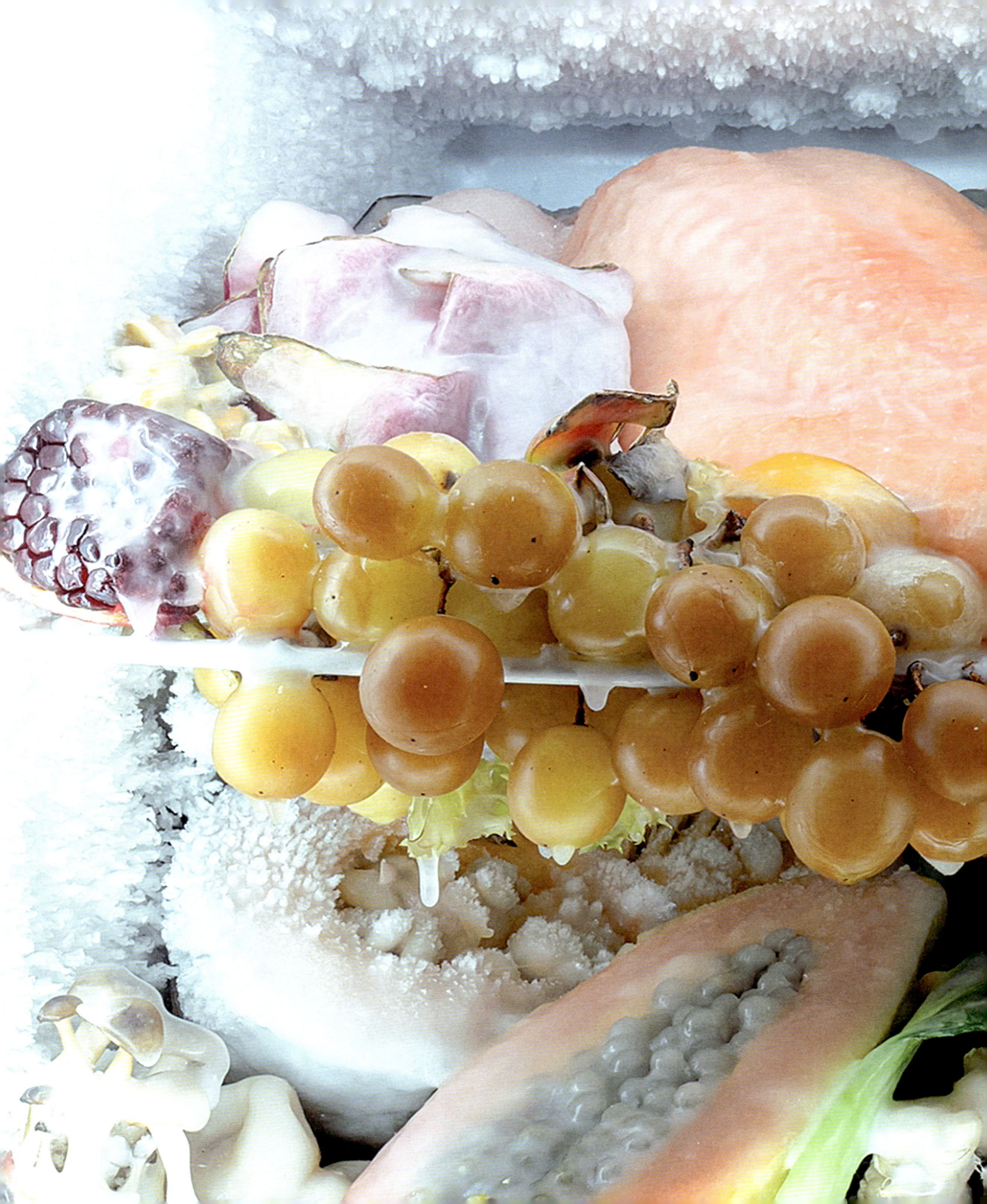

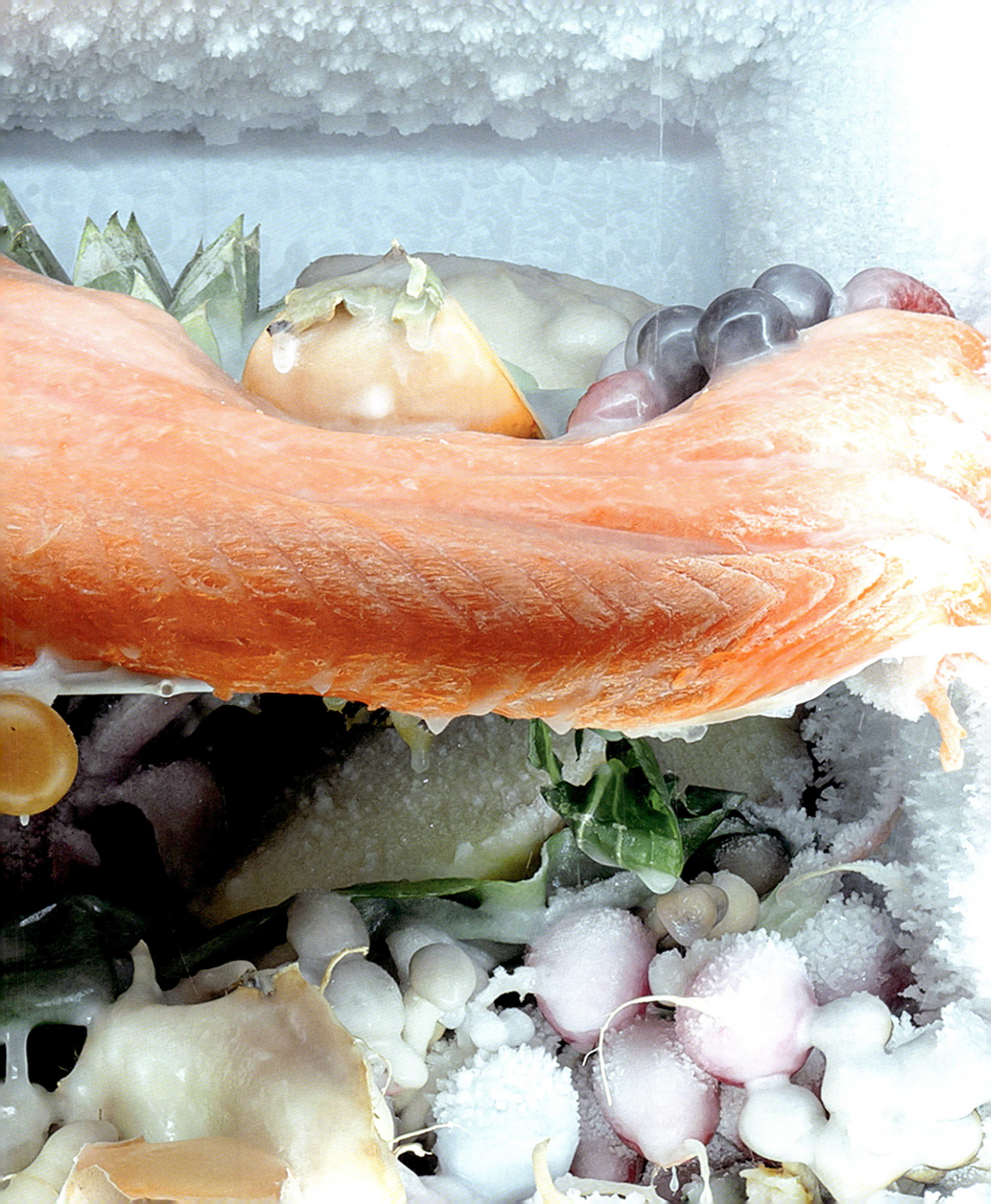

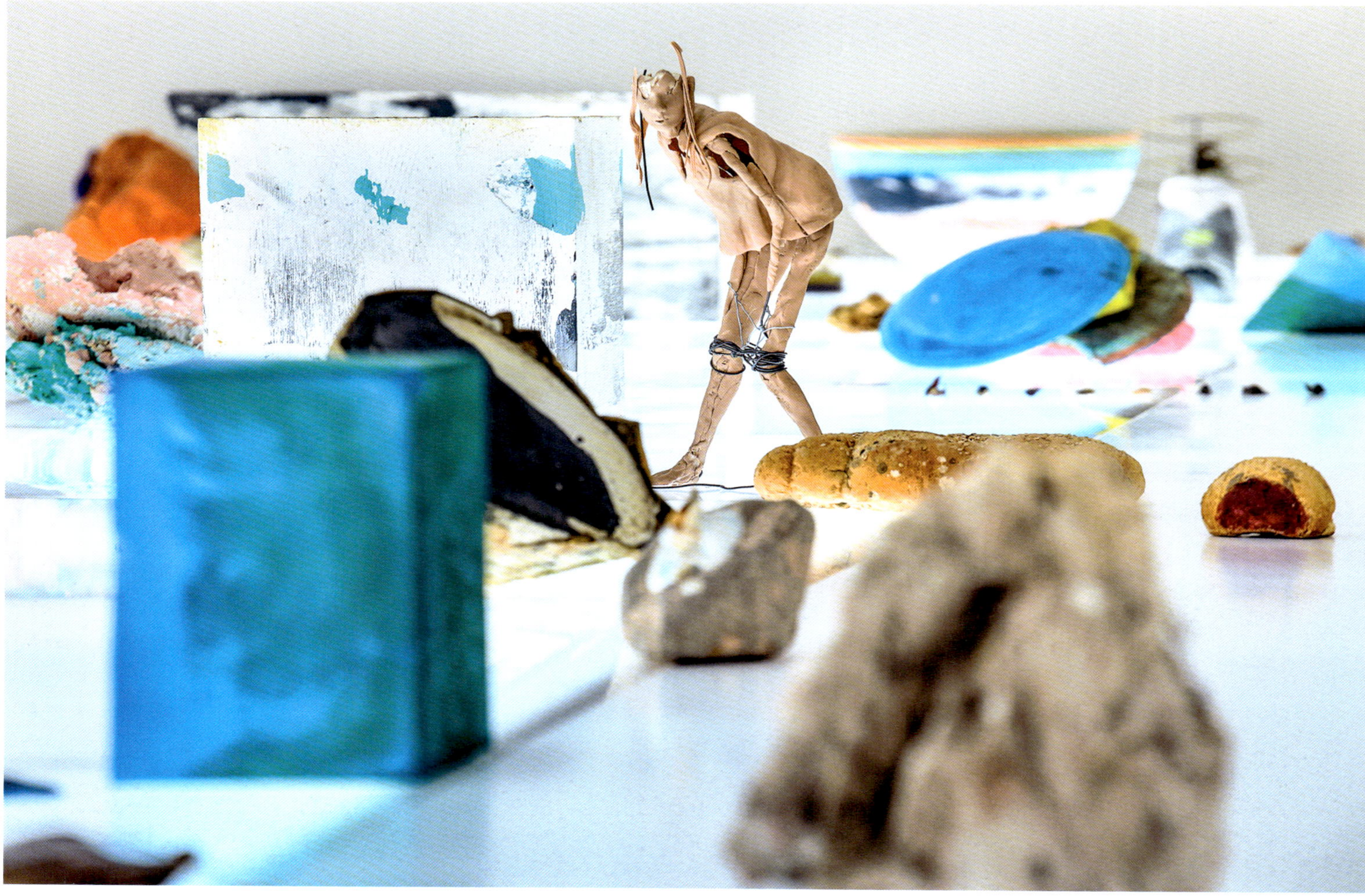

Los teatros de saturno
de la serie Fantasma, 2015
Dettaglio / Detail view at *Fantasma*,
Moderna Museet, Stockholm, 2015
Oggetti diacronici da *Los teatros*
de Saturno (2014) e figurine da
The work of the ocean (2013), esposti
su una piattaforma sopraelevata.
/ Diachronic objects from *Los teatros*
de Saturno (2014), and figurines from
The work of the ocean (2013), displayed
on an elevated platform
Courtesy l'artista / the artist,
kurimanzutto e / and Marian
Goodman Gallery
Foto / Photo Jörg Baumann

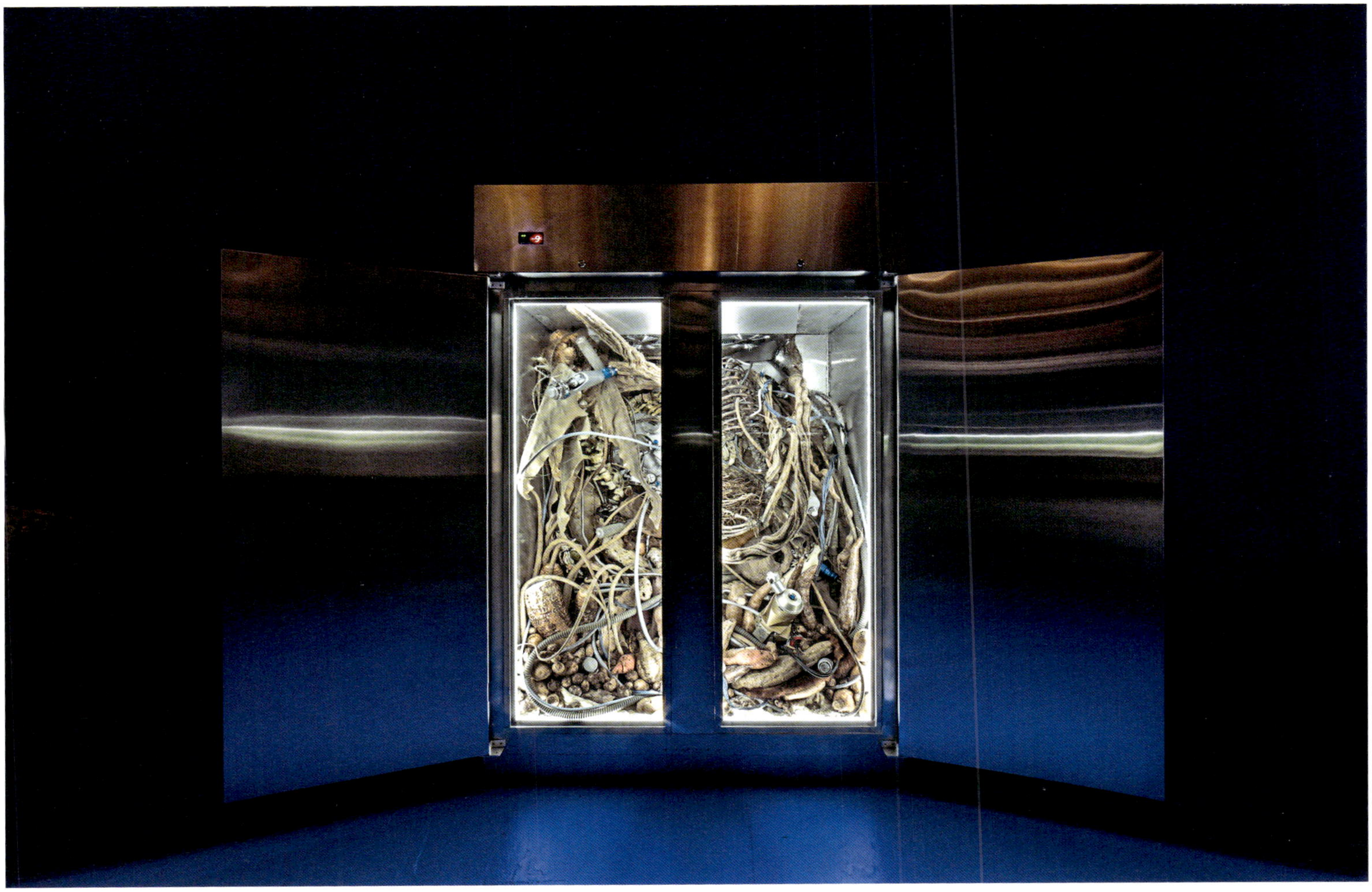

The Theater of Disappearance, 2017
Materia organica, inorganica, umana e artificiale, tra cui congelatore, colonna vertebrale di tigre dai denti a sciabola, teschi di homo erectus "uomo di Pechino" e di Neanderthal "La Chapelle-aux-saints", scheletro di orango, stampi di gomma (da *The Most Beautiful of all Mothers*, 2015), crocifisso e rami d'albero (da *Rinascimento*, 2015), funghi, viti, tuberi germogliati, robotica, pinne di squalo, nidi di hornero, tutti raccolti a Los Angeles, Istanbul, Kalba, Città del Messico e Torino. / Organic, inorganic, human and machine-made matter including freezer, saber tooth tiger's spine, skulls of both homo erectus "Peking man" and Neanderthal "La Chapelle-aux- saints," orangutan skeleton, rubber molds (from *The Most Beautiful of All Mothers*, 2015), crucifix and tree branches (from *Rinascimento*, 2015), fungi, vines, sprouting tubers, robotics, shark fins, hornero nests, all collected in Los Angeles, Istanbul, Kalba, Mexico City, and Turin
Veduta dell'installazione / Installation view: The Geffen Contemporary at MOCA, Los Angeles, 2017
Courtesy l'artista / the artist

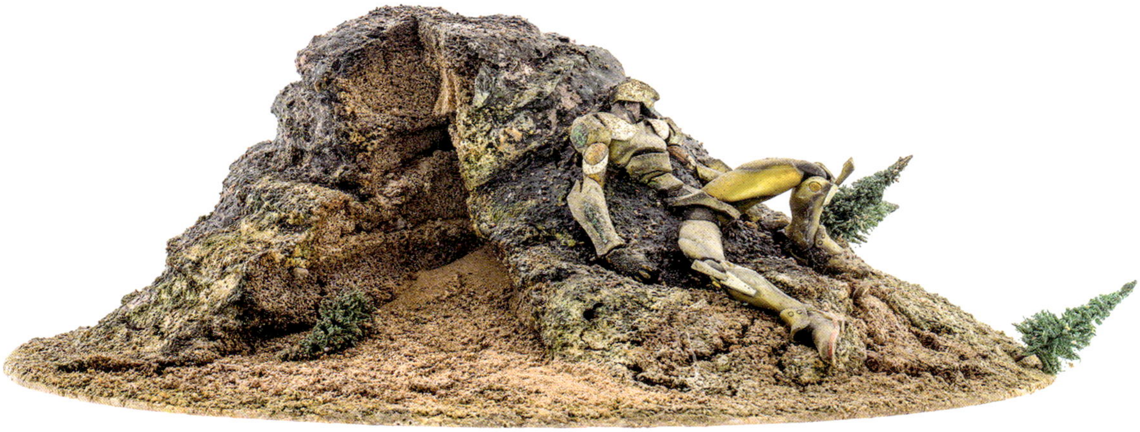

Untitled (dalla serie / from the series *Pieces of the People We Love*), 2007
Pan di spagna, marzapane, robot, pini in miniatura, coriandoli a pioggia, legno di balsa / Sponge cake, marzipan, robot, miniature pine trees, confetti sprinkles, balsa wood
Installation view: *Fantasma*, Moderna Museet, Stockholm, 2015
Courtesy l'artista / the artist, kurimanzutto e / and Marian Goodman Gallery
Foto / Photo Jörg Baumann

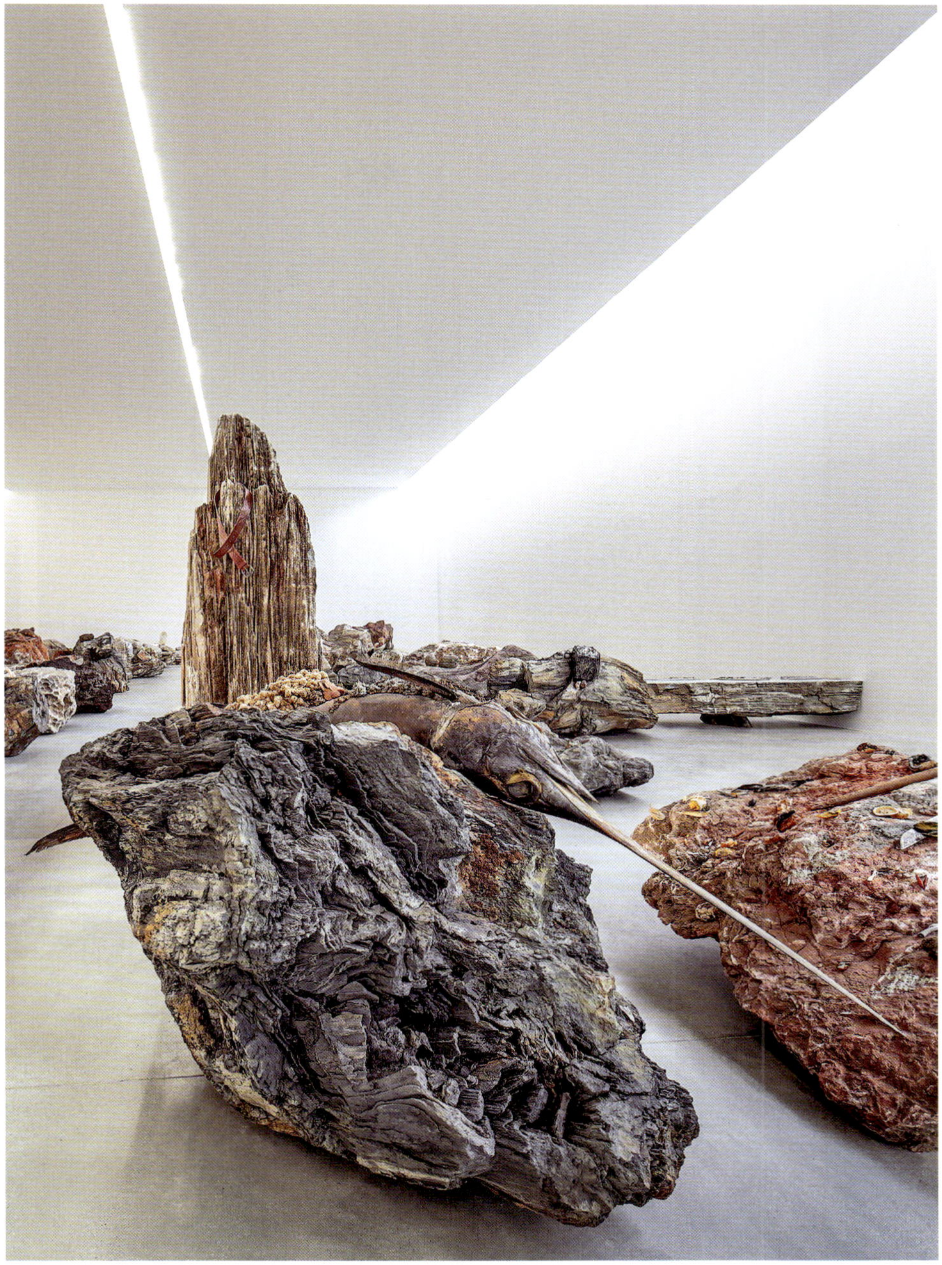

Rinascimento, 2015
Materia organica, inorganica, prodotta dall'uomo e dalle macchine, tra cui rocce metamorfiche, ignee e sedimentarie, legno pietrificato, ali di farfalla, carne di manzo e di maiale cruda, pesce spada, corvi, oche, coralli, gusci di molluschi, uva, carciofi, angurie, stampi di gomma e di gesso, scarpe da ginnastica, reti da pesca, corde bruciate, pentole di metallo, utensili, tutti raccolti a Torino, Istanbul, Kalba, New York e Città del Messico / Organic, inorganic, human and machine-made matter including metamorphic, igneous and sedimentary rocks, petrified wood, butterfly wings, raw beef and pork, swordfish, crows, geese, corals, mollusc shells, grapes, artichokes, watermelons, rubber and plaster molds, sneakers, fishing nets, burnt ropes, metal pots, utensils, all collected in Turin, Istanbul, Kalba, New York and Mexico City
Veduta dell'installazione /Installation view: Fondazione Sandretto Re Rebaudengo, Torino / Turin, Italia / Italy, 2015
Courtesy l'artista / the artist, kurimanzutto e / and Marian Goodman Gallery
Foto / Photo Jörg Baumann

APPARATI
/ APPENDIX

Biografie degli artisti

EDUARDO BASUALDO
Le opere di Eduardo Tomás Basualdo (Buenos Aires, 1977, dove vive a lavora ancora oggi) si trovano nelle collezioni di importanti istituzioni, tra cui l'Hirshhorn Museum and Sculpture Garden di Washington, Musée d'Art Contemporain di Lione, Musée d'Art Contemporain Les Abattoirs di Tolosa, Musée des beaux-arts di Montréal, Museum of Modern Art di Buenos Aires. Nel 2009 è stato invitato a partecipare alla Biennale del Mercosul, nel 2011 alla Biennale di Lione e nel 2015 alla Biennale di Venezia.

MARIANA BELLOTTO
(Mar del Plata, 1963, vive e lavora a Buenos Aires) ha esposto in numerosi musei e istituti culturali, tra cui Fundación Santander, Centro Borges, Bienal de Performance, BIENALSUR, Centro de Experimentación del Teatro Colón, di Buenos Aires; Parque Cultural di Valparaíso; Instituto Cervantes di Tokio; Fundación NC-arte di Bogotá; Busan International Dance Festival e Pocket Festival di Seoul; Opera House de Il Cairo; Tanzhaus NRW di Düsseldorf e Künstlerhaus Mousonturm di Francoforte.

ADRIANA BUSTOS
(Bahía Blanca, 1965, vive e lavora a Buenos Aires) ha tenuto mostre personali e collettive in importanti istituzioni, tra le quali Centre Pompidou di Parigi, Museo d'Arte Contemporanea Madre di Napoli, Fundación Federico Klemm e MALBA di Buenos Aires, Galería Bacelos di Madrid. I suoi lavori si trovano nelle collezioni di musei quali Museo Reina Sofía di Madrid, MALBA e Museo de Arte Moderno di Buenos Aires, Museum of Contemporary Art di Lisbona e Fondazione Cassa di Risparmio di Modena.

MATÍAS DUVILLE
I lavori di Matías Duville (Mar del Plata, 1974, vive e lavora tra Buenos Aires e Mar del Plata) sono stati esposti presso MALBA, Galeria Barro, Colección de Arte Amalia Lacroze de Fortabat di Buenos Aires; Museo de Arte Contemporáneo di Rosario; MoMA e Solomon R. Guggenheim Museum di New York; MAM di Rio de Janeiro; MOLAA di Los Angeles. Nel 2016 ha partecipato alla residenza InlusArtis di Rio de Janeiro, a cura di Pablo León de la Barra; LARA di Galápagos e Sam Art Project di Parigi.

LEANDRO ERLICH
Le opere di Leandro Erlich (Buenos Aires, 1973, vive e lavora tra Parigi, Buenos Aires e Montevideo) sono state esposte presso importanti musei e istituti culturali, tra cui MORI Art Museum di Tokyo; HOW Art Museum di Shanghai; CAFAM di Pechino, dove è stato il primo artista non cinese a occupare l'intero spazio espositivo; MALBA di Bueno Aires; PAMM di Miami; Palazzo Reale di Milano. Un'importante retrospettiva itinerante è stata tenuta presso il CCBB Belo Horizonte di Rio de Janeiro, San Paolo e Brasilia.

LEÓN FERRARI
(Buenos Aires, 1920-2013) ha tenuto la sua prima personale alla Galleria Cairola di Milano nel 1955. Nel 1965 ha partecipato al Premio Nazionale Istituto Torcuato di Tella. Nel 1986 ha esposto alla Biennale dell'Avana. Nel 2007 ha vinto il Leone d'Oro in occasione della partecipazione alla 52ª Biennale di Venezia. Ha tenuto mostre in importanti musei, quali Museo de Arte Carrillo Gil di Città del Messico, MoMA di New York, Museo Nacional Centro de Arte Reina Sofía di Madrid, Centro Cultural de España e Centro Cultural de la Memoria Haroldo Conti di Buenos Aires.

LUCIO FONTANA
Il lavoro di Lucio Fontana (Rosario di Santa Fe, 1899 – Comabbio, 1968) è stato oggetto di numerose mostre presso le più importanti istituzioni, tra cui Galerie Jeanne Bucher-Myrbor di Parigi, Galleria il Milione di Milano, Martha Jackson Gallery di New York, Palazzo Grassi di Venezia, Gimpel Hanover Galerie di Zurigo, Städtisches Museum di Leverkusen e Tokyo Gallery di Tokyo. Le sue opere si trovano nelle collezioni di numerosi musei, tra i quali Museo del Novecento di Milano, GNAM di Roma, MoMA e Solomon R. Guggenheim Museum di New York, MAM di Rio de Janeiro e Tate Modern di Londra. Ha partecipato alla Biennale di Venezia nel 1930, 1948, 1950 e 1966, dove ha vinto il premio per la Pittura; alla IX e alla XII Triennale di Milano; alla V Biennale di San Paolo del Brasile e a documenta II di Kassel.

ANA GALLARDO
(Rosario, 1958, vive e lavora tra il Messico e Buenos Aires) ha esposto in mostre collettive presso MAC di Niteroi, Rio de Janeiro, e Kunstverein di Wolfsburg. Ha partecipato alla 3ª Trienal Poli/Gráfica de San Juan di Puerto Rico, alla 56ª Biennale di Venezia e alla 13ª Biennale di Havana. Nel 2012 ha vinto il premio Petrobras di ArteBa. Ha diretto gli spazi Forest (2012-2013), La Verdi Buenos Aires-Messico (2014-2018) e attualmente Imán, un progetto educativo che si svolge a Città del Messico.

ALBERTO GRECO
(Buenos Aires, 1931 – Barcellona, 1965) ha tenuto la sua prima personale nel 1955 presso La Roue Gallery di Parigi. I sono lavori sono stati presentati in importanti musei e gallerie, tra cui MASP di San Paolo, Galería Pizarro e Galería Bonino di Buenos Aires, Galeria Juana Mordó di Madrid. Nel 1991 l'IVAM di Valencia ha organizzato la più grande mostra a lui dedicata, curata dal critico Francisco Rivas ed esposta un anno dopo al Museo Nacional de Bellas Artes di Buenos Aires.

JORGE MACCHI
(Buenos Aires, 1963, dove vive e lavora ancora oggi) ha tenuto numerose personali in importanti istituti culturali, quali S.M.A.K di Gent, NC Arte di Bogotá, MAMBA e MALBA di Buenos Aires, Pinacoteca del Estado di San Paolo. Ha partecipato alla Biennale di San Paolo nel 2004 e nel 2006, alla Biennale di Lione nel 2011 e alla Biennale di Liverpool nel 2012. Ha rappresentato l'Argentina alla 51ª Biennale di Venezia. Nel 2001 ha ricevuto il premio John Simon Guggenheim Memorial Foundation Fellowship.

LILIANA MARESCA
(Buenos Aires, 1951-1994) ha partecipato a mostre collettive presso importanti musei e gallerie, tra cui Fundación Proa

e Museo de Arte Moderno di Buenos Aires, Museo de Arte Contemporáneo di Rosario e Museo Reina Sofía di Madrid. Ha presentato il suo lavoro in numerose personali presso Recoleta Cultural Center e Casal de Cataluña di Buenos Aires, Museo Municipal de Bellos Artes Juan B. Castognino di Rosario e Galleria Spazio Nuovo di Roma. Ha partecipato alla 15ª Biennale di Istanbul.

MARTA MINUJÍN
Il lavoro di Marta Minujín (Buenos Aires, 1941, vive e lavora tra Parigi e Buenos Aires), artista multimediale d'avanguardia, è stato oggetto di importanti mostre collettive e personali presso MoMA di New York, MALBA e MNBA di Buenos Aires e Museo Reina Sofía di Madrid. Ha ricevuto numerosi premi, tra cui Lorenzo il Magnifico, 2015; Velázquez per le arti plastiche, 2016; Excellence in Art presso Museo del Barrio, 2018; Americas Society for Cultural Achievement, 2018; Konex Brilliant Award, 2022.

CRISTINA PIFFER
I lavori di Cristina Piffer (Buenos Aires, 1953, dove vive e lavora ancora oggi) si trovano in importanti collezioni, sia pubbliche che private, tra cui MNBA, MAMBA e MALBA di Buenos Aires e MACRO di Rosario. Ha rappresentato l'Argentina alla II Bienal Iberoamericana de Perú nel 2002, alla Biennale di Valencia nel 2007 e alla BIENALSUR nel 2017, 2019 e 2021. È stata premiata dal Beca Fondo Nacional de las Artes nel 2001 e Artista del año dall'Asociación de Críticos de Arte nel 2002.

LILIANA PORTER
(Buenos Aires, 1941, vive e lavora a New York) ha esposto i suoi lavori in numerose istituzioni culturali, tra cui Whitney Museum of American Art e MoMA di New York, Museo Tamayo di Città del Messico, MALBA di Buenos Aires e Museo de Bellas Artes di Santiago del Chile. Le sue opere si trovano in collezioni pubbliche e private, tra cui MNBA di Buenos Aires, TATE Modern di Londra, Philadelphia Museum of Art di Philadelphia, MNBA di Santiago e Museo Nacional Centro de Arte Reina Sofía di Madrid.

NICOLÁS RÓBBIO
(Mar del Plata, 1975, vive e lavora tra San Paolo e Buenos Aires) ha tenuto mostre personali presso Museo Histórico de la Nación e Museo Sivori di Buenos Aires, La Casa Encendida di Madrid, SESC Pompéia e Galeria Vermelho di San Paolo e Museu da Cidade di Lisbona. Ha partecipato a importanti collettive presso Galleria Alberta Pane di Venezia, Pinacoteca do Estado di San Paolo e CCA Wattis Institute for Contemporary Art di San Francisco. Nel 2008 ha preso parte alla 28ª Biennale di San Paolo.

MIGUEL ROTHSCHILD
(Buenos Aires, 1963, vive e lavora a Berlino) ha esposto in mostre personali e collettive presso Kunstmuseum di Wolfsburg, Museum Kunst der Westküste di Alkersum, Maison de l'Amérique latine di Parigi, MAMBA e MALBA di Buenos Aires e Wilhelm Hack Museum di Ludwigshafen am Rhein. Ha ricevuto il Premio Karl Hofer nel 2000 e ha vinto borse di studio per residenze d'artista presso il Centro Civitella Ranieri di Perugia, Villa Aurora di Los Angeles e Museum der Westküste di Föhr.

GRACIELA SACCO
Le opere di Graciela Sacco (Rosario, 1956-2017) fanno parte di prestigiose collezioni, tra cui quelle del Museo Nacional Centro de Arte Reina Sofía di Madrid, MAMBA di Buenos Aires, MACRO di Rosario, Bronx Museum di New York e Museum of Fine Arts di Houston. Ha rappresentato l'Argentina in diverse biennali d'arte internazionali, tra cui Shanghai nel 2004, Venezia nel 2001, L'Avana nel 1997 e 2000, e San Paolo nel 1996. Ha ricevuto numerosi riconoscimenti, tra cui il Premio Konez nel 2002 e 2012.

ALESSANDRA SANGUINETTI
(New York, 1968, vive e lavora a San Francisco) è una fotografa argentina/americana, membro del Magnum Photos dal 2007. Le sue opere sono presenti in collezioni pubbliche e private, tra cui il MoMA di New York e il Museum of Modern Art di San Francisco. Ha ricevuto numerose sovvenzioni presso Guggenheim Foundation, Hasselblad Foundation e Sundance Institute. Ha ottenuto il premio Rencontres d'Arles Discovery. Ha pubblicato sei monografie, di cui la prima è *On the Sixth Day* del 2005.

TOMÁS SARACENO
(San Miguel de Tucumán, 1973, vive e lavora a Berlino) ha lavorato con comunità locali e ricercatori scientifici di tutto il mondo e h attivato progetti collettivi, tra cui il Museo Aero Solar, Aerocene Foundation e Aracnofilia, per la giustizia climatica intra e interspecie. Ha esposto presso istituzioni come Serpentine Gallery di Londra, MAMBA di Buenos Aires e Metropolitan Museum of Art di New York. Ha partecipato alla 17ª Biennale di Architettura di Venezia e alla 53ª e 58ª Biennale di Venezia.

MARIELA SCAFATI
(Punta Alta, 1973), serigrafa, pittrice e professoressa queer, vive e lavora a Buenos Aires. Nel 2000 ha tenuto la sua prima mostra personale presso lo spazio Belleza y felicidad e a seguire in altre istituzioni, tra le quali Galería Bis, Galería Abate e Museo de la Carcova. Dal 2013 fa parte del gruppo *Cromoactivismo* e dal 2016 del collettivo *Ni una menos* che ha dato impulso alla creazione di importanti assemblee popolari femministe in Argentina e in tutto il mondo.

JUAN SORRENTINO
(Resistencia, 1978, vive e lavora a Buenos Aires) è un sound artist e musicista sperimentale. Il suo lavoro è stato esposto presso Whitechapel Gallery di Londra, MAAT di Lisbona, Bonniers Konsthall Art Museum di Stoccolma, Círculo de Bellas Artes di Madrid, Centro Cultural Kirchner, MACBA, Fundación Fortabat e Fundacion Proa di Buenos Aires e Tromsø Center for Contemporary Art di Tromsø. Le sue opere si trovano in collezioni pubbliche e private.

ADRIÁN VILLAR ROJAS
Le mostre personali di Adrián Villar Rojas (Rosario, Argentina, 1980, vive e lavora tra Rosario e New York) sono state ospitate in numerose istituzioni, tra le quali Metropolitan Museum of Art di New York, Fondazione Sandretto Re Rebaudengo di Torino e Serpentine Galleries di Londra. Ha partecipato a *documenta 13* di Kassel e alla 54ª Biennale di Venezia. Ha ricevuto numerosi premi, tra i quali lo Zurich Art Prize al Museum Haus Konstruktiv nel 2013 e il Primo Premio Biennale Nazionale d'Arte di Bahía Blanca nel 2005.

Biographies of the Artists

EDUARDO BASUALDO
Works by Eduardo Tomás Basualdo (Buenos Aires, 1977, where he still lives and works) are displayed in the collections of prestigious institutions such as the Hirshhorn Museum and Sculpture Garden in Washington, the Musée d'Art Contemporain in Lyon, the Musée d'Art Contemporain Les Abattoirs in Toulouse, the Musée des beaux-arts in Montréal and the Museum of Modern Art in Buenos Aires. He was asked to take part in the Mercosur Biennial in 2009, the Lyon Biennale in 2011 and the Venice Biennale in 2015.

MARIANA BELLOTTO
(Mar del Plata, 1963, she lives and works in Buenos Aires), has exhibited her art in several museums and cultural institutions, such as the Fundación Santander, Centro Borges, Bienal de Performance, BIENALSUR and Centro de Experimentación del Teatro Colón in Buenos Aires; the Parque Cultural in Valparaíso; the Instituto Cervantes in Tokyo; the Fundación NC-arte in Bogotá; the Busan International Dance Festival and Pocket Festival in Seoul; the Opera House in Cairo; the Tanzhaus NRW in Düsseldorf and the Künstlerhaus Mousonturm in Frankfurt.

ADRIANA BUSTOS
Adriana Bustos (Bahía Blanca, 1965, she lives and works in Buenos Aires) has held solo and group exhibitions in prestigious museums, such as the Centre Pompidou in Paris, the Museo d'Arte Contemporanea in Naples, the Fundación Federico Klemm and MALBA in Buenos Aires, the Galería Bacelos in Madrid. Her works can be found in collections housed in museums such as the Museo Reina Sofía in Madrid, the MALBA and Museo de Arte Moderno in Buenos Aires, the Museum of Contemporary Art in Lisbon and the Fondazione Cassa di Risparmio in Modena.

MATÍAS DUVILLE
Works by Matías Duville (Mar del Plata, 1974, he lives and works in Buenos Aires and Mar del Plata) have been exhibited at the MALBA, Galeria Barro, Colección de Arte Amalia Lacroze de Fortabat in Buenos Aires; the Museo de Arte Contemporáneo in Rosario; the MoMA and Solomon R. Guggenheim Museum in New York; the MAM in Rio de Janeiro; the MOLAA in Los Angeles. In 2016, he took part in the InlusArtis residency in Rio de Janeiro, curated by Pablo León de la Barra; in the LARA Project (Galápagos Islands) and the Sam Art Project in Paris.

LEANDRO ERLICH
Works by Leandro Elrich (Buenos Aires, 1973, he lives and works between Paris, Buenos Aires and Montevideo) have been exhibited in prestigious museums and cultural institutions, such as the MORI Art Museum in Tokyo; the HOW Art Museum in Shanghai; the CAFAM in Beijing (where he was the first non-Chinese Artist to occupy the whole exhibition area); the MALBA in Buenos Aires; the PAMM in Miami; Palazzo Reale in Milan. An important travelling retrospective was held at the CCBB Belo Horizonte in Rio de Janeiro, São Paulo and Brasília.

LEÓN FERRARI
(Buenos Aires, 1920–2013) held his first solo exhibition at the Galleria Cairola in Milan in 1955. In 1965, he took part in the Premio Nazionale Istituto Torcuato di Tella. He took part in the Havana Biennial in 1986 and, in 2007, won the Leone d'Oro for his participation in the 52nd Venice Biennale. He has displayed his works in prestigious museums, such as the Museo de Arte Carrillo Gil in Mexico City, the MoMA in New York, the Museo Nacional Centro de Arte Reina Sofía in Madrid, the Centro Cultural de España and Centro Cultural de la Memoria Haroldo Conti in Buenos Aires.

LUCIO FONTANA
Works by Lucio Fontana (Rosario de Santa Fe, 1899 – Comabbio, 1968) have been showcased in several exhibitions held at renowned museums such as the Galerie Jeanne Bucher-Myrbor in Paris, the Galleria il Milione in Milan, the Martha Jackson Gallery in New York, Palazzo Grassi in Venezia, the Gimpel Hanover Galerie in Zurich, the Städtisches Museum in Leverkusen and the Tokyo Gallery in Tokyo and are permanently on display in collections belonging to museums such as the Museo del Novecento in Milan, the GNAM in Rome, the MoMA and Solomon R. Guggenheim Museum in New York, the MAM in Rio de Janeiro and the Tate Modern in London. In 1930, 1948, 1959 and 1966 he took part in the Venice Biennale, where he won the award for paining; in the 9th and 12th Triennale di Milano; in the 5th São Paulo Biennial and in *documenta II* (Kassel).

ANA GALLARDO
(Rosario, 1958, she lives and works between Mexico and Buenos Aires) has displayed her works in group exhibitions at the MAC in Niteroi, Rio de Janeiro, and the Kunstverein in Wolfsburg. She took part in the 3rd Trienal Poli/Gráfica de San Juan de Puerto Rico, the 56th Venice Biennale and the 13th Havana Biennial. She won the ArteBa Petrobas award in 2012. She has directed art spaces such as Forest (2012-2013) and La Verdi Buenos Aires-Mexico (2014–2018) and, currently, Imán, an educational project that takes place in Mexico City.

ALBERTO GRECO
(Buenos Aires, 1931 – Barcelona, 1965) held his first solo exhibition in 1955 at the La Roue Gallery in Paris. His works have been displayed in prestigious museums and galleries, including the MASP in São Paulo, the Galería Pizarro and Galería Bonino in Buenos Aires and the Galeria Juana Mordó in Madrid. In 1991, the IVAM in Valencia organised the largest exhibition focused on this artist, curated by critic Francisco Rivas and displayed the following year at the Museo Nacional de Bellas Artes in Buenos Aires.

JORGE MACCHI
(Buenos Aires, 1963, where he still lives and works) has held several solo exhibitions in renowned cultural institutions, such as the S.M.A.K

di Gent, NC Arte in Bogotá, the MAMBA and MALBA in Buenos Aires, the Pinacoteca del Estado in São Paulo. He took part in the São Paulo Biennial in 2004 and 2004 in the Lyon Biennale in 2011 and the Liverpool Biennial in 2012, and represented Argentina at the 51st Venice Biennale. In 2001, he was awarded the John Simon Guggenheim Memorial Foundation Fellowship.

LILIANA MARESCA
(Buenos Aires, 1951–1994) has taken part in group exhibitions at renowned museums and galleries, such as the Fundación Proa and Museo de Arte Moderno in Buenos Aires, the Museo de Arte Contemporáneo in Rosario and the Museo Reina Sofía in Madrid. She has also presented her works in several solo exhibitions at the Recoleta Cultural Center and Casal de Cataluña in Buenos Aires, the Museo Municipal de Bellos Artes Juan B. Castognino in Rosario and the Galleria Spazio Nuovo in Rome. She participated in the 15th Istanbul Biennial.

MARTA MINUJÍN
Works by avant-garde multimedia artist Marta Minujín (Buenos Aires, 1941, she lives and works between Paris and Buenos Aires) have been the subject of important solo and group exhibitions at the MoMA in New York, the MALBA and MNBA in Buenos Aires and the Museo Reina Sofía in Madrid. She has received several awards, including the Lorenzo il Magnifico, 2015; the Velázquez for Plastic Arts, 2016; Excellence in Art at the Museo del Barrio, 2018; the Americas Society for Cultural Achievement, 2018; the Konex Brilliant Award, 2022.

CRISTINA PIFFER
Works by Cristina Piffer (Buenos Aires, 1953, where she still lives and works) can still be found in renowned public and private collections, such as the MNBA, MAMBA and MALBA in Buenos Aires and the MACRO in Rosario. She represented Argentina at the 2nd Bienal Iberoamericana de Perú in 2002, at the Valencia Biennial in 2007 and at the BIENALSUR in 2017, 2019 and 2021. She was awarded the Beca Fondo Nacional de las Artes in 2001 and named Artista del año by the Asociación de Críticos de Arte in 2002.

LILIANA PORTER
(Buenos Aires, 1941, she lives and works in New York) has displayed her works at several cultural institutions, including the Whitney Museum of American Art and MoMA in New York, the Museo Tamayo in Mexico City, the MALBA in Buenos Aires and Museo de Bellas Artes in Santiago de Chile. Her works can be found in public and private collections, such as the MNBA in Buenos Aires, the Tate Modern in London, the Philadelphia Museum of Art in Philadelphia, the MNBA in Santiago and the Museo Nacional Centro de Arte Reina Sofía in Madrid.

NICOLÁS RÓBBIO
Nicolás Róbbio (Mar del Plata, 1975, he lives and works between São Paulo and Buenos Aires) has held solo exhibitions at the Museo Histórico de la Nación and Museo Sivori in Buenos Aires, La Casa Encendida in Madrid, the SESC Pompéia and Galeria Vermelho in São Paulo and the Museu da Cidade in Lisbon. He has taken part in prestigious group exhibitions at the Galleria Alberta Pane in Venice, the Pinacoteca do Estado in São Paulo and the CCA Wattis Institute for Contemporary Art in San Francisco. He took part in the 28th São Paulo Biennial in 2008.

MIGUEL ROTHSCHILD
(Buenos Aires, 1963, he lives and works in Berlin) has displayed his works in solo and group exhibitions at the Kunstmuseum in Wolfsburg, the Museum Kunst der Westküste in Alkersum, the Maison de l'Amérique Latine in Paris, the MAMBA and MALBA in Buenos Aires and the Wilhelm Hack Museum in Ludwigshafen am Rhein. He won the Karl Hofer Award in 2000 and has won art residency fellowships from the Centro Civitella Ranieri i n Perugia, Villa Aurora in Los Angeles and the Museum der Westküste in Föhr.

GRACIELA SACCO
Works by Graciela Sacco (Rosario, 1956–2017) are housed in renowned collections, such as the Museo Nacional Centro de Arte Reina Sofía in Madrid, the MAMBA in Buenos Aires, the MACRO in Rosario, the Bronx Museum in New York and the Museum of Fine Arts in Houston. She has represented Argentina in several international art biennials, including Shanghai in 2004, Venice in 2001, Havana in 1997 and 2000, São Paulo in 1996. She has received several prizes, such as the Konez Award in 2002 and 2012.

ALESSANDRA SANGUINETTI
Alessandra Sanguinetti (New York, 1968, she lives and works in San Francisco), an Argentinian-American photographer, has been a member of Magnum Photos since 2007. Her works are on display in public and private collections at venues such as the MoMA in New York and the Museum of Modern Art in San Francisco. She has received several funds from the Guggenheim Foundation, the Hasselblad Foundation and the Sundance Institute. She won the Rencontres d'Arles Discovery Award and has published sic monographic works, the first of which is On the Sixth Day (2005).

TOMÁS SARACENO
(San Miguel de Tucumán, 1973, he lives and works in Berlin) has collaborated with local communities and science researchers from all over the world, and activated group projects at venues such as the Museo Aero Solar, Aerocene Foundation and Aracnofilia, for intra and interspecies climate justice. He has displayed his works at institutions such as the Serpentine Gallery in London, the MAMBA in Buenos Aires and the Metropolitan Museum of Art in New York. He took part in the 19th Venice Architecture Biennale and the 53rd and 58th Venice Biennale.

MARIELA SCAFATI
(Punta Alta, 1973), a queer silk-screen printer, painter and professor, lives and works in Buenos Aires. In 2000, she held her first solo exhibition at Belleza y felicidad, and subsequently at other venues, such as the Galería Bis, Galería Abate and Museo de la Carcova. She has belonged to the Cromoactivismo group since 2013, and since 2016 to the collective Ni una menos, which has spearheaded the creation of important popular feminist gatherings in Argentina and all over the world.

JUAN SORRENTINO
(Resistencia, 1978, he lives and works in Buenos Aires) is an experimental sound artist e and musician.
His works have been exhibited at the Whitechapel Gallery in London, the MAAT in Lisbon, the Bonniers Konsthall Art Museum in Stockholm, the Círculo de Bellas Artes in Madrid, the Centro Cultural Kirchner, MACBA, Fundación Fortabat and Fundacion Proa in Buenos Aires and the Tromsø Center for Contemporary Art in Tromsø. His works can be found in public and private collections.

ADRIÁN VILLAR ROJAS
Solo exhibitions by Adrián Villar Rojas (Rosario, Argentina, 1980, he lives and works in Rosario and New York) have been housed at several institutions, including the Metropolitan Museum of Art in New York, the Fondazione Sandretto Re Rebaudengo in Turin and the Serpentine Galleries in London. He took part in documenta 13 in Kassel and the 54th Venice Biennale. He has received several awards, including the Zurich Art Prize from the Museum Haus Konstruktiv in 2013 and first place at the Bahía Blanca Bienal in 2005.

Opere in mostra / Exhibited Works

EDUARDO BASUALDO
Nuestra estrella se agotó, 2023

MARIANA BELLOTTO & GRUPO PERFORMÁTICO SUR
Trilogía pandémica, 2022

MATÍAS DUVILLE
Precipitar una especie, 2023

LEANDRO ERLICH
Vendesi, 2023

LEÓN FERRARI
La civilización occidental y cristiana, 1965

LUCIO FONTANA
Concetto spaziale, *Attese*, 1959
Concetto spaziale, 1946

ANA GALLARDO
Canibal, 2018

ALBERTO GRECO
Albertus Grecvs, 1952
Untitled (*Cristo 63* performance in Rome), 1963
Untitled, *Rome*, 1962

JORGE MACCHI
Beehive, 2013

LILIANA MARESCA
Maresca se entrega todo destino, 1993–2013

MARTA MINUJÍN
El Partenón de libros prohibidos, 1983

CRISTINA PIFFER
Doscientos pesos fuertes, dalla serie / from the series *Las marcas del dinero*, 2010–2023

LILIANA PORTER
La Barrendera, 2023
Untitlted (*Porter and Camnitzer with drawing*), 1973
Untitlted (*Self-portrait with square*), 1973

NICOLÁS ROBBIO
Estudio de tension, 2010
Bozal, 2011
Los de arriba los de abajo los buenos los malo, 2011

MIGUEL ROTHSCHILD
Atrapasueños V, 2014
Atrapasueños IV, 2014
Apocalypse XII, 2019-2021
Apocalypse XV, 2021
El Misterio de Saleres, 2019-2020

GRACIELA SACCO
Bocanada, 1993-2023

ALESSANDRA SANGUINETTI
En el sexto día, 1996-2004

TOMÁS SARACENO
Arachne's handwoven Spider/Web Map of semi-social Athebyne, with one Cyrtophora citricola – Eight weeks, 2022
Fly with Pacha, Into the Aerocene, 2017–ongoing

MARIELA SCAFATI
Cuántos cuerpos somos cuando te toco?, 2023

JUAN SORRENTINO
Ashes to Ashes, 2023

ADRIÁN VILLAR ROJAS
Untitled XI (From the series *Rinascimento*), 2023

Silvana Editoriale

Direttore generale
/ Chief Executive
Michele Pizzi

Direttore editoriale
/ Editorial Director
Sergio Di Stefano

Art Director
Giacomo Merli

Coordinamento redazionale
/ Editorial Coordinator
Natalia Grilli

Progetto grafico
/ Graphic Design
studio òbelo
Claude Marzotto
Maia Sambonet
Alice Guarnieri

Redazione / Copy Editing
Cristina Pradella

Traduzione / Translation
Contextus. We Translate Art
(Stefania Buonamassa,
Flavia Frauzel, Daniela Innocenti)
Cristina Pradella

Coordinamento di produzione
/ Production Coordinator
Antonio Micelli

Segreteria di redazione
/ Editorial Assistant
Giulia Mercanti

Ufficio iconografico
/ Photo Editor
Silvia Sala

Ufficio stampa
/ Press Office
Alessandra Olivari,
press@silvanaeditoriale.it

Available through ARTBOOK
| D.A.P.
155 Sixth Avenue, 2nd Floor
New York, N.Y. 10013
T (212) 627-1999
Fax (212) 627-9484

ISBN 978-88-366-5691-2

Silvana Editoriale S.p.A.
via dei Lavoratori, 78
20092 Cinisello Balsamo,
Milano
T 02 453 951 01
silvanaeditoriale.it

Le riproduzioni, la stampa
e la rilegatura sono state
eseguite in Italia
/ Reproductions, printing
and binding in Italy
Stampato da / Printed by
Grafiche Antiga, Crocetta
del Montello (TV)
Finito di stampare nel mese
di luglio 2024
/ Printed in July 2024

FSC www.fsc.org
MIX
Paper | Supporting
responsible forestry
FSC® C008309